Awrum (später Adolf)
∞
Minna

Eduard ∞ Rena

Bimbo

Pinkas (später Peter)
∞
Tony

Pauline ∞ Milek

Ryszard, Adam

Kamilla ∞ Duśko

Claudia Erdheim

LÄNGST NICHT MEHR KOSCHER

Die Geschichte einer Familie

ROMAN

GEGRÜNDET
1999

Claudia Erdheim

LÄNGST NICHT MEHR KOSCHER

Die Geschichte einer Familie

Roman

Czernin Verlag, Wien

Erdheim, Claudia: Längst nicht mehr koscher – Die Geschichte einer Familie /
Claudia Erdheim
Wien: Czernin Verlag 2013
ISBN: 978-3-7076-0480-1

2., überarbeitete Neuauflage, 2013
Lektorat: Florian Huber
Satz: Burghard List
Druck: Druckerei Theiss GmbG, A9431 St. Stefan
ISBN: 978-3-7076-0480-1

Inhalt

Das macht ein jüdisches Kind nicht

1. Kapitel

I

Moses Hersch macht sich auf den Weg zu seinen Gruben. Er spannt den Fabrikwagen ein und fährt mit Chaim Alter, dem Sohn Israel Gottesmanns, seines Kompagnons, los. Sie fahren nach Wolanka, um ihre Erdwachsgruben zu inspizieren. Die Straße ist voller Kot und Schlamm. So weit wie möglich fahren sie an die Gruben heran. Auf den Fichtenbrettern, die als Trottoire dienen und auf denen man sich vor lauter Menschen kaum fortbewegen kann, geht Moses Hersch in die eine Richtung, Chaim Alter in die andere. Über den Gruben sind Baracken aus Holz errichtet. Es sieht aus wie ein Zigeunerlager. Moses Hersch geht in eine der Baracken hinein. Es ist sehr dunkel und riecht penetrant nach Erdöl. Der Geruch bereitet ihm leichte Übelkeit. Er schaut kurz der Arbeiterin zu, die mit dem Handventilator der Grube Luft zuführt, fragt den Aufseher: Alles in Ordnung? sagt, bis heute abend bei der Auszahlung, und geht. Moses Hersch geht zur nächsten Grube und weiter zu einer Grube ohne Baracke. Aus der Grube hört man es läuten. Die Arbeiter ziehen an einem Seil. Moses Hersch schaut in die Grube. Nach drei Minuten taucht ein Kübel auf. In dem Kübel ist eine Leiche. Haut und Gewand sind noch erhalten, das Gesicht entstellt, aber noch erkennbar. Niemand sagt etwas. Es läutet wieder. Die Arbeiter werfen die Leiche aus dem Kübel und lassen den Kübel in die Grube hinunter. Wieder ziehen sie an dem Seil. Ein Arbeiter kommt aus der Grube heraus. Weiß jemand, wer die Leiche ist, fragt Moses Hersch. Die jüdischen Arbeiter schweigen. Der Tote ist kein Jude. Janko Hryzyn ist vor zwei Jahren verschwunden, sagt der Arbeiter, der aus der Grube gekommen ist.

– Ist er das?
– Ich weiß es nicht. Ich glaube nicht. Roman Mnich ist vor einem Jahr veschwunden.
– Ist er das?
– Vielleicht. Man muß seine Frau fragen.

– Man muß die Gendarmerie holen.
Die Leiche kann auch erst ein paar Monate, vielleicht sogar erst ein paar Tage in der Grube gelegen sein. Es ist das erste Mal, daß in Moses Herschs Gruben jemand tödlich verunglückt ist. Es wird Unannehmlichkeiten geben, denkt Moses Hersch. Vielleicht war es Unvorsichtigkeit, vielleicht ist die Sicherheitslampe erloschen, weil zu viel Gas in der Grube war, und der Mann ist erstickt, vielleicht ist ein Seil gerissen und der Aufseher hat es nicht gemeldet, dann ist er schuldig. Vielleicht war es ein Unfall und der Mann ist in der Dunkelheit oder betrunken in die Grube gefallen, dann ist er auch schuldig. Die Grube ist seit einiger Zeit unbedeckt. Die Bedeckung ist gestohlen und nicht erneuert worden. Noch vor ein paar Jahren hätte man die Leiche einfach liegengelassen. Niemand hätte gewußt, wer der Besitzer der Grube ist. Es gab keine Grundbücher. Heute ist das anders. Es wird eine Gerichtsverhandlung geben. Er wird Strafe zahlen müssen.

Vor acht Jahren, im Jahre 1866, kaufte Moses Hersch Erdheim in Borysław von einem ruthenischen Bauern zusammen mit anderen um einen Spottpreis ein Stück Grund. So erwarb er einige Anteile an Gruben. Und kam zu Geld. Damals war es noch Erdöl, das aus den Gruben förmlich herausbrach. Die Bauern wußten nicht, wie wertvoll ihre Felder waren. Borysław – ein kleines, verschlafenes, ruthenisches Dorf am Fuße der Karpaten, im Osten Galiziens, des ärmsten Kronlands der Monarchie. Bis die Goldgräber kamen. Juden, die über Nacht reich wurden. Über dem ganzen Dorf hängt der Geruch von Erdöl. Die Straßen sind schlammig, ölgetränkt, ein gelber morastartiger Kot. Schmale Bretterstege dienen als Fußweg. Die Häuser sind aus Holz, nebeneinander oder auseinander gestreut auf einer kleinen Anhöhe. Auf den Straßen tummeln sich Wasserträger, Lepträger, jüdische und ruthenische Arbeiter in schmierigen, zerschlissenen Gewändern und mit Öl beschmierten Gesichtern, die Ruthenen meist barfuß, die Juden mit Pejes und im Kaftan, Händlerinnen, die Zwiebeln und Heringe verkaufen, Juden, die ihre Waren feilbieten, Schnitt- Ton- und Eßwaren, Kinder, die schwere Säcke schleppen, Luftmenschen, Menschen in Lumpen, die keine Arbeit haben und Betrunkene. Leute mit Säcken auf dem Rücken, die sie mit einem Zipfel über die Schulter halten, stehen herum und warten darauf, unbemerkt den Schutt aus ihren Säcken heimlich auf die Straße oder in einen Hof ausschütten zu können. Danach laufen sie schnell davon. Stellenweise versinkt man knietief im Kot. Irgendwo hockt jemand bei einem Zaun und verrichtet sein Geschäft, weil es keine Aborte gibt. Zisternenwagen rattern durch die Straßen. Vor dem Bethaus steht eine Frau mit ihrem Kram. Sie verkauft Gebetbücher, Gebetfäden und Erzählungen auf Jiddisch. Heftchen über Wunderrabbis und verhexte Prinzessinnen. An einer Straßenecke ruft eine zerlumpte und verschmierte Jüdin: Kauft Schüsseln, heiß und voll, 3 Kreuzer, 4 Kreuzer, 6 Kreuzer eine Portion! Braune tönerne Schüsseln stehen auf einer langen Bank, die vor einer Kiste aufgestellt ist. Die Kiste bildet den Ladentisch, auf dem große Töpfe mit Erdäpfelsuppe und Wassernudeln stehen. Ein Kochlöffel Erdäpfel und einer mit Nudeln bilden eine Schüssel. Arbeiter drängen sich heran, und die Jüdin gibt noch mit ihren klebrigen Fingern eine Prise Salz in die Schüssel. Daneben sind schwarze, schlecht gebackene Brote zu haben, das Pfund um vier Kreuzer.

Moses Hersch ist ein gottesfürchtiger Mann, aber nicht fanatisch. Er spricht die Gebete und geht in die Synagoge oder ins Bethaus, hält den Sabbat und die Feiertage heilig, aber trägt unter der Woche keinen Kaftan und hat keine Pejes. Er ist kein Anhänger eines Wunderrabbis, aber er spendet für die Armen, für die Abbrändler, für die Waisen und für die Volksküche. Er liest den Magid, eine fortschrittliche Zeitung auf Hebräisch und er ist Mitglied des Vereins für Fortschritt und Bildung, aber auch des jüdischen Armen- und Bedürftigenversorgungsvereins. Er spottet über den Rebbe von Belz, den größten Wunderrabbi Galiziens, und höhnt, daß der Rebbe von Rzerzow größer ist als der Rebbe von Kiew. Er liest das jüdische Volksblatt von Borysław, eine Zeitung in Jiddisch, die jeden Freitag erscheint. Und am Sabbat liest er in der Thora und im Talmud. Er ist zwar nicht sehr gebildet, aber in einfacheren Teilen des Talmuds findet er sich zurecht. Es genügt an Gott zu glauben und Jude zu sein.

Moses Herschs Familie war arm, bitter arm. Sein Vater war Tischler in Sosnica. Die Mutter handelte mit Salz, Brot, Mehl, Zwiebeln, Heringen, Kerzen, Messern, Besen und Branntwein. Aber alle handeln, und das Geschäft brachte nur wenige Kreuzer am Tag. Vater, Mutter und vier Kinder wohnten in einer Hütte mit Lehmboden in einem einzigen Raum. Unter der Woche hatten sie kaum genug zu essen. Aber am Sabbat gab es Challah und gefillte Fisch und manchmal ein Huhn. Als Moses Hersch zwanzig war, heiratete er und zog nach Sambor zu den Eltern seiner Frau. Er hörte, daß man in Borysław reich werden kann und beschloß, dort sein Glück zu versuchen. Damals hatte es in dem kleinen Dorf mit den paar hundert Einwohnern noch fast keine Juden gegeben. Jetzt wohnen siebentausend Juden in Borysław. Esther, Moses Herschs Frau, hatte eine kleine Mitgift in die Ehe gebracht. Davon kaufte er die Anteile an den Gruben. Er machte aber auch einen Handel auf mit Galanterien, Kurzwaren, Nürnberger und Glaswaren. Unter der Woche war er nun in Borysław und übernachtete in der Schenke, Donnerstag abend oder Freitag vormittag fuhr er nach Sambor, um mit der Familie den Sabbat zu feiern. Esther gebar ein Mädchen, das bei der Geburt starb. Ein Jahr darauf einen Sohn. Sische ist jetzt sechs Jahre alt. Moses Hersch war nun wohlhabend und kaufte ein Haus in Borysław. Ein Haus mit fünf Zimmern und einer Veranda auf der Ulica Pańska. Ein Zimmer dient als Geschäft. Drei Jahre später kam Osias zur Welt und Jakob ist gerade geboren worden. Esther ist groß, ein Stück größer als ihr Mann, stark und hat ein trauriges Gesicht. Sie hat einen Scheitl und trägt ein großes kariertes Tuch, wenn sie ausgeht. Am Sabbat liest sie in ihrer jiddischen Bibel und dem Gebetbuch, das ein silbernes Schloß hat. Sie ist Mitglied des Frauenvereins zur Unterstützung der Kranken und des Braut-Ausstattungs- und Altenversorgungsvereins. Moses Hersch hat eine Erdölraffinerie in Hubicze gebaut, einem Dorf gleich bei Borysław auf dem Weg nach Drohobycz. Esther arbeitet im Geschäft. Dreimal in der Woche kommt ein Student aus Drohobycz, um Moses Hersch und Esther Deutschunterricht zu geben. Ein Gymnasiast der siebenten Klasse. Auch Sische bekommt Deutschunterricht.

Die meisten Arbeiter sind Ruthenen und Juden, nur wenige sind Polen. Jeder Schacht hat seine Häuer, Träger, Wäscher, Wasserträger, Kurbeldreher, Umschmeißer und Klauberinnen. Jedem Schacht steht ein Aufseher vor. Die Aufseher sind ausnahmslos Juden. Sie werben die Arbeiter an und zahlen sie manchmal auch aus. Manche Arbeiten sind schwerer, andere wiederum gefährlicher. Am meisten verdienen die Häuer. Sie bekommen vor der Arbeit ein halbes Seidel Schnaps. Mit einem Fuß in einem Blecheimer, mit der Rechten das Seil und mit der Linken die Sicherheitslampe haltend, werden sie in den brunnenartigen sechzig oder mehr Meter tiefen Schacht hinuntergelassen. Der Mangel an Bremsen und Stützen, alte morsche Seile und Haspelgerüste lassen viele nicht mehr wiederkehren. Wer unten lebend ankommt, arbeitet in den schmalen, labyrinthartigen Gängen zwölf Stunden in der Tag- oder Nachtschicht. Die narkotisierende und anästhesierende Wirkung der Gase erzeugt Halluzinationen. Oft singen und tanzen die Bergleute, wenn sie aus dem Schacht kommen. Wenn der Arbeiter zu lange den Gasen ausgesetzt ist, bekommt er einen Geschmack nach bitteren Mandeln im Mund, Ohrensausen und Kreuzschmerzen, starke Krämpfe, wird bewußtlos und stirbt. Manchmal kommt es zu Explosionen, und es gibt kein Entrinnen. 50 bis 60 Kreuzer verdienen die Häuer als Taglohn. Die Klauberinnen sind jüdische Mädchen, noch Kinder. Sie scheiden die wachshaltige Erde von den Steinen. Sie knien auf der feuchten Erde und verrichten ihre Arbeit in gebückter Stellung 12 Stunden täglich, zu jeder Jahreszeit, trotz Nässe und Sturm und Regen. Die hohen Röhrenstiefel, die sie im Winter tragen, durchdringt die Nässe, und die leichte Kleidung schützt sie nur wenig gegen den Frost und die Unbilden des Wetters. Ihr Taglohn sind 40 Kreuzer. Die Kurbeldreher sind ruthenische Bauern und zugereiste Masuren. Die Steinträger und Wäscher fast ausschließlich Juden. Die Arbeiter, die oben arbeiten, sind meistens Juden. Die Arbeit ist zwar weniger gefährlich, dafür schwerer. Sie arbeiten statt samstags sonntags. Die Steinträger müssen die Steine auf große Plätze tragen und haben oft zwei Zentner auf ihren Schultern. Wäscher und Steinträger arbeiten ununterbrochen. Die Häuer in den Schächten können sich eine Ruhepause gönnen. Sie stehen unter keiner Aufsicht. Aber oben treiben die Aufseher und Pächter ihre Sklaven an, weil sie sie für 12 Stunden gekauft haben. Und so hört man die jüdischen Arbeiter klagen: Wir arbeiten schwerer als unsere Väter bei Pharao in Mizrajim; die höchste Zeit wäre es schon, daß uns Gott durch einen neuen Moses aus dem galizischen Mizrajim herausführe.

Sische geht in die erste Klasse der polnischen Volksschule. Dort wird auch Ruthenisch unterrichtet, weil einige Kinder Ruthenen sind. Aber die ruthenischen Bauern schicken ihre Kinder meistens nicht in die Schule. Sieben jüdische Kinder sind in der Klasse. Die Juden schicken ihre Kinder nur in den Cheder, nicht in die öffentliche Schule. Sie dürfen nur Hebräisch lernen und den Talmud studieren. Alles andere ist verboten. Sische ist auch in den Cheder gegangen, bevor er in die Volksschule gekommen ist, und hat den Pentateuch gelernt. Jetzt muß er nicht mehr in den Cheder gehen. Moses Hersch ist kein Freund des Cheder. Das ist etwas für die Orthodoxen und die Chassidim. Sie lernen nur Chumesch und Mischnah und Gemara. Und sie lernen es auf törichte Weise mit Schlägen und Drill. Damit kann man nichts werden im Leben. Sische soll etwas Ordentliches lernen und studieren. Er soll Arzt werden. Oder Advokat. Er soll Polnisch lesen und schreiben lernen, weil es in Borysław nur eine polnische Volksschule gibt. Aber besser Polnisch als den ganzen Tag über dem Talmud zu sitzen. Und er soll Rechnen und Deutsch lernen. Und wenn er nicht Arzt wird, dann soll er Kaufmann werden. Aber er soll studieren. Als Arzt oder Advokat kann er als Jude überall arbeiten. Ganz aber darf er die heiligen Bücher nicht vergessen. Er hat einen privaten Religionslehrer, jeden Tag eine Stunde. Weil es in der polnischen Volksschule keinen jüdischen Religionsunterricht gibt. Der Religionslehrer ist der Religionsweiser. In Borysław gibt es keinen Rabbiner. Er ist kein Chassid, aber orthodox, und duldet die Fortschrittlichen. Nur nicht mehr in den fanatisierten Cheder. Sische trägt auch keine Jarmulke mehr. Auch geht er samstags in die Schule, nur schreibt er nicht. Segenreich, Eisenstein und Lauterbach und all die anderen Orthodoxen und Chassidim gehen Moses Hersch aus dem Weg. Ihre Söhne gehen in den Cheder und halten den Sabbat heilig. Moses Hersch ist ein Apikojress, ein Ketzer. In Borysław gibt es keinen Tempel für die anderen, die keinen Kaftan mehr tragen und keine Pejes und die samstags ihre Kinder in die Schule schicken. Sie gehen ins Bethaus vom Fortschrittsverein. Der Fortschrittsverein will einen Tempel erbauen wie in Lemberg. Da soll es eine Orgel geben und einen Rabbiner, der auf Deutsch predigt. Moses Hersch hat Sische am Sabbat auch nie geprüft über das, was er während der Woche im Cheder gelernt hat. Er prüft ihn auch jetzt nicht. Sische ist blond wie der Vater. Er ist ernst und lernt gut. Ein jüdisches Kind muß sich schon frühzeitig an den Ernst des Lebens gewöhnen.

Kein Arbeiter wird um eine Legitimation gefragt, obwohl in Österreich ein Arbeitsbuch vorgeschrieben ist. Von Tausenden von Arbeitern weiß niemand, woher sie kommen. Selten kennt man die Namen der Arbeiter, weil es keine Registrierung gibt. Sie werden täglich angeworben und sofort bezahlt. Die Arbeiter mißtrauen den Schachtbesitzern, sie fürchten, überhaupt kein Geld zu bekommen oder lange darauf warten zu müssen. Viele Arbeiter verlangen zumindest teilweise den Lohn im voraus. Oft verschwindet daraufhin der Arbeiter und läßt sich möglichst rasch woanders ankaufen. Ist er in einen der vielen hundert Schächte eingefahren, ist es fast unmöglich, ihn wieder zu finden. Findet man ihn doch, so bekommt er eine gewaltige Tracht Prügel.

Um fünf Uhr früh und um fünf Uhr abend wimmelt es auf den Straßen von Borysław von Hunderten von Arbeitern und Arbeiterinnen, meist in erbärmlichster Kleidung, die auf den Wegen stehen oder sitzen und warten, bis sie jemand für die kommende Schicht anwirbt. Dazwischen eine Unzahl gestikulierender, feilschender und schreiender Aufseher oder Kassierer, wie man sie auch nennt. Sie kaufen die Leute an und führen sie wie eine Horde Sklaven vom Markte weg zur Schachtkaue. Noch lebhafter ist das Treiben bei Arbeitermangel in der Erntezeit. Die Kassiere konkurrieren untereinander, und die Arbeiter feilschen mehr um die Höhe des Lohns.

Fast jeder Aufseher hält eine Schenke verbunden mit einer konzessionierten Herberge. Der Arbeiter muß dem Aufseher 2 bis 5 Kreuzer Kassierergeld bezahlen, weil er und kein anderer für die Schicht angeworben wurde. Weil sich der Arbeiter nicht von der Arbeit entfernen kann, werden ihm meistens zwangsweise vom Aufseher die Lebensmittel geliefert, die dann viel teurer sind als im Geschäft. Und wenn er am nächsten Tag wieder sicher angeworben werden will, muß er in der Herberge des Aufsehers nächtigen. Oft ist am Abend ein Mann dem Kassierer noch etwas schuldig, statt einen Lohn zu erhalten. Dann bekommt ein ruthenischer Bauer, der nicht lesen und schreiben kann, eine Rechnung vorgelegt:

Hast genommen. . . . . 10 Brote
Kommen zusammen . . . . 2 fl. 20 kr.
Schnäpse hast du getrunken alle
Tage 3 Stück, macht. . . . . 24 Stück
Und kosten zu 4 kr. . . . . 96 kr.
Hast gearbeitet . . . . 8 Schichten

Kommt mir ein Kassiergeld	32 kr.
Schüssel mit Erdäpfel und Teig	20 Stück
Kosten	1 fl. 20 kr.
Macht zusammen	5 fl. 30 kr.
8 Schichten à 65 kr	5 fl. 20 kr.
bleibst also schuldig	10 kr.

Oft reichen die Herbergen nicht aus oder sie werden gar nicht aufgesucht, um die 10 Kreuzer zu sparen. Viele Arbeiter schlafen in der Schachtkaue oder im benachbarten Wald, wo sie sich Höhlen graben oder Laubhütten bauen. Im Sommer bei schönem Wetter ist auch das nicht nötig. Oft sieht man Hunderte auf der Hutweide vor der Ortschaft schlafen. Viele Arbeiter wohnen auch in Drohobycz und fahren jeden Tag nach Borysław. Die Bahnstation in Drohobycz ist gleich beim Ringplatz. Dann stehen sie 40 Minuten dicht gedrängt in der 4. Klasse. Es ist die einzige Strecke in der Monarchie, auf der am Samstag keine Züge fahren.

In den Herbergen kann der Arbeiter Brot und Schnaps kaufen. Die Herberge ist ein völlig verschmutzter Raum, der mit hölzernen Pritschen vollgestopft ist. Dort schlafen so viele Leute, wie dicht nebeneinander Platz finden. Die Herberge ist Tag und Nacht belegt und wird nie gereinigt. Die Juden fügen sich dem Schicksal und denken: Gott hilft schon.

Moses Hersch sitzt in seinem Kontor, wo auch die Auszahlung stattfindet. Es ist ein mittelgroßes Zimmer, in der Mitte stehen ein fester eichener Tisch, an der Wand Bänke, um den Tisch herum Stühle und in der Ecke eine eiserne Wertheim-Kasse. Er sitzt am Tisch und geht seine Rechnungsbücher durch. Der Aufseher kommt und hinter ihm die Arbeiter. Die Arbeiter drängen und schwätzen, während sie im Flur warten, um zur Auszahlung aufgerufen zu werden. Der Aufseher ist ein Jude mit einem dichten, zerzausten Bart, Schläfenlocken und einem Hut auf dem Kopf. Er geht in das Zimmer, tritt an den Tisch heran und sagt: im Schacht Nr. 15 hat man eine Matka gefunden. So eine Matka, Reb Moses Hersch. Dabei fuchtelt er mit den Händen, als wollte er die Größe der gefundenen Mutter andeuten. So eine Wachsader habt ihr noch nie gesehen, Reb Moses Hersch. Moses Hersch lächelt freudig verhalten. Er hat ein strenges Gesicht und pflegt Gefühle zu verbergen.

Insbesondere vor seinen Arbeitern und Dienstboten, die er mit unnachgiebiger Strenge behandelt.

Nach 6 Uhr abend ziehen Massen mit gelblichen Gesichtern und in graugelben verschmierten Fetzen stumpfsinnig durch die Straßen von Borysław. Es sind Arbeiter, die nicht nach Hause gehen, weil sie kein Heim haben. Sie suchen kein Gasthaus auf, weil sie kein Geld haben. Sie kaufen sich bei der Schüsselverkäuferin, die eine Verwandte des Aufsehers ist, eine Schüssel, stecken sich nach dieser Mahlzeit eine Pfeife an und ziehen zum Schnapsladen, der der Frau des Aufsehers gehört. Der Schnapsladen ist eine kleine, halb verfallene Holzbaracke. In der Mitte steht ein leeres Faß, das als Schanktisch dient. Darauf steht eine große Schnapsflasche und kleinere und größere Gläschen. Rund herum stehen Bänke, auf denen die Arbeiter und Arbeiterinnen sitzen. Eine kleine Hängelampe beleuchtet den Raum. Man schimpft über die Aufseher. Flüche werden ausgestoßen. Jüdisches Hundsblut schreien sie. Die Frau soll der Judeneule Grüße ausrichten. Einer nach dem anderen schläft ein. Eine sitzend, der andere legt sich in einen Winkel oder unter die Bank. Die sitzende Arbeiterin fällt von der Bank und stößt an den bereits schlafenden Arbeiter. Das Gespräch im Raum wird immer schwächer. Schließlich liegen 20, 30 Personen, Männer, Frauen und Kinder, neben- und übereinander.

Moses Hersch hat mit dem Erdöl und Erdwachs ein kleines Vermögen erworben. Er kauft die Bierbrauerei in Drohobycz. Er hat sowieso vor, nach Drohobycz zu ziehen. Es ist nur eineinhalb Meilen von Borysław entfernt und es stinkt nicht nach Erdöl. Er übernimmt vierzehn Arbeiter, ruthenische Bauernburschen, drei gelernte Arbeiter und den Braumeister, der für den Ablauf der Arbeit verantwortlich ist, Gerste, Hopfen und Hefe einkauft, sich um die Maschinen kümmert und ein Auge auf die Ochsen, Pferde und Wagen hat. Es wird sechzehn Stunden gearbeitet, um vier Uhr früh wird begonnen. Nach fünf Stunden gibt es eine Pause. Jeden Tag gibt es eineinhalb Liter Freibier und eine Jause als Teil des Lohns. Moses Hersch fährt fast nie nach Drohobycz in die Brauerei. Er versteht auch gar nichts von der Bierbrauerei. Chaim Alter, der junge Gottesmann, wohnt schon in Drohobycz bei seinem Schwiegervater. Er schaut manchmal in die Brauerei, ob alles in Ordnung ist.

Der Wachsdiebstahl ist in Borysław vollkommen organisiert, im Kleinen wie im Großen. Die Grubenarbeiter schlagen das weiche Erdwachs in Platten, die sie auf der Brust unter der Kleidung leicht verbergen können. Dieses Wachs heißt Pazuchy-Wachs. Es wird in jeder Schenke als Bezahlung angenommen. Kinder sind den ganzen Tag unterwegs, um zwischen den vielen Schachtkauen oder auf den Halden ein Stückchen Wachs zu erhaschen. Und ganze Banden sind auf nächtlichen Einbruch spezialisiert. Alle verkaufen ihren Raub an Zentralhehler, die das Wachs zu Schmelzwachs verarbeiten und direkt in den Handel bringen.

2

Chane, die Dienstmagd, bringt das Frühstück. Brot, kaltes Huhn und Zichorienkaffee. Der Fußboden der Stube ist glattlackiert und die Wände sind frisch gestrichen. In der Mitte steht ein Tisch, drum herum Sessel mit geflochtenen Sitzen. Ein Lehnstuhl und ein Schreibtisch befinden sich noch in dem Zimmer. Und eine Kredenz, in der das Passahgeschirr aufgehoben wird, ein Chanukkaleuchter, eine Menora, silberne Kerzenhalter, das Buch Esther in einer Kassette und ein Sabbatbrotmesser mit einem Perlmuttergriff, auf dem die Worte „Heiliger Sabbat" eingraviert sind. In den Fächern sind Gewürz- und Kräuterbehälter, Karaffen, Tabletts und Vasen. An der Wand neben der Tür hängt in einem Goldrahmen ein großes Bild. Es stellt eine tropische Landschaft dar. Ein bläulicher Himmel über Bambuswäldern und im Vordergrund einige Gazellen. An der Ostwand hängt ein Bild von Moses Montefiore.

– Du warst heute nicht in der Synagoge, sagt Esther.
– Ja.
– Und gestern und vorgestern warst du auch nicht.
– Ja.
– Gitel hat es Chane gesagt.
– Laß sie reden.
– Naphtali hat es Schejne erzählt. Milka spricht nicht mit mir.

– Was macht das?
– Chane hat mir gesagt, daß man sich erzählt, daß du am Sabbat Zigarren rauchst.
– Das ist eine Lüge.
– Alle reden. Joel, Hinda, Mendel. Niemand spricht mehr mit uns. Sie sagen, wir kommen in die Gehenna.

Moses Hersch lacht.

– Närrin. Laß sie reden.
– Aber es sind unsere Nachbarn.
– Ich bin ein gottesfürchtiger Mann. Ich spreche das Morgengebet und das Abendgebet. Das genügt. Gottesmann, Kornhaber, Mendelson gehen auch nicht jeden Tag in die Synagoge. Ephraims Meier und Simons Feigele gehen mit Sische in eine Klasse. Und Azriel, Berman, Dow gehen auch nicht mehr in den Cheder. Wir werden bald nach Drohobycz ziehen.

Moses Hersch nimmt eine Prise Schnupftabak. Der Säugling schreit. Esther nimmt ihn an die Brust.

– Osias muß in den Cheder kommen.
– Er muß nicht in den Cheder gehen.
– Er muß in den Cheder gehen.
– Er soll in die Volksschule gehen.
– Aber zuerst in den Cheder. Er muß Hebräisch lernen und den Talmud studieren.
– Das kann er auch mit einem Privatlehrer. Im Cheder lernt er nur Hebräisch und Chumesch. Er soll Deutsch lernen. Reb Wolf ist ein schlechter Lehrer und es ist sehr schmutzig bei ihm und im Haus laufen die Hühner herum und es stinkt und die Windeln hängen überall und seine schmutzigen Kinder schreien und Rebekka steht die ganze Zeit am Herd und zetert. Das weißt du doch.
– Er soll auch nicht zu Reb Wolf gehen. Geben wir ihn zu Reb Selig. Sische war auch bei ihm. Er ist kein Chassid, aber er ist ein Gelehrter.
– Reb Selig ist auch nicht viel besser, und Reb Manasse ist ein chassidischer Trunkenbold.
– Er muß bis zur Volksschule in den Cheder gehen. Er ist alt genug, um zu lernen.

– Kümmer' dich um die Kinder und mach' die Bestellungen fertig. Moses Hersch steht auf, zieht seinen mit Fuchspelz gefütterten Überzieher an und geht. Er muß nach Drohobycz fahren und das Brauhaus in das Katastralregister eintragen lassen. Es ist tief verschneit. Er läßt die Pferde vor den Schlitten spannen.

Esther trägt ein Hauskleid aus Alpaka. Keinen Schmuck. Nur am Sabbat nimmt sie eine Perlenkette zu ihrem Feiertagskleid aus Atlas. Aber parfümierte Seife liebt sie, die sie sich aus Lemberg kommen läßt. Sie hat auch eine elegante Perücke aus echten Haaren, wie sie die Damen in Lemberg haben. Sie ist kräftig und hat volle, fast wulstige Lippen. Und immer ein bißchen einen leidenden Gesichtsausdruck. Moses Hersch und Esther haben sich wie alle Juden erst knapp vor der Hochzeit kennengelernt. Sie vertragen sich recht und schlecht. Öfter einmal gibt es Streit. Meistens setzt sich Moses Hersch durch. Aber er ist zufrieden, weil Esther fruchtbar ist und lauter Söhne gebiert. Moses Hersch ist fortschrittlich. Und Esther geht das manchmal zu weit. Dann gibt es Streit. Esther hat ein ganz besonderes Buch. Das Zenne Urenne. Es ist ein volkstümliches Lesebuch. Einige Bibelbücher und die Zerstörung des Tempels werden erzählt. Auch Auszüge aus dem Talmud und dem Midrasch. Es ist schon ganz zerlesen und hat Flecken von Tränen. Esther liebt aber auch Romane. Jiddische Romane. Deutsch kann sie zu wenig, um Romane lesen zu können, obwohl sie die deutsche Korrespondenz erledigt. Und Polnisch kann sie fast gar nicht. Jeden zweiten Monat kommt der Buchhändler mit seinem Sohn nach Borysław. Vor der Synagoge stellt er seinen Wagen ab. Der Sohn, ein schmächtiger 14-jähriger Bursch mit Schläfenlocken, holt aus der Synagoge einen Tisch und einige Bänke, auf denen er die Waren auslegt. Mehrere Knäuel Schaufäden, ein Haufen Mesusas, Gebetriemen, Techinnen und Gebetbücher. Die ganze Woche fahren sie mit dem Wagen, den ein alter Klepper zieht, von Stettl zu Stettl. Der Junge ruft: „Bücher für Frauen und geistliche Bücher für Männer". Sie haben geistliche Bücher in Hebräisch und jiddische Bücher, jiddische Romane, ein Majsse Buch, Erzählungen der Abenteuer des Prinzen Bovo, Tausend und eine Nacht und Volksmärchen. Und wenn man mit ihm verhandelt, kann man auch deutsche und polnische Bücher kaufen. Aber nur heimlich, damit es die Chassidim nicht merken. Esther liebt die Romane von

Scheikewitsch. A scheine maize nur a kurze. Fun zawod un bad. Oder der ungetreue chasn oder der modner lehrer. Die meisten sind kurze Romane. Sie spielen in Rußland, in Warschau oder Łodz.

Moses Hersch trägt einen kurzen Rock wie ein Deutsch. Eine Weste mit Uhrkette, lange Hosen und Stiefel. Er ist klein, hat tief liegende Augen und einen üppigen Bart mit weißen Fäden darin. Und einen würdevoll energischen Gesichtsausdruck. Er kann zwar auch noch nicht perfekt Deutsch, hat aber beim Buchhändler eine Schillerausgabe gekauft. Abends liest er darin im Lehnstuhl sitzend mit einem Glas Bier, Kichererbsen und einer Zigarre.

Der Handel, den Moses Hersch betreibt, ist nicht groß. Er gibt ihn aber nicht auf. Einmal im Monat fährt er nach Lemberg, um Waren einzukaufen. Wenn Esther Zeit hat und nicht mit den Kindern oder dem Haushalt beschäftigt ist, hilft sie. Sie verkauft oder schreibt Briefe. Mit Kornhaber, Mendelson und Gottesmann hat Moses Hersch eine Firma gegründet. Ein Erdwachs-Export-Geschäft. Sie liefern nach Lemberg, Prag und Wien. Aber auch an die Paraffinfabrik in Drohobycz. Am nördlichen Ende des Bahnhofs von Drohobycz gibt es eine Kerzenfabrik, die Kerzen für israelitische Kultuszwecke aus Paraffin erzeugt. Mit Gottesmann ist er nicht sehr zufrieden. Er ist geizig, hat eine harte Natur, die manchmal in Rücksichtslosigkeit ausartet. Und überhaupt klingt seine Redeweise manchmal, ohne daß er es will, beleidigend. Aber anerkannt muß werden, daß er ein Mann der Arbeit und der Tat ist. Er ist auch ein sehr gescheiter Mensch. Kornhabers wildes Vorgehen hat ihn hochgehoben und wieder zu Boden gestürzt. Mit ihm kann sich Moses Hersch nicht beraten. Und Mendelson ist ein lieber, braver und guter Mensch. Er hat auch einen sehr guten Kopf. Einen viel besseren als er, Moses Hersch. Moses Hersch hat ihn sehr gern. Nur reicht sein Optimismus bis zum nackten Leichtsinn. Nach seiner Ansicht kann ein Mensch alles tun, die schwierigste geistige Arbeit, ohne den Kopf anzustrengen. Es ist nämlich so, der gute Mendelson hat in seinem ganzen Leben niemals schwer gearbeitet. Ihm hat das Glück einfach sich aufgebürdet. Er hat dazu niemals beigetragen. Und deshalb meint er, daß es möglich ist, die ganze Welt ohne Anstrengung zu bewegen. Aber Moses Hersch ist ein verträglicher Mensch und kommt mit seinen

Kompagnons gut aus. Er selbst ist umsichtig, niemals leichtsinnig und rechnet sorgfältig. Wer im Leben nicht rechnet, stirbt ohne Gnade.

Die Petroleumfabrik in Hubicze ist nicht groß. Sie gehört Moses Hersch allein. Vierzig Arbeiter sind beschäftigt, Juden und Ruthenen, Männer und Frauen. Die Juden arbeiten sonntags, die Ruthenen samstags. Sie arbeiten 12 Stunden. Moses Hersch schlägt nie einen Arbeiter. Die Aufseher machen das manchmal. Zu Peissach spendet Moses Hersch jedem Arbeiter einen Gulden. Er geht jeden Tag in die Fabrik, obwohl er einen Direktor und einen Buchhalter hat. Er kontrolliert regelmäßig die Bestellungen und Quittungen. Das Petroleum wird nach Lemberg und Wien geliefert. In der Fabrik gibt es zwei Maschinen und zwei Dampfkessel. Aber so wie in den meisten anderen Fabriken hat er keinen Maschinisten. Dadurch spart er Geld. Niemand kontrolliert, ob eine Fabrik einen Maschinisten hat. Es passiert auch manchmal ein Unglück. Aber in Moses Herschs Fabrik ist noch nie etwas passiert. Außer dem Toten, der in seinem Schacht gefunden worden ist, hat es noch keinen größeren Unfall in seiner Grube gegeben. Einmal hat sich ein Arbeiter ein Bein gebrochen, ein anderer hat sich zwei Finger gequetscht. Aber Explosion gab es noch keine. Er sucht sich auch immer sorgfältig den Aufseher aus, einen, der halbwegs ordentlich ist. Wenn nichts passiert, kann ihn auch niemand erpressen.

Osias geht zu Reb Selig in den Cheder. Esther hat sich durchgesetzt. Die Kinder von Kornhaber, Mendelson und Gottesmann gehen auch zu ihm. Reb Selig kommt aus Drohobycz. Er ist Schächter und ein frommer Mann. Ein Konservativer, ein Orthodoxer, aber gemäßigt. Es gehen nur die Kinder der Fortschrittlichen zu ihm, die ohne Pejes und Kaftan. Die Fortschrittlichen gefallen ihm nicht, aber er muß ja leben. Es geht ihm ganz gut. Die reichen Unternehmer zahlen besser als die armen Chassidim. Sein Bart ist immer voll Schnupftabak. Er schlägt die Kinder mit dem Kantschuk. Aber weniger als Reb Wolf. Bedenkt, Kinder, daß diese Welt nur eine Vorhalle zu jener Welt ist, pflegt er zu sagen. Das Leben ist nichts als eine Prüfung. Osias lernt schlecht und bekommt oft Schläge. Er kann sich nichts merken. Wenn er Schläge bekommt, weint er. Er erzählt es immer der Mutter. Was habe ich getan, daß Gott mich mit so einem Kind straft, sagt die Mutter jedes Mal und gibt ihm zum Trost ein Marmeladebrot.

Mit dem Deutschlehrer geht es besser. Deutsch lernt er leichter, und er bekommt auch keine Schläge. Außerdem spielt der Deutschlehrer manchmal mit Osias oder er zeichnet ihm ein Pferd auf oder eine Katze. Er ist ein großer, junger Mann mit langen, dunklen Locken und einem leichten Bartflaum, ein guter Schüler und für sein Alter schon sehr belesen. Osias ist ein schlaues kleines Kerlchen. Er hat ein paar Oign wie ein Ganev, sagt die Mutter. Ein Ganev, der nicht lernen will. Sische aber ist brav und lernt gut. Wenn er mit Kindern spielt, spielt er auch mit Mädchen. Und die anderen Buben lachen. In der Klasse sind Buben und Mädchen. Links sitzen die Buben und rechts die Mädchen durch einen Mittelgang getrennt. Wenn die Kinder die Verrückte, die immer spricht und singt, und in Lumpen gekleidet ist, mit Steinen bewerfen, macht Sische nicht mit. Das macht ein jüdisches Kind nicht. Schlage niemanden, deine Hände könnten dir abfallen. Aber mit Osias spielt er hinter dem Haus Verstecken und Fangen. Dort ist es schmutzig und kotig. Und die Kinder sind immer voll mit Kot beschmiert. Himmel und Hölle spielen sie, obwohl Osias noch zu klein dazu ist. Wenn Sische mit Osias spielt, ist er immer der König. Die Mutter sieht es nicht gern, wenn die Kinder im Freien spielen. Sie hat Angst, daß sich die Kinder verkühlen, obwohl sie ohnedies dick angezogen sind. Seid vorsichtig, lauft nicht so schnell. Sischele, mein Herzblatt, du brichst dir noch ein Bein – Gott behüte. Sische ist Mutters Liebling. Er hat glühende Augen, sagt sie immer. Weil er so talentiert ist. Aber Kasia, die Kinderfrau, liebt Osias am meisten. Sie schläft mit den Kindern in einem Zimmer, sie kann Jiddisch und singt ihnen ruthenische Volkslieder vor und erzählt Märchen von Popen und von Jesus oder rezitiert auf Jiddisch:

Ele-bele-joske
A schwarze kale hostu
In roite schichlech gait-zie
Oifn grinem baimele stait-zi.

Jakobs Wiege steht noch im Schlafzimmer der Eltern, direkt beim Bett der Mutter. Die Ehebetten sind nach jüdischer Sitte rechtwinkelig zueinander aufgestellt. Fast nie spielen Sische und Osias mit den Nachbarkindern. Sie sind keine Chassidim, sie haben keine Pejes und keinen Kaftan an. Mit Feigele und Meier läuft Sische immer um die Wette. Azriel pfeift und klettert auf Bäume, obwohl es verboten ist. Ein jüdisches Kind macht das nicht. Und Sische fängt Vögel, obwohl es verboten ist. Mit Berman und Dow spielt Sische auch. Und wenn sie einen Hund sehen, sagen sie:

> Hund, Hund, du bist Esaus Kind
> Doch ich – ich bin Jakobs Kind,
> wage es ja nicht, mich zu beißen,
> sonst kommt mein Erzvater Jakob
> und der wird dich zerreißen.

Wenn Sische von der Schule nach Hause geht, kauft er sich immer Kichererbsen und zu Hause gibt er Osias davon. Dann spielt er mit ihm Dreidl oder mit Knöpfen oder mit Karten oder er schnitzt ihm eine Flöte aus Schilfrohr.

Esther ist hochschwanger. Rywka, die Hebamme, kommt jeden Tag. Sie legt die Hand auf den Bauch der Mutter und sagt das Geburtsdatum voraus. Sie ist beliebt und wird gut bezahlt. Wenn es ein Knabe wird, bekommt sie bei der Beschneidung auch noch ein Geld.

Es ist ein gewöhnlicher Wochentag. Chane geht mit einem Huhn zum Schächter. Esther schreit und stöhnt. Esther hat eine schwere Nacht. Moses Hersch geht ins Bethaus und spricht Psalmen. Frauen sind gekommen, um Esther beizustehen. Moses Hersch und die Kinder werden aus dem Haus geschickt. Schrei, Kind, und gibt dir Mühe, sagt die Hebamme. Es ist so weit. Es ist ein Knabe. Ein gesunder Bub. Baruch Haschem. Awrum, benannt nach einem verstorbenen Bruder Esthers.

2. Kapitel

1

Es ist sieben Wochen nach Schawuot. Jakob hat Schüttelfrost. Esther legt ihn sofort ins Bett und deckt ihn fest zu. 38,1. Sie bringt ihm Himbeersirup und läuft nervös im Haus herum, macht Tee und legt ihm eine Kompresse auf die Stirn. Hinter Esther läuft Pinkas her, der Jüngste. Er hängt sich an die Mutter und zetert. Wo ist Kasia? Esther ruft nach Kasia. Wo ist Chane? Nie ist jemand da, wenn man ihn braucht. Chane steht am Waschtrog, hört Esther schreien und eilt herbei.

– Wo ist Kasia?

– Sie spielt mit Awrumele hinterm Haus.

– Und warum spielt sie nicht auch mit Pinkas? Jakob ist krank. Kasia hat ihn sicher nicht warm genug angezogen.

Chane läuft und holt Kasia. Dann läuft sie zu den Nachbarinnen und erzählt, daß Jakob krank ist. Hinde und Sara kommen und bringen Kräuter. Jakob ist blaß und matt. Er ist fünf Jahre alt und geht auch zu Reb Selig in den Cheder. Reb Selig hat ihn nach Hause geschickt, weil er so gejammert hat und so fiebrig ausgesehen hat. Osias und Sische kommen von der Schule nach Hause. Ganz aufgeregt teilt Esther ihnen mit, daß Jakob Fieber hat. Sie kann die Kinder jetzt nicht abfüttern, sie muß Hirse mit Milch für Jakob kochen. Chane soll sich um die Kinder kümmern. Am Herd steht ein Topf mit Borschtsch. Sische geht zu Jakob. Er verspricht, ihm eine Geschichte von einem Dibbuk zu erzählen. Und Kasia kommt, setzt sich an Jakobs Bett, steckt ihm einen Löffel Honig in den Mund und singt ein ruthenisches Volkslied.

– Osias, lauf zum Vater und sag ihm, daß Jakob krank ist.

Moses Hersch ist im Geschäft. Er kommt gleich, läßt sich alles erzählen, geht zu Jakob und verspricht, ihm amerikanische Paranüsse zu bringen. Vielleicht aus Drohobycz, und wenn er dort keine bekommt, läßt er sie aus Lemberg kommen.

Sische soll ins Gymnasium kommen. In Borysław gibt es kein Gymnasium. Er soll in Sambor ins Gymnasium gehen. Dort kann er bei Esthers Eltern wohnen. David und Pessel Hopfinger. Ihre Kinder sind schon verheiratet. Sie wohnen im I. Bezirk, in Sambor Stadt, wo die meisten Juden wohnen. Sie haben ein Haus mit einer Stube und einem Schlafzimmer. Pessel handelt mit Schnittwaren und David ist Holzhändler. Beide können nur Jiddisch. Moses Hersch wird für die Unterkunft und Verpflegung seines Sohnes natürlich bezahlen. Am 1. September ist die Aufnahmsprüfung. Es ist ein polnisches Gymnasium. Seit der Autonomie gibt es in Galizien kein deutsches Gymnasium mehr. Sische kann nicht genug Polnisch. In der Volksschule in Borysław hat er nicht genug gelernt. Er bekommt einen Lehrer. Auch ein Student aus Drohobycz, ein Schüler der fünften Klasse. Einer, dessen Eltern nicht genug Geld haben, das Studium zu bezahlen. Er ist ein kluger Junge, der ständig lateinische und griechische Verse auswendig aufsagt. Der Vater arbeitet in Borysław als Aufseher und fährt jeden Tag mit dem Zug zwischen Drohobycz und Borysław hin und her. Die Mutter arbeitet in der Ölraffinerie von Moses Hersch. Sische lernt gern mit ihm. Nur muß er immer lachen, wenn er ihn sieht, weil er ein bißchen schielt.

Jakob hat immer noch Fieber. Manchmal höheres, manchmal weniger. Er ist ein aufgeweckter Bub mit einem schwarzen Lockenkopf. Jetzt ist er dasig. Esther läßt ihn nicht aufstehen. Auch nicht zum Abort ein paar Gassen weiter darf er gehen. Hinde empfiehlt kalte Umschläge. Die macht ihm Esther sowieso. Sara hat Jakob Nüsse und Rosinen mitgebracht. Sie ist für einen Einlauf. Jakob hört das und beginnt er zu weinen. Esther ist gegen einen Einlauf. Man soll damit noch warten. Er soll einstweilen Milch und Tee trinken, viel Himbeersirup und Honig. Himbeersirup senkt das Fieber. Und im Bett bleiben unter der warmen Tuchent. Sara sagt, sie macht den Einlauf. Wenn schon, dann soll die Einlauffrau kommen. Jakob schreit: nein, nein, nein. Jakob fiebert schon mehr als eine Woche. Die Einlauffrau muß unbedingt kommen, sagt Sara. Sie hilft bestimmt. Esther stimmt schließlich zu.

– Chane, hol die Einlauffrau.

Nach einer halben Stunde ist Chane mit der Einlauffrau zurück. Sie war gerade bei einem anderen Kind. Mit einer Kalbsblase und einem

Gänsefederkiel nimmt sie die Behandlung vor. Jakob weint bitterlich. Esther nimmt seinen Kopf an die Brust und streichelt ihn. Obwohl Kinder in diesem Alter nicht mehr gehutscht und liebkost werden. Aber wenn ein Kind krank ist, ist es etwas anderes.

In Wolanka brennen seit einigen Monaten mehrere Gruben. Eine unachtsam weggeworfene Zigarette hat den Brand ausgelöst. Die Feuer- und Rauchsäule gleicht einem Vulkan. Bis jetzt hat das Feuer noch auf keine Grube von Moses Hersch übergegriffen. Aber man riecht den Rauch bis zu seinem Haus.

Jakob fiebert schon zwei Wochen. Er ist schon ganz schwach und will auch nicht viel essen. Selbst die Paranüsse, die ihm der Vater gebracht hat, haben ihm nicht sonderlich geschmeckt. Er will nur Geschichten hören von Dibbuks, Geistern und Teufeln, obwohl ihm dabei gruselt. Sische hat viele solche Geschichten gelesen. Er setzt sich zu Jakob und erzählt. Er hat sie bei der Frau vorm Bethaus gekauft. Kleine Hefte, in Jiddisch geschrieben. Gerade hat er ihm eine Geschichte von Wölfen erzählt, die ihm Angst machte, weil er glaubte, daß die Wölfe auch nach Borysław kommen können. Esther beschließt, den Feltscher zu rufen. Er versteht etwas vom Heilen. Er weiß sicher ein gutes Mittel. Der Feltscher verordnet Rizinusöl und setzt Blutegel an. Das hilft bei jeder Krankheit. Er läßt ein Gurgelwasser da und geht.

Esther spricht mit Moses Hersch. Man muß einen Arzt holen. Jakob fiebert schon vier Wochen und nichts hilft. Er ist schon ganz schwach und blaß. In Borysław gibt es nur einen einzigen Arzt. Er ist Doktor der Medizin und Chirurgie, Magister der Geburtshilfe und Augenheilkunde. Sie schicken Chane zu ihm. Er ist nicht zu Hause, die Magd wird es ausrichten. Am Abend kommt er dann in einer Kutsche vorgefahren. Moses Hersch führt ihn ins Krankenzimmer und bittet ihn, Platz zu nehmen. Die ganze Familie steht ehrfürchtig um ihn herum. Sogar Pinkas ist dabei auf den Armen von Kasia. Der Arzt untersucht Jakob. Alle bleiben stehend im Zimmer. Der Arzt bittet um Wasser und ein Handtuch. Esther überschlägt sich und ist sofort mit dem Wasser und dem Handtuch wieder da. Dann will er einen Löffel haben. Esther läuft sofort, ihn zu holen. Der Arzt schaut in den Hals, horcht die Brust ab, betastet den Bauch. Jakob hat ein bißchen Bauchweh. Vielleicht ist es Typhus, aber er hat keinen Durchfall. Es ist nichts Ernstes, es ist ein Blasenkatarrh, das Fieber wird vergehen. Der Arzt verordnet Lebertran und kalte Bäder oder kalte Einwicklungen gegen das Fieber. Esther soll ein großes Leintuch nehmen, es doppelt oder vierfach legen, mit kaltem Wasser durchtränken, gut auswringen und auf einer wollenen Decke ausbreiten, Jakob vollständig entkleiden und in das nasse Tuch und dann in die Wolldecke einwickeln. Nach kurzer Zeit soll er herausgenommen werden und wieder frisch eingewickelt werden. Diese Prozedur soll fünfmal nacheinander vorgenommen werden. Wenn Jakob sehr weint, genügen auch kalte Abwaschungen. Jakob soll Fleischbrühe essen, Huhn oder Rindfleisch, frische Äpfel oder Birnenkompott. Der Arzt verabschiedet sich. Moses Hersch gibt ihm scheu die Hand, wobei er ihm schüchtern das Honorar in die Hand drückt.

2

Moses Hersch fährt mit Sische nach Sambor zur Aufnahmsprüfung. Esther muß bei den Kindern zu Hause bleiben, zumal Jakob immer noch krank ist. Auch muß sie sich um das Geschäft kümmern. Auch wenn Osias nach der Schule gern im Geschäft hilft. Sie wollen mit der Kutsche nach Drohobycz fahren und dann mit dem Zug weiter. Der Zug von Borysław nach Drohobycz ist immer so überfüllt, auch die 1. und 2. Klasse. Sissel, die neue Dienstmagd, eilt herbei und drückt Moses Hersch einen verschnürten Topf mit einem Huhn drinnen in die Hand. Esther nimmt unter Tränen Abschied. Wenn Sische die Aufnahmsprüfung besteht, kommt er vor Jom Kippur nicht wieder. Sei vorsichtig, mein Herzblatt. Und zieh dich warm an. Und vergiß nicht das Morgen- und das Abendgebet. Versprich mir das hoch und heilig. Und vergiß nicht den Segensspruch vor dem Essen. Alle stehen vor dem Haus und schauen der Kutsche nach. Pinkas am Arm von Kasia und Awrumele hängt an der Schürze von Sissel. Sogar Jakob hat Esther erlaubt aufzustehen. Auch er weint, weil ihm jetzt niemand mehr Geschichten erzählen wird. In Drohobycz steigen sie in den Zug nach Sambor. 2. Klasse. Da gibt es gepolsterte Sitze und nicht so viele Passagiere. Fast zwei Stunden fahren sie mit dem Zug. Sische war nur einmal bei den Großeltern auf Besuch. Und David und Pessel waren einmal zu Pejssach in Borysław auf Besuch. Die Mutter fährt öfter einmal allein nach Sambor. Sische gefällt die Bahnfahrt. Er ist noch nicht oft mit dem Zug gefahren. Am Bahnhof nehmen sie einen Einspänner. Kutscher mit Schläfenlocken und in langen Kaftanen stehen herum und schreien: Mit mir bitte fahren! Mein Wagen rüttelt nicht. Sein Pferd ist ein krepiertes Aas, meines ein leichter Adler! Mit mir! Mit mir! Sische ist aufgeregt. Die Aufnahmsprüfung, und Sambor ist eine richtige Stadt. Dort stinkt es nicht nach Erdöl und Rauch. Er war schon öfter in Drohobycz. Der Vater hat ihn manchmal mitgenommen, wenn er in die Brauerei fährt. Dann hat er ihm von seinen Geschäften erzählt. In Lemberg war Sische noch nie, obwohl es da immer die schönsten Zirkusse gibt. Der Vater hat ihm versprochen, mit ihm einmal nach Lemberg in den Zirkus zu fahren, wenn er die Aufnahmsprüfung besteht. In den nächsten Ferien gleich, will ihn der Vater mitnehmen, wenn er nach Lemberg fährt, um Waren einzukaufen. Das ist ein großer Ausflug, da müssen sie in Lemberg übernachten. Nach Drohobycz kommt auch manchmal ein Zirkus. Er hat aber noch nie einen gesehen. Der Vater hat es nicht erlaubt, obwohl Sische schon oft gepenzt hat. Nach Sambor kommt sicher auch einmal ein Zirkus.

In Sambor werden sie mit Graupeneintopf, Bohnen, Kartoffeln und getrockneten Pilzen empfangen. Danach gibt es Apfelmus und einen Schluck Branntwein. Moses Hersch und Sische schlafen in der Stube. Hier wird Sische auch schlafen, wenn er die Aufnahmsprüfung bestanden hat. Lernen kann er im Schlafzimmer der Großeltern. Da steht ein Tisch mit einigen heiligen Büchern, die David am Sabbat studiert. Am nächsten Tag in der Früh bringt Moses Hersch Sische zum Gymnasium. Die Aufnahmsprüfung besteht aus einem Diktat in Polnisch und Deutsch und in Rechenaufgaben. Sische hat bestanden. Baruch Haschem. Moses Hersch wartet schon vor der Schule. Sie gehen gleich zum Schneider eine Uniform bestellen. Uniformen haben in Österreich nur die galizischen Gymnasiasten. Dunkelblaue Blusen, graue Hosen und dunkelblaue Kappen mit einem G an der Kappe für „Gymnasium“. Die unteren Klassen haben silberne Streifen am Kragen der

Bluse und die oberen goldene, ein, zwei, drei oder vier, je nachdem in welcher Klasse man ist. Sische bekommt zwei Uniformen. Eine aus Alpaka für den Winter und eine aus einem leichten Stoff für den Frühling.

Moses Hersch gibt Pessel Geld. Sie läuft und kauft Leber und Rindfleisch für das Nachtmahl. Dann geht sie gleich in die Küche und macht Eierkichlech und Zwetschkenmus und Kraut mit Rosinen und Safran.

Moses Hersch hat mit dem Direktor gesprochen. Sische muß am Samstag nicht schreiben. Kein jüdisches Kind muß am Samstag schreiben. Für den Religionsunterricht gibt es einen Rabbiner zwei Mal in der Woche. Das genügt, denkt Moses Hersch. Er wohnt ja in einer jüdischen Familie und wird sicher das Morgen- und Abendgebet sprechen und am Freitag in die Synagoge gehen. Wenn er nur koscher ißt. David ist ein frommer Mann und geht jeden Tag in die Synagoge. Er sieht es nicht gern, daß Sische ins Gymnasium geht und will auch, daß er jeden Tag in die Synagoge geht. Aber er wird alles dulden. Er ist einer von den gemäßigten Konservativen. Er ist Mitglied des Vereins Dorschej Tow, Förderer des Guten. In Sambor gibt es fast keine Fortschrittlichen, nicht so wie in Borysław oder in Drohobycz, wo sie schon ein eigenes Bethaus und Kasino haben. Zu Jom Kippur haben die jüdischen Kinder frei. Sische wird nach Hause fahren und Pessel wird ihn begleiten.

Moses Hersch muß zurück nach Borysław. Sische begleitet ihn zum Bahnhof. Sie nehmen eine Kutsche. Unterwegs sehen sie einen Anschlag: Die Fütterung der Raubtiere beginnt um 4 Uhr. In Polnisch und Jiddisch. Ein Zirkus ist in Sambor. Zwei Wochen lang ist jeden Tag eine Vorstellung. Und außerdem kann man bei der Fütterung der Raubtiere zuschauen. Moses Hersch gibt Sische 50 Kreuzer für die Eintrittskarte, obwohl sie nur 10 Kreuzer kostet.

3

Jakob klagt über Bauchschmerzen und Schmerzen in den Leisten. Esther weint. So geht das nicht weiter, sagt sie. Wir müssen zu einem anderen Arzt gehen. Moses Hersch ist einverstanden. Esther will mit Jakob nach Drohobycz fahren. Sie schickt eine Depesche an Dr. Rappaport. Er antwortet prompt, daß er sie gleich erwartet. Jakob wird warm angezogen, in eine Decke gewickelt und neben die Mutter in die Kutsche gesetzt. Fedko, der Kutscher, sitzt auf dem Kutschbock. Dr. Aron Rappaport wohnt am Ringplatz im Haus von Leiser Lauterbach im 1. Stock. Er legt Jakob auf ein Bett und untersucht ihn. Er hat einen beschleunigten Puls. Jakob zeigt auf die Hoden und sagt, daß es ihm da weh tut. Die Leistendrüsen sind geschwollen. Dr. Rappaport sagt, es ist eine Entzündung. Ein Katarrh der Harnröhre und eine Entzündung der Hoden. Gegen das Fieber verordnet er Chinin, ansonsten Umschläge, lauwarme Waschungen und kräftigende Nahrung. Milch und Eierspeisen, eingekochte Suppe, Apfelmus und Kompott. Esther weint, legt das Honorar auf den Tisch und geht.

Jakob geht nicht in den Cheder. Bald soll er in die Schule kommen. Er hat kein hohes Fieber mehr. 37,2, 37,3. Chinin senkt das Fieber. Wenn er kein Fieber hat, kann er in die Schule gehen, hat Dr. Rappaport gesagt. Aber er hat Kopfweh und ist ganz geschwächt. Jakob geht nicht in die Schule. Esther will es nicht. Ein krankes Kind kann nicht in die Schule gehen. Jakob wird in die Schule gehen, wenn er wieder gesund ist. Die Nachbarn werden reden. Hinde und Sara erzählen alles und Sissel ist auch nicht verschwiegen.

Moses Hersch spricht Gebete und Psalmen.

Moses Hersch fährt nach Truskawiec, um für Jakob heilsames Wasser zu besorgen. Turskawiec ist ein Kurort nicht weit von Drohobycz mit Schwefel-, Salz- und Naftaquellen. Dort findet gerade eine Konferenz von Wunderrabbis statt. Ganz Galizien spricht davon. Nicht nur der greise Drohobyczer Rabbiner nimmt an dieser Zusammenkunft teil, auch der Belzer, Wosnizer, Komarnoer, Rymanower und andere mehr oder weniger bekannte Wunderrabbis. Natürlich fehlt auch nicht ein Lemberger Krakeeler. Chassidimschwärme kommen aus allen Gegenden jeden Sabbat, um das Antlitz der Rabbis zu schauen. Sie bedecken alle Stege und Wege, nehmen alle Spazier- und Quellenzugänge in Beschlag, lärmend, tobend und das Ruheleben der Kurgäste rücksichtslos störend. Die Kurkommission hat dem Belzer Rabbi schon einen Wink zukommen lassen, dem zügellosen Treiben der frommen Pilger Einhalt zu gebieten. Andernfalls müßte die Konferenz beendet werden. Natürlich ist dieses Ereignis auch in Borysław das Gesprächsthema. Und Moses Hersch lacht und spricht von Truskawiec nur mehr als dem Ort der Wunderkuren. Sie bewirken, daß die Lahmen sehen und die Blinden wieder gehen.

Der Arbeiter Ilko Bakalaz wurde im Schacht von Abraham Hersch Schreier von einem schweren Stein erdrückt und starb. Die technische Leitung hatte Saul Singer.

4

In Sisches Klasse sind vierzig Kinder. Die meisten sind Polen, einige Ruthenen und sieben Juden. Latein gibt es jeden Tag, zweimal sogar zwei Stunden. Deutsch gibt es auch jeden Tag und Russisch, wie das Ruthenische heißt, dreimal in der Woche. In Deutsch ist Sische am besten, Polnisch fällt ihm schwer, aber Ruthenisch kann er von der Kinderfrau. Im Ruthenischen kennt er sogar die ordinärsten und derbsten Ausdrücke. Die hat er von den Bauernkindern gelernt. In der Schule gefällt es ihm, aber er hat Heimweh. Der Großvater will, daß er jeden Tag vor der Schule in die Synagoge geht und achtet darauf, daß er auch das Nachmittagsgebet spricht. Die Synagoge ist aber zu weit, und auf das Nachmittagsgebet vergißt Sische meistens. Die Großmutter liebt ihn. Sie macht für ihn Pirogen, Honigkuchen und zu Chanukka Latkes. Und weil er so ein ernster Bub ist und einen jiddischen kop hat, sagt sie immer, er spricht wie a mentsch.

Osias ist ein Wildfang. Er pfeift und grölt und klettert auf Bäume, obwohl es der Vater immer wieder verbietet, weil es unjüdisch ist. Er prügelt sich mit anderen Buben. Die balebatischen Kinder kämpfen gegen die Prosten. Die Söhne der Reichen, der Unternehmer, der Grubenbesitzer und Fabrikanten kämpfen gegen die Söhne der Kutscher, Wasserträger, Pferdehändler, Steinträger und Wäscher. Prostak, prostak, schreit Osias und bekommt von einem prosten Kind einen Hieb mit der Faust ins Gesicht. Oft kommt er mit einer blutigen Nase und zerrissenen Kleidern nach Hause. Dann schlägt ihn der Vater mit dem Riemen. Gott wird strafen. Sei a mentsch, sagt der Vater. Du benimmst dich nicht wie a mentsch. Und du bringst mich noch ins Grab, zetert die Mutter. Von den anderen Kindern hat Osias Läuse bekommen. Das auch noch. Kasia schneidet ihm die Haare und schmiert den Kopf mit Petroleum ein. Osias jammert. Das Petroleum brennt. Aber es muß sein. Die Mutter hat Angst, daß die ganze Familie Läuse bekommt. Das hat gerade noch gefehlt. Der Vater abonniert für Osias die israelitische Jugendzeitung „Joseph". Die Zeitung enthält Erzählungen und Biographien, die im Leben und in den Prinzipien des Judentums wurzeln. Sie sollen der religiösen Erziehung der israelitischen Jugend dienen. Im privaten Religionsunterricht lernt er nichts. Der Lehrer ist schlecht und Osias obendrein noch unwillig. Aber er soll ein guter Jude werden, zwar ein Aufgeklärter, aber trotzdem ein guter Jude. Osias hat auch jetzt niemanden mehr von den Geschwistern, mit dem er spielen kann. Sische ist in Sambor und Jakob ist krank. Jakob spielt fast gar nicht. Höchstens mit Knöpfen oder Karten. Aber schon gar nichts Wildes oder im Freien. Die Mutter hat es verboten. Osias nimmt Jakob immer seine Zinnsoldaten weg. Wozu braucht Jakob Zinnsoldaten? Er spielt sowieso nicht mit ihnen. Aber Jakob schreit schon gellend, wenn sich Osias nur den Zinnsoldaten nähert. Dann kommt die Mutter angerannt und gibt Osias eine Ohrfeige. Sie hat verboten mit Jakob zu streiten. Awrumele und Pinkas sind noch zu klein, um mit Osias zu spielen. Awrumele geht zwar schon zu Reb Selig in den Cheder, aber er weint immer, wenn ihm Osias nichts von seinen Kichererbsen gibt. Osias denkt gar nicht daran, Awrumele etwas von seinen Kichererbsen abzugeben. Dem Kleinen stecken sowieso alle ständig was zu. Kasia, Sissel, die Mutter. Wenn Awrumele weint, läuft die Mutter gleich herbei und gibt ihm ein Marmeladebrot und zetert, daß Gott sie mit Osias gestraft hat.

Esther ist ganz aufgeregt. Hindes Eisig ist in den Brunnen gefallen. Man hat ihn nicht mehr retten können. Kinder, geht nicht zum Brunnen. Osias, paß auf, wenn du mit anderen Kindern herumtollst, lauf ja nicht zu nah zum Brunnen. Kasia, paß auf die Kinder auf!

3. Kapitel

1

Ganz Österreich feiert die silberne Hochzeit Kaiser Franz Josefs. Natürlich auch Galizien. Natürlich auch die galizischen Juden. In Borysław, Drohobycz, Lemberg, Stanislau, Kolomea, überall werden in den Synagogen Feiern veranstaltet. Moses Hersch fährt nach Drohobycz ins Kasino, um aus den Zeitungen Näheres über die Feierlichkeiten zu erfahren. Er ist Mitglied des Lese- und Geselligkeitsvereins in Drohobycz. Ein Verein, dessen Zweck die Förderung der Bildung und Aufklärung ist, des Fortschritts und der gegenseitigen Annäherung seiner Mitglieder, der Pflege der hebräischen Sprache und Literatur und der gegenseitigen Unterhaltung der Mitglieder. Das Kasino ist am Ringplatz, gleich neben dem koscheren Restaurant von Abraham Menkes. In Borysław gibt es nur das jüdische Volksblatt, es schreibt nur, daß in der hiesigen Synagoge eine Feier stattfinden wird. Und polnische Zeitungen gibt es überhaupt nicht in Borysław. Der Lemberger Israelit schreibt, daß eine Deputation des Vereins Schomer Israel in einer Privataudienz dem Statthalter Glückwünsche überreicht hat mit der Bitte um zeitgerechtes Vorlegen Sr. Majestät. Das Schreiben wurde in einem Prachteinband in Samt mit Silberinschrift übergeben.

An Ihre Majestäten den Kaiser und die Kaiserin aus Anlass der Feier der silbernen Hochzeit.

E u e r e M a j e s t ä t!

Allergnädigster Kaiser und Herr!

Der heutige Freudentag **Euerer Majestät silbernen Hochzeit** gibt allen Stämmen und Gauen unseres weiten Kaiserreiches willkommenen Anlass, den Gefühlen des begeisterten Patriotismus und der unwandelbaren Treue und

Anhänglichkeit an **Euere Majestät** und die Allerhöchste Dynastie zu bekunden.

Auch wir in Ehrfurcht gefertigte Vertreter des politischen Vereins „Schomer Israel", dessen statutenmässige Aufgabe es ist, jüdische Interessen zu wahren, auch wir Juden Galiziens sehen uns als treue Söhne unseres Landes, durch die legale Repräsentanz unseres Königreiches beim heutigen Feste vertreten. —

Doch die Gefühle der besonderen Dankbarkeit bestimmen uns zur besonderen Huldigung.

Die Geschichte unseres Stammes ist bis in unsere Tage eine Kette unsäglichen Unglückes, das Mass der Unbill und der Drangsale des jüdischen Volkes ein beispielloses.

Erst **Euerer Majestät Grosser Ahnherr,** der unvergessliche **Kaiser Josef,** machte in unserem Reiche den ersten Schritt zur Verbesserung der Lage unseres unglücklichen, aus tausend Wunden blutenden Volkes, — und **Euerer Majestät** glorreiche Regierung krönte das Werk, schrieb mit eherner, weithin strahlenden Schrift die unschätzbaren Worte in die Gesetzestafeln unseres Staates: in Österreichs Landen ist jedermann volle Glaubens- und Gewissensfreiheit gewährleistet, der Genuss jeglicher Rechte ist von dem Religionsbekenntnisse unabhängig, und machte uns zu gleichberechtigten Bürgern dieses grossen und mächtigen Staatswesens.

Aus voller Seele rufen wir:

„Gott erhalte, Gott beschütze, Gott segne Euere Majestät, sowie Ihre Majestät die Kaiserin, den kaiserlichen Kronprinzen und das ganze Allerhöchste Herrscherhaus"

Moses Hersch liest noch die Überschriften des Dziennik Polski. Sein Polnisch ist nicht gut genug, um alles lesen zu können. Dann schaut er noch die neu angeschafften Bücher an. Börne, Sämtliche Werke, 12 Bände. Allgemeines Noth- und Hilfsbuch oder allgemeiner Wirthschaftsratgeber von J. K. Ableitner, 15 Hefte. Eine Broschüre über die asiatische Pest. Goethes Faust in hebräischer Umdichtung. Pädagogium, Monatsschrift für Erziehung und Unterricht und die hebräische Wochenschrift Hameliz aus St. Petersburg. Er wird am Donnerstag beim Buchhändler wieder deutsche Bücher kaufen. Er liest gern historische Romane. Handbuch der Israelitischen Geschichte von der Zeit des Bibelabschlusses bis zur Gegenwart. Das wird er für die Familienbibliothek bestellen. Er geht in die Apotheke und kauft Tee, ein Pulver gegen Kopfweh, ein Fiaker-Pulver, das beste Pulver gegen Husten und einen blutreinigenden Tee für Jakob. Dann geht er noch in das Geschäft von Samuel Fliederbusch und kauft Zitronen, schaut noch in die Brauerei, um nach dem Rechten zu sehen, und fährt dann nach Hause.

Um 5 Uhr früh wecken Böllerschüsse die Einwohner Borysławs, um ihnen zu verkünden, daß es ein Tag der Freude ist. Um halb acht versammelt sich die gesamte Gemeindevertretung, der Gemeindeschreiber und der Gemeindevorsteher an der Spitze, in der katholischen Kirche, um ihre Gebete für das durchlauchtigste Kaiserpaar zum Himmel zu senden. Darauf begeben sie sich in die griechisch-katholische Kirche, um auch hier dem Gottesdienst beizuwohnen. Von da gehen sie, begleitet von der Geistlichkeit und vielen christlichen Bürgern, in die mit bunten Fahnen geschmückte Synagoge, wo die gesamte israelitische Bevölkerung versammelt ist. Während des Gottesdienstes sind sämtliche jüdische Kaufläden und Handlungen geschlossen. Es werden der 21. und der 72. Psalm vorgetragen. Der Schächter hält eine Rede in hebräischer Sprache. Darauf bringt das ganze versammelte Publikum ein dreimaliges Hoch auf das Kaiserpaar aus, und die männliche Schuljugend singt das deutsche Lied „Mein Vaterland, mein Österreich". Der Religionsweiser spricht das Gebet für Sr. Majestät den Kaiser in deutscher Sprache. Anschließend hält der Präsident des Vereins Dorsche Tow, der Unternehmer Nathan Gartenberg aus Drohobycz, eine Rede auf Polnisch. Und die Schüler der neuen israelitischen Volksschule singen die Volkshymne auf Polnisch. Der Unternehmer Moses Spitzbart spricht in deutscher Sprache den Segen für die Majestäten, für den Kronprinzen und die ganze Familie Habsburg sowie für die Männer, die an der Spitze der Regierung stehen, den Statthalter Grafen Potocki, den Reichsrat und alle Beamten Österreichs. Zur Feier des Tages werden von den Unternehmern 200 fl. für die Armen gespendet. Am Abend sind fast alle von Juden bewohnte Häuser hell erleuchtet.

2

Am Ende von Borysław, auf dem Weg nach Drohobycz, hinter der Ulica Pańska und dem Flüßchen Tyśmienica, hat Nathan Gartenberg, der reichste Naftamagnat von Borysław, ein großes Stück flaches Land gekauft. Er verpachtet es an wohlhabende Juden, die dort Häuser bauen. Viele von ihnen leben in Drohobycz und vermieten ihre Häuser. Fünfzig Häuser gibt es bis jetzt im Viertel. Zwei große Straßen und zwei kleine Gassen. Es ist nicht so schmutzig und kotig. Die Straßen sind nicht ölgetränkt, und man versinkt nicht im Schlamm. Zwischen den Wohnhäusern gibt es Aborthäuschen mit zwei, drei und sieben Aborten. Es gibt eine koschere Bäckerei, einen Schächter und eine Wäscherei, viele Geschäfte und eine Synagoge. Eine Mikwe soll noch gebaut werden. Moses Hersch baut auch ein neues Haus. Das alte ist zu klein. Für das Geschäft braucht er mehr Platz. Er braucht unbedingt ein Magazin. Esther will nach Drohobycz ziehen. Alle Ölmagnaten wohnen dort. Drohobycz ist eine Stadt. Dort stinkt es nicht nach Erdöl und es gibt ein Kasino, bessere Ärzte und vor allem ein Gymnasium. Moses Hersch will nicht nach Drohobycz ziehen. Vielleicht später. Das Geschäft erlaubt es nicht. Er will nicht jeden Tag von Drohobycz nach Borysław fahren. Und Esther arbeitet ja auch im Geschäft. Man kann das Geschäft nach Drohobycz verlegen, meint Esther. Nein, er beliefert ganz Borysław mit seinen Waren, das geht von Drohobycz aus nicht. Man kann Drohobycz beliefern. Moses Hersch will nicht und baut ein großes Haus auf der Ulica Staropocztowa. Wie alle Häuser ist es aus Holz, ebenerdig und hat ein Schindeldach und zwei verglaste Veranden. Es gibt acht Zimmer, ein Geschäft, ein Kontor, ein Speisezimmer, einen Salon, ein Schlafzimmer für Moses Hersch und Esther, zwei Kinderzimmer und ein Zimmer für Kasia und Sissel. Die Böden sind aus Parkett, die Türen haben Griffe aus Messing und Esther fährt nach Lemberg und kauft einen geschnitzten Tisch, prächtige Luster aus Bergkristall, einen doppelt geschliffenen Spiegel mit einem geschnitzten Goldrahmen, Samt- und Atlasgarnituren, einen blumengewebten Damastteppich und kupferne Pfannen und Schüsseln.

Moses Hersch und Esther sind nur nach jüdischem Ritus getraut. Moses Hersch ist zwar als Vater im Matrikelbuch eingetragen, aber die Kinder sind alle gesetzlich unehelich. Nun fahren sie nach Drohobycz und lassen sich gesetzlich trauen und die Kinder legitimieren.

Jakob geht immer noch nicht in die Schule. Er hat immer noch Fieber und klagt über Schmerzen in den Leisten und den Hoden. Er ist sehr blaß und mager. Er trinkt von den Heilquellen aus Truskawiec und schluckt Chinin. Vom Chinin hat er Kopfschmerzen, eine Schwäche in den Muskeln, Gliederzittern und Verdauungsstörungen. Esther weint viel und spricht Gebete. Moses Hersch geht öfter als sonst ins Bethaus. Sie wollen einen Arzt in Lemberg konsultieren. Esther fährt mit Jakob nach Lemberg. Sie fahren mit der Kutsche bis Drohobycz und von dort mit dem Zug sechs Stunden nach Lemberg. Am Bahnhof nehmen sie einen Einspänner zum Ringplatz. Dr. Adolf Diamant ist ein noch junger Mann, der in Wien studiert hat. Er untersucht Jakob und tastet die Hoden ab. Sie sind vergrößert. Lauter Knoten. Hodentuberkulose. Man muß operieren. Es schaut nicht gut aus. Es können Fisteln entstehen, die durchbrechen können. Die Hoden müssen weggeschnitten werden, das bedeutet Kastration. Man kann natürlich noch warten, aber vermutlich wird es nicht besser werden. Es kann auf die Harnröhre und die Niere übergreifen. Die Mutter weint. Er untersucht noch die Lunge und die übrigen Organe. Alles vollkommen frei.

– Da sonst kein Organ angegriffen ist, können wir noch warten, vielleicht heilt es so. Aber wahrscheinlich muß man operieren.

Er verschreibt Eisen und Tanin.

Osias soll ins Gymnasium kommen. Er bekommt auch einen Lehrer zur Vorbereitung auf die Aufnahmsprüfung. Bei den Großeltern in Sambor ist nicht mehr genügend Platz. Moses Herschs Bruder Nuchem lebt in Przemyśl. Dort kann Osias wohnen. Nuchem hat drei Töchter, mit denen Osias in einem Zimmer schlafen kann. Sara ist drei Jahre alt, Hinde fünf und Breindel acht. Der Vater fährt mit ihm nach Przemyśl. Przemyśl ist weit und eine große Stadt. Dort gibt es sogar ein Theater. Nach Drohobycz und Sambor kommt nur manchmal eine Wanderbühne. Und in Borysław war noch nie ein Theater. Von Drohobycz fährt man fünf Stunden nach Przemyśl und man muß in

Chyrów umsteigen. Nuchem ist Kammacher. Er und seine Frau Gitel sind damit den ganzen Tag beschäftigt. Gitel macht die Hörner über dem Feuer weich, schlitzt sie dann auf und legt sie in hölzerne Pressen. Nuchem feilt die Zähne aus und poliert die fertigen Kämme. Davon leben sie. Sie haben zwei Zimmer und eine Küche. Das Haus ist nicht sehr sauber. Gitel arbeitet die ganze Zeit und hat keine Dienstmagd. Moses Hersch schickt gelegentlich Geld. Osias kennt seinen Onkel noch gar nicht. Er ist auf die drei Mädchen gespannt. Nuchem ist kein Gelehrter. Er geht auch nur am Sabbat in die Synagoge. Er kann nicht besonders gut Deutsch. Einen Lehrer kann er sich nicht leisten. Mit den „Deutschen Unterrichtsbriefen" lernt er im Selbststudium. Aber Breindel geht in die polnische Volksschule und lernt Deutsch.

Osias besteht die Aufnahmsprüfung. Baruch Haschem. Gitel bereitet ein Festessen, und der Vater läßt ihm zwei Uniformen machen.

3

Der Kaiser kommt nach Borysław. Auf seinen ausdrücklichen Wunsch. Er will die Firma Gartenberg, Lauterbach und Goldhammer besuchen, die größte Firma in Borysław. Sie ist die erste galizische Petroleum-Kompagnie und beschäftigt 300 Arbeiter, die eine Krankenkasse besitzen. Für die Arbeiter sind auch drei Kasernen aufgebaut. Seit Wochen spricht ganz Borysław nur von des Kaisers Besuch. Besonders die Juden sind aufgeregt. Einen Großteil der Kosten für den Empfang und die Dekoration tragen vor allem die jüdischen Unternehmer. Die Straßen werden mit bunten Fahnen, Wappen und Flaggen geschmückt. Eine Triumphpforte wird errichtet mit der Aufschrift viribus unitis, geschmückt mit Kränzen, Festons, Flaggen und Fahnen. Eine Bürgerwache aus christlichen und jüdischen Bürgern wird aufgestellt. Die Häuser werden dekoriert und beflaggt. Der Kaiser möchte direkt nach Borysław fahren, hält aber zehn Minuten in Drohobycz, wo er am Bahnhof trotz des strömenden Regens von Tausenden Leuten mit Hoch-Rufen begrüßt wird. Nach der Begrüßung durch den Bürgermeister und den Bezirkshauptmann wendet sich der Kaiser an die

Vertreter der Kirche und den Rabbiner, der die Thorarolle in den Händen hält. Dann fährt er weiter nach Borysław. Auf dem Bahnhof wird er von Gemeindevertretern, Vertretern der Geistlichkeit in vollem Ornat, Vertretern des Drohobyczer israelitischen Kultusvorstandes mit der Thorarolle und Vertretern der Erdölproduzenten empfangen. Schon einige Stunden vor der Ankunft des Kaiser finden sich auf dem Weg von Borysław zum Bahnhof zahlreiche Menschen ein. Auch Moses Hersch und Esther und die Kinder sind dabei. Sogar Jakob darf mitkommen. Kasia zieht ihn warm an und nimmt ihn auf den Arm, obwohl er schon ein großer Bub ist. Esther hat Pinkas am Arm, und Sissel hält Awrumele an der Hand. Auf der Hauptstraße vor der Einmündung der Bahnhofstraße steht die gesamte Schuljugend. Vom Bahnhof begibt sich der Kaiser in einem festlichen Gespann, eskortiert von berittenen Bauernbanderien, zu den Gruben von Borysław. Man führt ihn zu einem Hügel, von dem er einen Blick über alle Schächte hat. Er schaut sich alles sorgfältig an, stellt einige Fragen und drückt seine Zufriedenheit aus. Dann bewilligt er, daß der größte Schacht, der durch Dampf betrieben wird, den Namen Franz Josef tragen darf. Darauf begibt er sich nach Wolanka zur Firma Gartenberg, Lauterbach und Goldhammer. Der Hof der Fabrik ist mit Schotter bestreut, der Mist und der Kot fortgeschafft worden, die Kasernen sind gereinigt und die Arbeiter neu eingekleidet. Die vielfältigen Dekorationen haben trotz des starken Regens nicht gelitten, und auf den Tribünen, die auf dem Perron der Fabrikbahn aufgestellt wurden, befinden sich festlich gekleidete Damen. Auf dem 140 Meter langen Weg, der von der Bahn bis zur Fabrik führt, ist ein Teppich ausgelegt. Männer stehen Spalier. Die beiden Triumphbögen sind beflaggt. Am Perron bilden 300 uniformierte Fabriksarbeiter ein Spalier, und die Kapelle der Veteranenvereinigung aus Lemberg spielt die österreichische Hymne. Menschenmassen begrüßen unter enthusiastischen Rufen den Kaiser und werfen ihm Blumen zu Füßen. Mädchen der israelitischen Schule, weiß gekleidet mit blauen Schürzen, streuen dem Kaiser Blumen. Der Fabrikant Goldhammer und der Direktor von Hecht führen den Kaiser durch die Fabrik. Er erhält eine prachtvolle Kassette, die eine Kollektion der Erdwachsproduktion enthält. Zum Abschied drückt der Kaiser die größte Anerkennung aus und sagt: Ich bin außerordentlich zufrieden, daß ich mir dieses Etablissement angesehen habe.

Am nächsten Tag veranstaltet die Fabrik aus Anlaß der ehrenvollen Auszeichnung des kaiserlichen Besuches ein Arbeiterfest. Es wird Suppe, Schnaps und Bier verteilt. Und die jüdischen Unternehmer spenden 100 Gulden für die Armen unabhängig von der Religionszugehörigkeit. Moses Hersch spendet 3 Gulden.

Jakob weint und schreit vor Schmerz. Eine Fistel ist durchgebrochen. Aus der Haut rinnt starker Eiter. Er hat hohes Fieber. Die beiden Hoden sind enorm geschwollen und lassen sich nicht mehr unterscheiden. Esther ruft Moses Hersch. Moses Hersch läßt sofort einspannen und sie fahren nach Drohobycz zu Dr. Israel Überall, einem jungen Arzt, der sich gerade in Drohobycz niedergelassen hat. Das Dienstmädchen macht auf.

– Der Herr Doktor hat jetzt keine Ordination. Kommen Sie am Nachmittag wieder.
– Aber das Kind hat hohes Fieber und solche Schmerzen.
– Kommen Sie um 3.

Jakob weint.

– Es ist alles vereitert. Lassen Sie uns zum Herrn Doktor.
– Rufen Sie ihn. Er bekommt das doppelte Honorar, sagt Moses Hersch.

Esther weint. Jakob stöhnt. Dr. Überall erscheint im Vorzimmer.

– Kommen Sie herein.

Dr. Überall untersucht Jakob.

– Er muß sofort operiert werden. Sonst stirbt er. Die Tuberkulose kann sich überall hin ausbreiten. Er kann eine Meningitis bekommen.

In Drohobycz gibt es ein israelitisches Spital. Es ist in der Ulica Stryjska, nicht weit vom Ringplatz. Sie fahren sofort hin. Man will Jakob nicht aufnehmen. Erst in zwei Wochen. Ärzte laufen hin und her. Niemand will mit ihnen sprechen. Moses Hersch geht zum Leiter des Spitals, legt 5 Gulden auf den Tisch und Jakob wird aufgenommen. Fünfzehn Leute sind in dem Krankensaal. Jakob soll am nächsten Tag operiert werden. Esther und Moses Hersch fahren nach Hause. Esther weint. Gott wird helfen. Die Narkose ist gefährlich. Manche sterben schon an der Narkose. Manche sterben am Wundfieber. Die Luft im

Krankenzimmer ist schlecht. Er kann sich von den anderen Patienten anstecken. Gott wird helfen.

– Er wird 120 Jahre alt werden.
– So Gott will. Wir hätten mit ihm nach Wien fahren sollen.
– Dafür ist es jetzt zu spät.
– Das Essen im Spital ist schlecht.
– Du wirst ihm etwas bringen. Wir werden ihn nach der 1. Klasse verpflegen lassen. Da bekommt er auch eine eigene Wärterin.
– Die Wärterinnen sind bissig.
– Wir werden ihn besuchen.
– Das ist nicht jeden Tag möglich.
– Ich werde für das Spital 5 Gulden spenden. Dann kannst du öfter kommen.
– Ich werde sechs Leintücher und zwei Flaschen Sirup spenden.
– Ich werde ins Bethaus gehen.

Jakob hat die Operation überstanden. Es wurden beide Hoden entfernt. Der Primarius persönlich hat Jakob mit Chloroformnarkose und essigsaurem Tonerdespray operiert. Die Narkose ist gut verlaufen, obwohl sie bei Kindern noch gefährlicher ist als bei Erwachsenen. Aber Jakob klagt über Kopfweh, ist appetitlos und sehr matt. Am Abend hat er 39 Fieber. Am unteren Wundwinkel hat sich ein Abszeß gebildet. Der Arzt drückt es aus und legt einen antiseptischen Verband an. Jakob erholt sich. Baruch Haschem. Die Mutter bringt ihm Honig, Mandeln, Rosinen, Äpfel, Leikach und Märchen auf Jiddisch. Nach zwei Wochen wird Jakob entlassen.

Die Société française minérale de cire et de petrole erwirbt in Wolanka um 50.000 Gulden 7 Joch Grund und legt darauf Schächte an. Sie erbaut die ersten Arbeiterwohnhäuser in Wolanka, ein Spital und ermöglicht den Bau einer römisch-katholischen Kirche. Die Arbeiter verdienen hier mehr als alle anderen in Borysław.

4. Kapitel

1

Jakob geht endlich in die Schule, Awrumele geht auch schon in die Volksschule, Pinkas zu Reb Selig in den Cheder und Osias ist in der 2. Klasse Gymnasium durchgefallen. In Latein und Polnisch. Schon die 1. Klasse hat er nur mit Ach und Krach bestanden. Die Mädchen haben ihn nicht lernen lassen, behauptet er. Besonders Breindel hat ihn immer gestört. Sie sind immer zum San gelaufen und haben dort gespielt. Im Sommer haben sie dort gebadet, was Osias besonders gefallen hat. In der Tyśmienica in Borysław kann man nicht baden, die ist von Vitriol und Erdöl verdreckt. Im Winter haben sie den Kindern beim Schlittschuhlaufen zugeschaut und sie beneidet. Ein jüdisches Kind läuft nicht Schlittschuh. Niemand hat darauf geachtet, ob die Kinder zu Hause sind. Onkel Nuchem und Tante Gitel waren von früh bis spät mit dem Kammachen beschäftigt. Gitel hat am Abend immer einen großen Topf Suppe gekocht. Davon haben die Kinder noch am nächsten Tag zu Mittag gegessen. Eingelegte Gurken, Sauerkraut und Heringe waren auch immer da. Niemand hat sich darum gekümmert, ob Osias Aufgaben macht. Und in der Schule hat er zu wenig aufgepaßt. Nach der Schule hat er sich oft in den stinkenden Gassen des Judenviertels herumgetrieben, wo die Allerärmsten wohnen, wo sich Bettler, Diebe und Mädchenhändler herumtreiben, wo die Menschen an Cholera, Typhus, Hunger und Schnupfen sterben, wo verlauste Kinder mit Schläfenlocken Fangen spielen. Dort hat Osias dem Schächter beim Schlachten zugeschaut und einem Feuerschlucker, und im Sommer Männern, die auf der Straße Karten und Domino spielen, und hat sich Kichererbsen und Bejgl gekauft. Oder er hat in den eleganten Straßen die Reichen und auf den Promenaden am Schloßberg die Offiziere begafft, die schon die wenigen Male, die er in Drohobycz war, seine Neugierde weckten. Manchmal hat er bei einem christlichen Fleischhauer Wurst gekauft. Zuerst hat er nur wissen wollen, wie die Wurst, die die Gojim essen, schmeckt. Er hat sie besser gefunden als die ewigen Heringe, die er bei Tante Gitel bekommen hat. Er hat gedacht, jetzt wird er in die Hölle kommen. Er ist aber immer wieder in christliche Geschäfte gegangen und hat bald nicht nur Wurst gekauft, sondern auch allerlei Mehlspeisen, vor allem Rosinenbrot und Pirogen gefüllt mit faschiertem Schweinefleisch. Jedes Mal hat er gedacht, daß er in die Hölle kommen wird, hat aber trotzdem immer wieder trejfe Speisen gekauft. Gott wird ihn strafen. Und er hat wieder Pirogen mit faschiertem Schweinefleisch gegessen. Onkel Nuchem hat von Juden erzählt, die Schweinefleisch essen und am Sabbat Zigarren rauchen und nur zu den Feiertagen in die Synagoge gehen. Sie sind trotzdem Juden, hat Nuchem gesagt. Dann ist er, Osias, auch noch ein Jude. Schließlich ist er jeden Sabbat mit Onkel Nuchem in die Synagoge gegangen. Aber auf das Morgen- und Abendgebet hat er fast immer vergessen. Und den Segen hat er auch fast nie vor dem Essen gesprochen. Und die Gebetsriemen hat er auch fast nie angelegt. Nuchem spricht überhaupt keine Gebete, nur am Sabbat Kiddusch. Repetieren kommt überhaupt nicht in Frage. Das will Osias nicht, und der Vater will es auch nicht. Er wird im Geschäft arbeiten. Andere Zwölfjährige arbeiten schon längst. Moses Hersch hat schon mit acht Jahren gearbeitet.

Esther führt Osias ins Magazin und zeigt ihm die Waren. Da gibt es Messer, Nadeln, Knöpfe, Schnallen, Uhren, Leuchter, Sporen und Steigbügel aus Wien, Nürnberg, Augsburg, Berlin und Karlsbad. Aber auch Handschuhe, Fächer, Dosen, Attrappen, Rauchrequisiten, Brief-, Geld- und Reisetaschen und Halsbänder, Ohrgehänge, Ringe und Broschen. Osias kennt natürlich die Waren. Er war schon öfter mit der Mutter im Magazin. Aber jetzt hat sie ihm alles genau erklärt wie einem Erwachsenen. Er soll ab nun den Kunden in Borysław und der Umgebung die bestellten Waren liefern.

Sische ist ein guter Schüler. Manchmal sogar unter den besten. Die Großeltern fragen immer nach der Schule. Nach Hausaufgabe und Schularbeiten und Noten. Zweimal in der Woche schreibt Sische einen langen Brief nach Hause. Wann immer ein Zirkus oder eine Menagerie in Sambor ist, geht er hin. Da gibt es nicht nur Löwen, Tiger und Eisbären, sondern auch so ausgefallene Tiere wie Pferde mit Hörnern oder ein Gnu oder ein Yak. Am liebsten hat er immer nach der Vorstellung die Fütterung der Raubtiere. Er geht oft zu Vorträgen über die zeitgemäße Bildung der Jugend oder des jüdischen Lesevereins. Vorträge über Adam Mickiewicz, Moses Mendelssohn oder den alten und neuen Glauben im Judentum. Er hat Geld genug, um sich Bücher und Süßigkeiten zu kaufen, so viel er will. Für die guten Noten bekommt er immer Geld von den Eltern. Er liest „Das Wunder der Physik und Chemie", kauft ausgewählte Schriften von Peter Rosegger und Bücher über Maria Theresia und Joseph II, in ihrem Leben und Wirken. Er hat einen christlichen Freund, einen Polen. Die Großeltern haben Angst, daß er trejfe Speisen bei dem Freund ißt. Aber Sische ißt nichts bei seinem Freund. Nur einmal hat er eine Scheibe Schinken und mit Schweinefleisch gefüllte Pirogen gegessen. Wochenlang hat er sich deshalb Vorwürfe gemacht. Aber Sisches Freund ißt immer gern Babeles Honigkuchen.

In Borysław hat sich eine kanadische Firma niedergelassen, die eine neue Technik mit Dampfmaschinen einführt, wodurch Tiefbohrungen möglich sind. Überall werden 12 Meter hohe hölzerne Bohrtürme errichtet, in denen die Maschinen untergebracht sind. Es entsteht ein ganzer Wald von Bohrtürmen. Die Bretterbühnen sind nicht mit Geländern versehen. Gelegentlich passiert es, daß ein Arbeiter von der Bretterbühne stürzt.

Osias fährt jetzt mit dem Leiterwagen in Borysław und der Umgebung herum. Nach Tustanowice, Wolanka, Hubicze, Mraźnica und manchmal auch bis S'chodnica. Der Vater findet, er ist alt genug, selbst mit dem Wagen zu fahren. Osias schreibt Rechnungen und kassiert das Geld. Er verkauft an kleine Händler, die oft nur ein winziges Geschäft haben oder vorm Haus handeln. Die meisten wohnen in barackenartigen Holzhäusern mit Lehmboden. Sie kaufen nur wenige Messer oder Knöpfe oder Nadeln. Meistens stehen die Frauen im Geschäft. Die Männer arbeiten in den Schächten oder als Steinträger oder Wäscher. Wenn Osias Lust hat, fährt er einfach nach Drohobycz und geht ins Panorama, wenn gerade eines in der Stadt ist, oder er bewundert auf der Ulica Samborska die reichen Damen oder geht in den Zirkus oder in eine Vorstellung einer Wanderbühne. Und den Fiakern schaut er gern zu, wie sie durch die Stryjska oder Borysławska rasen, sich gegenseitig überholen und auf den Gehwegen die Leute fast überfahren. Hier kauft er keine Wurst oder mit Schweinefleisch gefüllte Pirogen.

Hier kann ihn jemand sehen. Die Händler, die sich ein Pferd leisten können, kommen zu ihm, um ihren Kram zu kaufen. Wenn sie unbemerkt sind, kommen Awrumele und Pinkas zu Osias ins Magazin und spielen dort Verstecken.

Jentel, ein Nachbarkind, ist gestorben. An Hydrophobie, sagt der Arzt. Tollwut. Ein Hund hatte sie gebissen. Zwei Monate danach bekam sie Fieber und heftige Zuckungen, starken Durst und Abscheu gegen Flüssigkeit. Sie schlug mit Händen und Füßen herum, sprang aus dem Bett, spuckte nach allen Seiten und schnappte mit den Zähnen. Vor dem Mund hatte sie Schaum. Nach drei Tagen war sie tot. Nehmt euch vor Hunden in Acht, warnt Esther. Geht ihnen aus dem Weg, spielt nicht mit ihnen, pfeift nicht nach ihnen. Vor einem halben Jahr ist Reb Mendel an Tollwut gestorben und vor einem Jahr der griechisch-katholische Pope.

Moses Hersch kauft für Osias Hartlebens „Handlexikon des ganzen kaufmännischen Wissens und Handels=Correspondenz, theoretisch und praktisch dargestellt". Osias muß jetzt selbst lernen. Er soll bald die Korrespondenz übernehmen. Weder Esther noch Moses Hersch können wirklich gut Deutsch und Polnisch. Für Esther kauft Moses Hersch „Wie erziehen wir unsere Kinder? Eine exegetisch-pädagogische Studie".

Das Magazin, in dem Erdheim, Mendelsohn, Gottesmann und Kornhaber Erdwachs lagern, ist aufgebrochen worden, Fenster und Türen sind eingeschlagen und ein Zentner Erdwachs ist gestohlen worden.

Jakob ist ein guter Schüler. Schon im Cheder war er so gut, daß Reb Selig gesagt hat, man soll ihn lieber später auf die Jeschiwe schicken und gar nicht erst in die Volksschule. Aber Moses Hersch hat darauf nicht geachtet. Jeschiwe kommt nicht in Frage. Seine Söhne studieren an öffentlichen Schulen, und wenn sie klug sind, an der Universität. Jakob spricht in der Schule nicht mit den anderen Kindern und spielt auch nicht mit ihnen. Er läuft nicht mit ihnen zur Tyśmienica, wo die Buben Steine in den Fluß werfen. Die Mutter hat es verboten. Die Tuberkulose kann wieder aufflackern, in der Niere oder einem anderen

Organ. Er wird von der Mutter tausend Mal ermahnt, vorsichtig zu sein. Er wird immer warm angezogen, darf sich nicht erhitzen, nicht anstrengen, darf nicht schwimmen gehen und soll so wenig wie möglich im Freien spielen. Und an Jom Kippur darf er nicht fasten. Jakob läßt nie ein anderes Kind abschreiben, sagt auch nicht ein und teilt mit niemandem seine Schokolade oder seine Kichererbsen. Von seinem Taschengeld kauft er sich gern ein großes Stück Karamellen. Awrumele schleicht sich manchmal an die Karamellen und bricht ein Stück ab. Dann schreit Jakob Gewalt. Dann gibt es ein Geplärre und Gezänke. Er verachtet die ruthenischen Bauerntölpel, die nicht imstande sind, lesen und schreiben zu lernen. Nach der Schule schreien ihm die Kinder jüdischer Hundsfott, Judenbengel nach. Manche stellen ihm auch ein Bein. Dann läuft er weinend nach Hause und klagt Kasia sein Leid. Kasia streichelt ihn und denkt, die Kinder haben recht. Und manchmal streitet Jakob mit dem Religionslehrer. Wie konnte Gott bei der Erschaffung der Welt aus nichts alles machen? fragt er. Dazu ist Gott ein Gott, antwortet der Religionslehrer. Und wieso ist Gott geworden? fragt Jakob. Du bist eine Schejgez, schreit der Religionslehrer. Merke dir, über solche Sachen darf man nicht nachdenken. Aber Jakob läßt nicht locker und stellt immer wieder Fragen, die den Religionslehrer erzürnen.

– Warum darf man erst nach sechs Stunden ein Butterbrot essen, wenn man vorher Fleisch gegessen hat?
– Weil es eine Sünde ist.
– Warum ist es eine Sünde?
– Weil es Gott verboten hat.
– Warum hat es Gott verboten?

Awrumele sekkiert Jakob. Er ist schon stärker als Jakob. Und wenn Jakob spottet, daß er schlechter lernt als er, haut er Jakob windelweich. Die Mutter ist dann immer fuchsteufelswild und bringt Awrumele zum Vater, der ihn mit dem Riemen schlägt.

Ganz Borysław spricht von der Wette Lipe Ecksteins mit Chaim Rosenöl. Lipe Eckstein hat um 10 Gulden gewettet, daß er nackt von der Schenke zum Pferdebahnhof laufen wird. Das sind 1000 Meter. Lipe hat gewonnen. 15 Minuten ist er gelaufen und hat dabei sogar Fußgänger angestoßen. Alle haben ihn für verrückt gehalten. So eine

Wette ist unmoralisch, mokieren sich alle, Christen und Juden. Gar nicht beruhigen können sich die Leute. Lipe ist meschugge geworden, sagen die einen. Eckstein gehört eingesperrt, sagen die Chassidim und die Christen. In Borysław gibt es keine Moral mehr. Dawid Brings, der Direktor der k.k. galizischen Kreditbank, hat auch gewettet. Er hat um 5 Gulden gewettet, daß er sich den Kopf, die Augenbrauen, den Schnurrbart, den Bart und den Backenbart rasieren wird und daß er ohne Kopfbedeckung durch die Stadt gehen werde. Nur die zwei langen Pejes hat er gelassen. Die Chassidim wollen den Cherem, den Bann verhängen. Das hat aber der Staat verboten. Dann muß die k.k. Staatsprokuratur etwas tun. Das will auch der Pfarrer Terlecki.

2

Osias hatte schon Bar Mizwa. Der Vater fährt mit ihm nach Drohobycz in die Brauerei. Osias soll einmal die Buchhaltung und dann die Leitung übernehmen. Chaim Alter schaut jetzt ein bißchen darauf. Er versteht auch nichts von Bierbrauerei. Aber ob ordentlich gearbeitet wird, kann er schon beurteilen. Das Unternehmen ist nicht groß. Sie beliefern Drohobycz und Borysław mit Bier. Der Vater geht mit Osias und Chaim Alter durch die Gebäudeanlagen von der Malztenne bis zum Lagerkeller. Die Arbeiter grüßen ehrerbietig. Sie sind gerade bei der Jause. Brot und Speck mit Salz und Pfeffer und Bier. Vor kurzem hat sich ein Arbeiter durch das Überkochen des Gebräues schreckliche Verbrennungen zugezogen, erzählt Chaim Alter. Moses Hersch weiß davon. Er hat einen Teil der Spitalskosten bezahlt. Osias bleibt vor einer Maschine stehen und schaut sie lange an. Was stehst du da wie ein Ölgötz, komm weiter, sagt der Vater. Aber Osias muß sich doch mit den Maschinen vertraut machen. Und mit den Arbeitskräften und den Materialien natürlich auch. Und schließlich mit den verschiedenen Buchungsmethoden. Osias lernt alles, wenn auch unwillig. Aber dem Vater gehorcht er. Da er das Gymnasium nicht geschafft hat, muß er eben Kaufmann werden. Der Buchhalter ist ein junger Mann von 20 Jahren, mit dem sich Osias befreundet. Rubin Blumenkranz hat einen kurz gestutzten Bart und trägt einen englischen Anzug und elegante Schuhe wie einer von den Lemberger Juden, die vielleicht gar nicht mehr koscher essen. Wenn Osias allein nach Drohobycz fährt unter dem Vorwand, Buchhaltung zu lernen, geht er mit Rubin ins Kasino, wo sie Karten und Domino spielen. Manchmal gehen sie auch ins Kaffeehaus am Ringplatz, weil Osias immer so neugierig hineinschielt und die Geschäftsleute mit ihren Zylindern und Filzhüten begafft. Rubin erzählt dann von den Kaffeehäusern in Lemberg und den Frauen, die keine Perücken mehr tragen.

In Borysław gibt es wieder eine große Erregung unter den Chassidim und den Fortschrittlichen. Am Sabbat ritt Abraham Weiss durch Hubicze. Ein Chassid rief ihm zu: Warum reitest du am Schabbes? Daraufhin stieg Weiss vom Pferde und gab ihm eine Ohrfeige. Der Chassid war erbost, ergriff einen auf der Erde liegenden Prügel und versetzte Weiss zwei Hiebe, einen über die rechte Hand und einen über die linke Kopfseite. Jemand aus der Schmiede wollte die beiden trennen. Weiss aber hielt den Chassid fest, um ihn zur Gendarmerie zu bringen. Daraufhin biß der Chassid Weiss in die Hand, ergriff die Flucht und versteckte sich einige Tage im Gestrüpp, bis ihn die Gendarmerie fand. Der Chassid muß acht Tage ins Gefängnis.

Sische schreibt auf Deutsch an seinen Vater:

Lieber Vater!

Unlängst kam es bei uns zu einem Krawall. Zwischen einem Juden und einem Handwerksburschen entstand ein Streit. Durch hetzerische Zurufe einiger Vorübergehender wurde ein Exzeß daraus. Die Exzedenten schlugen die Fensterscheiben in einem jüdischen Schanklokal ein, drohten mit Plünderungen und widersetzten sich der Polizei. Bis schließlich die Polizei verstärkt wurde und die Exzedenten auseinandertrieb. Sechs Personen wurden verhaftet.

Auch bei uns in der Schule gibt es einen antisemitischen Professor. Es ist der Professor für Polnisch. Er hat öffentlich vor seinen christlichen Schülern *gesagt, daß die jüdische Religion unmoralisch ist und daß die Gesetze und Gebote unsittlich sind. Er hat gesagt, daß die Blutbeschuldigung in Tisza-Eszlár* zu Recht besteht. Er will den christlichen Schülern Haß gegen ihre jüdischen Kollegen einflößen. Er hat gesagt, daß die Juden Menschenopfer brauchen. Er ist davon überzeugt, daß den Juden der Christenmord zu rituellen Zwecken geboten ist. Bei mir in der Klasse gibt es aber keine antisemitischen Mitschüler. Gott soll schützen. Wie Du weißt, habe ich einen polnischen Freund, dessen Familie mich immer sehr herzlich aufnimmt. Er glaubt auch nicht, daß der Professor Recht hat. Sein Vater war ganz empört über diesen Professor. Er hat gesagt, daß es eine Schande ist, daß es im 19. Jahrhundert noch einen Ritualmordprozeß gibt.*

Ich bin gesund.

Grüßend und küssend
Dein Sohn Sische

In Borysław gibt es jetzt eine Buchhandlung und ein Kaffeehaus. Osias geht gern in die Buchhandlung und läßt sich von Samuel Zwiebel, dem Buchhändler, beraten. Samuel ist 18 Jahre alt. Sein Vater ist in Drohobycz Hausierer und ein frommer Jude. Samuel hat Deutsch gelernt, sich ein bißchen Geld geborgt und die Buchhandlung aufgemacht. Osias kauft von Eichendorff Gedichte. Ein Reclam-Büchlein. Er trägt es zum Buchbinder Isak Schechter und läßt es binden. Samuel Zwiebel empfiehlt Osias „Die Geheimnisse der Inquisition und anderer geheimen Gesellschaften Spaniens". Er hat es gerade aus Lemberg mitgebracht. Manchmal trifft Osias Feigele, mit der er in die Volksschule gegangen ist, bei Samuel Zwiebel. Feigele wollte Privatunterricht bekommen und lernen wie die Knaben. Aber der Vater wollte das nicht. Deutschunterricht hat sie bekommen. Sie soll bald heiraten. Jetzt hilft sie der Mutter und kümmert sich um ihre kleinen Geschwister. Feigele liest *Das interessante Blatt*, das ihr Vater abonniert hat, und erzählt Osias von den verzweifelten Liebesgeschichten unter Edelleuten, die sie gelesen hat. Von den Dorfgeschichten, von einer brennenden Schauspielerin, von einer Nihilistenverschwörung in St. Petersburg und wie in einem Restaurant in Neapel eine Betrogene einen Kellner, der sie

* In dem kleinen ungarischen Dorf Tisza-Eszlár fand im Jahr 1883 ein Ritualmordprozeß statt, der in ganz Österreich-Ungarn großes Ausehen erregte.

unglücklich gemacht hat, ermordete. Osias hört gespannt zu. Er lädt sie ins Kaffeehaus ein, wo sie Schokolade trinken und Biskuit essen. Im Kaffeehaus sind nicht viele Leute, einige wenige Ölmagnaten, die übers Geschäft reden. Niemand beachtet die beiden. Niemand sieht, daß sie Schokolade trinken und Biskuit essen. Feigele hat Angst. Wenn der Vater erfährt, daß sie im Kaffeehaus Schokolade getrunken und Biskuit gegessen hat. Sie wird in die Hölle kommen. Osias beruhigt sie. Deshalb wird sie nicht in die Hölle kommen. Es gibt jetzt schon viele Juden, die überhaupt nicht mehr koscher essen und trotzdem gute Juden sind, klärt Osias Feigele auf.

– Nein, das sind keine Juden.
– Doch, manche rauchen auch am Sabbat Zigarren und gehen nur zu Jom Kippur in die Synagoge.
– Woher weißt du das?
– Das hat mir Onkel Nuchem in Przemyśl erzählt.
– Der ist ein Apikojress.
– Nein, er nimmt es nur nicht so Ernst. Und er hat recht.

Osias rezitiert ein Gedicht von Eichendorff. Danach gehen sie bis ans Ende von Borysław und laufen in den Wald. Feigele erzählt wieder von den Liebesgeschichten. Und sagt, daß sie nicht heiraten will.

Osias geht manchmal auch allein ins Kaffeehaus. Nur die reichen Unternehmer sitzen hier. Er bewundert die eleganten Herren. Sein Vater ist immer ganz einfach gekleidet. Die Serviererin kennt ihn schon. Sie ist ein 16-jähriges ruthenisches Bauernmädchen. Sie bringt ihm die Schokolade und setzt sich kurz zu ihm. Er soll um sechs am Waldrand sein. Osias kommt, obwohl er nicht weiß, was die Serviererin von ihm will. Marinia singt auf Ruthenisch:

Du, mein lieber, lieber Tartschik,
schwimme, schwimme im Dunaitschik.

Kämm dein blondes Haar,
wasch dein weißes Gesicht.

Schnür deine Schuh
Und schau nach einer Liebsten aus.

Sie gehen zur Lichtung. Marinia lacht und singt. Fang mich, ruft sie und läuft davon. Osias hinter ihr her. Sie versteckt sich hinter einem Baum und läuft plötzlich Osias direkt in die Arme, drückt ihn an sich, wirft sich mit ihm auf den Boden, küßt ihn leidenschaftlich und zieht ihn ins Gebüsch.

Awrumele kommt weinend aus der Schule nach Hause gelaufen. Er blutet aus der Nase und beide Wangen sind rot und geschwollen. Die Lehrerin hat ihn geschlagen. Er hat während des Unterrichts gelacht. Er hat immer auf ein Mädchen schauen müssen, dessen Zöpfe ganz ungleich waren, der eine Zopf dick, der andere dünn. Die Lehrerin hat ihm eine Ohrfeige gegeben. Aber Awrumele hat wieder auf die Zöpfe geschaut und hat wieder lachen müssen. Da hat ihn die Lehrerin mit aller Kraft auf die andere Wange geschlagen und hat dabei auch die Nase getroffen. Awrumele hat geweint und die Lehrerin hat noch einmal auf die andere Wange geschlagen. Kasia streichelt Awrumele, wäscht ihm das Blut ab und macht Umschläge. Die Mutter gibt ihm ein Marmeladebrot und sagt, er ist ein Galgenstrick. Er bringt sie noch ins Grab. Sie sollte zum Direktor gehen. Man darf ein Kind nicht blutig schlagen. Aber der Direktor ist Pole und die Lehrerin auch. Er wird sagen, daß er ein verweichlichter Judenjunge ist.

In Wolanka sind zwischen den Arbeitern der französischen Firma und den Arbeitern der anderen Erdölproduzenten Unruhen ausgebrochen. Die französische Firma hat die Arbeitszeit von zwölf Stunden auf acht gesenkt, eine Bruderschaft eingerichtet und führt strenge Lebensmittelkontrollen durch. Es kam zu einer Prügelei zwischen den beiden Gruppen von Arbeitern. Der Arbeiter Karczewski aus Wolanka war dem jüdischen Kassier Ascher Nadler einige Gulden schuldig. Da er sie nicht zurückzahlen konnte, wollte der Jude, daß er wieder bei ihm arbeite. Der Jude Eisig Kurschowski mischte sich ein und Karczewski schrie. Daraufhin kamen einige Arbeiter der französischen Gesellschaft und es kam zu einer Schlägerei, die viele Schaulustige beider Seiten anlockte. Die Gazeta Naddniestrzańska, eine Drohobyczer Zeitung, behauptet, daß der Jude den Arbeiter mit anderen Juden überfallen hat. Zwischen 12 und 1 Uhr nachts wurden die jüdischen Häuser in Wolanka überfallen, Türen, Fenster und Möbel zerstört. Am darauffolgenden Nachmittag kam es zu noch schwereren Zusammenstößen zwischen den beiden Gruppen. Tschechische Arbeiter drangen mit Knüppeln und Hacken bewaffnet in die Synagoge ein und zerschnitten und zerrissen viele heilige Bücher, beschädigten aber nicht die Thora. Aus allen Richtungen kamen in großen Scharen Juden nach Wolanka mit Steinen, Holzstangen und Hacken bewaffnet und überfielen mit Hurrageschrei die Arbeiterwohnungen. Türen, Fenster, Möbel und Küchengeräte wurden zertrümmert und ein Schwein getötet. 3000 Arbeiter, größtenteils Israeliten, befanden sich dort, behauptete die Gendarmerie. 30 Arbeiter wurden verletzt, davon schweben fünf in Lebensgefahr. Von den Juden wurde keiner verletzt, behauptet die polnische Zeitung. 5000 bis 6000 Juden standen 150 bis 200 Katholiken gegenüber, behauptet die Zeitung. Schließlich bereitete die Polizei aus Borysław dem Krawall ein Ende, indem sie zu schießen begann.

5. Kapitel

I

Moses Hersch baut in Drohobycz in der Ulica Czerwona ein Haus. Esther will nicht mehr länger in Borysław bleiben. Jakob kommt bald ins Gymnasium und die anderen auch bald. Nach Przemyśl will sie Jakob auf keinen Fall schicken. Und die Großeltern in Sambor sind schon zu alt. Jakob kann auch nicht jeden Tag zwischen Drohobycz und Borysław hin und her fahren. Und ein Zimmer in Drohobycz ist auch nichts für ihn. Er ist zwar jetzt gesund, aber er muß vorsichtig sein. Das Haus in Borysław wird umgebaut. Es werden vier Wohnungen daraus gemacht. Das Speisezimmer wird zu einem Ledergeschäft umgebaut und der Salon zu einer Wohnung. Eine Wohnung behalten sie. Osias soll in Borysław bleiben und das Geschäft weiterführen. Und Moses Hersch muß ja auch oft nach Borysław fahren.

Drohobycz ist eine Stadt mit eleganten Straßen und Villen. Auf der Ulica Zielona, der Pańska und der Samborska stehen die Villen der Ölmagnaten. Villen aus Stein mit prächtiger Stukkatur, Figuren und Verzierungen. Es gibt viele Restaurants, Hotels und Bordelle. In Drohobycz gibt es mehr Bordelle als in Lemberg und in Krakau. Aber die anderen Straßen sind schmutzig. Es türmt sich der Abfall und Mist. Die Straßen sind oft so matschig, daß man kaum gehen kann. In vielen Straßen gibt es keine Beleuchtung, und man fährt direkt auf den Brunnen auf, der mitten auf der Straße steht. Der Ringplatz ist eine Mistablagestelle, die ganz fürchterlich stinkt. Und ein Stückchen weiter in Łan, dem jüdischen Ghetto, herrscht das Elend. Alle haben Angst vor der Cholera. Mitten auf einer Straße unweit des Gerichts gibt es ein Magazin mit schmutzigem Wasser, ein bißchen weiter ist der koschere Schächter, der nur einmal im Jahr das Blut von der Straße wäscht. Und dann der Park mit dem Bad, das vor zwei Jahren gebaut wurde und schon ganz kaputt ist. Dort werden tote Fische verkauft und ein Bottich mit schmutzigem Wasser voll Blut von den getöteten Tieren in den Park geschüttet. Der Bürgermeister hat das mit einem Doktor und der Polizei besichtigt und befohlen, die Fische in den Kanal zu werfen. Aber Herschko, der Fischverkäufer, hat ihm ein Zeichen gegeben und der Bürgermeister hat befohlen, die Fische einzugraben. Die Fische wurden eingegraben und wieder ausgegraben und an die Gojim als trejf verkauft. Die Behörden haben befohlen, den Fischverkauf auf den Viehmarkt zu verlegen, aber Herschko verkauft schon wieder im Park. Der Rabbiner und der katholische Pfarrer beten, daß die Cholera nicht ausbricht.

Die Kinder kommen nicht in die schmutzigen Gassen. Das Haus steht ein bißchen abseits von der Straße, weit weg vom Ghetto, und hinterm Haus ist eine Wiese. Es ist ein großes Haus, ähnlich wie das in Borysław. Und es hat einen eigenen Abort, den Sissel einmal in der Woche mit Karbol übergießt. Esther hat Kasia verboten, mit den Kindern in die schmutzigen Gassen zu gehen. Nur am Schulweg läßt es sich nicht ganz vermeiden. Esther trägt jetzt keinen Scheitl mehr. Aber am Freitag geht Moses Hersch in die Mikwe und in die Hauptsynagoge und zieht einen Kaftan aus Seide an. Esther trägt ihr Kleid aus Atlas und zündet die Kerzen an. Und es gibt gesalzene kalte Fische, hartgekochte Eier mit Zwiebelsalat, Gänseleber und Kalbsfüße mit Eiern und Knoblauch und köstliche fette Kugln. Moses Hersch ist dem Verein Schomer Israel in Lemberg beigetreten. Er hat die Drohobyczer Zeitung abonniert, eine neue Zeitung in Hochdeutsch mit hebräischen Buchstaben. Und wenn Osias in Drohobycz ist, nimmt er ihn zu Vorträgen in den Lese- und Geselligkeitsverein mit. Der Rabbiner Dr. Löwenstein aus Lemberg hält einen Vortrag: Bildung und Wissenschaft ist Ökonomie der Kraft. Unwissenheit, Verblendung, Dunkelheit ist Verschwendung der Kraft. Am Sabbat übernachtet Osias immer in Drohobycz. Gelegentlich auch unter der Woche. Die Vorträge interessieren ihn nicht besonders. Aber zu den Tanzveranstaltungen im Kasino geht er gern. Das Kasino ist oft bis 12 Uhr nachts geöffnet. Heimlich spielt er dort auch Hazardspiele, obwohl es verboten ist. Wenn es spät ist, nimmt er eine Droschke nach Borysław. Und manchmal geht er zur alten Wahrsagerin, die ihm schon eine wunderschöne Frau prophezeit hat, obwohl nur die Bauern zur Wahrsagerin gehen.

Sische ist zum ersten Mal in den Ferien in Drohobycz im neuen Heim. Wenn Sische kommt, kocht die Mutter immer etwas Besonderes. Mit Gänseschmalz, Grieben, Gänseleber und Sauerkohl gefüllte Pastetchen und Monelach, in Honig gekochten Mohn. Auch Moses Hersch freut sich immer sehr, wenn Sische kommt. Er ist sehr stolz auf seinen ältesten Sohn. Und Osias ist zur Begrüßung seines Bruders extra aus Borysław gekommen. Sische hat schon die sechste Klasse beendet, und Osias schaut zu ihm auf wie zu einem Gott. Er will ihm alles zeigen, was er in Drohobycz ausgekundschaftet hat. Das Kaffeehaus am Ringplatz, wo die eleganten Herren sitzen, die Wahrsagerin, die chassidische Synagoge am Plac Maryacki, wo die meschuggenen Anhänger des Sadagorer Zaddik bis Mitternacht grölen und saufen und die Bürger aufwecken und Fenster einschlagen, und in die Brauerei will er mit ihm gehen und ihn mit seinem Freund Rubin bekannt machen. Und die Akrobaten, die gerade in Drohobycz sind, will er mit Sische anschauen. Es soll auch eine Tänzerin dabei sein, hat er im Kaffeehaus gehört. Sie soll in einem Varieté in Budapest auftreten. Aber Osias weiß nicht, was ein Varieté ist und Sische weiß es auch nicht genau.

Sische erzählt Osias von den Römern und Griechen, von Marquis Posa und Don Carlos, vom Professor für Latein, der schielt und immer einen Tobsuchtsanfall bekommt, wenn jemand lacht, und von Dymitr Tatomir, einem Ruthenen aus der 5. Klasse, der ganz plötzlich an Typhus gestorben ist. Die ganze Familie geht zu den Akrobaten, auch Moses Hersch, der normalerweise lieber in den Lese- und Geselligkeitsverein geht. Und Sissel und Kasia kommen auch mit. Osias ist hingerissen von der Tänzerin, einer rassigen schwarzhaarigen Ungarin mit vollen Lippen und großen Brüsten und rot geschminkten Wangen. Auch Sische kann den Blick von der Tänzerin nicht abwenden. So etwas hat er in Sambor noch nie gesehen. Pinkas und Awrumele jauchzen über die Akrobaten und Jakob lutscht an seinen Karamellen.

Durch Unvorsichtigkeit mit einem Zündholz entstand in Borysław eine Feuersbrunst, die die Realitäten und die Schächte des Herrn Abraham Waldinger ganz einäscherte. Verbotenerweise wurde eine Zigarette angezündet. Das Hab und Gut im Werte von 10.000 Gulden wurde vernichtet. Es stand keine Löschmannschaft zur Verfügung, nicht einmal eine einzige Spritze. An der Brandstätte war nur ein Haufen neugieriger Zuschauer, die nicht das geringste unternommen haben, um das Feuer zu lokalisieren. Das Feuer hätte im Keime erstickt werden können, wenn nur die geringste Hilfe zur Stelle gewesen wäre. Während des Brandes schlief der Schachtaufseher gemütlich auf dem Dachboden, und erst als das Dach zu brennen begann, erwachte er und rettete sich.

2

Jakob geht ins Gymnasium, und Awrumele ist bei der Aufnahmsprüfung durchgefallen. Awrumele muß in die Bürgerschule gehen, und Jakob ist Musterschüler. Jakob lernt fleißig und weiß alles. Er geht auch nicht zum Ringplatz und in die schmutzigen Gassen, weil es die Mutter verboten hat. Er geht auch nach der Schule immer gleich nach Hause. Nur Karamellen kauft er sich immer. Awrumele will immer, daß Osias ihn mitnimmt, wenn er zu Rubin geht oder ins Kaffeehaus oder ins Kasino. Osias nimmt ihn nicht mit. Nur zum Zaddik geht er mit ihm aus Spaß. Der Zaddik, der macht, daß kinderlose Paare Kinder bekommen. Ein Mädchen kostet 15 Gulden, und wenn es ein Knabe wird 18. Das hat ihm Rubin erzählt. Und sie haben gelacht über die dummen Juden, die ihre letzten Kreuzer zum Zaddik bringen und allen Ernstes glauben, daß er den Schoß der Frauen fruchtbar machen kann. Daß Osias mit Awrumele zum Zaddik geht, darf aber niemand erfahren. Sie gehen durch die schmutzigen, von Abfall stinkenden Gassen und über den Ringplatz, obwohl die Mutter das aus Angst vor Krankheiten nicht will. Überall Bettler mit Säuglingen auf dem Arm, angebliche Mütter und angebliche Krüppel und wirklich gebrechliche Alte und Junge in fürchterlichen Fetzen. Juden tragen auf einem Brett mit zwei Stangen eine Leiche, nur mit einem Tuch zugedeckt. Osias will dem Zaddik erzählen, daß Awrumele krank ist und er helfen soll. Das kostet 15 Gulden, sagt der Gabaj. Das ist viel Geld. So viel bekommt Osias jeden Monat vom Vater für seine Arbeit. So viel ist Osias der Spaß nicht wert, und sie ziehen wieder ab.

Am 6. Februar um Mitternacht fiel die Arbeiterin Kaśka Pańczochowa, als sie gerade einen voll gefüllten Kübel an die Oberfläche ziehen wollte, in die Grube Nr. 427, die Sender Wilf und Moses Hersch Erdheim gehört, 112 Meter in die Tiefe. Sie starb an den Folgen ihrer Verletzungen.

Kasia heiratet und verläßt die Familie. Es wird eine neue Kinderfrau eingestellt. Hanja, auch ein ruthenisches Bauernmädchen. Die Kinder sind zwar schon groß. Aber Pinkas geht noch in die Volksschule und Esther hat wenig Zeit. Hanja kann die Kinder in der Früh abfüttern und schauen, daß sie die Aufgaben machen. Pinkas und Awrumele erzählt sie gern ruthenische Märchen. Von Drachen, Räubern, der Baba-Jaga, der Hexe Knochenbein, von habgierigen Popenfrauen und der Kosakentochter Marussja. Pinkas liebt diese Märchen über alles. Aber Awrumele kann nicht ruhig sitzen und zuhören. Ständig wetzt er herum oder beginnt herumzuspringen. Auch in der Schule treibt er nur Unfug. Niemand kann ihn bändigen. Er kriecht unter die Bänke und zwickt die anderen Kinder in die Beine, und wenn er zur Strafe in der Ecke stehen muß, schneidet er Grimassen. Hanja kommt mit Awrumele überhaupt nicht zurecht. Er reißt an ihrer Schürze und schimpft auf Ruthenisch, so wie er es von den Bauernkindern aufgeschnappt hat. Ide do sraki. Navolotsch. Himno.* Esther sagt, er ist ein Galgenstrick, und Hanja ist verzweifelt. Aber Pinkas ist brav. Er lernt gut, streitet nicht mit den anderen Kindern und folgt Hanja aufs Wort. Dafür darf er auch immer gleich in sein geliebtes Panorama gehen, wenn eines in Drohobycz ist. Allein, oder es gehen ohnedies alle zusammen. Alle lieben das Panorama. Es kommt nur leider so selten eines nach Drohobycz. Und es sind immer nur Guckkästen, die auf dem Ringplatz unter freiem Himmel auf einem Holzgestell aufgestellt werden. Da sieht man Landschaften, Krieger, Reiter, kleine Gefechte. Aber nicht so wie in den großen Panoramen in den großen Städten. Der Besitzer eines Panoramas hat Osias einmal erzählt, daß es in Wien mehrere Panoramen gibt. In hohen, runden Gebäuden, wo ganze Schlachten dargestellt sind. Osias war noch nie in Wien. Der Vater war schon einmal in Wien, ist aber nicht in ein Panorama gegangen. Die Panoramen sind im Prater. Da geht ein Jude nicht hin.

* Leck mich im Arsch. Arschloch. Hure. Scheiße.

Sische geht mit seinem polnischen Freund Marek in Sambor gelegentlich ins Kaffeehaus. Sie spielen Billard und Karten, was der Großvater nicht gern sieht, obwohl er selbst regelmäßig in den Leseverein geht, Karten spielen. Wenn eine Theatergruppe in Sambor ist, gehen sie auch hin. Und manchmal treffen sie sich in der Früh, bevor sie in die Schule gehen, und gehen bei der Bürgerschule vorbei, verstecken sich in der Seitengasse und begaffen die Mädchen. Marek geht Schlittschuhlaufen, und Sische möchte das auch für sein Leben gern. Aber ein jüdisches Kind läuft nicht Schlittschuh. Der Großvater ist strikt dagegen. Sische schreibt seinem Vater einen Brief, und Moses Hersch schickt Geld, um Schlittschuhe kaufen zu können. Seither gehen Sische und Marek jeden Sonntag auf dem Teich hinter Blich Schlittschuhlaufen. Der Großvater sieht das nicht gern, und überhaupt gefällt ihm die Freundschaft mit Marek nicht. Sische wird sich dem Judentum entfremden. Mit keinem Juden ist er so dick wie mit Marek. Ständig stecken sie zusammen und diskutieren, ob die Juden eine Nation sind oder eine Religionsgemeinschaft. Sische sagt, er ist Deutscher mosaischen Glaubens. Die Juden haben kein Land und deshalb müssen sie sich assimilieren. Sie sind keine politische Nation, wohl aber eine genetische. Sie sind ein Volksstamm und bilden zugleich eine Religionsgenossenschaft. Sie müssen als Bürger der Staaten, denen sie angehören, patriotisch fühlen und sich eins fühlen mit der politischen Nation, deren Glieder sie geworden sind. Warum bist du nicht Pole? fragt Marek.

– Weil die Polen keine Kultur haben.
– Das stimmt nicht.
– Doch, was haben sie denn? Die Deutschen haben Goethe, Schiller, Börne, Heine.
– Wir haben Mickiewicz.
– Die Deutschen sind eine Kulturnation. Nur unter Zuhilfenahme der deutschen Sprache kann man die große jüdische Masse zivilisieren.
– In Galizien spricht man aber Polnisch.
– Ich geh sowieso nach Wien zum Studieren.

Sie sprechen viel über Antisemitismus, die Assimilation der Juden und das Christentum. Nur durch die Taufe können sich die Juden assimilieren, meint Marek. Sische ist gegen die Taufe.

– Ich bin Jude und will Jude bleiben. Man kann der Religion nach

Jude bleiben und sich doch der Nation assimilieren, bei der man wohnt und das auch dann, wenn man sämtliche 10.990 Gebote des Schulchan Aruch als den Kern des Judentums betrachtet.
– Nur die Taufe kann den Antisemitismus beenden.

Sische will sich nicht taufen lassen.
– Würdest du deine Religion wechseln?
– Nein, aber ich werde auch nicht bedroht.
– Und wenn du bedroht würdest?
– Würde ich auch Christ bleiben.
– Siehst du. Nur Opportunisten lassen sich taufen und dann ist noch lange nicht gesagt, daß sie gegen Antisemitismus geschützt sind. Der Antisemitismus in Deutschland stützt sich auf Rassenhaß. Aber es wird eine Zeit kommen, wo der Unterschied der Abstammung keinen Grund zum Haß mehr abgeben wird.

Aber nicht koscher essen will Sische und am Sabbat schreiben und rauchen und nicht so viel beten. Das ist Assimilation. Er ist ohnedies schon assimiliert. Schließlich ist er auch mit Marek befreundet. Ein wirklich frommer Jude schließt keine dicke Freundschaft mit einem Goj. Er macht höchstens Geschäfte mit Gojim. Befreundet ist man nur mit Juden. Sische ist der einzige Jude in der Klasse, der mit einem Goj befreundet ist. Wenn du das nächste Mal zu mir kommst, ißt du mit uns Nachtmahl, Schinken und Salami und lauter nicht koschere Delikatessen. Und wir erzählen es niemandem, lacht Sische. Verheiratet bin ich auch noch nicht, sagt Sische, da siehst du, wie assimiliert ich bin. Marek und Sische wälzen sich vor Lachen bei der Vorstellung, daß Sische verheiratet ist und vielleicht sogar schon Kinder hat. Aber Meierl und Simcha, Nachbarskinder aus Borysław, sind schon verheiratet, erzählt Sische Marek. Die sind auch erst 16.

Der Pfarrer Kurek predigt, daß man nicht bei Juden arbeiten soll. Die Leute müssen endlich aufhören, bei Juden zu arbeiten. Der Sohn des Bezirkshauptmanns arbeitet in der Fabrik von Hersch Goldhammer. Er muß der erste sein, der damit aufhört. Der Fisch stinkt vom Kopf, sagt der Pfarrer Kurek. Und der Pfarrer Terlecki hat Leuten, die bei Juden dienen, zu Ostern nicht die Absolution erteilt.

Wie schmeckt Schweinefleisch?

1. Kapitel

1

Sische hat Matura gemacht. Zwar nicht mit Auszeichnung, aber mit guten Noten. In Deutsch, Mathematik und Physik hat er einen Einser, in Latein einen Zweier, in Polnisch und Griechisch nur einen Vierer und in Russisch, wie das Ruthenische genannt wird, einen Dreier. Der Vater schenkt ihm 1/8 Anteil an einer Grube in der Neuen Welt in Borysław. Esther ist glücklich und Moses Hersch sehr stolz. Und Osias bewundert Sische so sehr, daß er ihm kaum von der Seite weicht und allen Leuten erzählt, daß sein Bruder Matura gemacht hat und studieren wird. Sische will Medizin studieren. Natürlich in Wien. Man muß ein Zimmer für ihn finden. Moses Hersch annonciert im Wiener Israelit. Mendel Geschwind antwortet. Er wohnt mit seiner Familie in der Leopoldstadt und kann ein Zimmer vermieten. Mit Bedienung und Verpflegung 15 fl. im Monat. Moses Hersch ist einverstanden. Sische war noch nie in Wien. Er bekommt zwei neue Anzüge, hochgeschlossene Jacketts, eine gestreifte und eine einfärbig graue Hose und neue Stiefel. Sische trägt jetzt einen Schnurrbart und hat das volle, dunkelblonde Haar zurückgekämmt. Und weil er kurzsichtig ist, hat er einen Zwicker. Er fühlt sich sehr erwachsen. Moses Hersch schickt ein Telegramm nach Wien, wann er mit Sische ankommen wird. Am 29. September zwischen Rosch Haschana und Jom Kippur fahren Sische und Moses Hersch los. Zeitig in der Früh fahren sie nach Lemberg und dann mit der Karl-Ludwig-Bahn 2. Klasse. Sie kommen am Nordbahnhof an. Sische ist beeindruckt von der Größe und Pracht des Bahnhofs. Sie nehmen einen Einspänner in die Theresiengasse. Moses Hersch war schon öfter in Wien und kennt die Leopoldstadt. Aber Sische schaut beharrlich aus dem Fenster, obwohl es schon dunkel ist und die wenigen Gaslampen nicht viel Licht geben. Sie fahren ein Stück durch die Praterstraße. Dreistöckige, vierstöckige Häuser, sogar ein fünfstöckiges. Prachtbauten. Dann durch die Rote Sterngasse bis zur Taborstraße. Sische wendet sich nicht vom Fenster ab. Es sind nur wenige Menschen auf der Straße. Es ist schon spät. Ein paar Juden beeilen sich offensichtlich, nach Hause zu kommen. Weiter geht es durch die Große Pfarrgasse und die Leopoldsgasse bis zur Theresiengasse Nr. 1, einem relativ neuen Haus. 1 fl. kostet der Einspänner. Es ist knapp vor 10, das Haustor ist noch offen. Die Wohnung ist im vierten Stock. Mendel Geschwind wartet schon auf sie. Küche, Zimmer, Kabinett, englischer Abort und Wasser am Gang. Sische soll das Kabinett bekommen. Es ist gassenseitig. Mendel Geschwind wohnt mit seiner Frau und seinem zweijährigen Kind im Zimmer. Hinde, Mendels Frau, ist schwanger. Sie kredenzt Heringe, Gurken, Zwiebeln und Rosinenbrot. Moses Hersch denkt, daß Sische hier gut aufgehoben ist. Hinde hat keinen Scheitl und Mendel trägt keinen Kaftan, aber sie essen koscher. Darauf legt Moses Hersch wert. Auch gehen sie in den Tempel, aber sie sind keine Fanatiker. Moses Hersch ist zufrieden. Er möchte noch ein Geschäft erledigen und nach Jom Kippur, das sie zusammen im Tempel begehen wollen, nach Hause fahren. Bis dahin schläft er mit Sische zusammen im Kabinett.

Moses Hersch muß auf der Taborstraße den En gros-Händler Israel Weich treffen, und Sische will in die Universität gehen, inskribieren. Sie gehen zusammen bis zur Taborstraße. Juden mit hohen Stiefeln, langem, vor Schmutz glänzendem Kaftan, langen Bärten und Pejes eilen durch die Straßen, Jüdinnen mit karierten Wolltüchern. Hadern und Lumpen, kaufe Lumpen, kaufe Knochen, Lumpen, Knochen, schreit ein alter Mann. An einer Ecke hat ein Würstelmann seinen Stand und verkauft Kaiser-Würstel. Eine Jüdin mit Kleidern am Rücken geht hausieren. Sische ist aufgeregt. Von der Ringstraße hat er in der Schule gehört und in der Zeitung gelesen. Moses Hersch hat die neuen Gebäude auch noch nicht gesehen. Er will, nachdem er seine Geschäfte erledigt hat, alles mit Sische besichtigen. Auf der Taborstraße trennen sie sich. Moses Hersch hat hier zu tun, und Sische fährt mit der Pferdetramway zur Universität. Die Tramway ist überfüllt. Man kann kaum stehen. Taborstraße, Franz Josef-Quai, Schottenring. Sische schaut und staunt. Endlich die Universität. Er steht und schaut und rührt sich nicht vom Fleck. Schließlich wagt er, das Gebäude zu betreten. In der Aula bleibt er wieder stehen. Nach langem Staunen faßt er sich ein Herz und fragt den Portier, wo man sich zum Medizinstudium einschreiben kann. Er bekommt alle Formulare, erfährt, daß er sich für die Sezierübungen anmelden muß, die man erst machen kann, wenn man vorher eine kleine Prüfung abgelegt hat, und verläßt stolz das Gebäude.

Das Deutsche Volksblatt bedauert, daß in Galizien der Antisemitismus fast gar nicht verbreitet ist, obwohl dort die Juden die ruthenischen Bauern auf das schlimmste ausbeuten und sich der völligen Herrschaft über die Gojim schon ganz sicher wähnen.

2

Sische nennt sich jetzt Sigmund. Offiziell Sigmund recte Sische. Er hat noch zwei Tage frei, bis die Vorbereitung zu den Sezierübungen beginnt. Er ist schon einige Male mit der Pferdetramway über den Ring gefahren und geht oft zu Fuß in die Stadt spazieren. Im Café Spitzer in der Taborstraße war er auch schon. Dort gibt es die Drohobyczer Zeitung. Und mit dem Vater war er im neuen Panorama auf der Praterstraße: Die Schlacht bei Rezonville 16. August 1870. Ein Kolossal-Rundgemälde. Ein richtiges Panorama, so etwas hat er noch nie gesehen. Ein riesiger hoher Rundbau. Die ganze Schlacht ist rundherum dargestellt. Und die Figuren sind lebensgroß und drohen jeden Moment aus dem Rahmen zu treten. Sische schaut sich ein bißchen in der Leopoldstadt um. Betrachtet die neuen Häuser, die Taborstraße und die Praterstraße. Und im Augarten war er auch schon. Er ist nicht weit von der Theresiengasse. Er möchte unbedingt in den Prater gehen, natürlich in den Wurstelprater. Es geziemt sich aber nicht für einen Juden. Er wird Mendel Geschwind nichts davon erzählen. Obwohl Mendel sicher selbst in den Prater geht. Hinde erzählt er, daß er auf die Universität geht und dann noch ein bißchen in der Stadt spazieren gehen wird. In Wirklichkeit geht er in den Wurstelprater. Es ist später Nachmittag, ein gewöhnlicher Wochentag. Vorwiegend Kinder mit ihren Bonnen treiben sich herum. Aber auch Soldaten, junge Frauen, Hausierer. Sische sieht Riesen und Zwerge, singende Hunde, tanzende Affen. Er kommt bei der Kraftmaschine vorbei. Der Ausrufer schreit:

Hier is zu sehn die breißgegrennte Hiakuleßgrafftmaschine. Drei Greizza! Ene Pakatelle für das, was gebotten würd. Sische versteht ihn schlecht. Ein junger Mann will seine Muskelstärke erproben. Andere rufen: Haun dani, alter Spezi; aufi muaß er. Sische versteht den Wiener Dialekt nicht. In der Schule wurde Hochdeutsch gesprochen und zu Hause, wenn Deutsch gesprochen wurde, auch. Er kommt zur Rutschbahn. 10 Kreuzer. Damit will er fahren. Er ist mit ein paar Halbwüchsigen im Karrenwägelchen. Es geht hinunter, die Jugendlichen schreien, dann geht es wieder hinauf und hinunter. Sische ist schlecht. Jetzt hat er genug vom Prater. Er geht in ein Gasthaus, aber kein koscheres. Er war noch nie in einem nicht koscheren Gasthaus. Trejf hat er schon bei seinem Freund Marek gegessen. Aber er hat es niemandem erzählt. Auch nicht Osias, dem er sonst immer alles erzählt. Obwohl ihm Osias erzählt hat, daß er in Przemyśl Speck und Pirogen mit Schweinefleisch gegessen hat. Osias macht immer Sachen, die verboten sind. Sische bewundert ihn heimlich dafür. Er bestellt ein Bier. Der Salamimann ruft: duri, duri, Salamucci. Sische kauft Salami und beim Brot-Schani eine Kaisersemmel. Dann geht er ins Café Spitzer, Zeitung lesen. Ein junges Mädchen sitzt mit einer älteren Frau nicht weit von seinem Tisch. Sie war schon das letzte Mal da mit einem älteren Herrn. Blond, einfach gekleidet, hübsch. Sie lächelt Sische an. Das letzte Mal hat sie Sische auch so zugelächelt. Sische hat darauf nicht reagiert. Jetzt nimmt er eine Zeitung und versteckt sich hinter ihr, schielt aber immer wieder von der Seite hervor. Die Frau wird ihre Mutter sein, denkt Sische, und der Herr war wahrscheinlich ihr Vater. Beim Weggehen stößt das Mädchen an Sisches Zeitungen an, so daß sie vom Tisch fallen, sagt: Pardon und lacht freundlich.

Der letzte Sonntag, bevor der Vorbereitungskurs zu den Sezierübungen beginnt. Sische geht wieder heimlich in den Prater. Er wird nicht mehr mit der Rutschbahn fahren. Er versucht sich im Schießen. Er bleibt bei einem Schnellphotographen stehen, betrachtet die ausgestellten Proben und geht weiter. Gern würde er sich fotografieren lassen. Aber das ist verboten. Von einem Juden darf es kein Abbild geben. Mit billigen Krawatten, Federmessern und Kämmen hausierende alte Weiber bieten ihre Waren an, Soda und Himbeerlimonade wird feilgeboten und Spielzeug, billig imitierter Schmuck und Rauchrequisiten. Junge

Arbeiter und Dienstmädeln mit Soldaten vergnügen sich hier. Sische kauft Virginier und biegt in einen Seitenweg ein. Hier sind elegantere Schaubuden. Menschen drängen sich um eine Bude. Sische mischt sich unter die Leute. Ein Mann in einem langen schwarzen Gehrock und einer künstlerisch geschlungenen schwarzen Krawatte schreit: Sybilla – Sybilla – Sybilla! Ja, hier ist sie! Hier habt Ihr sie! Hier ist sie zu finden! Was der Rothschild ohne Villa, das ist der Prater ohne Sybilla! Bedenken Sie, uns allen hat die Natur einen Unterleib gegeben! Wozu wir diesen Unterleib besitzen, das brauch ich Ihnen nicht zu sagen, Sie wissen es jeder! Ja, meine verehrten Herren, Ihnen ist es klar, und Ihnen noch klarer, meine Damen! Der Unterleib spielt in unserem Leben eine hervorragende Rolle! Habe ich recht, schönes Fräulein? – Sagen Sie mir, habe ich recht? Sind Sie nicht meiner Meinung? Die Menge brüllt vor Lachen. Ich werde mir jetzt erlauben, meine hochverehrten Herrschaften, Ihnen Sybilla zu zeigen, Sybilla, die Dame ohne Unterleib! Ganz gratis und franko werde ich sie Ihnen zeigen. Sogleich beginnt die Vorstellung! Sybilla! Sybilla! Sybilla! Der Ausrufer reißt einen Vorhang beiseite und es erscheint auf einem Sessel ein weiblicher Körper, der nur aus Kopf und Brust besteht; der Unterleib fehlt gänzlich. Der Kopf ist zart, kindlich, goldblonde Haare, vielleicht ein sechzehn oder siebzehn Jahre altes Mädchen. Sische schaut sie ganz fasziniert an, ja starrt sie wie gebannt an. Ja, da staunen Sie, mein Herr, nicht wahr? Wendet sich der Ausrufer an Sische. So hätten Sie sich Sybilla, die Dame ohne Unterleib, nicht vorgestellt? Ich bitte sehr, Sie können sich davon überzeugen, daß diese Dame wirklich keinen Unterleib hat, wenn Sie bei uns eintreten wollen! Diese Dame ist keine Noli me tangere! Wir beweisen alles, was wir behaupten, diese Dame hat einen Kopf – sie hat Schultern – sie hat Arme – sie hat einen Busen, was bekanntlich nicht jede Dame von sich behaupten kann – habe ich recht, Fräulein Mizzi? Wendet sich der impertinente Mensch an eine blonde Hopfenstange. Diese Dame hat keinen Unterleib, aber alle anderen Damen unserer Gesellschaft haben Unterleiber! Deshalb treten Sie näher, meine Herrschaften! Zehn Kreuzer, das ist kein Vermögen! Zur Kasse! Zur Kasse! Die Vorstellung beginnt! Der rote Vorhang wird zusammengezogen, das schöne blonde Mädchen verschwindet und das Publikum strömt zur Kasse. Sische bleibt wie angewurzelt stehen, dann dreht er sich um und geht zum Ausgang des Praters und begibt sich ins Café Spitzer.

Sische liest die Neue Freie Presse. Plötzlich kommt das Mädchen, das er schon zwei Mal gesehen hat, mit zwei Soldaten herein. Sie bemerkt ihn gleich, lächelt und nickt ihm zu, als ob sie schon alte Bekannte wären. Sische lächelt auch, obwohl er gar nicht lächeln wollte. Schnell versteckt er sich wieder hinter der Zeitung. Sie ist vielleicht so alt wie er, denkt er. Wieso sie jetzt mit zwei Soldaten kommt, kann er sich nicht erklären. Verstohlen blinzelt er hinter der Zeitung hervor. Alle drei bestellen Cognac. Das Mädchen schaut immer wieder zu ihm hinüber. Er tut so, als ob er es nicht bemerken würde und in die Zeitung vertieft sei. In Wirklichkeit kann er sich gar nicht auf die Zeitung konzentrieren, obwohl er einen spannenden Fortsetzungsroman lesen wollte. Das Mädchen tut so vor den beiden Soldaten, als ob sie ihn kennen würde. Warum macht sie das? Sische bekommt einen roten Kopf. Er zündet sich eine Virginier an, ruft den Marqueur, zahlt, steht auf, wendet sich zu dem Mädchen und lächelt, ohne daß er das wollte. Sie lacht ihn freundlich an, nickt ihm zu und, wenn ihn nicht alles täuscht, hat sie auf Wiedersehen gesagt.

Die Vorlesungen haben begonnen. Anatomie, Zoologie, Mineralogie. Bald gibt es die erste Prüfung, das Knochenkolloquium, und dann beginnen die Sezierübungen. Sische muß lernen. Er würde gerne wieder in den Prater gehen. Vielleicht nächsten Sonntag. Hinde ist nett und kocht gut, aber das Kind schreit laut und oft. Das stört ihn beim Lernen. Aber er lernt sowieso die meiste Zeit in der Bibliothek. Wenn er über Mittag weg ist, gibt sie ihm Brot und Huhn mit. Die meisten Studenten gehen in ein nahe gelegenes Gasthaus. Auch die Wiener jüdischen Studenten gehen dorthin. Die essen nicht koscher. Nur die Juden aus Galizien und einige aus Ungarn verzehren irgendwo auf einer Bank oder in einem Winkel im Stehen ihr mitgebrachtes Menu. Manchmal lernt Sische im Kaffeehaus, aber nicht im Spitzer. Dort wäre vielleicht das Mädchen. Sie würde ihn vom Lernen ablenken.

Sonntag geht Sische wieder in den Prater. Schießstände, Karussells, Marionettentheater, Affentheater, Schwindel erzeugende Schaukeln, der große Chinese, Militärmusik, Leierkasten, Trommeln und Trompeten, Wiener Lieder der Damenkapelle, der Karameli-Hausierer, der auf einem breiten Brett Zuckerpyramiden vor sich her trägt und Karamel

– Karamel schreit. Sische läßt sich treiben, kauft Karamellen und Sodawasser und biegt in den Seitenweg zur Dame ohne Unterleib ein. Wieder ein Gedränge, und der Ausrufer schreit seine Litanei herunter. Sische drängt sich vor, versteckt sich hinter einem großen Mann und starrt verstohlen das Mädchen an. Alles verläuft genauso wie letzten Sonntag. Sische kauft wieder Virginier und überlegt, ob er ins Spitzer gehen soll, wo er sicher wieder das Mädchen antreffen wird. Fast automatisch geht er beim Spitzer vorbei, schaut hinein, stellt fest, daß das Mädchen nicht da ist und läßt sich nieder. Er nimmt sich die Neue Freie Presse, die Drohobyczer Zeitung und den Dziennik polski. Und schon taucht das Mädchen wieder auf, wieder mit einem älteren Herrn, aber einem anderen als das erste Mal. Sie grüßt Sische und fragt ihn, ob er sich nicht zu ihnen an den Tisch setzen möchte. Sische errötet, kommt aber der Einladung nach. Sie heißt Ilona, ist aus Ungarn und ist Schauspielerin. Sie spielt im Fürsttheater im Prater. Er stellt sich vor: Sigmund Erdheim, Student. Er soll doch nächsten Sonntag ins Theater kommen. „Die schöne Fleischhauerin" wird gespielt. Sie spielt die Fleischhauerin. Es ist ein typisches Wiener Volksstück. Sehr lustig. Es wird ihm sicher gefallen. Sie hat gleich bemerkt, daß er Student ist. Sische kommt gern ins Theater. Aber er wird den Dialekt nicht verstehen, er kommt ja aus Galizien. Dann muß er ihn eben lernen, meint Ilona. Am besten lernt er Wienerisch, wenn er ins Fürsttheater geht. Sie ist Ungarin und kann den Dialekt auch. Aber sie ist schon fünf Jahre in Wien, und zwei Jahre spielt sie schon im Fürsttheater. Der ältere Herr spielt auch im Fürsttheater, in dem Stück spielt er einen Hausmeister. Sie werden sehen, Sie werden rasch Wienerisch lernen, sagt er. Er beginnt leise zu singen: Das erste Busserl. No, haben Sie verstanden? Ja, aber nicht alles. Es wird schon werden. Wenn Sie jeden Sonntag zu uns ins Theater kommen, können Sie in vier Wochen perfekt Wienerisch, sagt Ilona. Sische lacht verlegen. Der Herr Brunner spielt einen ganz bösen Hausmeister. Mieter, die ihm zu wenig Trinkgeld geben, delogiert er einfach. Aber in Wirklichkeit ist der Herr Brunner ein sehr netter Mensch. Aber die Fleischhauerin ist nicht nur schön, sondern auch eine reizende Person, sagt Herr Brunner. Sie werden ja selbst sehen. Sische verabschiedet sich, er muß lernen. Aber er freut sich auf den nächsten Sonntag. Er kommt ganz bestimmt. Warten Sie nach dem Theater auf mich, sagt Ilona.

Sische fiebert dem Sonntag entgegen. Er kann es kaum erwarten. Er lernt fleißig. Hand- und Fußknochen. Os naviculare, os pisiforme, ossa cuneiformia. Mendel Geschwind ahnt, daß Sische jeden Sonntag in den Prater geht. Er hat ihn einmal gefragt, ob er in den Prater geht. Sische ist rot geworden und hat gesagt, daß er ins Spitzer geht, Zeitung lesen. Mendel ist nicht besonders fromm und denkt, Sische soll sich nur vergnügen. Er ist auch schon 18 und fast erwachsen. Die polnischen Juden sind in dem Alter meistens schon verheiratet und haben Kinder. Er lernt ohnedies fleißig und das ist das wichtigste, denkt Mendel. Endlich ist es Sonntag. Das Theater fängt um 19 Uhr an. Was soll Sische bis dahin machen. Lernen, aber er kann sich schlecht konzentrieren. Bei der Prüfung darf er nicht durchfallen, sonst ist es aus mit dem Studieren. Um 5 geht er weg und schlendert wieder in den Prater. Jetzt kennt er schon alles, und er langweilt sich ein bißchen. Er biegt wieder in den Seitenweg und geht zur Dame ohne Unterleib. Wieder das gleiche Zeremoniell wie jeden Sonntag. Sische drängt sich wieder ganz nach vorne, versteckt sich hinter Leuten und schielt nach dem Mädchen. Ob sie auch sprechen kann? Vielleicht ist sie stumm. Sische denkt an Ilona und das Theater und starrt wieder das Mädchen an. Wie hübsch sie ist. Was sie wohl verdient für dieses Kunststück? Es wird ein Hungerlohn sein, denkt Sische. Wie kann man den ganzen Tag so sitzen und nichts sprechen. Wahrscheinlich ist sie stumm. ½ 7. Sische wirft noch einmal einen langen Blick auf das Mädchen, reißt sich los und geht zum Theater. Sische ist von Ilona hingerissen, sie spielt großartig. Auch der Hausmeister ist pyramidal. Wie erwartet, versteht er nicht alles. Die Leute lachen, und er weiß nicht, warum. Die alte Frau, mit der Ilona das erste Mal im Kaffeehaus war, spielt auch mit. Sische wartet vor dem Theater auf Ilona. Er wartet schon zwanzig Minuten. Vielleicht hat sie vergessen. Vielleicht hat sie es nicht ernst gemeint und hat ihn nur gefoppt. Er geht auf und ab. Da ist sie. Sie hat sich umziehen müssen und abschminken. Wo gehen wir hin? Sische errötet. Er weiß es nicht. Gehen wir in ein Restaurant essen? Sische erschrickt erkennbar. Obwohl es auch schon egal ist. Es wär ja nicht das erste Mal, daß er trejf ißt. Aber je öfter desto schlimmer. Was soll er jetzt sagen? Er hat schon gegessen. Er ist nicht hungrig. Aber Ilona ist hungrig. Im Prater, im 3. Kaffeehaus kann man Gulasch essen. Das ist so gut wie daheim in Ungarn. Gut, er wird ein Bier trinken. Sie sind Jude, sagt Ilona.

– Ja.
– Deshalb wollen Sie nicht ins Restaurant gehen. Die galizischen Juden essen alle koscher, und die Wiener Juden wissen gar nicht mehr, was das ist.

Sische lacht.

– Woher wissen Sie das?
– Aus dem Café Spitzer.

Sische lacht.

– Aber im Spitzer sitzen fast nur galizische und ungarische Juden. Es gibt dort alle polnischen und jüdischen Zeitungen aus Galizien.
– Die Wiener Juden gehen in der Stadt ins Kaffeehaus.
– Woher wissen Sie das?
– Ich geh nicht nur ins Spitzer. Ich geh auch manchmal ins Börse. Da sind immer viele Juden. Oder ins Donau oder Louvre.
– Woher wissen Sie, daß es Juden sind, wenn sie keinen Kaftan tragen und keine Pejes haben?
– Man sieht's ihnen an.

Sische spielt verlegen mit dem Bierdeckel.

– Wohin gehen wir jetzt?

Sische nimmt einen zweiten, dritten, vierten und fünften Bierdeckel, alle Bierdeckel, die auf dem Tisch liegen, baut einen Turm, stellt sie auf, dreht sie herum und errötet.

– Gehen wir zu mir?
– Es ist spät. Mein Zimmerwirt wird sich Sorgen machen.
– So spät ist es noch nicht. Sie sind doch schon erwachsen. Wann müssen Sie denn morgen auf die Universität?
– Erst um 12.
– Da können Sie doch ausschlafen.
– Ich muß lernen. Bald ist die erste Prüfung.
– Ich wohne nicht weit. Ich hab mit einer anderen Schauspielerin zusammen eine kleine Wohnung. Die ist aber jetzt nicht zu Hause. Sie ist weggefahren und kommt erst morgen.

Sische schaut auf die Bierdeckel.

– Komm, gehen wir.

In Tausenden von Exemplaren kursiert ein Flugblatt:

Fast alle nihilistischen Attentäter, Betrüger, Wucherer sind Juden. Die Juden haben die Religion aus der Schule verdrängt, die Juden versuchen das Vermögen der katholischen Kirche an sich zu bringen. Die Juden gleichen dem Vitriole. Schenken wir den Juden keinen Glauben, sie sagen nie die Wahrheit. Kaufen wir nicht bei Juden, meiden wir die Institute, die von Juden geleitet werden. Lesen wir nicht ihre Zeitungen! Die Judenpresse ist das größte Schandmal der Jetztzeit. Besuchen wir nicht Theater, denen Juden als Direktoren vorstehen, oder an denen jüdische Künstler und Künstlerinnen auftreten; tragen wir unser Geld nicht auf die Börse. Schließen wir die Juden aus unseren Gesellschaftskreisen aus; ignorieren wir die Juden vollständig. Der Hausjude gehört in die gefährliche Klasse der Raubtiere: judaicus aulicus vastatur. ...

3

Sische hat ein bißchen Fieber, nicht sehr hoch, 37,8; 38; 37,6. Nie höher als 38. Aber er fühlt sich nicht wohl. Er ist abgeschlagen, appetitlos und sehr blaß. Er darf jetzt nicht krank werden. Er darf die Sezierübungen nicht versäumen. Die Prüfung hat er mit sehr gut bestanden. Baruch Haschem. Hinde gibt ihm Himbeersirup. Das Fieber fällt. Er geht in die Übungen. Er hat Schmerzen beim Wasserlassen. Brennend und kitzelnd. Es wird eine Harnröhrenentzündung sein. Ein Katarrh. Das kalte und regnerische Herbstwetter ist schuld daran. Obwohl ihm der Vater einen wunderbaren Menczikoff gekauft hat. Wasserdicht, beste Qualität. Die Spaziergänge im Prater sind schuld daran. Er hat Sehnsucht nach Ilona. Am Sonntag kann er sicher nicht zu ihr gehen. Er fühlt sich so müde. Er wird im Bett bleiben müssen. Er wird Samstag auch im Bett bleiben und nicht in die Synagoge gehen. Er trinkt nur wenig, um nicht urinieren zu müssen. Die Schmerzen strahlen in die Leisten aus. Sitzen und Bewegen ist auch schmerzhaft. Gehen ist unangenehm. Er hat einen eitrigen Ausfluß und ein unstillbares Verlangen nach Ilona. Vielleicht ist er am Sonntag doch wieder so weit hergestellt, daß er sie besuchen kann. Hinde sagt, er soll einen Arzt aufsuchen. Mendel kennt einen Arzt in der Kleinen Sperlgasse. Sische soll zu dem gehen. Ein Katarrh vergeht von selbst, meint Sische und bittet um weiteren Himbeersirup. Er hat ohnedies nur mehr ein bißchen Temperatur. Es ist nicht so schlimm. Sonntag ist er wieder gesund.

Sische geht in die Übungen und Vorlesungen, ist aber sehr müde. Er hat ein bißchen Schmerzen in den Hoden. Vielleicht ist es auch eine Hodentuberkulose. Nein, nein, er hat sich verkühlt. Jeden Sonntag war er mit Ilona im Nobelprater. Sie sind auf der Prater-Hauptallee promeniert. Da tummeln sich am Sonntag die besseren Leute. Ilona hat ihm vom Blumenkorso erzählt. Im Frühling gehen sie zusammen hin. Manchmal haben sie sich auf die eisernen Sessel gesetzt, die Promenierenden betrachtet, sich ihre Berufe ausgedacht, wie viele Kinder diese oder jene Dame hat und überlegt, ob nicht der eine oder andere Herr zufällig aus Galizien ist. Der ist sicher aus Borysław, sagt Ilona. Nein, aus Drohobycz, der ist zu elegant gekleidet. Dann muß er aus Czernowitz sein. Ganze Lebensgeschichten haben sie sich ausgedacht und gelacht wie die Backfische. Und Ilona hat Sische Unterricht im Wienerischen erteilt. Die Sessel waren kalt und die Luft war schon sehr kühl. Da hat er sich verkühlt. Danach sind sie immer ins 3. Kaffeehaus gegangen und haben Gulasch gegessen. Sische hat auch Gulasch gegessen. Ilona hat gesagt, es kann gar nichts passieren. Die Wiener Juden essen alle nicht koscher. Und er lebt doch jetzt in Wien. Er ist doch assimiliert. Da muß er nicht koscher essen. Sische dachte an Osias. Der ißt doch längst schon trejfe Speisen. Und ist trotzdem ein Jude. Sische fiebert dem Sonntag entgegen. Er muß unbedingt zu Ilona. Er hat solches Verlangen. Am Freitag nach den Übungen geht er zu Ilona. Er kann nicht mehr warten. Er sollte in die Synagoge. Was wird Mendel denken? Er wird sagen, er hat sich verspätet. Es war noch eine Besprechung mit den Studenten. Mendel ist das sowieso egal. Aber fragen wird er sicher. Ilona ist zu Hause. Sische erzählt von seiner Verkühlung. Ach, das wird schon vergehen, sagt Ilona. Sische liebt Ilona so leidenschaftlich wie noch nie. Er ist glücklich. Es kann keine schlimme Erkrankung sein. Er muß gehen. Er will noch in den Tempel. Er kommt zwar ziemlich zu spät. Aber man wird ihn doch sehen. Morgen wird er sowieso nicht gehen, da bleibt er im Bett. Wenn man krank ist, muß man nicht in die Synagoge gehen. Bleib noch, sagt Ilona. Die Wiener Juden gehen alle nicht in den Tempel. Das ist nicht wahr, sagt Sische. Nur die aus

Galizien und aus Ungarn und Mähren gehen in die Synagoge. Und von denen gehen schon viele nicht mehr. Das ist nicht wahr. Obwohl Sische weiß, daß viele Kollegen von ihm überhaupt nicht Hebräisch können und nicht in die Synagoge gehen und nicht einmal am Sabbat Kerzen anzünden. Trotzdem. Sische küßt Ilona leidenschaftlich und läuft davon.

Sische ist ununterbrochen erregt. Der bloße Anblick einer Frau versetzt ihn in Spannung. Er hat nächtliche Pollutionen, die schmerzen, und er schläft schlecht. Oft sind die Nächte qualvoll. Kaum liegt er im Bett, rüttelt ihn eine schmerzhafte Erektion auf. Er steht auf, geht auf und ab und macht kalte Umschläge. Kaum liegt er wieder im Bett, fängt alles von vorne an. Samstag ist er zu Hause geblieben. Er hat sich sehr schlecht gefühlt, aber nur mehr 37,2 gehabt. Hinde und Mendel sind sehr besorgt. Sische soll endlich zum Arzt gehen. Es kann etwas Ernstes sein. Sonntag war er bei Ilona. Er hat Hinde und Mendel gesagt, er muß ein bißchen Luft schnappen. Wieder war er rasend leidenschaftlich. Ilona hat gestrahlt und gesagt, er ist der beste Liebhaber, den sie kennt. Sische ist nur kurz geblieben, er war sehr müde und sollte auch noch lernen.

Sische geht endlich zu Dr. Mannheimer in der Kleinen Sperlgasse.
– Sie haben einen Tripper.
– Was ist das?
– Eine Geschlechtskrankheit.
Sische bekommt einen knallroten Kopf und denkt, das ist die Strafe Gottes.
– Wie ist das möglich?
– Ganz einfach. Gonorrhoe, wie die Krankheit auch medizinisch heißt, ist sehr verbreitet. Fast so wie Masern.
– Was kann man dagegen machen?
– Das Wichtigste ist Ruhe und kein Geschlechtsverkehr.
Sische erschrickt sichtlich.
– Aber, junger Mann, das versteht sich doch eo ipso. Als angehender Arzt muß Ihnen das klar sein.
Sische errötet. Sein Kopf glüht.
– Schauen Sie nicht so erschreckt. Tripper ist eine sehr verbreitete

Krankheit. Jeden Tag kommen junge Männer zu mir, die sich infiziert haben. Wenn Sie alles befolgen, was ich Ihnen sage, werden Sie gesund werden.

Er soll nicht laufen, nicht turnen oder tanzen. Auch lange Fußmärsche sind nicht gut. Auch soll er vermeiden, auf schlechten Straßen und in schweren, stark schüttelnden Wägen zu fahren. Er soll lieber mit der Tramway fahren als mit dem Omnibus. Auf jeden Fall soll er ein Suspensorium tragen. Das ist ein Tragebeutel, der die Genitalien stützt. Sexuelle Erregung soll er vermeiden. Keine schlüpfrigen Gedanken, Bilder, Bücher oder Schauspiele. Besonders keine weibliche Gesellschaft. Die erhöhte sexuelle Reizbarkeit kann durch Antaphrodisiaca bekämpft werden. Kampfer, Lupulin, Bromkalium und Bromnatrium. Schwer verdauliche Nahrung wie Mehl- und Germspeisen und Käse soll er vermeiden. Die Speisen sollen mit Pfeffer, Paprika und Curry gewürzt werden. Keine kohlensäurehältigen Getränke und möglichst wenig Alkohol. Größte Reinlichkeit ist geboten. Das Trippersekret kann auf die Augen übertragen werden. Wäsche und Kleider müssen häufig gewechselt werden. Zincum sulfuricum muß er in die Harnröhre injizieren und ausgiebig mehrmals täglich die Harnröhre mit Kalihypermanganicum durchspülen. Dr. Mannheimer empfiehlt noch Eucalyptusgel und Injektionen mit Jodoform und Chinin.

– In zwei Wochen kommen Sie wieder, Herr Doktor. Und lassen Sie von der Dame, bei der Sie sich infiziert haben.

Soll er Ilona besuchen? Ihr alles erzählen? Er wird in Versuchung kommen. Soll er sie vergessen? Aber wie kann er das? Er liebt sie ja gar nicht. Und sie liebt ihn schon gar nicht. Er weiß gar nicht, was Liebe ist. Das gibt es nur in Romanen, in der Literatur, in Gedichten. Er ist selbst schuld, daß er sich angesteckt hat. Er hätte nicht ins Theater gehen sollen, er hätte gar nicht anfangen sollen mit ihr zu reden. Das ist jetzt die Strafe Gottes. Er hat Sehnsucht nach Ilona. Dr. Mannheimer hat gesagt, er wird nicht gesund, wenn er nicht enthaltsam ist. Ilona liebt vielleicht den Herrn Brunner, den Hausmeister. Oder einen Soldaten oder zwei Soldaten. Er sollte zu ihr gehen und ihr sagen, daß sie krank ist. Als angehender Arzt ist es seine Pflicht. Er wird in Versuchung kommen. Er hat solches Verlangen nach ihr. Vielleicht weiß sie es ja ohnedies. Vielleicht wußte sie ja, daß sie ihn angesteckt hat, das Luder. Ja, sie ist ein Luder. Und weil sie ein Luder ist, muß er ihr nicht sagen, daß sie krank ist. Sie weiß es sowieso. Er geht nicht zu ihr. Er kuriert sich aus.

Das „Deutsche Volksblatt" inseriert:
Schönerer-Büsten per Stück 80 kr., mit Console 1 fl 20 kr. Michalek, Gipsfigurenerzeuger, Hernals, Bergsteiggasse 25.

2. Kapitel

1

Es ist Freitag abend. Osias ist nicht nach Drohobycz gekommen. Das ist noch nie passiert. Osias feiert immer mit der Familie den Sabbat. Esther ist sehr besorgt. Moses Hersch ist zu Mittag aus Borysław gekommen. Es war alles in Ordnung. Er hat mit Osias gesprochen. Jetzt ist es zu spät, jetzt kommt er nicht mehr. Der Zug fährt nicht mehr. Sie können auch keine Depesche mehr schicken. Der Sabbat hat schon begonnen. Der Vater sagt den Kiddusch, das Sabbatgebet. Dann beginnen sie mit dem Essen. Plötzlich geht die Tür auf und Osias kommt herein. Alle starren ihn an. Moses Hersch fängt sich als erster.

– Warum kommst du erst jetzt?

– Ich hab mich verspätet.

– Du hast den Sabbat entweiht.

Osias schweigt trotzig.

– Wie bist du hergekommen?

– Mit dem Wagen.

– Wer hat dich mitgenommen?

– Chaim Alter.

– Ihr habt den Sabbat entweiht.

Osias schweigt. Alle haben zu essen aufgehört und schweigen beklommen.

– Warum bist du nicht rechtzeitig gekommen?

Osias schweigt. Jakobs Augen wandern ständig zwischen Vater und Osias hin und her. Er verzieht keine Miene, genießt aber sichtlich die Szene. Awrumele kichert ein ganz kleines bißchen.

– Osias hat den Sabbat entweiht. Da gibt es nichts zu lachen.

Awrumele schaut ernst auf seinen Teller und beißt vom Challah ab. Moses Hersch beginnt auch wieder zu essen. Esther legt auf Osias Teller Fisch und gibt ihm Challah. Alle essen schweigend weiter.

Osias ist absichtlich nicht rechtzeitig nach Drohobycz gefahren. Er ist mit Chaim Alter und Samuel Zwiebel, dem Buchhändler, im

Kaffeehaus gesessen. Sie haben beschlossen, den Sabbat nicht mehr so ernst zu nehmen. Sie sind assimiliert. Ein assimilierter Jude feiert den Sabbat nicht. Das hat ein Antiquar in Lemberg Samuel gesagt. Es ist lächerlich den Sabbat einzuhalten. Sie wollen auch nicht heiraten. Alle drei wollen es nicht. Osias soll bald heiraten. Das wollen die Eltern. Wenn er nicht studiert, soll er heiraten. Chaim Alter und Samuel sind älter als Osias und auch noch nicht verheiratet. Sie werden überhaupt nicht heiraten.

2

Jakob und Awrumele haben schon Bar Mizwa gehabt, und Pinkas wird bald so weit sein. Jakob hat immer noch lauter Einser, und liest von Heinrich Grätz „Die Geschichte der Juden". Auch Spinoza liest er, den er sich von Osias ausborgt. Chaim Alter hat bei Samuel Spinozas Ethik gekauft, die die drei Burschen zusammen studieren. Awrumele geht das letzte Jahr in die Schule und Osias erledigt die Buchhaltung für den Vater und hat sich eine Gesamtausgabe von Casanovas Werken gekauft, die er mit Begeisterung liest. Awrumele liebt es, Karten zu spielen, wobei er durch faule Tricks meistens gewinnt. Er spielt immer noch mit Mädchen fangen, verstecken, Katz und Maus und Himmel und Hölle, baut riesige Schneemänner und steckt ihnen eine brennende Kerze ins Maul. Er spielt immer noch mit Kreiseln und streift mit kleinen Mädchen durchs Gebüsch, obwohl er schon im Stimmbruch ist. Er fühlt sich wohl und stark dabei. Und mit den Jungen prügelt er sich, obwohl die Mutter immer sagt, daß ihm die Hände abfallen werden. Was werden die Leute sagen, wenn du dich mit Jungen prügelst? Und der Vater ist überhaupt der Meinung, daß er schon zu alt ist, um zu spielen. Die Nachbarn lachen schon und reden darüber. Du bist ein gojischer Dummkopf, schimpft Moses Hersch. Jakob spielt gar nicht mehr, er hat nie viel gespielt, aber er liebt Naschereien. Besonders Honigkuchen und Ingwerkuchen. Er ist ein wahrer Riese im Vergleich zu den anderen Halbwüchsigen. Ein bißchen dicklich mit einem Kindergesicht und heller Knabenstimme. Die Mutter ist immer noch sehr besorgt um ihn. Wenn er nur ein kleines bißchen hüstelt, steckt sie ihn ins Bett und kocht einen Brei aus Hafermehl, Schlagobers, Butter und kandiertem Zucker und reibt Rücken und Hals mit Terpentin ein. Es könnte Lungentuberkulose sein. Jakob haßt die Terpentineinreibungen. Das muß sein, mein Goldkind, mein Juwel, sagt die Mutter und deckt ihn fest zu. Pinkas haben alle gern. Die Lehrer, die Kinder, die Eltern. Er lernt gut und ist brav. Er streitet nicht, er prügelt sich nicht, er läßt die Kinder abschreiben, verschenkt Süßigkeiten und ist immer guter Dinge. Er hat ein goldenes Herz, sagt Esther.

3. Kapitel

1

Sische ist gesund. Hat aber noch Enthaltsamkeit verordnet bekommen. Er hat Ilona nicht von seiner Erkrankung erzählt, er hat sie überhaupt nicht mehr gesehen. Er geht auch nicht mehr in den Prater. Er lernt und denkt manchmal wehmütig an Ilona. Israel Butterweich, ein Kommilitone aus Brody, hat Sische in den Turnverein der Wiener Hochschulen mitgenommen. Dort gibt es keine Antisemiten. Der Obmann ist Jude. Die meisten Turnvereine sind antisemitisch. Auch der akademische Turnverein ist nicht frei davon. Jetzt gehen sie gemeinsam einmal in der Woche turnen. Und Sische geht außerdem noch einmal in der Woche Eislaufen. Auf Schritt und Tritt stoßen sie auf Antisemitismus. Wenn jemand schon gar nichts ist, so ist er zumindest ein Antisemit, hat Butterweich gesagt. So ist das in Galizien nicht. Gelegentlich gibt es Krawalle, ansonsten kommen alle gut miteinander aus, besonders die ruthenischen Bauern vertragen sich gut mit den Juden. Sische zieht in die Seegasse. Die Frau in der Theresiengasse hat ein zweites Kind bekommen und sie brauchen das Kabinett jetzt selbst. Von der Seegasse ist es auch näher zum anatomischen Institut. Von der Theresiengasse ist er mit der Pferdetramway fast eine Stunde gefahren. Jetzt geht er zu Fuß nicht einmal eine halbe Stunde. Seegasse 13A, ein ganz neues Haus, gleich neben dem jüdischen Spital. Es ist eine schöne Wohnung. Drei Zimmer auf die Gasse, Dienerzimmer, Vorzimmer, Küche, Glasgang. Sische hat ein großes Zimmer. Er wohnt bei einer Familie eines Arztes aus dem jüdischen Spital. Fromme Leute. Der Arzt geht jeden Tag ins Bethaus. Sische ist ihm nicht fromm genug, weil er nur am Freitag in den Tempel in der Seitenstettengasse geht. Daß er meistens das Morgen- und Abendgebet gar nicht mehr spricht, weiß der Arzt zum Glück nicht. Und zwischen milchigen und fleischigen Speisen macht er auch nicht mehr sechs Stunden Pause. Sische gehen die ständigen Ermahnungen und Vorträge auf die Nerven. Er wird ein anderes Zimmer finden. Er ist ohnedies nicht viel zu Hause. Meistens lernt er in der Universitätsbibliothek, manchmal auch Samstag vormittag, was den Arzt besonders erbost. Sische wird noch oft genug am Samstag arbeiten müssen, wenn er einmal Arzt ist. Dann soll er wenigstens, solange er noch kann, den Sabbat heilig halten. Manchmal, wenn der Arzt gut gelaunt ist, erzählt er auch von seiner Arbeit und vom neuen israelitischen Spital auf der Gürtelstraße. Dort gibt es die Möglichkeit Typhus hydriatisch zu behandeln. Die Patienten werden bei hohem Fieber im kühlen Wasserbad abgekühlt. Die Mortalität ist um 10 % zurückgegangen. Sische hört immer sehr aufmerksam zu. Auch von der Tracheotomie bei Diphteritis erzählt er und von Amputationen. Und woran gerade wieder jemand gestorben ist. Oft lernt Sische auch gemeinsam mit Butterweich im Kaffeehaus. Wenn sie zusammen auf der Straße gehen, verwandeln sich die Menschen in wandelnde Leichname. Jetzt verkürzt sich bei dem Mann, der vor ihnen geht, der gluteus maximus, da jetzt der quadriceps femoris. Dieser Wulst am Hals ist bedingt durch den musculus sternocleidomastodeus. Der Mann bückt sich, um den entfallenen Spazierstock aufzuheben. Dabei verkürzen sich die musculi recti abdominis und ziehen den Brustkorb zusammen. Alle Menschen beginnen sich in Sisches Augen gleichsam zu verdoppeln. Woraus die Frau des Arztes, eine besonders hübsche Dame, besteht, ist ihm wohlbekannt, und es ist nichts besonders an ihr. Ihr Gehirn hat dieselben Windungen, wie er sie an hunderten Gehirnen gesehen hat. Ihre Muskeln sind ebenso ganz mit Fett durchsetzt, wie bei allen Weibern, ein Umstand, der das Präparieren von weiblichen Leichen so unangenehm macht. Sische besteht alle Prüfungen, manche sogar mit Auszeichnung. Trotzdem denkt er an schöne Mädchen und leidet immer noch unter nächtlichen Pollutionen, die wenigstens nicht mehr schmerzhaft sind. Wo kann er ein anständiges Mädchen kennenlernen? Heiraten kommt nicht in Frage. Die meisten Kommilitonen treiben sich mit Kellnerinnen herum. Der Arzt hat gesagt, er muß vorsichtig sein. Oft glaubt der Patient, er sei völlig geheilt, und es sind doch noch Gonokokken im Harn. Auch muß er sich in acht nehmen vor einer nochmaligen Ansteckung. Das verringert die Chance auf endgültige Heilung. Butterweich hat mit einem Blumenmädchen angebandelt. Er wird schon sehen, was das für Folgen haben wird, denkt Sische. Butterweich geht auch auf Bälle und zu Tanzkränzchen. Sische kann nicht tanzen. Dann muß er es lernen, meint Butterweich, und bringt

Sische nach und nach die wichtigsten Schritte der wichtigsten Tänze bei. Er soll Unterricht nehmen. Wenigstens soll er sich ein Büchlein kaufen, wonach man das Tanzen lernen kann. Es gibt in der Rauhensteingasse eine Buchhandlung, die solche Büchlein um 48 Kreuzer mit Beschreibungen und Zeichnungen hat. Einmal war Sische auch bei einem Kränzchen vom Turnverein. Vielleicht waren ohnedies ein paar anständige Mädchen darunter. Aber woher soll er das wissen? Auch verheiratete Frauen können einen Tripper haben, hat der Arzt gesagt. Und das gar nicht so selten. Butterweich ermuntert ihn immer. Er soll nicht so schüchtern sein. Aber Sische schweigt und geht wieder lernen.

Die Radfahrerclubs „Die Wanderer", „Die Schwalben" und der „Wiener Cyclistenclub", der seit 21. Feber 1883 besteht, haben seit 1886 keine Juden mehr unter ihren Mitgliedern und nehmen auch keine mehr auf.

2

Sische wacht plötzlich auf. Er hat geträumt, daß er durch eine schmale, dunkle Gasse geht. Eine Kutsche rast ihm entgegen, trifft ihn mit der Deichsel in die Seite, und es bildet sich bei ihm ein Pneumothorax. Sische richtet sich erschreckt auf. In der Küche weint das kranke Kind der Hauswirtin. An welch dünnem Faden hängt doch die Gesundheit. Wenn doch nur die Gesundheit garantiert wäre. Sie verlieren, heißt alles verlieren. Sie ist das höchste und notwendigste Gut, und dabei ist es so schwer, sie sich zu bewahren. Man müßte sein ganzes Leben nur diesem Zwecke widmen. Aber es wäre doch lächerlich, sich nur die Gesundheit zum Lebensziel zu setzen. Damit ist auch nichts erreicht. Wie soll man sich denn in acht nehmen? Wir wissen ja gar nicht, wodurch der Krebs, das Sarkom, eine Menge von qualvollen Hautkrankheiten entstehen, oder die Zuckerkrankheit und eine Menge von

Nervenkrankheiten. Wie sehr er sich auch in acht nimmt. Vielleicht liegt er schon in einem Jahr am Pemphigus foliceus* darnieder. Lächerlich daran zu denken. Aber auch der am Pemphigus Erkrankte, den er kürzlich in der Klinik gesehen hatte, war vor einem halben Jahr ganz gesund und hatte an kein Unglück gedacht. Der normale Mensch ist der kranke, der gesunde ist nur eine glückliche Abart, eine schroffe Abweichung von der Norm. Nicht eine Stunde sind wir unserer Gesundheit sicher. Und doch möchte man leben und glücklich sein. Aber das ist ja unmöglich. Was soll da noch die Liebe mit ihrer Poesie und ihrem Glück? Welchen Zweck hat sie, wenn sie solche Qualen bereitet? Wenn der Mann sich entschließt, dem geliebten Weibe die Qualen zu verursachen, die er in der Entbindungsklinik gesehen hat. Leiden, Leiden ohne Ende, Leiden in allen erdenklichen Formen und Gestalten. Das ist das Wesen, das ganze Leben des menschlichen Organismus, denkt Sische. Er hat ein kleines Muttermal unter der Achsel. Plötzlich bemerkt er, wie es größer wird. Ohne ersichtlichen Grund fängt es plötzlich an größer zu werden und zu schmerzen. Jeden Tag wird es größer und empfindlicher. Schließlich hat es die Größe einer Haselnuß. Es gibt keine Zweifel mehr: aus dem Muttermal hat sich ein Sarkom entwickelt. Jenes Melanosarkom, das sich gewöhnlich aus einem unschuldigen Muttermal entwickelt. Sische muß zu einem Chirurgen gehen. Wie zum Schafott geht er in die Ordination des Professors für Chirurgie. Herr Professor, ich habe, es scheint so, ein Sarkom am Arm, sagt Sische mit gepreßter Stimme. Der Professor schaut Sische aufmerksam an. Sie sind Mediziner? fragt der Professor.

– Ja.
– In welchem Semester?
– Im 6.
– Zeigen Sie Ihr Sarkom her.

Sische zieht sich aus. Der Professor durchschneidet mit der Schere das dünne Häutchen, an dem die Geschwulst hängt. Sie haben sich das Muttermal mit dem Ärmel aufgerieben, weiter nichts. Nehmen Sie Ihr Sarkom zum Andenken mit, sagt der Professor lachend und gibt Sische

* Bei diesem Leiden bedeckt sich die ganze Haut mit Blasen, die platzen und das Unterhautzellgewebe entblößen, das nicht mehr zuwächst. Der Mensch, der keine Haut hat, weiß nicht, wie er sitzen oder liegen soll, weil jede leichteste Berührung dem Körper einen brennenden Schmerz verursacht.

das kleine fleischige Klümpchen. Sische ist erleichtert. Sich schämend, aber dennoch hoch erfreut verläßt er den Chirurgen. Er lernt wieder fleißig, geht turnen, manchmal mit Butterweich zu einem Kränzchen, denkt an hübsche Mädchen und denkt, daß die Gonnorhoe längst ausgeheilt ist. Butterweich nimmt ihn zu Geselligkeitsherrenabenden des Vereins Kadimah mit. Sische ist nicht sehr angetan. Es wird viel von der Kolonisierung Palästinas gesprochen. Die Leute sind ihm zu national. Butterweich liest die Selbst-Emancipation, eine zionistische Zeitung. Die machen sich lustig über die Assimilationssucht. Sische will sich aber assimilieren. Er wird nicht mehr mitgehen, obwohl Butterweich nett ist, und sie gut miteinander lernen. Sie können ja trotzdem miteinander lernen. Nach Palästina will Sische auf keinen Fall auswandern. Osias hat davon gefaselt. Aber der will Geld verdienen. Und in Palästina wird er sicher nicht reich.

Sische fühlt sich seit einiger Zeit so schwach, hat wenig Appetit und ständig Durst. Er beginnt abzumagern, und am Körper bilden sich hier und dort kleine Abszesse. Er untersucht den Harn auf Zucker, aber es ist kein Zucker da. Alle Symptome weisen auf Diabetes insipidus. Mit zunehmender Sorge liest er das Kapitel darüber im Lehrbuch von Strümpel durch: Die Ursachen des Diabetes insipidus sind noch ganz dunkel. Die Mehrzahl der Kranken gehört der Jugend und dem mittleren Alter an; Männer sind dieser Krankheit häufiger unterworfen als Frauen. Die Verwandtschaft dieses Leidens mit der Zuckerkrankheit ist augenscheinlich, zuweilen geht eines in das andere über. Die Krankheit kann sich Jahre, sogar Jahrzehnte hinziehen, Heilungen sind äußerst selten. Sische geht zum Professor für Interne. Ohne seinen Verdacht auszusprechen, erzählt er ihm alles, was mit ihm vorgeht. Je weiter er in seinem Bericht kommt, desto finsterer wird die Miene des Professors. Sie glauben, daß Sie Diabetes insipidus haben, sagt er schroff.

– Es ist sehr lobenswert, daß Sie den Strümpel so fleißig studieren. Sie haben in der Tat kein Symptom ausgelassen. Ich wünschte, daß Sie auch beim Examen so beschlagen sind. Rauchen Sie weniger, essen Sie mehr, machen Sie Bewegung und hören Sie auf, an den Diabetes zu denken.

In manchen Wiener Wohnhäusern wird jüdischen Hausierern das Betreten des Hofes verboten. Die Hauseigentümer wollen nicht den ganzen Tag das „Handli-Gekrächze“ von „Binkeljuden“ hören. Der Hausmeister muß die Einhaltung dieses Verbots überwachen. Anderenfalls wird er entlassen. Ein Hausbesitzer hat den Titel „D e u t s c h e s V o l k s b l a t t“ aus der Zeitung ausgeschnitten und an die Tür seines Hauses gehängt, um die Landplage von Hausierern, die er „jüdische Heuschrecken“ nennt, zu vertreiben. Jeder Agent, der den Bewohnern Lose, Bilder oder sonst eine Schundware anhängen wollte, blieb vor der Haustür stehen, schüttelte den Kopf, rümpfte die Nase, kratzte sich hinter dem Ohr und kehrte alsbald dem Hause den Rücken, berichtet der Hausbesitzer und empfiehlt sein Vorgehen dem Ministerpräsidenten Graf Taaffe und dem Bürgermeister Uhl zur Nachahmung.

Die Wiener Rathausuhr wird jetzt Tag und Nacht elektrisch beleuchtet.

3

Sische muß als einjährig-freiwilliger Mediziner einrücken. Von 1. April bis 31. September. Für den halbjährigen Präsenzdienst als Mediziner muß er das Studium unterbrechen. Er muß zum Infanterieregiment Erzherzog Eugen Nr. 41 in Czernowitz. Czernowitz ist eine angenehme Stadt, so ähnlich wie Wien, nur viel kleiner, nahe der russischen Grenze, wo sich im Winter Rudel von Wölfen herumtreiben. Die Straßen sind staubig, es gibt keine Schotterung, und wenn es regnet, watet man im Kot. Auf den Trottoirs machen sich Obstverkäufer breit. Die Trottoirs sind mit Obstabfällen übersät. Und im Sommer stinkt es bestialisch aus den Höfen der Wohnhäuser von den Anstandsorten, weil sie nicht mit Karbol bestreut werden. Auf dem Corso in der Herrengasse, beim Nachmittagskonzert im Volksgarten, in der Zuckerbäckerei Kucharczyk stellt sich die vornehme Welt zur Schau. In den Kaffee- und Gasthäusern sitzen die Einsamen. In den Theatern und Tingeltangeln treibt sich die bessere, in den Bädern und auf den Straßen die mindere Halbwelt herum. Und die Soldaten und Offiziere gehen ins Militärkasino in der Herrengasse. Als Einjährig-Freiwilliger muß Sische für alle Kosten selbst aufkommen. Er läßt sich zwei Uniformen machen, eine

Dienst- und eine Ausgehuniform. Die Ausgehuniform aus feinstem Kammgarn. Dunkelblauer Waffenrock, hellblaue Pantalons, schwefelgelbe Aufschläge und Kragen und weiße Knöpfe. Das sind die Farben des Infanterieregiments Erzherzog Eugen. Als Einjährig-Freiwilliger kann er auf eigene Kosten privat wohnen. Er hat ein Zimmer bei Jakob Gottlieb gefunden, der eine Papierhandlung auf der Hauptstraße besitzt. So kann er koscher essen, obwohl er sich sowieso nicht mehr so streng daran hält. In Czernowitz sind Juden und Christen oft gut miteinander befreundet. Jakob Gottlieb spielt mit Ruthenen Karten und trinkt mit ihnen Schnaps. Manche Christen holen sich auch beim Rabbiner Rat, manche fahren sogar nach Sadagora zum Wunderrabbi. Die ersten acht Wochen ist die Rekrutenausbildung. Der Dienst ist anstrengend, und Sische bleibt nicht einmal Zeit, ins Kaffeehaus zu gehen und Zeitung zu lesen. Danach werden die einjährig-freiwilligen Mediziner zu Blessiertenträgern ausgebildet und bekommen Unterricht in der Sanitätsausrüstung, Wiederholung der Anatomie und Erste Hilfe-Leistung. Sische hat wieder ein bißchen mehr Zeit. Ein deutsch-jüdisches Theater gastiert im Stadttheater. Die Operette „König Salomon" wird aufgeführt. Sie spielen Stücke, die das Leben orthodoxer russischer Juden schildern, die an den alten Bräuchen und Vorurteilen festhalten. Sische gefallen diese Stücke. Sie sind humoristisch, witzig und verraten Menschenkenntnis. Karikaturen des Aberglaubens und der Vorurteile. Sische geht zu allen Aufführungen. Auch spielt jeden Abend eine Damenkapelle in der Reißschen Bierhalle in der Tempelgasse. Alle sind aus Czernowitz, und alle sind gleich gekleidet. Auch gesungen wird. Manchmal solo, manchmal aber auch im Chor. Sische geht gern dorthin. Die Damen gefallen ihm. Die Gonorrhoe ist ausgeheilt. Ob er mit einer anbandeln soll? Warum nicht? Er ist ja gesund. Die meisten sind sicher älter als er. Wahrscheinlich verheiratet. Ob auch eine Jüdin dabei ist? Eine aufgeklärte vielleicht mit eigenen Haaren. Die Mutter trägt ja auch schon eigene Haare. Wann immer er Zeit hat, geht er in die Bierhalle. Bei schönem Wetter spielen sie auf der Schützenhöhe. Wie soll er es anstellen? Es sind sicher anständige Frauen. Sie werden kein Interesse an ihm haben. Er setzt sich immer ganz nahe zu ihnen. Keine beachtet ihn, obwohl ihm die Uniform gut steht. Vielleicht sollte er der einen oder anderen Blumen bringen. Eine Rose. Nach dem Spielen gehen sie immer gleich weg.

Trotzdem. Sische probiert es. Der am jüngsten Aussehenden bringt er eine Rose. Sie lächelt, bedankt sich und geht. Es ist aussichtslos. Sische hat genug von der Damenkapelle. Er geht ins Kasino und liest Turgenjews „Erste Liebe". Aber Junggeselle will er nicht um die Burg bleiben so wie Wladimir. Trotz Tripper. Und wenn er nicht gerade Zeitung und nicht Turgenjew liest, lernt er pathologische Anatomie. Die Soldaten und Offiziere gehen alle in ein Etablissement oder schnappen sonst wo ein Mädchen auf. Davon ist Sische geheilt. Der Tripper darf nicht wieder ausbrechen. Nach drei Monaten avanciert Sische zum Gefreiten. Danach geht es zu Manövern nach Bobrka unweit von Stanislau. Früh am Morgen verläßt das Regiment seine Ubikationen, macht am Ringplatz halt und wird zum Gebet kommandiert. Selbstverständlich müssen die Juden mitkommen und stillhalten. Trotz der frühen Morgenstunde hat sich eine große Menschenmenge auf dem Ringplatz angesammelt, um ihren schmucken Kriegern das Geleit zu geben. Nach vier Wochen kehrt das Regiment zurück und wird ebenso wie bei der Abreise von einer riesigen Menschenmenge empfangen, die es vom Bahnhof über den Ringplatz, die Rathausstraße und Siebenbürgenstraße zu den Kasernen begleitet. Die Straßen sind illuminiert und die Fassaden festlich geschmückt. Die letzten Wochen werden die einjährig-freiwilligen Mediziner zu Krankenvisiten herangezogen. Am Schluß der Ausbildung müssen sie sich einer theoretischen Prüfung unterziehen. Sische besteht alles mit gut, nur in Anatomie bekommt er sehr gut. Auch sonst war man mit ihm zufrieden. Gegen Vorgesetzte ist er zuvorkommend, gehorsam, verläßlich, eifrig, mit Ambitionen, Sicherheit im Auftreten, gegen Untergebene wohlwollend mit gutem Einfluß und sein geselliges Benehmen ist sehr anständig. Er wird als Korporal entlassen.

4. Kapitel

1

Sische hat promoviert. Es war ein Fest. Der Vater und Osias sind nach Wien gefahren. Die ganze Familie ist stolz auf ihn, besonders Osias. Die Drohobyczer Zeitung hat gratuliert. Nach der Promotion hat Sische das zweite halbe Jahr als Arzt im Garnisonsspital in Lemberg gedient. Jetzt ist er Sekundararzt im Allgemeinen Krankenhaus. Er möchte Chirurg werden. Osias möchte nach Wien ziehen und selbständiger Kaufmann werden. Jakob hat mit Auszeichnung Matura gemacht und möchte Medizin studieren. Awrumele hat die Bürgerschule beendet und arbeitet im Geschäft des Vaters und fährt mit dem Leiterwagen herum, und Pinkas ist nach wie vor das Herzblatt von allen. Und Moses Hersch und Esther fahren nach Karlsbad, wo sie sich zum ersten Mal in ihrem Leben fotografieren lassen. Sie haben sich emanzipiert. Sie sehen es nicht mehr so streng. Die Söhne lassen sich auch zum ersten Mal fotografieren. Sie wollen den Eltern ein selbstgeschnitztes Fotoalbum schenken.

Osias fährt nach Wien. Ein Cousin von ihm hat in der Leopoldstadt ein Delikatessengeschäft. Israel Erdheim ist zehn Jahre älter als er und lebt schon fünf Jahre in Wien. Osias möchte in sein Geschäft eintreten. Sische sagt, er soll das lassen. Er soll in Borysław weiter arbeiten und Geld sparen und sich dann selbständig machen in Wien. Er wird sich mit Israel nicht vertragen, und außerdem versteht er nichts von Delikatessen. Osias ißt doch schon jetzt oft nicht mehr koscher. Wie soll er da ein Delikatessengeschäft führen. Osias ist eigensinnig und Israel leichtsinnig. Osias hört auf Sische. Er bewundert seinen Bruder grenzenlos. Er, Osias, ist in der zweiten Klasse schon durchgefallen, und Sische ist Doktor, Arzt! Das ist höher als Rabbiner, das ist wie ein Iluj. Die Eltern mögen ihn deshalb nicht so wie die anderen, denkt Osias. Sische ist der Liebling von Vater und Mutter. Jakob ist krank, und überhaupt ist er ein Wunderkind. Awrumele liebt die Mutter besonders. Osias weiß gar nicht, warum. Und Pinkas lieben sowieso alle. Er wird ein Geschäft in Wien aufbauen und reich werden, so wie der Vater. Er wird ein Haus kaufen, auf der Ringstraße, im Zentrum, in der Kolingasse wenigstens. Er wird alle in den Schatten stellen. Er wird mit Fahrrädern handeln. Damit wird er das große Geschäft machen. Alle fahren jetzt Rad. Auch die Damen. In einem Jahr hat er genügend Kapital. Der Vater wird ihm etwas dazu geben. Nachdem er beim Militär gedient hat, zieht er nach Wien. Er muß nur zwei Monate einrücken. Er ist nur B-tauglich, weil er Plattfüße hat. Da kommt er zur Ersatzreserve.

Osias möchte in den Prater gehen. Aber Sische warnt ihn. Er klärt ihn auf. Lange und ausführlich. An der Syphilis stirbt man, man wird wahnsinnig, man kommt ins Narrenhaus. Osias versteht. Die Mädchen sind alle krank. Sische ist Arzt, er muß es wissen.

– Die Mädchen haben alle Tripper.

– Alle?

– Ja.

Sische wird streng, er kehrt den Arzt und den älteren Bruder heraus. Er erzählt Osias, daß er einen Tripper hatte. Und jetzt wird er wahrscheinlich nie heiraten und keine Kinder bekommen können. Die Kinder bekommen Augentripper, wenn die Eltern krank sind. Er wird sich sterilisieren lassen. Osias soll ins neue Burgtheater gehen. Sie können zusammen gehen. Oder ins Carltheater oder in den Zirkus. Wenn er nur nicht zur Dame ohne Unterleib geht, denkt Sische.

Osias hört auf Sische. In Drohobycz gibt es Mädchen, die keine Syphilis und keinen Tripper haben. Das haben nur die Mädchen in Wien, im Prater. Er wird auch in Wien ein anständiges Mädchen finden. Aber heiraten will er nicht. Höchstens vielleicht einmal aus Liebe. Die Interessenehe ist ein Vegetieren in mephitischen Sphären. Das hat er in dem Buch „Die conventionellen Lügen der Kulturmenschheit" gelesen, das er sich vor ein paar Jahren gekauft hat. Ihre Natur, ohne Flug- und Sprungkraft, kriecht platt im Schlamm. Das Buch hat damals Aufsehen erregt. Osias hat es sorgfältig studiert. Die Vernunftehe ist eine Form der Prostitution. Neun von zehn der konventionellen Ehen sind ein tief unsittliches, für die Zukunft der Gesellschaft verhängnisvolles Verhältnis.

Jakob studiert in Wien Medizin, er hat ein bartloses rundes Kindergesicht, die Haare gewöhnlich zurückgekämmt und ist wie Sische kurzsichtig und trägt einen Zwicker. Er ist schon 20 und schaut aus wie 14, obwohl er ein Riese ist. Er wohnt bei Sische in der Spitalgasse. Sische hat ein Zimmer bei einer jüdischen Familie, die nicht koscher kocht. Der Mann ist Arzt. Sische hat ein großes Zimmer. Da wohnen sie zusammen. Sische ißt sowieso nicht mehr koscher. Er ißt Mittag im Spital. Jakob hat Gewissensbisse. Sische beruhigt ihn. Die Eltern wissen nichts davon. Und überhaupt ist es keine Sünde, nicht koscher zu essen. Auf Jakob muß Sische nicht aufpassen, den muß er nicht warnen. Der kann ruhig in den Prater gehen und ins Kaffeehaus, wohin immer er will. Jakob lernt viel. Er geht gern über den Ring, schaut sich die neuen Gebäude an und denkt über die Entstehung des Lebens nach. Er nähert sich immer mehr einem materialistischen Weltbild. Alles Leben entsteht aus toter Materie und kehrt dahin wieder zurück. Er glaubt nicht mehr an Gott und wird Zionist. Er wird Mitglied der Kadimah, was Sische nicht gern sieht. Er soll nicht nach Palästina gehen. Er kann doch nicht Ackerbauer werden. Dort braucht man auch Ärzte, wendet Jakob ein.

– Der Antisemitismus wird immer schlimmer. In Wien, in Berlin, in Paris.
– Wir haben unseren Kaiser, der uns beschützt.
– Aber auch nicht ewig.
– Wir können studieren. Häuser kaufen. Wir haben alle Rechte.
– Die Rechte haben wir nur gesetzlich, nicht tatsächlich, und schon gar nicht gesellschaftlich. Und die Antisemiten wollen uns ja die Rechte wieder wegnehmen.
– Der Kaiser beschützt uns. Hat er nicht gesagt, daß das antsemitische Treiben ein wahrer Skandal und eine Schande vor aller Welt ist?
– Aber Lueger ist Vizebürgermeister und bald wird er Bürgermeister sein.
– Der Antisemitismus ist der Sozialismus des dummen Kerls.
– Du vergißt Goethes Wort, daß das Niederträchtige das Mächtige ist.
  So stark sind die Antisemiten nicht. Du weißt, es gibt den Verein zur Abwehr des Antisemitismus. Alle Mitglieder sind Nichtjuden. Nothnagel ist Mitglied. Er hat gesagt, der Antisemitismus ist eine aus den niedrigsten Affekten stammende Lehre. Sogar Billroth

war Mitglied. Und wie hat Billroth auf die Juden geschimpft! Besonders auf uns, die polnischen Juden. Wie hat er auf die Kaftanjuden geschimpft, die alle Medizin studieren.

– Selten ändern Leute ihre Meinung. Die Antisemiten werden immer mehr und stärker. Jeden Tag kommt irgendwo ein neues antisemitisches Blatt heraus.

– Aber doch nur in kleinen Provinzorten.

– Weißt du, wieviele es in Wien schon gibt? Sicher schon zehn, wenn nicht mehr. Das Deutsche Volksblatt liegt in allen Kaffeehäusern auf. Wenn es nicht zufällig ein beherzter Jude zerreißt. Oder einige Juden drohen, das Kaffeehaus zu boykottieren. Und all die antisemitischen Flugblätter, die kursieren.

– Du übertreibst. Der Antisemitismus ist nur eine temporäre Erscheinung.

– Das Geld wegnehmen und in die Donau mit ihnen, hat Lueger unlängst gesagt.

Das Deutsche Volksblatt inseriert:
Werks- und Eisenbahnbeamter bittet um Stellung bei Antisemiten.

2

Osias fährt jetzt herum, Geschäfte machen. Nach Lemberg, nach Wien, aber auch nach Nürnberg und Leipzig. Er sondiert schon für sein neues Geschäft in Wien. Er hat sich in Wien einen eleganten Anzug anfertigen lassen, eine teure Krawatte gekauft und einen feschen Bürstenhaarschnitt machen lassen. So stolziert er in Drohobycz und Borysław herum. Er schaut aus wie ein Gigerl. Awrumele beneidet ihn. Er findet ihn unheimlich fesch. In Drohobycz macht Osias einen Tanzkurs. Wenn er nach Wien zieht, muß er tanzen können. Er hat zwar zwei linke Füße. Aber er wird es schon lernen. Awrumele und Osias wohnen jetzt zusammen in Borysław. Awrumele liest viel in Osias' Casanova-Ausgabe. Er muß jetzt die Buchhaltung machen, weil Osias so viel herumfährt.

– Du bist in Riwke verliebt.
– Nein.
– Doch. Du bist noch viel zu klein, um verliebt zu sein.
– Ich bin nicht verliebt. Ein Jude ist nie verliebt.
– Nur die Chassidim verlieben sich nicht. Und das stimmt nicht.
– Ich bin nicht verliebt.
– Warum ärgerst du dich dann so?
– Und du bist schon so alt und bist immer noch nicht verheiratet.
– Sische ist auch nicht verheiratet.
– Der hat auch studiert.
– Was wird Riwkes Mann sagen, wenn er bemerkt, daß du hinter ihr her bist?
– Ich bin nicht verliebt.
– Doch. Du scharwenzelst die ganze Zeit um Riwkes Haus herum und wartest, ob Riwke herauskommt.
– Und du treibst dich mit gojischen Schlampen herum.
– Davon verstehst du nichts.

Riwke ist die Frau des Steinträgers Ariel Lauterbach. Sie wohnen zwei Häuser weiter und haben drei Kinder. Sie bewohnen ein Zimmer und eine Küche. Riwke ist Näherin. Sie sitzt immer beim Fenster und näht, und Awrumele schaut hinein und klopft manchmal leicht ans Fenster. Manchmal singt sie ein ruthenisches Volkslied, obwohl Ariel ihr das verboten hat. Awrumele mag die gojischen Frauen nicht. Sie sind häßlich und dumm. Riwke ist schön und klug. Wenn das Fenster offen ist, macht sie manchmal ein Schwätzchen mit Awrumele. Und er erzählt ihr, was Osias ihm von Wien erzählt hat. Das nächste Mal fährt er mit nach Wien. Ariel geht manchmal zu Aron Landes, wo sich jüdische Arbeiter treffen oder viele, die überhaupt keine Arbeit haben, und die nach Palästina auswandern wollen. Riwke will nicht nach Palästina auswandern. Sie haben zu essen. Palästina ist nur etwas für Juden, die gar nichts mehr haben. Awrumele nickt.

– Leib ist nach Amerika ausgewandert und hat seine Frau und die Kinder zurückgelassen. Er ist nicht der einzige. Viele Männer sind schon in Amerika und haben Weib und Kinder zurückgelassen. Wie sollen die denn nachkommen? Viele schicken nicht einmal Briefe. Leib hat geschrieben. Er arbeitet in einer Schuhfabrik.

Wenn er genügend Geld beisammen hat, schickt er Geld, damit die Frau und die Kinder nachkommen. Glaubst du das?

– Nein.

– Wenn Ariel nach Palästina auswandert und mich mit den Kindern zurückläßt, dann werden wir hungern müssen.

– Dann bin ich da.

– Baruch Haschem.

Riwke lacht. Awrumele nimmt ihre Hand, beugt sich beim Fenster hinein und küßt sie auf die Stirn.

– Awrumele, das darfst du nicht.

Chaim Diamant fährt regelmäßig von Lemberg nach Drohobycz und hält sozialistische Versammlungen ab. Hersch Goldhammer, der Vizebürgermeister von Drohobycz, Aron Żupnik, der Herausgeber der Drohobyczer Zeitung, der Oberrabbiner von Drohobycz, Liebermann, Gartenberg, Singer, die reichsten Männer von Borysław und viele andere warnen die Juden vorm Sozialismus. Wir Israeliten sollen den Sozialismus nicht nur wie die Pest meiden, sondern ihn mit aller Kraft ausrotten, sagen sie. Sonst begehen wir ein Verbrechen an uns selbst und an dem Staate, dessen Schutz wir genießen. Die Leute, die zu sozialistischen Versammlungen gehen, arbeiten nicht mehr. Sie hören sich nur hirnverbrannte Reden an und suchen Schankhäuser auf. Der Sozialismus bringt nur den Brauhäusern und Branntweinbrennern Vorteile. Anständige Leute werden durch die sozialistischen Umtriebe zu Suffbrüdern. Sozialismus führt entschieden zu Anarchie. Und Anarchie ist der Inbegriff der schrecklichen Verbrechen: Raub, Mord, Brandlegung, Leichenschändung! Der Anarchist hört auf, Mensch zu sein.

3

Pinkas geht jeden Tag ins Bethaus des Vereins Dorschej Tow. Nicht in die große Synagoge, in die alle gehen, auch der Vater und die Brüder und alle Fortschrittler. Er ißt niemals trejf wie Osias und Awrumele. Und vergißt auch nie aufs Morgen- und Abendgebet. Und vor dem

Essen wäscht er sich die Hände und spricht den Segen. Pinkas ist fromm, aber ins Bet Hamidrasch geht er nicht. So weit reicht die Frömmigkeit nicht. Da würde man ihn auch hinausschmeißen in seiner Gymnasiastenuniform. Geh doch in eine Jeschiwe, spottet Awrumele. Er wird noch Rabbiner werden oder Wunderrabbi, spottet Osias. Pinkas lacht bei der Vorstellung, daß er Wunderrabbi werden soll. Er ist nie gekränkt, wenn jemand über ihn spottet. Und selbst spottet er auch nie über jemanden. Wie Jakob über Awrumele und Osias, weil sie schlecht gelernt haben. Aber über Osias und Awrumele empört er sich doch, weil sie trejfe Speisen essen. Awrumele geht fast nie in die Synagoge. Wahrscheinlich fastet er auch nicht zu Jom Kippur und ißt irgendwo heimlich Schweinefleisch, denkt Pinkas. Geschweige denn, daß Awrumele betet. Wie schmeckt Schweinefleisch? fragt Pinkas. Probier es doch, sagt Awrumele.

– Nein, das darf man nicht.
– Du traust dich nur nicht.
– Du wirst in die Gehenna kommen.
– Nicht werd ich in die Gehenna kommen.
– Du mußt zu Jom Kippur fasten und beten.
– Das tun viele schon nicht mehr.
– In Wien vielleicht. Die Fortschrittler in Drohobycz fasten alle und beten und essen koscher.
– Gottesmann, Mendelsohn, Kornhaber gehen alle nur zu den Feiertagen in die Synagoge, nicht einmal mehr am Sabbat. Und der Vater geht auch nicht mehr jeden Tag in die Synagoge.
– Der Anfang der Weisheit ist Gottesfurcht. Sie gibt heilsame Erkenntnis all denen, die sie üben.
– Du immer mit deinen Psalmen. Ich fürchte ja Gott. Dazu muß ich nicht in die Synagoge gehen.
– Und Sische? Geht er in die Synagoge?
– Sicher nicht jeden Tag. Dazu hat er gar keine Zeit.
– Ißt er koscher?
– Osias hat gesagt, er ißt im Spital.
– Dann ist er kein Jude mehr.
– Doch.
– Ihr seid alle keine Juden mehr.
– Wer andere tadelt, tadelt sich selbst. Kol ha-posel be-mo-mo-posel.

Ich kann auch Hebräisch, nicht nur du.

– Das weißt du nur zufällig.

Pinkas lächelt gutmütig und gibt es auf, mit Awrumele zu streiten. Wenigstens geht Osias manchmal in die Synagoge, und zu Jom Kippur fastet er ganz bestimmt.

Pinkas liest Scholem Alejchem auf Jiddisch. Stempiniu liebt er. Lies doch deutsch, sagen die Brüder. Es gibt genug auf deutsch zu lesen. Der Jargon ist ein Kauderwelsch. Die Brüder sprechen nur mehr deutsch miteinander. Nur Pinkas will immer jiddisch sprechen. Aber niemand antwortet ihm auf Jiddisch. Die Eltern sprechen untereinander jiddisch, aber mit den Kindern sprechen sie deutsch, wenn auch nicht immer ganz richtig. Lies Schiller, Börne, Heine, sagen die Brüder zu Pinkas. Aber Pinkas bleibt bei Scholem Alejchem und Mendele Moicher Sforim. Ich lese Zschokke, Shakespeare, Lessing, Kotzebue, Eichendorff, sagt Osias. Casanova liest du auch, sagt Pinkas. Du darfst das aber nicht lesen, sagt Osias. Dazu bist du noch zu jung.

– Ich hab aber in deinem Casanova gelesen.
– Das hast du nicht verstanden. Schiller willst du nicht lesen, aber Casanova mußt du lesen.
– Ich hab alles verstanden. Ich werde sowieso nicht mehr in deinem Casanova lesen. Und du sollst das auch nicht lesen. Wenn der Mensch unanständige, unsittliche Reden hört, soll er sich mit seinem nagelförmig zugespitzten Finger oder mit seinem weichen Ohrläppchen sein Ohr zustopfen. Das gilt auch für die Lektüre.
– Spiel dich nicht so auf. Du schaust doch selbst den Mädchen nach. Und Sissel schaust du immer auf den Busen.
– Das ist nicht wahr.
– Im Theater unlängst hat der Hausmeister schmutzige Witze gerissen wie man sie nicht einmal in der Schenke hört. Da hast du nichts gesagt.
– Fein verblümte Zweideutigkeiten sind erlaubt.
– Aber Zoten, die jedem besseren Menschen die Schamröte ins Gesicht treiben!

Pinkas schweigt verlegen. Immer wenn ein jüdisches Theater in Drohobycz ist, besucht er es mit seinem Freund Jankel. Jankel geht mit Pinkas in eine Klasse. Er kommt aus S'chodnica und wohnt bei einem Hausierer und einer Milchfrau. Er wohnt mit zwei Kindern der Wirtsleute in einem Zimmer. Die Milchfrau kocht sehr schlecht und hat immer schmutzige Finger, vor denen sich Jankel graust. Pinkas bringt ihn oft mit nach Hause. Dann essen sie Esthers göttliche Knedelach oder Zimes oder Kugl. Und Jankel ist glücklich, so etwas Gutes zu essen zu bekommen. Danach lernen sie zusammen. Pinkas hat ein eigenes Zimmer. Jankel kann zu Hause schlecht lernen. Die Kinder, mit denen er das Zimmer teilen muß, sind noch klein und sekkieren ihn immer. Der Hausierer, bei dem Jankel wohnt, spricht immer von Palästina und liest die neue Zeitschrift Zion, die gerade in Drohobycz herausgekommen ist. Er ist Mitglied des Vereins Haibri, des neu gegründeten zionistischen Vereins, der schon 60 Mitglieder hat. Jankel kann nicht genug Hebräisch, um die Zeitung verstehen zu können. Aber er möchte nach der Matura nach Palästina gehen. Zum Studieren ist sowieso kein Geld da. Und sich selbst erhalten, ist zu schwierig. Er ist für die Gründung eines Judenstaates. Judenhaß und Antisemitismus werden nicht aufhören, sondern zunehmen, sagt Pinkas.

– Jetzt ruft man: Kauft nicht bei Juden! Dann wird man rufen: Fort mit den Juden nach Neu-Judäa! Was haben diese Ausländer bei uns zu schaffen?
– Das schreibt der Israelit, aber im Zion steht das Gegenteil.

Weil Jankel arm ist, lädt ihn Pinkas immer ins Theater ein. Manchmal gehen auch Osias und Awrumele mit. Und manchmal sogar der Vater und die Mutter. Meistens wird Goldfaden gespielt. Pinkas liebt die Lieder. Die meisten passen gar nicht zum Stück und sind eigentlich überflüssig. Aber das stört Pinkas nicht. Nur daß es nie ruhig ist während der Vorstellung, ärgert ihn. Oft werden falsche Sitzplätze eingenommen, und es ist ein ständiges Kommen und Gehen. Während des Spiels werden Essen und Getränke angeschafft, und die Kellner laufen mit den scheppernden Biergläsern hin und her und stören. Das gibt es in Wien nicht, sagt Osias. Bei den ernstesten hochtragischen Szenen wird oft aufgelacht. Das gibt es in Wien auch nicht. Das gibt es nur im unkultivierten Galizien, sagt Osias. Deshalb zieh ich jetzt auch nach Wien.

5. Kapitel

1

Osias hat acht Wochen bei der Landwehr in Sambor gedient und ist danach nach Wien gezogen. Er nennt sich jetzt Oskar. Hat sich die Haare noch kürzer schneiden lassen und trägt einen aufgezwirbelten Schnurrbart und einen Kinnbart. Er möchte in Wien leben. Nicht mehr in Borysław. Er beschließt, vorläufig im Delikatessengeschäft mit seinem Vetter Israel zusammenzuarbeiten. In einem Jahr macht er sich dann selbständig. Er zieht in die Tandelmarktgasse in der Leopoldstadt zu Israel. Israel hat dort in einem alten Haus eine Wohnung. Oskar soll sich um die Bestellungen kümmern. Das hat er schon in Borysław gemacht, nur waren es dort keine Delikatessen. Er kennt sich tatsächlich nicht besonders gut aus. Israel ist nicht zufrieden mit ihm. Sigmund – Sische besteht jetzt darauf, Sigmund genannt zu werden –, hat es ihm ja gesagt. Er soll wieder zurück nach Borysław und in einem Jahr wiederkommen und das machen, was er kann. Oskar – Osias besteht auch auf Oskar – denkt gar nicht daran, nach Borysław zurückzukehren. Obwohl er ständig Streit mit Israel hat. Selbst die Briefe, die er schreibt, gefallen Israel nicht, obwohl er die Korrespondenz wirklich gut führt. Oskar zieht zu Jakob, der inzwischen in der Severingasse bei einer Familie wohnt, die streng koscher kocht. Obwohl auch Jakob schon gelegentlich nicht mehr koscher ißt. Sigmund hat ein Zimmer im Spital. Er ist Abteilungs-Assistent geworden. In dem Zimmer stehen ein Bett, ein Tisch, ein Kasten und ein Waschtisch. Außerdem bekommt er kostenlos Holz zum Heizen. Eine Bedienerin bringt ihm jeden Tag Wasser und heizt ein. Oskar bittet den Vater um ein Startkapital. Er wird eine Wohnung nehmen, und die Brüder können dann zu ihm ziehen. Zunächst mietet er ein Magazin um die Ecke in der Schlagergasse, holt von der Handels- und Gewerbekammer die Bewilligung ein, ein Geschäft aufzumachen, wofür er ein Moralitätszeugnis braucht, und kauft Metall- und Glaswaren, vernickelte Haus- und Küchengeräte, Christbaumschmuck und Bierdeckel. Mit den Fahrrädern will er noch ein bißchen warten, bis sie billiger sind. Sie werden ohnedies schon billiger, aber sie werden sicher noch billiger. Dann können sich mehr Leute ein Fahrrad leisten. Schließlich gibt er eine Anzeige in der Neuen Freien Presse, im Neuen Wiener Tagblatt, im Illustrierten Extrablatt, in der Österreichischen Wochenschrift und im Wiener Israelit auf. Sigmund meint, es wird nicht gehen. Aber es geht.

Oskar geht trotz aller Warnungen liebend gern in den Prater, läßt sich aber auf nichts ein. Er weiß, daß er vorsichtig sein muß. Er geht ins Marionettentheater, in Panoramen, zu Schießstätten, schaut sich den durchlöcherten Menschen an, dressierte Hunde, Katzen und Ziegen und geht gern in Varietés, Kaffeehäuser und Gaststätten. Am liebsten aber besucht er „Venedig in Wien". „Venedig in Wien" ist pyramidal. Was für eine Erfindung. Richtige Palazzi und Kanäle und Brücken. Alles genauso wie in Vendig. Die Häuser genauso wie in Venedig. Loggienartige Fenster, kleine und große Balkone. Häuser mit Lauben, Veranden und Blumenschmuck. Oskar war zwar noch nie in Venedig, aber man sagt, es schaut genauso aus wie in Venedig. Was für ein Blick von den Tre Ponti. Und all die Souvenirs aus Lava, Korallen, Muscheln und Schildpatt und die Bijouteriewaren. Und erst die Gondeln mit den Gondolieri! Und alle Gassen und Plätze und Kanäle haben italienische Namen. Oskar ist hingerissen. Am liebsten würde er jeden Tag herkommen und stundenlang herumspazieren. Er braucht ein Mädchen, mit dem er Gondelfahren kann und den Glasbläsern zuschauen und am Campo Zobenico sitzen kann. Und dann der Phonograph und das Kinematographentheater. Er sitzt allein in der Osteria in der Calle Dario. Eine junge Dirne geht mit einem Teller von Gast zu Gast, um eine Gabe bittend. Sie ist bleich und schön mit traumhaften Augen. Ein schwermütiges Gesicht, denkt Oskar. Aber noch etwas steht in ihrem Gesicht geschrieben, das auf den frühen Verlust der Unschuld hindeutet. Sie ist eine Maienblüte der Sünde, denkt Oskar. Wenn er nur ein Mädchen hätte. Aber er muß vorsichtig sein. Sigmund hat recht. Sigmund kann vielleicht gar nicht heiraten und muß enthaltsam sein. Viele Strohwitwer schlendern durch „Venedig" und bandeln mit feschen Kellnerinnen an. Die Zeitungen sind voll mit Witzen darüber. Die berühmten Hochzeitsreisen fremdgehender Liebespaare nach Venedig. Oskar kommt oft erst spät am Abend nach Hause und stört Jakob, der längst schläft. Jakob wacht auf und schimpft ihn Hurenbock. Er liegt mit einem Schal im Bett, aus Angst sich zu verkühlen. Er hat immer einen Schal um, im Sommer einen dünnen, im Winter einen dicken. Schlaf, Kleiner, gibt Oskar zurück. Knirsch nicht mit den Zähnen, da kann ich nicht schlafen. Und du schnarch nicht so. Jakob alteriert sich sehr über Oskar. Die Frisur, der Anzug, die Krawatten, das Strawanzen. Oskar darf über Jakob nicht herziehen. Er war so krank, und jetzt ist er ein Eunuch. Und außerdem ist er ein Wunderkind. Trotzdem ärgert sich Oskar über Jakob. So ein Streber, und eingebildet ist er auch. Hält sich für etwas Besseres als Oskar. Nur weil Oskar nicht gut gelernt hat. Jakob lernt die ganze Zeit, nicht nur Knochen, sondern auch modernes Hebräisch. Oskar imponiert das. Hebräisch kann er auch nur schlecht. Im Cheder hat er schon nichts gelernt. Nach Palästina will er nicht. Aber Herzl verehrt er. Er hat viel in der Zeitung von Herzl gelesen. Er hat ein Foto von ihm in sein Fremdwörterbuch geklebt. Die Fortschrittler sind gegen einen Judenstaat. Wird der Judenstaat demokratisch liberal sein, so wird der Fortschritt und Liberalismus den Konservativen ein Dorn im Auge sein, sagen sie. Wird er hierarchisch reaktionär sein, so wird der Fortschritt und Liberalismus sich von uns überall abwenden. Für jede schwache Seite im Organismus des Judenstaates würde das Judentum in der ganzen Welt für alle Zukunft büßen. Wird der Judenstaat siegreich im Krieg sein, würde allgemeiner Neid und Haß die Juden überall in der Welt schädigen. Würde der Judenstaat im Feld geschlagen, so würde überall Verachtung die Juden und das Judentum treffen. Oskar leuchtet das ein, aber Jakob will davon nichts wissen.

Die Antisemiten beschuldigen die Juden, pornographische Schmutzwerke zu schreiben und zu verlegen. Geschmacklose und abscheuliche Pikanterien und Schweinereien oder sogenannte volkstümliche ärztliche Werke. Sie kosten einige Kreuzer, höchstens eine Krone und sind deshalb jedem zugänglich. Nur Juden schreiben solche Werke, die meist anonym oder unter einem Pseudonym erscheinen, da die Verfasser und Verleger sich ihrer schämen. Des Geldes schämen sie sich jedoch nicht im mindesten. Sagen die Antisemiten.

Oskar hat Magenschmerzen. Das kommt vom Strawanzen, sagt Jakob. Das ist die Strafe Gottes.

– Der Schlag soll dich treffen.
– Die Pest an deinen Hals. Und hab ich doch recht.
Jakob lacht.
– Du wirst an deinem Schal ersticken. Geh, bitte, und hol den Sigmund.
– Du kannst selbst zum Sigmund gehen. Die Alserstraße ist nicht weit.
– Ich hab Magenschmerzen und bin schwindlig.
– So schlimm wird es schon nicht sein.
– Das kannst du nicht beurteilen.
– Ich bin angehender Arzt.
– Du hast noch keine Ahnung. Du hast nur Knochen gelernt. Und jetzt geh, bitte, zum Sigmund. Hoffentlich ist er zu Hause. Es ist schon zehn. Er wird noch nicht schlafen.

Jakob nimmt einen wärmeren Schal, zieht seinen neuen Lodenmantel an und geht. Sigmund ist zu Hause und macht sich gleich mit Jakob auf den Weg in die Severingasse. Oskar liegt im Bett und stöhnt. Sigmund untersucht ihn. Der Magen ist empfindlich. Die Zunge dick belegt. Oskar hat einen bitteren, pappigen Geschmack im Mund. Er klagt über Kopfschmerzen, Blähungen, Herzklopfen, Atembeschwerden und Sodbrennen. Der Puls ist normal, das Herz und die Leber gesund. Sigmund meint, es ist ein Magenkatarrh oder ein Geschwür. Er soll im Bett bleiben und Diät halten. Wahrscheinlich regt er sich so auf, weil er sich selbständig macht. Du hast auch solche Flausen im Kopf, sagt Sigmund. Du ißt zu schnell und zu heiß. Vielleicht hast du aber auch nur zu viel Senf gegessen. Er soll zunächst nur flüssige Kost zu sich nehmen. Vor allem Milch oder Kefir und Fleischbrühe, dann ganz weiche Eier, wachsweich. Später dann Fleisch und Fisch, Karlsbader Zwieback, eventuell Biskuit. Umschläge sind gut und nachts Prießnitzbinden. In der Früh nüchtern Karlsbader Mühlbrunnen lauwarm. Sigmund verschreibt ihm noch argentum nitricum und Bismuth. Gegen Sodbrennen doppelkohlensaures Natron. Wenn es mit dem Essen gar nicht geht, kann man ein Nährklysma machen. Aus Eiern und Kraftmehl. Nur kein Klysma, sagt Oskar. Wir werden sehen. Wenn es nicht besser wird, muß er nach Karlsbad fahren. Oskar will auf keinen Fall nach Karlsbad fahren.
– Wenn ich nach Karlsbad muß, muß es schon sehr schlecht um

mich bestellt sein. Dann komm ich lebendig nicht wieder.
– Nein, die meisten kommen gesund wieder.
– Dort sind nur alte Leute.
– Das stimmt nicht. Dort gibt es genau solche Gigerln wie dich.

Oskar ist beleidigt. Er ist kein Gigerl. Sigmund lächelt freundlich.
– Karlsbad ist mondän, aus der ganzen Welt kommen sie. Und eine Synagoge gibt es auch.
– Für die Frommen. Die sind nicht mondän.
– Aber sie kommen aus Rußland und sogar aus Amerika.
– Langweilig ist es dort.
– Sicher nicht, es gibt viele Kaffeehäuser und ein Theater und ein Varieté. Hast du nicht von dem berühmten Pupp gehört? Das hat schon elektrische Beleuchtung. Vater hat davon erzählt.
– Vater ist auch schon alt.
– Es gibt sicher auch schöne Mädchen dort.
– Kranke.
– Die werden wieder gesund.
– Mein Magen wird auch so wieder gut.

Oskar hat ein Zimmer im Haus nebenan gefunden. Mit Jakob in einem Zimmer kann er nicht wohnen. Jakob hat ihn zwar gepflegt, solange er im Bett gelegen ist. Aber er hat immer gesagt, daß ihm recht geschieht. Sigmund ist jeden Tag gekommen, hat ihn untersucht und gesagt, was er schon essen kann. Der Magen ist besser geworden, obwohl die Zunge noch belegt ist. Die Zunge ist der Spiegel des Magens, hat Sigmund gesagt. Oskar trägt jetzt immer einen Handspiegel bei sich, um die Zunge zu inspizieren. Er folgt Sigmund aufs Wort. Hält streng Diät, wie sie Sigmund angeordnet hat. Raucht nicht und trinkt auch kein Bier, weil es Sigmund verboten hat. Eine Woche ist er im Bett gelegen, obwohl er sein Geschäft auf die Beine bringen muß. Wenn das Geschäft größer ist, braucht er auch Angestellte. Vorläufig noch nicht. Vorläufig macht er alles selbst. Aber einen neuen Anzug braucht er. Er läßt sich einen aus blauem Flanell machen mit einem stark taillierten Jackett. Hemden aus Chiffon und Oxforder Kragen. Er kauft seidene Strümpfe und neue Schuhe, spitze Schnabelschuhe, nicht solche Stiefel, wie er sie in Borysław getragen hat. Hut und Spazierstock. Und einen Havelock. Einen Smoking braucht er noch. Eine goldene Uhr und Uhrkette hat ihm der Vater zum 24. Geburtstag, zur Volljährigkeit, geschenkt. So ist er elegant genug, um Geschäfte zu machen. Er möchte in die Schweiz fahren. Vielleicht kann er dort mit der Firma Lindt ins Geschäft kommen. Frisch parfümiert und neu eingekleidet spaziert er am Corso zwischen Sirk-Ecke und Schwarzenbergplatz den Opernring entlang, schaut hübschen Mädchen nach und überlegt, ob er nicht eine ansprechen soll. Es können doch nicht alle Mädchen einen Tripper haben. Ansprechen heißt auch noch nichts. Man geht in die Konditorei und verabredet sich wieder. Alle Mädchen sind in Begleitung. Mütter, Verlobte, Freundinnen, Väter, Ehemänner. Er könnte auch zwei Mädchen zusammen ansprechen. Warum nicht? Da kommt ein Mädchen allein vorbei in einem eleganten Staubmantel und einem großen Hut, auf dem ein Strauß Margeriten steckt. Sie geht schnell. Er spricht sie trotzdem an. Sie geht weiter. Vielleicht ist es hier nicht so gut. Besser im Prater oder im Omnibus oder in der Tramway. Ach was, er geht einmal ins Griensteidl sich die jungen Dichter anschauen.

2

Sigmund operiert schon. Nachdem er lange nur zugeschaut und assistiert hat, gestattet man ihm, zu operieren. Seine erste Operation war eine Intubation, die er an einem dreijährigen Knaben vornehmen sollte, der Diphtherie hatte. Der Knabe atmete schwer und röchelnd und hatte ein blaßblaues Gesicht. Er wurde auf den Operationstisch gelegt und die Hände wurden ihm festgebunden. Der Primarius steckte ihm den Sperrer in den Mund, und die Wärterin hielt ihm den Kopf. Sigmund begann, das Instrument einzuführen. Der kleine, weiche Kehlkopf zuckte und sprang unter seinen Fingern, und er konnte sich in keiner Weise orientieren. Endlich schien es ihm, als ob er den Eingang in die Luftröhre fühlte. Er begann das Metallröhrchen einzuführen, aber es blieb mit dem Ende an etwas stecken und ging nicht hinein. Er drückte, aber das Röhrchen ließ sich nicht weiter einführen. Drücken Sie doch nicht so, mit Gewalt läßt sich da nichts machen, sagte der Primarius. Heben Sie den Griff in die Höhe und führen Sie das Röhrchen ohne jede Anstrengung ein. Sigmund zog den Intubator heraus und begann ihn aufs neue einzuführen. Lange Zeit stieß er mit dem Ende der Röhre in den Kehlkopf, endlich ging sie hinein, und er zog das Instrument heraus. In Gefahr zu ersticken spie das Kind gleichzeitig mit blutigem Speichel die Röhre sofort aus. Sie haben das Röhrchen in die Speiseröhre geführt, und nicht in die Luftröhre, sagte der Primarius. Betasten Sie zuerst sorgsam den Kehlkopf und drücken Sie ihn stark nach vorn, fixieren Sie ihn auf diese Weise und führen Sie das Röhrchen beim Einatmen ein. Die Hauptsache ist, keine Gewalt anwenden. Aufgeregt machte sich Sigmund wieder an die Operation. Das Kind litt sichtlich. Sigmund bemühte sich, nicht darauf zu achten. Der Kehlkopf war angeschwollen, und es war noch schwerer, sich zu orientieren. Das Röhrchen stieß immer an etwas an. Schließlich gab er auf, zog das Instrument heraus und gab es dem Primarius. Der führte den Intubator rasch in den Mund des Kindes. Der Knabe sträubte sich, riß die Augen auf, sein Atem stockte ein Sekunde lang. Dann vernahm man das charakteristische, blasende Geräusch des Atmens durch die Röhre. Nach fünf Minuten war das Kind eingeschlafen und atmete leicht und frei. Die Intubation muß unbedingt erlernt werden. Alle Hinweise und Erklärungen helfen nichts. Und die früheren Übungen am Phantom und an der Leiche erwiesen sich am lebendigen Leibe als wenig anwendbar. Erst nach eineinhalb Wochen gelingt es Sigmund, die Röhre in den Kehlkopf einzuführen.

Sigmunds erste Tracheotomie verlief nicht so glimpflich. Er hatte schon oft assistiert und den Schnitt an der Leiche gemacht, als man ihm gestattete, sie an einem kleinen Mädchen zu machen, bei der die Intubation nicht mehr half. Bei dem ersten Schnitt konnte Sigmund seine Aufregung nicht unterdrücken und seine Hände zitterten leicht. Regen Sie sich nur nicht auf, alles geht gut, sagte der Primarius. Die Haken! Da ist die Schilddrüse, trennen Sie die Fascie. Gehen Sie auf stumpfem Wege vor! So ist es gut. Vorsichtiger, drücken Sie nicht so darauf, sagte der Primarius. So können Sie ja alle Trachealringe zerbrechen! Eilen Sie nicht! Sigmund fixierte die Trachea mit dem Haken und machte den Schnitt, aus dem leise pfeifend die Luft kam. Das Dilatorium, sagte der Primarius. Sigmund führte das Dilatorium in die Trachealwunde. Jetzt ist die Operation gleich zu Ende, baruch Haschem, dachte Sigmund. Aber unter dem Dilatorium drang nicht das charakteristische zischende

Geräusch hervor, das den offenen Austritt der Luft aus der Trachea verrät. Sie haben mit dem Sperreisen die Trachea verfehlt, rief der Primarius erregt aus. Sigmund zog das Sperreisen heraus und führte es mit zitternden Händen noch einmal ein, aber wieder verkehrt. Er verlor fast die Selbstbeherrschung. Dazu kam, daß die tiefe, trichterförmige Wunde sich beständig mit Blut bedeckte, das von der Wärterin mit einem Wattebausch abgewischt wurde. Auf dem Grund war das Blut von der herausströmenden Luft schaumig, die aus der durchschnittenen Trachea kam. Die Wunde selbst war häßlich und gezackt. Die Wärterin stand mit gequältem Gesicht da und preßte die Lippen aufeinander, die andere Wärterin, die die Füße des Kindes hielt, senkte den Kopf, um nichts zu sehen. Der Primarius nahm Sigmund das Sperreisen aus der Hand und begann es selbst einzuführen. Aber er konnte lange den Schnitt nicht finden. Mit großer Mühe brachte er endlich das Sperreisen hinein, das zischende Geräusch ertönte, und mit dem Husten spritzte blutiger Schaum aus der Trachea hervor. Den Schnitt muß man genau in der Mitte der Trachea machen. Sie aber haben es irgendwie fertiggebracht, ihn an der Seite zu machen. Und warum haben Sie den Schnitt so groß gemacht? sagte der Primarius. An der Leiche waren Sigmunds Schnitte immer von der nötigen Länge und lagen genau in der Mitte der Trachea. Die Patientin bekam eine Diphterie der Wunde. Der Verband mußte täglich gewechselt werden. Sie hatte immer 40° Fieber. In dem großen, eiternden Trichter der Wunde konnte die Röhre nicht fest sitzen. Als Sigmund und der Primarius wieder einmal die Wunde öffneten, sahen sie, daß ein Teil der Trachea abgestorben war. Das Kind lief Gefahr zu ersticken. Vielleicht tut Gott Wunder, dachte Sigmund. Der Primarius stellte die Röhre richtig. Das Kind lag mit heraustretenden, schmerzgequälten Augen da, indem es verzweifelt mit den Füßchen zappelte und sich aus den Armen der Wärterin loszureißen bemühte. Das Gesicht war vom Weinen entstellt. Das Verbinden war äußerst schmerzhaft, aber das Herz des Kindes arbeitete zu schlecht, als daß man eine Narkose hätte wagen können. Nach drei Tagen war die Kleine eine Leiche. Sigmund schwor sich, nie mehr in seinem Leben eine Tracheotomie vorzunehmen.

Sigmund geht zu Professor Enzinger. Er muß endlich Klarheit darüber haben, ob er heiraten kann oder nicht. Und überhaupt, das ist ja kein Leben so. Vielleicht hat er das Stubenmädchen seiner Wirtsleute angesteckt. Damals, als er nicht an sich halten konnte und mit ihr am Sonntag vormittag eine Fiakerfahrt durch Wien gemacht hat. Fast zwei Stunden sind sie durch Wien gefahren. Sigmund hat den Kutscher angewiesen langsam und vorsichtig zu fahren. Der Kutscher wußte Bescheid. Dreimal war Sigmund mit Butterweich bei einem Tanzkränzchen. Er hat sich mit keinem Mädchen verabredet. Er möchte aber mit Mädchen Schlittschuh laufen, tanzen, sich vergnügen so wie die anderen jungen Männer. Professor Enzinger untersucht Sigmund, macht einen Befund. Im Augenblick sind keine Gonokokken im Harn. Das ist aber keine Garantie dafür, daß in 14 Tagen nicht welche vorhanden sein können. Er soll sich die Samenstränge unterbinden lassen. Dann kann er keine Kinder bekommen. Kinder können eine Augengonorrhoe bekommen. Sie werden blind geboren. Sigmund weiß das. Er wird die Operation machen lassen und dann leben wie ein normaler Mann.

Im Markte Schönberg im Kamptal beschloß der christliche Wirt Johann Amon auf die vorjährigen 20 jüdischen Sommerparteien zu verzichten, damit die 60 christlichen Parteien nicht durch die Sprossen des „unartenlosen Volkes“ durch freches Benehmen im Gasthof, auf der Promenade und im offenen Flußbade gestört werden.

6. Kapitel

I

Awrumele klopft neuerdings auch abends an Riwkes Fenster, und wenn Ariel mit seinen Freunden im neuen Verein Zion diskutiert, läßt sie ihn in die Wohnung. Riwke näht immer bis spät in die Nacht. Awrumele bringt Zuckerln für die Kinder mit und für Riwke Schokolade. Manchmal bringt er Rosinenbrot aus Drohobycz mit. In Borysław kann er nicht zu einem christlichen Bäcker gehen. Wenn ihn jemand sieht, wär das ein Skandal. Riwke wollte es anfangs nicht essen. Aber Awrumele hat ihr erklärt, daß das nichts macht. Dann hat sie doch probiert. Ein anderes Mal hat er Pirogen mit Schweinefleisch gefüllt gebracht. Riwke war empört. Schweinefleisch geht zu weit. Er ist verchasert, er ißt chaser, Schweinefleisch. Nicht um die Burg kostet sie davon. Auch wenn es gut schmeckt. Auch wenn Awrumele sagt, daß man gar nicht koscher essen muß. Awrumele ist sowieso kein Jude mehr. Aber wenn sie ihn anschaut, spürt sie etwas in der Magengegend, was sie bis jetzt noch nicht gekannt hat. Wenn Awrumele kommt, errötet sie, obwohl sie vorher nie errötet ist. Er möchte Riwke Ketten, Ohrgehänge, Ringe und Armbänder schenken. Korallen. Am liebsten eine ganze Schatulle voll Schmuck. Aber was wird Ariel dazu sagen? Ariel setzt sich nie zu Riwke und spricht mit ihr wie Awrumele. Ihr zu erzählen, was sich ereignet hat, fällt ihm gar nicht ein. Wenn sie etwas sagt, hat er es eilig. Er muß ins Bet Hamidrasch oder in den Verein. Er übersieht sie einfach. Ihre Schönheit, Keuschheit und Treue sind für ihn ganz bedeutungslos. Wie die meisten jüdischen Mädchen hatte sie ihren Mann das erste Mal unter dem Traubaldachin gesehen. Jetzt sind sie schon vier Jahre verheiratet und sie sprechen fast gar nicht miteinander. Awrumele ist ganz anders. Wenn er gut aufgelegt ist, tanzt er wie ein Bär und Riwke lacht. Und dann singt sie auf Ruthenisch:

> Oi aus Bergen, aus den Tiefen
> Kommt eine schwarze Wolke herbei.

Und zu mir kommt ein junger,
Schöner Bursche.

Halt, halt, schwarze Wolke,
Komm aus den Bergen herbei.
Halt, halt, kleiner Kosak,
Komm doch zu mir.

Awrumele schaut ihr immer lange in die Augen und verschlingt sie förmlich mit seinen Blicken. Riwke versucht woandershin zu schauen. Aber Awrumeles Augen durchbohren sie. Sie senkt den Blick. Und dann kommt das Gefühl im Magen oder im Zwerchfell und sie wird tiefrot, und es wird ihr sehr heiß. Riwke weiß nicht, was das alles bedeutet. Sie kann oft nicht einschlafen. Sie hat zwei Kinder und ist eine treue Ehefrau. Eines Tages klopft Awrumele ans Fenster und steckt ihr ein Briefchen zu. Es ist mit hebräischen Buchstaben geschrieben, weil Riwke die lateinischen nicht kennt.

Riwke, mein lieber Engel!
Mein Herz ist in großer Liebe zu Dir entbrannt. Deine Augen und Deine schöne Gestalt entzücken mich. Du bist das Leben meines Herzens. In meinen Träumen sehe ich nur Dich. Ohne Dich ist mir die Sonne finster. Ich liebe Dich und möchte Dich immer sehen und mit Dir zusammen leben. Dein Dich liebender und von Ferne küssender
Awrumele

Riwke kann nicht schlafen. Soll sie den Brief wegwerfen? Sie muß mit Awrumele ein ernstes Wort sprechen. Sie ist eine verheiratete Frau. Sie hätte es nie so weit kommen lassen dürfen. Was hat eine verheiratete Frau mit einem jungen Mann zu reden? Aber Ariel spricht ja nicht mit ihr. Immer ist er im Verein, und sie näht.

Am nächsten Tag klopft Awrumele ans Fenster. Riwke läßt ihn in die Wohnung. Er hat eine große Schachtel Wiener Konfekt mitgebracht. Er hat sie in Drohobycz gekauft. Riwke wird knallrot. Die Kinder schlafen schon. Ariel ist im Verein. Awrumele ergreift Riwkes Hände, beugt sich zu ihrem Gesicht und küßt sie auf den Mund. Und Riwke leistet keinen Widerstand.

In S'chodnica unweit von Borysław, wo es auch Erdöl gibt, kam es zu Ausschreitungen gegen Juden. Ein Arbeiter wollte bei Dawid Hersch Backenroth Fleisch kaufen. Er behauptete, daß das Fleisch schlecht sei und wollte es nicht entgegennehmen. Das erzürnte den Fleischer so, daß er den Arbeiter beleidigte, woraufhin der Arbeiter dem Fleischer das Fleisch ins Gesicht schmiß. Es kam zu einer Prügelei. Die Juden prügelten den Arbeiter. Der erzählte das seinen Freunden und man beschloß, sich an dem Fleischer zu rächen. Die Fleischer schlossen sich zusammen und eine Gruppe überfiel die Häuser der Arbeiter, schlug Fenster ein und schlug einen Arbeiter zusammen. Dieser kam ganz blutig zu seinen Kollegen. Daraufhin forderten die hitzigen Masuren Rache. In der Schenke kam es dann zu einer Prügelei. Der Schankwirt wurde von einem betrunkenen Arbeiter, der nicht zahlen wollte, geschlagen. Die Prügelei wurde auf der Straße fortgesetzt. Auf einmal versammelte sich eine große Menschenmenge. Zwei Gendarmen kamen, der betrunkene Arbeiter ließ sich nicht verhaften. Die Menschenmenge wurde immer größer und erreichte bis zu 600 Personen. Plötzlich stieß einer der Gendarmen den betrunkenen Arbeiter mit dem Bajonett so, daß er tödlich verletzt wurde. Das brachte die Menschenmenge auf. Man schrie: wir rächen ihn an den Juden. Sie warfen auf die jüdischen Häuser Steine, die herumlagen, um eine Straße zu bauen. Ganze Fenster mit Rahmen fielen heraus, Jalousien, Türen, man vernichtete alles, was man gefunden hat. Federn von Polstern und Decken bedeckten die Straßen, so daß es in der Nacht aussah, als ob es geschneit hätte. Mehl, Reis, Federn wurden zu einer Masse zusammengeschlagen. Die Einrichtungen wurden vollständig zerstört. Die Sachen ins Wasser oder ins Erdöl geworfen. Die Juden versteckten sich auf Dachböden und in christlichen Häusern. Trotzdem gab es Verletzte. Eine Jüdin mit einem Säugling am Arm wurde von einem Arbeiter so stark mit einer Stange geschlagen, daß das Kind tödlich verletzt und ihre Hand gebrochen wurde. Als die Gendarmerie aus Borysław, Drohobycz und Truskawiec eintraf, herrschte schon Ruhe. 42 Häuser wurden zerstört. Der Schaden beträgt 80 000 Gulden.

2

Pinkas hat mit Auszeichnung Matura gemacht und möchte Jus studieren. Die großen Ferien dauern ewig, und Pinkas langweilt sich. Jakob ist zu Hause und lernt und ist wenig gesprächig. Nur über Palästina spricht er. Der Vater ist nicht begeistert. Er will nicht, daß Jakob nach Palästina geht. Er wird das Klima nicht vertragen. Und außerdem ist es viel zu weit. Besonders die Mutter sorgt sich um Jakobs Gesundheit. Moses Hersch beruft sich auf Dr. Güdemann, den Oberrabbiner des Wiener Stadttempels, die erste rabbinische Autorität Österreichs. Der Nationalitätsseparatismus widerspricht dem Wesen des Judentums, sagt Dr. Güdemann. Das Judentum ist eine Religions- und Kulturgemeinschaft, die Juden sind ein Priestervolk, das Volk der reinen Gotteserkenntnis, das nationale und soziale Assimilierung nicht nur verträgt, sondern zum Ziel hat. Das können wir aus der Bibel und dem Talmud lernen. Nur durch einen gemeinsamen Staat können wir dem Antisemitismus entkommen, sagt Jakob. Nur als Nation sind wir stark. Ein jüdischer Staat in Palästina, von allen Seiten von Arabern, Türken und Christen bedroht, wäre ein Massengrab für das Judentum. Abend für Abend diskutiert Jakob mit dem Vater. Moses Hersch ist nicht für den Zionismus zu gewinnen, und Jakob schwankt manchmal. Pinkas mischt sich manchmal ein, er ist auf Vaters Seite. Und Awrumele will auch nicht nach Palästina gehen. Er denkt aber auch nicht so viel darüber nach. Er denkt mehr an Riwke als an etwas anderes.

Pinkas trifft Kasia, das erste Kindermädel, am Markttag. Das ist eine Freude. Sie haben sich lange nicht gesehen. Kasia wohnt nicht weit von Hubicze. Sie ist mit einem Bauern verheiratet, der im Winter in den Gruben arbeitet. Sie hat schon vier Kinder. Pinkas soll sie besuchen. In Hubicze ist die Brauerei. Vielleicht kann er mit dem Fabrikswagen hinfahren, oder er nimmt eben einfach einen Fiaker. Ich komme morgen, sagt Pinkas. Ich erwarte dich.

Der Kutscher hat Pinkas im Fabrikswagen nach Hubicze gebracht. Kasia ist in ruthenischer Tracht. Weiße bestickte Bluse, schwarzer Rock und rote bestickte Schürze, ein breiter roter Gürtel aus Stoff, eine bunte Weste und ein Blumenkranz im Haar. Pinkas gefällt die ruthenische Tracht. Kasia hat sie immer nur getragen, wenn Feiertage waren.

– Was ist heute für ein Feiertag?
– Gar keiner.
– Warum bist du dann in Tracht?
– Weil du gekommen bist.
– Meinetwegen?
– Ja, dir gefällt doch die Tracht so gut.
– Meinetwegen?!
– Ja, weil du hier bist, ist heute ein Feiertag.
Pinkas küßt Kasia auf die Wange.
– Ich kann dir ja gar nichts zu essen anbieten. Nicht einmal einen Tee.
– Tee trink ich schon.
Kasia freut sich.
– Ißt du nicht mehr koscher?
– Doch. Aber Tee kann ich schon trinken. Dir zuliebe. So ganz genau muß ich es ja nicht nehmen. Meine Brüder essen gar nicht mehr koscher.
– Willst du Warenyky? Ich hab welche am Herd stehen.
Pinkas macht ein verlegenes Gesicht.
– Nein, Warenyky eß ich nicht.
– Tee trinkst du, aber Warenyky ißt du nicht!
– Tee ist nur ein bißchen nicht koscher, aber Warenyky.
Pinkas macht ein zweifelndes Gesicht.
– Komm, iß welche.
Pinkas zögert.
– Nein.
Warenyky schmecken vielleicht so ähnlich wie Kugl. Er möchte gerne wissen, wie sie schmecken. Kasia kocht sicher gut.
– Komm, iß ein paar. Wenn die anderen nicht mehr koscher essen, mußt du auch nicht mehr koscher essen. Nur ein paar. Das ist so gut wie nicht gegessen. Nur kosten. Schau, sie schauen doch gut aus.
– Womit sind sie denn gefüllt?
– Mit Topfen und Erdäpfeln. Komm, iß ein paar.
– Gut, aber nur ganz wenig. Das ist so gut wie nicht gegessen. Nur zwei.

Pinkas ißt zwei Wareniki, dann noch einmal zwei und dann noch einmal zwei. Sie sind köstlich.

– Schnaps?

– Hm.

– Heute ist ein Festtag. Wir haben uns schon so lange nicht mehr gesehen. Ein Feiertag.

Kasia holt zwei Gläser. Nur ganz wenig, bittet Pinkas. Sie selbst gießt sich ein viertel Glas ein. Sie trinken und trinken noch einmal. Pinkas immer nur ganz wenig. Kasia setzt sich ganz nah zu Pinkas, legt ihren Arm um ihn und küßt ihn. Pinkas errötet.

– Es ist so wie damals, wie ich klein war.

– Ja, ja, so wie damals, wie du klein warst. Nicht so wie damals, wie du klein warst. Heute bist du groß.

Kasia rückt noch ein Stückchen enger an Pinkas heran und küßt ihn auf den Mund.

– Wo ist dein Mann?

– Auf dem Feld natürlich.

Der Großindustrielle Moses Gartenberg hat der israelitischen Kultusgemeinde in Drohobycz erklärt, daß er zu Ehren des fünfzigjährigen Regierungs-Jubiläums Sr. Majestät des Kaisers ein israelitisches Spital nach allen Anforderungen der Hygiene einrichten, auf seine Kosten in Drohobycz erbauen und es der Kultusgemeinde ins Eigentum übergeben wird.

7. Kapitel

1

Pinkas nennt sich jetzt Peter. Er hat auch einen aufgezwirbelten Schnurrbart, aber keinen Bürstenhaarschnitt wie Oskar. Er ist ja auch kein Gigerl, sondern ein ernsthafter Student der Jurisprudenz. Einen Zwicker hat er, wie Jakob und Sigmund. Oskar hat in der Schlagergasse eine Wohnung gemietet, in der alle drei zusammen wohnen. Peter, Jakob und Oskar. Der Vater zahlt die Miete. 450 Gulden im Jahr. Zwei Zimmer, ein Kabinett, Vorzimmer, Küche und Toilette in einem neuen Haus. Sehr elegant. Fließendes Wasser und WC in der Wohnung. Peter und Jakob haben zusammen ein Zimmer, und Oskar hat eines allein. Sie haben ein Dienstmädel, das einkauft, putzt und wäscht. Sie schläft in dem Kabinett. Der Vater bezahlt auch das Dienstmädel. Oskar ißt überhaupt nicht mehr koscher, Jakob nur mehr sehr selten, aber Peter besteht darauf. Obwohl in der Küche schon nichts mehr koscher ist. Trotzdem muß das Dienstmädel für Peter immer zum Schächter in die Seegasse fahren. Oskars Geschäfte gehen ganz gut. Er denkt jetzt daran, doch mit Fahrrädern zu handeln. Der Fahrradsport ist jetzt so modern. Alle gehen Radfahren. Sogar die Frauen. Peter möchte auch ein Fahrrad. Oskar und Jakob sind strenge Fahrradgegner. Jakob ist sowieso gegen jede Art von Sport. Daß Sigmund Schlittschuhlaufen geht und turnen, findet er schon unpassend und spottet die ganze Zeit darüber. Ein Studierter, ein Arzt, und Sport betreiben! Fehlt gerade noch, daß er zu reiten beginnt und am Trabrennplatz das Derby-Rennen anschaut. Das sind Gojimnaches. Er, Jakob, lernt lieber. Dafür besteht er auch jede Prüfung mit Auszeichnung. Er denkt über Maimonides und Spinoza nach. Peter diskutiert mit ihm. Er muß gleich im 1. Semester praktische Philosophie studieren. Aristoteles und Kant. Aber auch römisches Recht und Kirchenrecht, deutsche Rechtsgeschichte, römisches Familienrecht und österreichische Reichsgeschichte. Peter lernt auch gut. Aber er sitzt auch viel im Kaffeehaus und liest alle Zeitungen gründlich. Er möchte einem Verein beitreten, tanzen gehen und sich ein bißchen vergnügen. Kadimah ist ihm zu nationalistisch. Obwohl sie dort jiddische Lieder singen, die Peter so liebt. Außerdem ist Jakob Mitglied. Jakob würde sicher ein Auge auf ihn haben und ihn beobachten. Er würde sicher über ihn spotten. Er würde schon etwas finden, worüber er spotten kann. Er tanzt nicht richtig oder er singt falsch oder er kann nicht einmal Hebräisch. Jakob spottet die ganze Zeit über seine Brüder. Oskar ist angezogen wie ein Gigerl. Awrumele ist kindisch und liest keine Philosophen. Und wenn er sie lesen würde, würde er sie nicht verstehen. Und Peter ist ein Einfaltspinsel. Er glaubt immer alles, was man ihm sagt. So ein Dummkopf. Wo doch die ganze Welt lügt. Nur Sigmund achtet er. Über den spottet er nicht. Er ist der älteste und ist auch schon Arzt. Peter will mit Mädchen ausgehen. Das geht Jakob nichts an. Er wird sicher sagen, daß er zu wenig lernt, wenn er sich abends vergnügt. Kadimah kommt also nicht in Frage. Einen anderen jüdischen Verein für Studenten gibt es nicht. Und die nicht-jüdischen Vereine sind alle antisemitisch, zumindest fast alle. Die Radfahrervereine sind ganz schrecklich antisemitisch. Er kann auch ohne Verein Rad fahren. Er wird mit einem Freund Touren machen.

Sigmund, Oskar, Jakob und Peter haben ein Burgtheaterabonnement. Sie gehen immer zusammen ins Theater. Der Sohn der Wildnis, ein Sommernachtstraum, die versunkene Glocke, die Wildente, Antonius und Cleopatra, Wallensteins Lager, Liebelei. Danach gehen sie immer ins Bastei. So ein Wahnsinn, mit einer verheirateten Frau ein Verhältnis haben, sagt Jakob. Warum nicht, meint Peter.

– Ausgerechnet du sagst das! Ein frommes jüdisches Kind.
– So fromm bin ich auch wiederum nicht.
– Ein Verhältnis mit einer verheirateten Frau ist unvernünftig.
– Das kommt öfter vor als du denkst, sagt Oskar.

Sigmund lächelt verständnisvoll.

– Und dann hat er ja noch ein Verhältnis mit einer anderen Frau!
– Zwei zugleich. Das ist ja extrem unvernünftig.
– Vernünftig ist es nicht, aber die Liebe ist eben nicht vernünftig, sagt Sigmund.
– Das ist doch keine Liebe.
– Ein bißchen schon, belehrt Oskar Jakob wohlwollend.
– Mir tut die Christin leid, sagt Peter.

– Mir nicht, die ist bloß ein hysterisches Frauenzimmer.
– Das sind die meisten.
– Ja, dumm und hysterisch.
– Auch nicht alle.
– Mir tut die Christin trotzdem leid.
– Ich würde mich nie duellieren wegen einer Frau, sagt Sigmund.
– Nur nicht wegen einer Frau?
– Nein, überhaupt nie.
– Dann würdest du deine Charge als Reserveoffizier verlieren.
– Das würde nichts machen. Ich könnte nicht auf einen Menschen schießen. Die Charge könnte ich gar nicht verlieren, weil das Duell verboten ist. Aber man würde mir nahelegen, sie aufzugeben.
– Gut, daß ich nicht satisfaktionsfähig bin.
– Wir sind alle nicht satisfaktionsfähig, außer Sigmund.
– Man darf erst gar nicht in so eine Situation kommen. Das ist ganz einfach, sagt Jakob.
– Aber es kann passieren.
– Das darf eben nicht passieren. Überhaupt hat mir die Wildente besser gefallen als Liebelei, sagt Jakob.
– Das kann man nicht vergleichen.
– Die Wildente ist tiefsinniger.
– Der Gerechtigkeitsfanatiker hat dir gefallen, sagt Sigmund.
– Ja, aber genützt hat es auch nichts.
– Ich hab immer gesagt, daß die Interessenehe nicht das richtige ist.
– Ich heirate auch nur aus Liebe, sagt Peter.
– Ganz ohne Schadchen, höhnt Jakob.
– Ja, ich bin eben ein moderner Jude und trotzdem fromm.

Sigmund geht wieder zu Professor Enzinger. Der Tripper ist vermutlich nicht ausgeheilt. Er hat sich jetzt zur Operation entschlossen.

Ein arbeitsloser Bäckergehilfe kam am Weihnachtstage zum Armenrat seines Rayons und bat um Aushilfe. Der Armenrat warf ihn hinaus. „Schau'n S', daß Sie hinauskommen, Sie sind ein Sozialdemokrat. Sie bekommen von mir nichts. Nicht einmal einen Laib Brot. Gehen Sie in Ihre Vereine, die sollen Ihnen was geben. Von mir bekommt ein Sozialdemokrat nichts. Die sollen auf der Straße krepieren. Sie wollen nichts arbeiten.

Der Obmann hat mir strengstens aufgetragen, Ihnen nichts zu geben." Der Bäckergehilfe erklärte, er sei nicht gekommen, um sich zu seinem Hunger noch Grobheiten sagen zu lassen, sondern um von einem Rechte Gebrauch zu machen. Die politische Gesinnung des Bittstellers gehe ihn nichts an, nur dessen Bedürftigkeit. Daraufhin schrieb der Armenrat: „Ich bestätige hiermit, daß ich Franz Doberaurer nichts verabreicht habe", Rayonsstempel. Der Bäckergehilfe hungerte zu Weihnachten weiter und begab sich dann zum Obmann. Dieser schrieb einen Zettel: „Euer Wohlgeboren Herrn König Armenrat wollen Sie dem Mann eine Aushilfe von 3 fl. anweisen. Achtungsvoll Mit Gruß Ignaz Haupt", Rayonsstempel. Der Bäckergehilfe schickte drei Mal seine Frau zum Armenrat, der sie jedes Mal mit den Worten abwies: „Ich hab keine Anweisung." Der Armenrat ist ein guter Christ und verdankt seine Bezirkswürde seinen unermüdlichen „Hoch Lueger"-Rufen.

Höchste Zeit zum Heiraten

1. Kapitel

1

Sigmund ist Facharzt für Chirurgie, ist in die Taborstraße gezogen und hat dort auch eine Ordination eröffnet. Oskar hat das Geschäft in der Schlagergasse ausgeweitet und verdient nicht schlecht. Jakob ist vollkommen untauglich und muß nicht zum Militär. Er hat sub auspiciis imperatoris promoviert. Das war ein großes Fest. Der Statthalter von Niederösterreich war als kaiserlicher Vertreter anwesend. Unter Fanfarenstößen übergab er den Kandidaten das Ehrengeschenk des Kaisers, einen Brillantring mit dem kaiserlichen Namenszug. Ein sehr wertvoller Ring mit zehn Brillanten aus der Privatschatulle des Kaisers. Jakob hielt einen Vortrag über die vergleichende Anatomie des Gehirns. Vater, Mutter und Awrumele sind natürlich nach Wien gekommen. Die ganze Familie ist voller Stolz. Besonders der Vater. War er doch schon so stolz auf Sigmund, als er promovierte. Awrumele nennt sich jetzt Adolf, hat einen aufgezwirbelten Schnurrbart und immer eine Melone am Kopf und hat so wie Oskar zwei Monate bei der Ersatz-Reserve in Sambor gedient. Er war auch nur B-tauglich, weil er auch Plattfüße hat. Jetzt ist er Grubenverwalter in Drohobycz. Peter hat auch promoviert und ist in Przemyśl Konzipient.

Adolf will heiraten. Aber nicht mit dem Schadchen. Noch keiner der Söhne ist verheiratet. Die Mutter ist schon ganz beunruhigt. Wenigstens Oskar und Adolf müssen jetzt heiraten. Wenn sie schon nicht studiert haben, müssen sie heiraten. Sigmund ist schon längst Arzt, und denkt gar nicht daran zu heiraten. Die Nachbarn reden schon darüber. Adolf hat wenigstens schon eine Braut. Malke, die Tochter von Kornhaber. Die Väter sind zufrieden. Und Adolf liebt sie. Adolf ist schon 27. Höchste Zeit zum Heiraten. Malke ist 22. Auch höchste Zeit zum Heiraten. Die Eltern waren schon ganz besorgt. Sie hatten schon mit dem Schadchen gesprochen. Aber Malke hat gesagt, mit dem Schadchen heiratet sie nicht. Sie heiratet nur aus Liebe. Und wenn sie niemanden liebt, dann heiratet sie eben gar nicht. Das gibt es nicht, hat die Mutter gesagt. Alle müssen heiraten. Die Liebe gibt es nur bei den Christen. Und dann ist Adolf immer gekommen und hat mit dem Vater über die Gruben, die er verwaltet, gesprochen. Malke hat Heringe serviert oder Borschtsch und Mohnkuchen. Und Adolf und Malke haben gelacht. Adolf kam immer öfter, ohne daß es notwendig war. Sie haben sich schon als Kinder gekannt, aber gespielt haben sie nur selten miteinander. Adolf hat sie an den Haaren gerissen, wie er das bei allen Mädchen gemacht hat. Aber sie hat ihn damals schon immer so merkwürdig angeschaut. Adolf hat auch „Die conventionellen Lügen der Kulturmenschheit“ gelesen. Das hat ihm Oskar gegeben. Er hat nur das Kapitel „Die Ehelüge“ gelesen. Er will auch keine Vernunftehe, keine Ehe ohne Liebe. Zum Glück haben die Eltern nichts gegen diese Ehe. Malke hat dichtes schwarzes Haar, die Frisur nach der letzten Mode und trägt moderne Röcke und Blusen aus Batist oder Samt. Sie strahlt etwas von weltstädtischer Selbstgefälligkeit aus. Seit kurzem nennt sie sich Minna. Sie ist ziemlich stark, aber nicht wirklich dick. Ein bißchen größer als Adolf. Immer fröhlich und lustig. Sie lacht in einem fort. Ein bißchen verschwenderisch ist sie, was ihr Vater nicht gerne sieht. Aber Adolf hat ihr alles versprochen, was er bezahlen kann. Schöne Kleider und Schmuck. Dafür hatte der Vater nie Geld. Aber sie ist auch großzügig und ein seelenguter Mensch. Sie ist Mitglied des Frauenvereins zur Unterstützung von Waisenkindern und kümmert sich um die Kinder der Talmud-Thora-Schule. Die Mutter trägt einen Scheitl, aber Minna wird keinen tragen nach der Hochzeit. Nicht um die Burg. Es wäre schade um die schönen Haare. Adolf denkt das auch. Aber koscher kochen wird sie, obwohl Adolf keinen Wert darauf legt. Wenn Adolf will, kann er ja, wenn er in Wien ist, mit seinen Brüdern ins Restaurant gehen. Sie wird es ihm nicht übel nehmen. Die Hochzeit findet in Drohobycz statt. Alle Brüder sind gekommen. Es gibt Karpfen, Schleie, Schnaps, Goldjoich, gefüllten Gänsebraten, Ente, Pirogen, Kugl, Mohnkuchen, Marmorgugelhupf, Cremeschnitten und Torte. Klezmorim spielen und es wird getanzt. Nur Jakob tanzt nicht. Er sitzt abseits und lächelt in sich hinein. Es ist eine große Hochzeit. Alle Verwandten sind da. Vom Vater aus Sosnica und Przemyśl, von der Mutter aus Sambor. Von der Familie Kornhaber aus Dobromil und Rzerzów.

Adolf hat schon ein bißchen Geld gespart. Er kauft ein Haus auf der Borysławska ganz weit draußen, am Ende von Drohobycz. Von hier kann er mühelos direkt nach Borysław fahren. Er verwaltet viele Gruben und verdient nicht schlecht. Der Vater gibt ihm noch etwas. Schließlich hat er Oskar auch unterstützt und hat die studierenden Söhne erhalten. Es ist kein großes Haus. Drei Zimmer, eine Küche und eine Veranda. Vorm Haus ein Plumpsklo. Fürs erste ist das Haus groß genug.

In Borysław ist die Produktion zurückgegangen. Neue Maschinen erfordern weniger Arbeiter. 700 Arbeiter sind seit Monaten ohne Arbeit. Die Menschen hungern. Ein Mensch, der einmal am Tag ein Stück semmelförmigen, schwarzen Teig mit zwei halb verfaulten Gurken ißt, wird mit neidischer Gier betrachtet. Drei bis vier Familien leben in einer einzigen kleinen Stube zusammengepfercht, um vor dem Erfrierungstod geschützt zu sein. Die Israelitische Allianz zu Wien hat eine Hilfsaktion eingeleitet. Baron Hirsch und Baron Alfons Rothschild spenden. Eine junge Frau fleht um rasche Unterstützung. Ihr Kind saugt seit drei Tagen an einer sauren Gurke. Jach hob ka milach, mei mo hat seit sieben wochen kei broit zu verdiene. Die Männer rufen: An silber af mazzes! Und gebt uns Brot! Viele können mit Hilfe der Spenden auswandern, für viele reichen die Spenden nicht aus.

2

Oskar zieht in den XVIII. Bezirk in die Plenergasse. Er möchte endlich allein eine Wohnung haben. Wien hat seit einigen Jahren eine elektrische Tramway, und man muß nicht mehr so lange mit der Pferdetramway durch die Straßen zockeln. Da macht es nichts, wenn er etwas weiter draußen wohnt. Die Wohnungen sind billiger, und er kann sich eine größere leisten. Dann hat er auch ein Extrazimmer fürs Büro. Überfüllt ist die Elektrische allerdings genauso wie es die Pferdetramway immer war. Und warten muß man auch lange, aber nicht so lange wie früher. Aber eigentlich fährt Oskar am liebsten mit dem Fiaker. Das Magazin bleibt vorläufig in der Schlagergasse. Das Geschäft geht ganz gut und er hat mehrere Angestellte. Einen Kutscher, einige Lageristen, einen Laufburschen, einen Geschäftsdiener, mehrere Buchhalter und einen Oberbuchhalter, einen Handlungsgehilfen, ein Fräulein für die Korrespondenz. Fräulein Sofie. Sie hat eine gestochene Schrift und macht alles sehr ordentlich. Oskar ist sehr zufrieden mit ihr. Sie kann auch stenographieren. Aber Schreibmaschine schreiben kann sie nicht. Oskar möchte gerne eine Schreibmaschine anschaffen. Sie sind noch ziemlich teuer. Mit der Zeit werden sie schon billiger werden. Dann kann Fräulein Sofie ja Schreibmaschine schreiben lernen. Sie geht schon auf Mitte dreißig. Schaut aber aus wie höchstens Ende zwanzig. Sie ist schlank und adrett. Aus gutem Haus und hat ein Lyzeum besucht. Ihr Vater ist Professor am technischen Gewerbemuseum, Chemiker, er hat das Galvanisieren eingeführt. Für seine Verdienste hat er sogar einmal einen Pokal bekommen. Sofie arbeitet im Büro in der neuen Wohnung in der Plenergasse. Oskar schaut jede freie Minute bei ihr vorbei unter dem Vorwand, die Briefe zu kontrollieren. Sofie merkt es wohl, daß ihr Chef öfter als nötig kommt. Schließlich lädt er sie eines Tages für den nächsten Sonntag nach „Venedig“ ein. Das Riesenrad ist immer noch eine Attraktion. Sofie kann ein Riesenrad-Gstanzel.

> Am Tag draht sich's Riesenrad,
> Bei der Nacht steht es still,
> Da bin i ganz anderst,
> I drah, wann i will.

Oskar lacht. Er versteht inzwischen Wienerisch perfekt. Er führt sie zur Wasserrutschbahn. Natürlich weigert sich Sofie zunächst wie alle Damen, das Boot zu besteigen. Wie es dann die scharfe Bahn hinunter geht, quiekt und schreit sie und lächelt beruhigt, wie das Boot gemächlich im Wasser weiterschwimmt. Zu den Aschanti im Somalidorf gehen sie natürlich auch. Und über das verkehrte Haus, die allerneueste Attraktion, können sie sich gar nicht beruhigen, so lustig und originell finden sie es. Das ganze Haus steht auf dem Kopf. Der Giebel ist die Basis, die Eingangstür und die Stufen schweben in den Höhen, die Blumenstöcke auf den Fensterbrettern zeigen mit den Spitzen hinunter, wie durch Zauber stehen sogar die Besucher des Hauses auf dem Kopf. Schließlich gehen sie in das neue arabische Kaffeehaus, schauen sich

Bauchtänzerinnen an, lauschen den Volkssängern und lachen sich bucklig über das Lied:

A Madl sagt: Hier will mich kaner,
Vielleicht nimmt mich a Indianer,
Ja, sagt die Mutter zu der Tochter,
Aber nur alser' kochter.

Dann gehen sie ins Sommertheater und schauen sich Boccaccio von Franz von Suppé an. Oskar begleitet Sofie nach Hause und küßt sie zum Abschied auf den Mund.

Jakob will pathologischer Anatom werden. Er will Professor werden. Das weiß er jetzt schon. Er muß Professor werden. Er wird im allgemeinen Krankenhaus Aspirant, weil keine Stelle frei ist. Er bekommt fast nichts bezahlt. Ein Taschengeld. Aber der Vater erhält ihn, bis eine Stelle frei wird. Er wohnt jetzt allein in der Severingasse. Die Brüder treffen sich aber regelmäßig, machen gelegentlich am Sonntag zusammen einen Ausflug und gehen immer noch zusammen ins Burgtheater. Manchmal geht er auch allein in die Oper. Und manchmal macht er auch allein einen Ausflug. Dann geht er in den Wienerwald in Knikkerbockern und Lodenjacke oder er fährt nach Klosterneuburg, nach Krems oder Melk und schaut sich Klöster und Kirchen an. Obwohl das ein Jude nicht darf. Aber er schaut es sich aus kunsthistorischem Interesse an. Er war auch schon in Venedig und hat sich alle Kirchen angeschaut. Einmal hat er einen Ausflug mit den Zionisten mit einem Donaudampfer nach Preßburg gemacht, wo die dortigen Zionisten ein Volksfest veranstalteten. Es wurde gesungen und getanzt. Jakob kann weder singen noch tanzen. Er saß die meiste Zeit mit einem hochmütigen Gesicht gelangweilt und einsam herum. Photographiert hat er viel. Der Vater hat ihm zur Promotion einen Fotoapparat geschenkt. Landschaft. Nur Landschaft, keine Leute. Er hat kaum mit jemandem gesprochen. Alle waren fröhlich, niemand wollte diskutieren. Vielleicht sollte er doch nach Palästina gehen. Dort braucht man auch pathologische Anatomen. Und was ist dann mit der Professur? Zuerst muß er in Wien die Ausbildung machen.

Sigmund hat nicht nur eine eigene Ordination, er arbeitet auch in der Poliklinik. Umsonst. In der Poliklinik arbeiten alle Ärzte umsonst. Es ist ein Spital für die Ärmsten der Armen. Sigmund ist nicht mehr ganz unerfahren und leidgeplagt. Vor allem von der Undankbarkeit der Patienten. Schreibt er kein Rezept, dann heißt es, er kann nicht einmal ein Rezept schreiben. Verordnet er kalte Umschläge, hat sich der Patient damit verkühlt. Verordnet er warme Umschläge, hat sich das mit der hitzigen Krankheit nicht vertragen. Verordnet er überhaupt keine Umschläge, dann weiß schon jedes alte Weib, daß man Prießnitz-Umschläge hätte geben sollen. Besucht er jeden Tag den Patienten, so macht er das nur wegen des Honorars, kommt er nicht jeden Tag, so nimmt er die Krankheit nicht ernst. Einmal hat er das uneheliche Kind einer armen Näherin behandelt und auf sein Honorar verzichtet. Die Mutter soll dem Kind dafür kräftige Nahrung kaufen. Am nächsten Tag bekommt er einen Brief, sie danke für seine weiteren Besuche, dem Kind gehe es schon besser. Er glaubte das nicht und wollte einen weiteren Besuch bei dem Kinde machen. Knapp vor der Wohnungstür prallt er mit einem Kollegen zusammen. Wutentbrannt geht er eine Stiege höher und wartet, bis der Wagen des Kollegen abgefahren ist. Das Kind starb nach 14 Tagen. Die Mutter aber sagte zu einer Bekannten: Hätt' ich gleich einen ordentlichen Doktor g'holt, würd mein Kind noch leben. Wie mir der Doktor g'sagt hat, daß er umsonst behandlt, hätt' i scho g'fressen. An g'schenkten Gaul schaut ma net ins Maul. Und ein Doktor, der für die Behandlung Geld bekommt, macht keine Visiten umsonst, er wär ja a Narr!

Sigmund, Oskar und Jakob wollen einen Ausflug auf den Cobenzl machen. Sie treffen sich bei der Elektrischen in Grinzing. Oskar lädt Sofie ein mitzukommen, worüber sie sich sehr freut. Sigmund kommt mit Fräulein Hilde, einer Wärterin in der Poliklinik. Er steht seit einiger Zeit in einer intimen Beziehung zu ihr. Sie ist 20 Jahre alt, hübsch, mit blonden Haaren und blauen Augen. Sie trägt ein schon ein paar Jahre altes blau gemustertes leichtes Kleid aus Foulard und einen für die zierliche Gestalt zu großen Hut. Sofie hat ein nach der letzten Mode geschnittenes, einfaches, fliederfarbenes Sommerkleid an und einen schicken Strohhut auf. Oskar trägt einen Sommeranzug aus gestreiftem Stoff mit einer gemusterten seidenen Weste und einem Bratenrock. Jakob kann sich gar nicht beruhigen vor Lachen.

– In den Wienerwald gehst du mit so einem eleganten Anzug. Du wirst sehen, wie der nachher ausschaut.
– Gar nichts werd ich sehen.
– Gigerl.

Sie beschließen, durch die Weingärten auf den Cobenzl zu gehen. Dort wollen sie Mittag essen und dann weiter auf den Kahlenberg wandern. Sigmund und Hilde erzählen vom Spital. Wie schmutzig manche Patienten sind. Es sind alles arme Leute, sagt Hilde. Deshalb können sie sich trotzdem waschen, empört sich Sofie.

– Vielleicht haben sie nicht die Gelegenheit dazu.
– Wasser kann jeder heiß machen.
– Unlängst war jemand mit einem verletzten Fuß bei mir. Ich wollte den anderen Fuß sehen. Hat er den nicht gewaschen gehabt. Der Fuß war ganz schmutzig und hat gestunken, erzählt Sigmund.
– Es gibt so viele Tramwayunfälle. Ständig werden Schwerverletzte eingeliefert, sagt Hilde.
– Die Leute passen auch nicht auf und gehen auf der Fahrbahn.
– Am Trottoir ist auch kein Platz. Vor den Greißlergeschäften stehen Körbe mit Obst und Gemüse, Hausgeräte stehen am Trottoir, manchmal sogar Möbel. Sogar große Fensterscheiben werden manchmal am Trottoir geputzt.
– Und aus den Haustoren kommen Staubwolken heraus. Da kann man ja nicht am Trottoir gehen. Und Leute mit Handkarren benützen ungeniert das Trottoir.
– Und die Stubenmädeln beuteln allen Dreck aufs Trottoir. Angebrannte Zündhölzln und ausgekämmte Chignon schmeißen sie raus. Den ganzen Dreck.
– Jeden Tag steht in der Zeitung, daß jemand von der Tramway überfahren worden ist und tot war.
– Vorige Woche haben wir einem jungen Mann ein Bein amputieren müssen und von dem andern Fuß alle Zehen, sagt Sigmund.
– Das war auch ein Tramwayunfall?
– Ja, er ist in die Elektrische reingelaufen. Die Motorführer sind meistens unschuldig.
– Und vor ein paar Tagen ist einer mit einem Schädelbasisbruch eingeliefert worden.
– Das war auch ein Tramwayunfall?

– Ja.
– Weil die Leute auch nicht schauen.
– Ich kann diese Tramwayunfälle nicht mehr hören. Jeden Tag les ich das in der Zeitung.
– Worüber wollen Sie denn sprechen, Fräulein Sofie?
– Ich les gerade von Kotzbue „Die Leiden der Ortenbergischen Familie". Ein sehr spannender Roman.
– Und ich lese Paul de Kock.
– Paul de Kock lesen Sie? Das ziemt sich nicht.
– Warum denn nicht?
– Das ist unanständig.
– Haben Sie schon etwas von Paul de Kock gelesen?
– Nein. Aber das weiß man doch, daß das unziemlich ist.
– Ich geh immer in den Damenleseverein. Da lesen alle Paul de Kock.

Sie sind inzwischen am Cobenzl angekommen und gehen ins Gasthaus. Der Gastgarten ist ziemlich voll. Jakob rümpft die Nase. Er mischt sich nicht so gern unter das Volk. Aber die anderen sind zufrieden, noch einen Platz im Garten gefunden zu haben. Sigmund und Jakob haben ein Huhn bestellt und zerlegen es sorgfältig mit ihren Chirurgen- und Pathologenhänden. Sogar beim Essen erkennt man den Arzt, bemerkt Hilde.

– Da ist mir ein Kaufmann schon lieber. Der verschont einen wenigstens am Sonntag mit seinem Beruf.
– Was macht denn das Geschäft, wendet sich Jakob an Oskar.
– Die Fahrräder verkaufen sich nicht schlecht. Bald werde ich genug Geld haben, um ein Haus kaufen zu können. Sofie mag es nicht, wenn man am Sonntag übers Geschäft spricht. Wir wollen übrigens heiraten.
– Was? ruft Jakob entsetzt aus.
– Ja, warum nicht.

Jakob schweigt und macht ein angewidertes Gesicht.

– Weil sie keine Jüdin ist?
– Ihr könnt gar nicht heiraten.
– Warum denn nicht?
– Willst du dich taufen lassen?
– Nein.

– Willst du aus der Kultusgemeinde austreten?
– Nein.
– Dann könnt ihr auch nicht heiraten.
– Sofie wird aus der Kirche austreten.

Jakob schweigt.

– Laßt uns auf die Verlobung anstoßen, sagt Sigmund.
– Was werden die Eltern dazu sagen? Die Mutter wird es nicht dulden.
– Wollen Sie wirklich aus der Kirche austreten? fragt Hilde.
– Ja, sonst können wir ja nicht heiraten.
– Was wird die Mutter dazu sagen?
– Der Vater wird nichts dagegen haben, dann wird die Mutter auch nichts dagegen haben.

Jakob schweigt und macht ein angewidertes Gesicht. Sofie schielt zu Jakob und schaut verlegen. Oskar hat einen roten Kopf.

– Das ist meine Sache.
– Und was werden Ihre Eltern sagen, wendet sich Hilde an Sofie.
– Ich bin großjährig.

Hilde scheint irritiert zu sein. Nur Sigmund lächelt freundlich.

– Laßt uns den schönen Ausflug nicht verderben. Herzlichen Glückwunsch. Masel tow.
– Herzlichen Glückwunsch, sagt Hilde.

Und Jakob schweigt. Schließlich brechen sie auf und wandern zum Kahlenberg. Jakob sinnend und zornig, aber Sigmund erzählt wieder vom Spital und den Patienten, die Nagelgeschwüre mit Umschlägen aus Urin, Eidotter oder Butter behandeln. Oder den Finger in kochendes Wasser tauchen. Die erst, wenn sie mehrere Nächte schlaflos zugebracht haben, die Haut gangränös ist, die Eitersenkung und Schwellungen bis in die Hand hinunter reicht und die Drüsen in der Achsel geschwollen sind, zum Arzt gehen. Gleich beim Eintritt in die Ordination sagen sie dann: aber schneiden laß ich mir nichts. Und was machen Sie in so einem Fall? fragt Sofie.

– Ich versuche ihn von der Operation zu überzeugen. Ist er uneinsichtig, lehne ich die Behandlung ab. Das hat mir ein älterer Kollege geraten.

Am Kahlenberg hören sie ein Militärkonzert, kehren ins Kaffeehaus ein und fahren schließlich mit der Zahnradbahn nach Heiligenstadt.

Es gibt Trafikantinnen, die nicht nur Zeitungen verkaufen, sondern sie auch um 2 Heller verleihen. Nach einigen Stunden werden sie zurückgebracht und als unverkauft an die Zeitungsadministrationen zurückgegeben. Wird es bekannt, werden sie wegen Betrugs angezeigt und müssen je nach Beweislage 50, 100 oder 200 Kronen Strafe bezahlen oder 3, 6 oder 14 Tage in den Arrest.

3

Peter hat in Przemyśl als Einjährig-Freiwilliger gedient und ist dort geblieben. In Wien gibt es viel zu viele Advokaten. Da hat er nie eine Chance, auch nicht auf eine Stelle als Konzipient. Zuerst hat er bei Nuchem gewohnt, Vaters Bruder. Da hat schon Oskar gewohnt, wie er ins Gymnasium gegangen ist. Die beiden älteren Mädchen, Hinde und Breindel, waren schon verheiratet. Nur die Jüngste, Sara, hat noch bei den Eltern gewohnt. Peter hat sich wohlgefühlt bei Nuchem, Gitel und Sara. Peter hat Nuchem oft bei der Arbeit Gesellschaft geleistet. Sie haben viel über Zionismus und Judentum diskutiert. Sara hat Peter gefallen, aber sie war schon verlobt. Die Wohnung war sehr klein, und er ist bald ausgezogen und hat ein Zimmer bei einem verwitweten Schneider, der mit seiner Tochter Ada lebt, gefunden. Die Konzipientur dauert sieben Jahre. Sieben verlorene Jahre. Zumindest drei, vier verlorene Jahre. Keine vernünftige Arbeit. Nur Diurnistentätigkeit und Schreibarbeiten, Frankieren von Briefen, Aufgeben der Post, Intervenieren bei geringfügigen Pfändungen. Keine Nichtigkeitsbeschwerde, kein Einspruch. Aber bei der Advokatenprüfung muß er es können. Am Anfang hat er 120 Kronen bekommen, jetzt bekommt er 200. Dafür muß er von 9 Uhr früh bis 6 Uhr abends anwesend sein. Von 200 Kronen kann niemand leben. Aber der Vater unterstützt ihn.

Adas Mutter ist früh gestorben. Der Vater hat nicht noch einmal geheiratet. Es war ihm keine Frau recht. Er fürchtete bei jeder, daß sie sich nicht genug um seine Kinder kümmern wird. Ada ist 18 Jahre alt, ihre Geschwister sind alle schon verheiratet. Nur sie ist beim Vater geblieben, dem sie bei der Arbeit hilft. Sie schneidet die Stoffe zu und verhandelt auch manchmal mit den Kunden. Das Geschäft geht ganz gut, weil der Vater der beste Schneider von Przemyśl ist. So können sie halbwegs leben, wenn auch nicht in großem Wohlstand. Ada nennt sich seit einiger Zeit Antonia. Peter sagt einfach Tony. Wenn er von der Arbeit nach Hause kommt, setzt er sich immer zu ihr und schaut ihr zu, wie sie Stoffe zuschneidet. Tony kann zwar ganz gut Deutsch, spricht aber mit dem Vater fast nur Jiddisch. Und mit Peter spricht sie auch oft Jiddisch. Manchmal singt sie ihm die Lieder von Goldfaden vor, die sie im jüdischen Theater gehört hat. Die bobe mit'n einekil, schmendrik, di rekrutten, di stumme kale. Peter liebt diese Lieder, und sie gehen oft zusammen ins jüdische Theater. Peter denkt auch langsam ans Heiraten. Tony gefällt ihm. Das ist wichtig. Er will auch keine Ehe durch den Schadchen. Jüdin ist sie. Das ist auch wichtig. Nicht so eine Gojte wie Oskars Sofie. Und diese Hilde von Sigmund, von der ihm Jakob erzählt hat. Eine Gojte kommt nicht in Frage. Vielleicht sollte er noch ein bißchen warten mit dem Heiraten, bis er weiter ist mit der Konzipientur. Aber verloben können sie sich. Tony ist einverstanden und der Vater auch. Obwohl ihm Peter nicht fromm genug ist. Und Ada auch schon von Peter angezogen hat. Peter ißt gar nicht mehr koscher. Das kommt, weil er in Wien studiert hat. Peter führt Ada manchmal in ein nicht koscheres Restaurant aus. Der Vater sieht das nicht gern. Und daß sie sich plötzlich Antonia nennen muß. Das ist Peters Einfluß. Aber sie ist Mitglied des Mädchen- und Frauenvereins bikur cholim, des Krankenpflegevereins und hört Vorträge über Erste Hilfe. Sie ist doch ein braves Kind. Im literarischen Geselligkeitsverein ist sie auch Mitglied und hört Vorträge über Moses Mendelssohn und Lessing. Hier wird sie auch beeinflußt. Alles in allem ist dem Vater eine Ehe mit Peter schon recht. Schließlich ist er ja auch nicht so schrecklich fromm.

Ein minderjähriges jüdisches Mädchen wurde in das Nonnenkloster des Basiliusordens nach Lemberg verschleppt. Zwei christliche Mitschülerinnen beredeten sie, ins Kloster zu gehen, wo sie jetzt festgehalten wird. Der Vater lebt in Prag, die Mutter ist tot, das Mädchen lebte bei den Großeltern in Drohobycz. Der Vater konnte das Mädchen nicht herausbekommen. Nie konnte er mit der Tochter allein sprechen. Schließlich ging er zum Domherrn, der mit ihm ins Kloster ging. Das Mädchen wurde aber von den Nonnen bearbeitet zu sagen, daß es im Kloster bleiben wolle. Selbst die

Polizei und der Statthalter können nicht helfen. Auch waren alle Bemühungen des Lemberger Rabbiners vergeblich. Das Mädchen wurde vom Bischof persönlich getauft. Taufpate war die Gemahlin des Statthalters.

4

Oskar und Sofie haben geheiratet. Sofie ist aus der Kirche ausgetreten. Sofies Eltern sind davon nicht begeistert, aber sie haben es geschluckt. Oskar ist mosaisch geblieben. Ein Kompromiß auf beiden Seiten. Keine jüdische und keine katholische Hochzeit. Oskar fürchtet die Eltern und das Gerede in Drohobycz. Natürlich sind die Eltern nicht zufrieden. Keine jüdische Frau. Das ist ein Skandal. Oskar glaubt, daß ihn die Eltern jetzt überhaupt nicht mehr mögen. Besonders die Mutter ist sehr erregt. Die Nachbarn sprechen darüber. Unvorstellbar, der Sohn von Moses Hersch Erdheim hat eine Gojte geheiratet. Selbst Mendelsohn, Gottesmann und Kornhaber, Moses Herschs Kompagnons, sind entrüstet. Und erst die Frauen. Oskar weiß das, rechtfertigt sich und beklagt sich, daß der Vater die Brüder lieber hat, weil er keine jüdische Frau geheiratet hat. Moses Hersch antwortet:

Drohobycz, den 7/1 1904

Lieber Oskar

Erst heute komme ich dazu Deine Zeilen vom 2/12 zu beantworten.

Du warst wirklich im Irrthume mit Deiner in Deinem Schreiben geäußerten Meinung. Meine väterliche Treue und Liebe zu Dir ist nicht im geringsten gemindert. Du bist nach wie vor mit allen Kindern bei mir gleich. Ich habe auch mit der lieben Mutter schon bald zustande gebracht, daß der Tratsch der Weiber ihr gleichgültig sei.

Warum schickst Du mir nicht die Rechnungen über die gemachten Ausgaben?

Dich und Sofie grüßend und küssend
Dein Vater
M. H. Erdheim

Echte und wahre Wissenschaft und Forschung wird nicht von Juden gemacht, sagen die Antisemiten und rufen Luegers Parole: Hinaus mit den Juden aus unseren Universitäten und Spitälern.

2. Kapitel

1

Minna ist schwanger. Ihre Mutter, Hindel, sorgt sich sehr um sie. Ständig erteilt sie ihr gute Ratschläge. Daß sie sich nur nicht verschaut.

– Geh ja nicht in den Zirkus. Du weißt doch, daß das Kind von Lea ein Zwerg ist, weil Lea im Zirkus war, wie sie schwanger war und zu lange einem Zwerg zugeschaut hat.
– Laß mich in Ruhe mit diesem Blödsinn.
– Nein, nein, schau kein Tier an, sonst wirst du ein Kalb oder einen Hund gebären.
– Du redest nur Blödsinn zusammen.
– Nein, du wirst schon sehen.

Adolf verwöhnt Minna. Er bringt ihr alles, was sie gerne möchte. Schokolade, Konfekt, einmal sogar Ohrringe. Er achtet sehr darauf, daß sie keine schwere Arbeit verrichtet. Sie muß sich unbedingt schonen. Alle Verwandten bringen kleine Geschenke. Mohnkuchen oder Honigleikach, Marmelade oder Kompott. Hindel will Minna ständig vor den bösen Geistern schützen, und Minna und Hindel streiten ununterbrochen.

Schließlich wird das Kind geboren. Ein Knabe, Eduard. Adolf ist so glücklich, daß es ein Bub ist, daß er um Minnas Bett tanzt. Minna darf nicht aufstehen. Eine Woche muß sie im Bett bleiben. Alle bringen ihr kleine Delikatessen und Süßigkeiten. Nach einer Woche steht sie auf und geht in die Mikwe, obwohl sie schon lange nicht mehr in der Mikwe war. Aber die Mutter wollte es unbedingt, und Minna denkt, daß sie schon genug mit der Mutter gestritten hat. Minna wickelt das Baby fest ein, von den Schultern bis zu den Füßen. Hindel will die Haare abschneiden, damit er eine hohe Stirn bekommt und weise wird. Aber Minna erlaubt es nicht. Aber die Fenster werden geschlossen gehalten, damit keine Kälte oder kein Zug hereinkommt. Auch die Läden sind fest geschlossen, um Sonnenlicht abzuhalten. Das würde dem Baby schaden. Hindel möchte unbedingt Zettel mit Psalmen auflegen, um das Kind vor Schaden zu bewahren. Aber Minna erlaubt es nicht. Dieser unsinnige Aberglaube. Ständig fürchtet Hindel den bösen Blick. Es gibt keinen bösen Blick, faucht Minna sie an. Aber Adolf lacht nur über Hindel und sagt Minna, sie soll sie doch lassen. Der Aberglaube schadet dem Baby sicher nichts. Aber er ist dumm, wettert Minna. Beschnitten muß Eduard aber werden, auch wenn er keinen jüdischen Namen bekommen hat. Minna ist schrecklich aufgeregt. Daß nur ja nichts passiert. Nachdem schließlich alles gut gegangen ist, hat Minna ihr Baby wieder in den Armen, streichelt es und flüstert: du mein Katzele, mein Vögele. Und alle feiern mit Schnaps und Honigkuchen die Aufnahme in den Bund mit Gott.

2

Ein Jahr nach Eduard kommt Tea auf die Welt, die Tochter von Oskar und Sofie. Oskar wollte einen kurzen Namen, nicht länger als drei Buchstaben. Deshalb Tea ohne „h". Ein Bub hätte Max geheißen. Sie wird auf Sofies Wunsch protestantisch getauft. Der Handel mit Fahrrädern hat sich ausgezahlt. Oskars Rechnung ist aufgegangen. Alle wollen Fahrrad fahren. Nicht nur die Männer, auch die Frauen. Inzwischen ist es auch erschwinglich geworden, und sogar Arbeiter kaufen sich manchmal ein Fahrrad. So hat Oskar gut verdient und kann in der Höhnegasse im XVIII. Bezirk ein Haus kaufen. 22 Bassenawohnungen und eine Herrschaftswohnung mit Klo und Bad im 2. Stock. Und im ganzen Haus gibt es schon elektrisches Licht. Er hätte lieber ein schöneres Haus gekauft in der Erndtgasse mit großen herrschaftlichen Wohnungen mit Badezimmer ohne Bassena. Aber dazu hat es nicht gereicht. Oskar bezieht das ganze gartenseitige Erdgeschoß, vier Bassenawohnungen, die er miteinander verbindet. Den Gang trennt er durch eine Holztür ab und läßt eine direkte Stiege in den Hof machen, von wo er Zugang zum Magazin hat. So muß er nicht durchs Stiegenhaus, wenn er ins Magazin will. Den größeren Teil der Wohnungen verwendet er als Wohnung, der Rest ist Büro. Endlich hat er im eigenen Haus einen großen Keller, den er als Magazin verwenden kann. Und es ist auch noch Platz genug für einen Pferdestall. Oskar hat das Haus so ausgesucht, daß Pferdewagen hineinfahren können. Eine große Einfahrt in den Hof und seitlich weg das Stiegenhaus. Er handelt jetzt mit Beleuchtungsgegenständen, Fahrrädern, Fahrradbestandteilen und Zubehör, Laternen, Nähmaschinen und Nähmaschinen-Zubehör und Bestandteilen. Die Wohnung muß eingerichtet werden. Eine Kredenz und ein Perserteppich fürs Speiszimmer. Ein altdeutscher Ladlkasten, ein Biedermeierkasten für Bücher und ein Biedermeiersekretär für Sofie. Die Biedermeiermöbel sind besonders wertvoll. Auf die ist Oskar besonders stolz. Ein 32-teiliges Service für Festtage wird angeschafft. Versilberte Kannen und Leuchter, ein silbernes Besteck und extra noch ein Fischbesteck von Christoffel. An das Speiszimmer wird eine Veranda angebaut, von der man in den Garten kommt, mit einer Glocke fürs Dienstmädel. Die Veranda schaut so aus wie die im elterlichen Haus in Drohobycz, nur ein bißchen größer. Auf der Veranda gibt es einen Bauernkasten, einen Tisch, eine Bauernbank und dazu passende Sessel. Aus Drohobycz hat Oskar für die Veranda einen echten jüdischen Luster mitgebracht, auf dem er elektrische Kerzen anbringen läßt. Von der Veranda kommt man in den Garten. Eine Tanne wird gepflanzt, weißer und violetter Flieder, Jasmin, Holler, in der Mitte ein Kreis mit Buchs, Beete, und ein kleines Salettl wird hingestellt. Vor der Veranda steht eine Bank. Der Garten ist gar nicht besonders groß. Die Nachbargärten schauen genauso aus. Tanne, Flieder, Buchs, Jasmin. Der Garten ist Sofies Bereich. Sie hat mit dem Gärtner verhandelt. Sie hat ein Dienstmädel aus Böhmen, das im Kabinett neben der Küche schläft, und ein Kindermädel für Nachmittag. Sie arbeitet nicht mehr für Oskar. Die Korrespondenz erledigt jetzt der Buchhalter. Oskar ist manchmal gereizt und schreit mit den Angestellten. Die gojischen Angestellten sind dumm und faul. Der Laufbursche trödelt herum und geht einfach spazieren, statt die Nachrichten zu bestellen. Die Lageristen sind nicht vorsichtig genug und lassen immer alles fallen. Dann sind die Laternen kaputt, und Oskar schreit. Dummkopf, können Sie nicht aufpassen. Nur der Buchhalter ist nicht dumm. Der ist auch ein Jud. Ein Jud ist selten dumm, wenn er aber dumm ist, ist er schrecklich dumm, sagt Oskar immer. Wenn Oskar mit seinen Angestellten unzufrieden ist, schreit er auch mit Sofie. Sofie ist ohnedies nervös und empfindlich. Dann weint sie, und Oskar bringt ihr am nächsten Tag einen Ring, ein Kettchen aus Gold oder Platin oder eine Kette aus Bernstein oder Lapislazuli. Aber auch Sofie ist mit dem Dienstmädel nicht zufrieden. Was sie anfaßt, zerbricht sie. Was die schon Geschirr zerbrochen hat. Ständig muß man etwas Neues kaufen. Dieser böhmische Trampel. Wenn sie etwas kocht, läßt sie es anbrennen oder versalzt es, und beim Einkaufen vergißt sie immer etwas, auch wenn man ihr einen Zettel schreibt. Oskar schreit fast täglich mit dem Dienstmädel. Sie muß für das Nachtmahl in einem Porzellankrügel vom Wirtshaus an der Ecke ein Bier holen. Entweder geht sie zu früh, dann ist das Bier zu warm, oder sie tratscht mit dem Burschen, dann ist es nicht rechtzeitig da, oder das Krügel ist nicht richtig voll, weil zu viel Schaum drinnen ist. Dann schimpft Oskar sie einen unfähigen Trampel und droht ihr, sie rauszuschmeißen. Mit dem Kindermädel ist Sofie zufrieden, sie spricht ein wunderschönes Französisch mit Tea.

Sigmund und Hilde sehen sich täglich im Spital. Sie arbeiten auf derselben Station. Meistens assistiert sie auch, wenn Sigmund operiert. Sigmund sagt, sie macht das von allen am besten, und er ist glücklich. Sigmund operiert gern. Er empfindet immer Lust beim Operieren. Woran das liegt, weiß er nicht. Hilde bewundert Sigmund. Er hat schöne, große, geschickte Hände. Chirurgenhände. Das hat Jakob auch. Das haben alle Brüder, auch die, die keine Ärzte sind. Sigmund und Hilde gehen manchmal zusammen ins Theater und in die Oper, obwohl Sigmund unmusikalisch ist. Hilde liebt Operetten. Und Sigmund langweilt sich meistens dabei. Hilde erzählt Sigmund immer, was sie in der Zeitung gelesen hat. Vor allem die Tagesneuigkeiten. Sie liest das Illustrirte Extrablatt und die Arbeiter-Zeitung und manchmal auch das Deutsche Volksblatt im Kaffeehaus. Sigmund ist darüber empört.

– Du kannst doch nicht dieses antisemitische Revolverblatt lesen.
– Aber da stehen alle Neuigkeiten drinnen, der ganze Tratsch von Wien, viel mehr und viel besser als im Extrablatt. Und auch besser als in der Arbeiter-Zeitung.
– Das ist egal, das ist eine antisemitische Zeitung!
– Das Antisemitische les ich nicht. Ich les nur die Tagesneuigkeiten und die Vereinsnachrichten und manchmal übers Theater und die Annoncen.

– Aber das sind doch antisemitische Vereine, über die sie schreiben.
– Nicht alle.
– Nicht alle! Wie kannst du diese Zeitung lesen?
– Zacherlin wird im deutschen Volksblatt annonciert. Und Zacherl ist ein Jude.
– Das kann ich mir nicht erklären. Das ist schlimm. Daran kann nur seine Geldgier schuld sein. Er weiß nicht, was er tut.

Hilde interessieren Morde, Selbstmorde, Unfälle, Eisenbahnunfälle, scheue Pferde, umgestürzte Wagen, Hundebisse, Epidemien, Diebstähle, überhaupt Betrügereien und Gaunereien. Aber besonders über die vielen Selbstmorde kann sie sich nicht beruhigen. Jeden Tag steht mindestens ein Selbstmord in der Zeitung. Hilde erzählt Sigmund immer haarklein, was sie in der Zeitung gelesen hat. Am Anfang hat Sigmund geduldig zugehört und es für eine liebe Marotte von Hilde gehalten, aber jetzt geht ihm das schon ziemlich auf die Nerven.

– Stell dir vor, gestern ist ein Selbstmörder völlig nackt durch die Straßen gelaufen. Bei der Kälte völlig nackt. Er ist ganz schnell gelaufen, der Wachmann ist ihm gar nicht nachgekommen. Der hat dann einen Wagen aufgehalten, der ihn aufgenommen hat. Auf der Wachstube hat er dann erzählt, daß er in den Donaukanal springen wollte. Er hat alle seine Kleider ins Wasser geworfen und wollte dann in den Donaukanal springen. Dann hat er plötzlich Angst bekommen und wollte nicht mehr ins Wasser springen, dann ist er weggelaufen. Ist das nicht komisch? Warum hat er sich überhaupt ausgezogen? Er hätte doch auch angezogen ins Wasser springen können.
– Das sind eben die tieferen Geheimnisse der Selbstmörder.
– Und in einem Infanterieregiment hat sich ein Rekrut erschossen, weil er nicht Deutsch lernen konnte. Der Gefreite hat ihm gesagt, er muß sich erschießen, wenn er nicht Deutsch lernen kann.
– Soldaten erschießen sich alle Tage. Und Offiziere auch.
– Warum? Sekkieren die Vorgesetzten ihre Untergebenen so?
– Das kommt oft vor. Mich hat niemand sekkiert, und ich hab auch niemanden sekkiert.
– In einem Gymnasium hat ein Schüler auf einen Professor geschossen. Stell dir vor. Der war aber irrsinnig. Der ist auch in eine Irrenanstalt eingeliefert worden.

Sigmund gehen die Morde und Selbstmorde schon auf die Nerven, und er hört kaum mehr zu, aber Hilde plappert weiter. Sigmund greift jetzt seinerseits zur Neuen Freien Presse und beginnt zu lesen.

– Hör auf zu lesen, wenn ich mich mit dir unterhalte.

– Ich kann selbst die Zeitung lesen, wie du siehst. Deine Morde und Selbstmorde interessieren mich nicht.

– Es interessiert dich nicht, was ich dir erzähle?

– Nein. Und jetzt will ich lesen, was mich interessiert.

Hilde steht auf.

– Dann geh ich eben.

Hilde und Sigmund haben gemeinsam Dienst. Hilde hat Sigmund in seinem Zimmer besucht.

– Bleib noch. Du mußt doch nicht gleich beleidigt sein.

– Wenn du dich mit mir nicht unterhalten willst.

– Komm, trinken wir einen Kaffee.

– No gut, dann mußt du mir aber zuhören. Stell dir vor, in einem Dorf in Galizien haben Hunde ein Mädchen zerfleischt. Sie haben ihr die Kehle zerbissen. Das muß schrecklich sein. Gestern hab ich gleich von zwei Kindesmörderinnen gelesen. Beide haben ihr Baby in den Abort geworfen. Stell dir das vor. Der Leichnam ist in der Senkgrube gefunden worden. Was das für Mütter sind? Wer macht denn so etwas?

– Meistens sehr arme Leute.

– Aber auch sehr schlechte.

– Meistens beides.

– In Uppsala hat in einem Krankenhaus ein Patient in einem Anfall von religiösem Wahnsinn drei andere Patienten erschossen. Stell dir vor, das passiert bei uns.

Sigmund antwortet nicht.

– Stell dir vor, das passiert bei uns. Ein Wahnsinniger kann auch einen Arzt oder eine Wärterin erschießen. Warum sagst du nichts. Stell dir vor, das passiert bei uns im Spital.

Sigmund hat wieder begonnen, in der Neuen Freien Presse zu lesen.

– Ich hab heute das Deutsche Volksblatt gekauft. Das ist interessanter als die Neue Freie Presse. Ich les dir daraus vor.

– Bitte nicht. Ich kann das nicht mehr hören. Hast du überhaupt kein anderes Thema? Ich hab es satt. Ich kann diesen Stuß aus

deinem antisemitischen Blatt nicht mehr hören.
– Dann geh ich eben.
– Geh nur.

Jakob hat ein Zimmer im Spital und ein Zimmer in Oskars Wohnung mit einem eigenen Eingang. Eigentlich wohnt er aber im Spital. In dem Zimmer in Oskars Wohnung kann er die Sachen unterbringen, die im Spital keinen Platz haben. Jakob besucht Sigmund in der Taborstraße. Sigmund hat schon ein Telefon. Gleich wie er in die Taborstraße gezogen ist, hat er eines angeschafft. Oskar hat jetzt auch eines im neuen Haus. Jakob und Sigmund sprechen über die Arbeit, übers Spital, über die Patienten, die Wärterinnen, die Leichen, die Gehilfen. Die Wärterinnen sind alle Trampeln und die Gehilfen Hornochsen, sagt Jakob. Ganz so ist es auch wieder nicht, erwidert Sigmund. Es gibt ganz ausgezeichnete Wärterinnen.
– Das sagst du wegen Hilde.
– Mit Hilde ist es aus.
– Gratuliere.
– Mir tut es leid.
– Sie redet doch ununterbrochen nur dummes Zeug zusammen.
– Du übertreibst schon wieder. Aber sie liest das Deutsche Volksblatt.
– No da hast du es ja.
Jakob schreibt einen Aufsatz über die Bronchialorgane bei Männern. Er wird zu einem Kongreß nach Jena fahren. Sein Magen ist nicht in Ordnung. Er sollte nach Karlsbad fahren. Aber er hat keine Zeit. Für die Gesundheit muß man immer Zeit haben, meint Sigmund. Aber er muß den Aufsatz schreiben. Professor Weichselbaum, bei dem er jetzt Assistent ist, ist sehr zufrieden mit ihm. Er kann ihn doch jetzt nicht enttäuschen. Der Aufsatz muß geschrieben werden. Jakob geht nie mit den Kollegen mit ins Kaffeehaus oder zum Nachtmahlen. Er muß arbeiten. Außerdem sind die Kollegen dumm und faul, und ihre wissenschaftlichen Arbeiten sind schlecht. Sie gehen turnen, Tennis spielen, radfahren, schifahren, zum Pferderennen und in den Prater. Das interessiert Jakob nicht. Und überhaupt: Sport ist das Karzinom der Wissenschaften.
– Du warst doch selbst schon beim Blumenkorso und bist mit dem

Riesenrad gefahren. Und in den Zirkus gehst du auch gern.
– Ja, das stimmt. In den Zirkus geh ich gern. Aber da geh ich nur selten hin. Ich hab einfach keine Zeit.

Sigmund findet es nicht gut, daß Jakob nicht mit den Kollegen verkehrt. Da er doch keine Familie haben kann und sowieso immer allein leben wird. Die Arbeit genügt ihm. Er arbeitet 16 Stunden am Tag. Er hat gar keine Zeit für Geselligkeiten. Sigmund soll ihn damit in Ruhe lassen. Er soll sich gefälligst nicht in sein Leben einmischen. Sonst kommt er ihn gar nicht mehr besuchen.

Juden, häufig Dienstmänner ohne Kappe und Abzeichen, machen am Nordbahnhof Geschäfte mit Juden, die nach Amerika auswandern wollen. Sie locken sie an, bringen sie in ihre Wohnung, wo sie dann um 1 Krone übernachten können. Meistens haben die Auswanderer keinen Paß und würden in Hamburg, von wo die Schiffe nach Amerika abgehen, zurückgewiesen werden und ihr Geld verlieren. Oft werden in einem Zimmer 14 Leute untergebracht. Nur wenige wissen, daß die Gesellschaft Austro Americana die Übernachtung der Auswanderer sowieso bezahlt.

3

Peter hat Tony geheiratet. Die Eltern waren zufrieden. Ein anständiges jüdisches Mädchen. Sie wohnen noch bei Tonys Vater, und Tony hilft ihm nach wie vor bei der Arbeit. Sie macht aber auch den Haushalt. Kocht, bäckt, trägt schwere Kübel mit Wasser, kehrt und wischt Staub. Wenn Peter Advokat ist, bekommt sie ein Dienstmädel. Peter geht immer in das Café Boulevard am Ringplatz. Es ist das beste Kaffeehaus in Przemyśl. Sie haben nicht nur den besten Kaffee, sondern auch alle Tageszeitungen und Zeitschriften in allen Sprachen. Er liest die Neue Freie Presse, den Dziennik Polski, aber auch die Przemyśler Volksstimme, das Organ der unabhängigen Juden auf Jiddisch. Er ißt zwar nicht mehr koscher und geht nicht mehr jeden Sabbat in die Synagoge, aber Jude ist er trotzdem. Und die Feiertage hält er streng ein. Er möchte einfach informiert sein über die Zionisten und die Orthodoxen, über die Streitigkeiten in der Kultusgemeinde und über die verschiedenen jüdischen Vereine. Er geht mit Tony viel ins Theater. Nicht nur ins jüdische Theater. Auch in Shakespeare und Schiller und in moderne Stücke. Sherlock Holmes, die Helden von Bernhard Shaw, Salome von Wilde. Tony ist begeistert. Die Konzipientur ist langweilig. Peter sehnt sich schon nach dem Ende, um endlich selbständig als Advokat arbeiten zu können. Obwohl ihm sein Advokat gelegentlich Unterschrift und Stampiglie zur Verfügung stellt, um auf eigene Rechnung und eigene Faust eine Causa übernehmen zu können. Doktor Blumenkranz, der Advokat, bei dem Peter Konzipient ist, ist ein netter, älterer Herr, der gerne aus seiner langjährigen Praxis erzählt. Auch ist er ein angesehener Advokat in Przemyśl. Am liebsten erzählt er die Geschichte von dem kleinen Juden, der mit seiner Frau, die wegen Betrugs angeklagt war, in seine Sprechstunde kam. Israel Gartenberg hat ein Schnittwarengeschäft in der Ulica Mickiewicza. Die Frau hat an ein Dienstmädchen einen Rock um 50 Kronen als einen Wollrock verkauft, aber der Rock war nur aus Baumwolle. Nun sollte es vor die Schöffen kommen. Es ist furchtbar, hat er immer wiederholt. Doktor Blumenkranz hört sich das Gejammer eine Weile an, tröstet die beiden, stellt einen Freispruch in Aussicht und versucht, sie loszuwerden. Gartenberg will aber die Honorarfrage mit Blumenkranz allein regeln und nicht mit dem Bürovorsteher. Was soll ich zahlen, wir sind einfache Leute, fragte Gartenberg, erkennbar in Sorge, Blumenkranz könnte zu viel verlangen, aber auch bereit, ein Opfer zu bringen. Blumenkranz sagt, 40 Kronen.

– Sollen Sie haben, Herr Doktor! Sollen Sie haben! Ich wer's gleich einzahlen beim Bürovorsteher.

Glücklich sind die Gartenbergs draußen. Aber noch bevor ein neuer Klient eintreten kann, ist er wieder da.

– Wissen Sie, Herr Doktor! Meine Frau hat mir gesagt, ich muß doch was Bestimmtes ausmachen, wenn sie freigesprochen wird. Nicht wahr, ich darf Ihnen dann hundert Kronen geben?

Seine Frau hat draußen gewartet und offensichtlich gehorcht.

– Was hast du zum Herrn Doktor gesagt? Wenn ich freigesprochen werde, gibst du 300 Kronen! Für die Verteidigung gibst du 100 Kronen.

Am Abend kommt Gartenberg noch einmal zu Doktor Blumenkranz.

– Wissen Sie, Herr Doktor, Sie werden ja meine Frau freisprechen.

Ich hab beim Bürovorsteher gleich 400 Kronen gezahlt. Aber ich wollte Sie doch fragen: es wird doch nicht in die Zeitung kommen? Ich zahle gerne dafür.

Nein, nein, beruhigt Blumenkranz Gartenberg. Sie brauchen auch dafür nichts zu bezahlen. Es ist doch eine ganz unbedeutende Sache, die niemanden interessiert. Gartenberg zahlte trotzdem beim Bürovorsteher weitere 300 Kronen ein. Einige Tage später findet die Verhandlung statt. Das Dienstmädchen beschwört, sie wollte ein wollenes Kleid kaufen. Sie sollte 5 Kronen monatlich abzahlen. Der Stoff ist aber Baumwolle. Der Staatsanwalt beantragt ohne jede Begründung vierzehn Tage Gefängnis. Gartenberg fällt fast in Ohnmacht, während seine Frau ruhig bleibt. Blumenkranz plädiert kurz so, daß Vermögensbeschädigung nicht vorliege, wenn zum Beispiel ein nicht goldener Ring als golden verkauft wird, wenn er nur auch als nicht goldener den Kaufwert hatte, der bezahlt wurde. Dasselbe muß bei dem baumwollenen Kleid des Mädchens gelten. Fraglich ist also nur, ob fünfzig Kronen unter Berücksichtigung der Kreditgewährung und Abzahlung den Verkaufswert des Kleides darstellen. Das Gericht teilt Blumenkranz' Meinung, und es wird ein Sachverständiger bestellt. Der Gutachter stellt fest, daß das Kleid zwar nicht aus Baumwolle sei, daß es aber, da auf Abzahlung verkauft, preiswert für fünfzig Kronen sei. Der Staatsanwalt und Doktor Blumenkranz beantragen die Freisprechung, und das Gericht erkennt dementsprechend. Gartenberg wartete das Erscheinen der Zeitung am nächsten Tag ab, und als er nirgends etwas über den Fall seiner Frau findet, kennt sein Glück keine Grenzen. Er zahlt Blumenkranz für die Freisprechung noch einmal fünfhundert Kronen und für das Nichterscheinen auch noch einmal fünfhundert Kronen.

Alle Städte und alle Dörfer sind festlich geschmückt und illuminiert. Es wird Kaiser Franz Josefs 60. Regierungsjubiläum gefeiert. Wien ist ein einziges Lichtermeer. Die ganze Stadt ist beflaggt, sogar die Allerärmsten haben wenigstens Kerzen in die Fenster gestellt. Überall sind Kaiserbilder, Kaiserbüsten, Lampions, Transparente ausgestellt. Aus kleinen Glühlampen sind die Worte „Viribus unitis" oder „Gott erhalte" zusammengestellt oder es leuchten die Jahreszahlen 1848 – 1908 in färbigem Licht. Viele Häuser sind mit schwarz-gelben Draperien mit Reisiggirlanden dekoriert,

rot-weißen und schwarz-gelben Fahnen und reicher elektrischer Beleuchtung. Am prächtigsten illuminiert ist die Ringstraße und die Innere Stadt. Am schönsten das Rathaus. Alle Fenster sind mit Kerzen erleuchtet und Scheinwerfer bestrahlen die Türme und den Rathausmann. Zu Hunderttausenden strömen die Menschen herbei. Überall herrscht ein geradezu lebensgefährliches Gedränge. Auf dem Schwarzenbergplatz, dem Schillerplatz, dem Dr. Karl Lueger-Platz, dem Rathausplatz und vor der Votivkirche konzertieren Musikkapellen. Der Kaiser empfängt Gratulationsaufwartungen. Die Huldigung der Armee, des Reichsrates, der Stadt Wien, der Staatsbeamtenschaft, des Adels, des katholischen Klerus, des griechisch-orientalischen Klerus, der protestantischen Geistlichkeit und der israelitischen Kultusgemeinde.
Drohobycz ist auch festlich illuminiert. Alle jüdischen Häuser sind mit Kerzen erleuchtet. Der Vizebürgermeister, Dr. Feuerstein, hat 10.000 Kronen für die Talmud-Thora Schule gespendet. Die Kultusgemeinde schickt eine Adresse an den Kaiser.

4

Oskar geht in die Papierhandlung. Außer ihm ist niemand im Geschäft. Der Geschäftsinhaber bedient ihn.

– Ich hab da etwas für Sie, Herr Erdheim. Das wird Sie sicher interessieren. Etwas Pikantes. Einen Augenblick.

Er geht nach hinten und kommt mit einem Buch wieder.

– Schauen Sie sich das an. Schnell, solange niemand im Geschäft ist. Vorsichtig. Sie wissen schon.

Josefine Mutzenbacher. Oskar blättert darin.

– Ein Privatdruck. Sie verstehen. Sie wissen schon.
– Das nehm ich. Was kostet es?
– 25 Kronen.
– Das ist sehr teuer.
– Aber ich bitte Sie, dafür ist es etwas Besonderes.
– Ich nehm es.

Oskar will noch für Tea ein Bilderbuch kaufen und geht in die Buchhandlung am Platzl. Der Buchhändler kennt ihn auch.

– Hier hab ich etwas, das Sie vielleicht interessiert. Das Tagebuch der Komtesse Mizzi Veith. Haben Sie davon gehört? Da ist so viel in der Zeitung gestanden.
– Ja, ich habe über sie gelesen. Eine Prostituierte, ein Luder. Bis sie sich schließlich umgebracht hat.
– Das Mädel hat ja gar nichts dafür können. Der Vater war der Bösewicht. Der hat sie doch da hineingetrieben. Er war ihr Zuhälter. Hier, in der Fackel, die ganze Nummer nur über die Mizzi Veith. Kraus bedauert das Mädchen.
– Das heißt gar nichts.

Oskar kauft auch das Tagebuch von der Mizzi Veith und die Fackel und beeilt sich nach Hause zu kommen, um gleich mit der Mutzenbacher anfangen zu können. Am Heimweg überlegt er, wo er sie verstecken soll. Tea ist sowieso noch so klein. Aber Sofie. Soll er sie vor ihr verstekken? Er wird sie zuerst einmal lesen und dann wird er weiter sehen. Er kann sie ja im Büro lesen, wenn niemand mehr da ist.

3. Kapitel

1

Oskar ruft Sigmund an.

– Hast du heute schon Zeitung gelesen? Weißt du schon, was in Drohobycz passiert ist?
– Nein.
– Das Militär hat geschossen. Es gibt mehrere Tote und Verletzte.
– Wieso hat das Militär geschossen?
– Man muß sofort dem Vater oder Adolf telegrafieren.
– Aber wieso wurde geschossen?
– Wegen der Wahlen.
– Aber deshalb wird doch nicht geschossen.
– Vor dem Wahllokal sind die Parteien aneinandergeraten. Die Opposition fühlt sich doch benachteiligt. Die Menge war ganz aufgeregt, und es ist zu Gewalttätigkeiten gekommen, steht in der Zeitung. Man muß dem Vater telegrafieren.
– Und warum hat das Militär geschossen?
– Ich weiß nicht genau. Es wurden Steine auf die Soldaten geworfen. Acht Menschen sind tot oder noch mehr. Und jede Menge Verletzte. Auch Frauen und völlig Unbeteiligte. Ich gehe jetzt und telegrafiere dem Vater und Adolf.
– Sie werden nicht vor dem Wahllokal gewesen sein.
– Vielleicht war Vater zufällig dort. Unser Haus ist nicht weit vom Wahllokal entfernt. Vielleicht war die Mutter dort oder Adolf. Ich schick einen Burschen zu Jakob.

Oskar bekommt ein Telegramm: Wir sind alle wohlauf. Sofort ruft er Sigmund an und schickt einen Burschen zu Jakob. Zwei Tage später bekommt Oskar einen Brief vom Vater und von Adolf. Niemand von der Familie und auch keine Bekannten waren vor dem Wahllokal. Adolf und der Vater waren in Borysław, die Mutter und Adolfs Frau waren zu Hause, und Eduard hat mit dem Kindermädel vorm Haus gespielt.

In der Stadt herrscht ungeheure Aufregung. Sie ist wie ausgestorben. Alle Geschäfte sind geschlossen. Das Militäraufgebot ist verstärkt. Das blutige Ereignis bildet das Stadtgespräch. Es gibt 22 Tote. Unter den Toten sind elf Juden. Die meisten Opfer waren bloß zufällig auf der Straße. Unschuldige, Frauen und Kinder und alte Leute, ein neunzigjähriger Mann. Nachdem Soldaten durch Steinwürfe verletzt worden waren, gab ein Offizier das Aviso „Schießen" und unmittelbar darauf das Kommando „Fertig", woraufhin ein Soldat zu schießen begann, obwohl das Kommando „Feuer!" nicht gegeben worden war. Die Menge wurde vor dem Schießen nicht aufgefordert, auseinanderzugehen und auch sonst nicht gewarnt. Es war so weit gekommen, weil die Zionisten erklärt hatten, daß tausende oppositionelle Wähler zur Wahl überhaupt nicht zugelassen worden waren. Daraufhin demolierten Demonstranten das Wahllokal Dr. Löwensteins, des offiziellen Kandidaten des polnischen Nationalrats. Auch die Konditorei am Ringplatz, die als Agitationslokal Dr. Löwensteins diente, wurde demoliert. Und die Wohnung des Vizebürgermeisters und Obmanns der jüdischen Kultusgemeinde, Jakob Feuerstein, dem von den Zionisten die Hauptschuld an den Unregelmäßigkeiten zugunsten Dr. Löwensteins zugeschrieben wird, wurde auch demoliert. Daraufhin rückten die Husaren vor, um die Exzedenten zu zerstreuen. Die Menge stürzte sich aber mit Stöcken auf die Husaren und eröffnete ein Steinbombardement.

Jakob geht es schlecht. Er hat ununterbrochen Magenschmerzen. Er hat ein Magengeschwür. Er muß jetzt doch nach Karlsbad fahren. Nur so kann es besser werden. Vater und Mutter wollen auch hinfahren. Er wird sie dort treffen, und sie werden zusammen eine Wohnung mieten. Er muß mindestens drei Wochen dort bleiben, sonst hat es überhaupt keinen Sinn. Besser vier oder sogar sechs Wochen. So lange hat Jakob nicht Zeit. Er muß einen Artikel schreiben. Er muß sich habilitieren. Es ist schon höchste Zeit.

Jakob langweilt sich in Karlsbad. Er darf nicht arbeiten. Das hat der Arzt strengstens verboten. Das Leben in Karlsbad ist genau geregelt. Um 5, ½ 6 aufstehen, spätestens um 6. Dann zum Brunnen gehen und trinken. Langsam, schluckweise trinken, unbedingt auf nüchternen Magen. Zwischen jedem Becher 15 bis 20 Minuten promenieren. Nach der Trinkkur am besten eine Stunde spazierengehen und dann ausgiebig frühstücken. Schinken, Eier, aber nur ganz weiche, Gebäck. Jakob soll das Frühstück am besten ein bißchen außerhalb der Stadt einnehmen, damit er mehr Bewegung macht. Dann wieder spazierengehen, danach zur Badekur oder Korrespondenz erledigen, dann ein leichtes Mittagessen, Fleischbrühe, das ist das wichtigste, kein Schweinefleisch, überhaupt kein fettes Fleisch, viel Gemüse, aber weich gekocht, kein Salat, kein frisches Obst. Als Nachspeise höchstens ein leichtes Biskuit. Er soll überhaupt nicht zu viel essen, das belastet den Magen. Dann wieder spazierengehen und kein Nachmittagsschläfchen. Zum Nachtmahl nur eine Suppe, und vor dem Schlafengehen noch diverse Becher verordnetes Wasser. Drei Wochen kann er das nicht aushalten, denkt Jakob. Ohne Arbeit kann er nicht leben. Mit den anderen Kurgästen will er sich nicht unterhalten. Schicke Damen in eleganten Brunnenkleidern, elegante Herren, Adelige, Bauern, Juden im langen Kaftan, Russen, Franzosen, Engländer, Deutsche, Amerikaner treffen sich in den Kollonaden zur Brunnenkur. Man unterhält sich, fragt nach den Leiden des anderen, ob es schon besser geworden ist, wie lange man noch bleibt, in welchem Restaurant man gespeist hat, ob man im Theater war oder ob man heute abend tanzen gehen will. Jakob will mit all diesen Leuten nichts zu tun haben. Er hält Distanz, geht immer so weit wie möglich weg, um nicht das dumme Geschwätz hören zu müssen. Er will niemandem erzählen, warum er hier ist und daß er Arzt ist, und schon gar nicht will er tanzen gehen. Es spricht ihn sowieso niemand an. Er macht schon so ein Gesicht, daß ihn niemand anspricht. Vater und Mutter gehen ihm auf die Nerven. Vater spricht nur vom Erdwachs, und Mutter sorgt sich ununterbrochen um seine Gesundheit. Sie fürchtet, er könnte sich verkühlen. In der Früh drängt sie ihm einen Schal und den Lodenmantel auf, obwohl es ohnedies warm ist. Sie gehen immer zusammen zu den Brunnen. Aber Mutter und Vater trinken andere Wasser als er. Auch spazieren gehen sie zusammen. Jakob würde sonst nicht spazierengehen. Die Mutter sagt immer: Du mußt spazierengehen, du brauchst Bewegung, du brauchst Ruhe, du darfst dich nicht aufregen, du darfst keine schwierigen Bücher lesen, du darfst nicht an deine Arbeit denken. Jakob hört nicht zu, aber er macht alles, was man von ihm verlangt. Am liebsten geht er ins Kaffeehaus Zeitungen lesen. Aus der Leihbibliothek hat er sich ein

Buch über Astronomie ausgeborgt und von Paul Heyse Novellen. Aber in Wirklichkeit denkt er nur an seine Leichen.

2

Oskar will Sofie einen Hut kaufen. Er fährt in die Stadt und geht zur Modistin. Lange schaut er alle Hüte an. Mit Federn, mit Vögeln, mit Blumen, mit Früchten. Die Modistin zeigt ihm alles geduldig. Oskar überlegt lange. Die Modistin soll den Hut mit den Vögeln probieren, so bekommt er einen besseren Eindruck von dem Hut. Seine Frau hat auch so einen entzückenden, kleinen Kopf wie die Modistin. Schließlich entschließt sich Oskar für den Hut mit den Vögeln, 100 Kronen, ein teurer Hut.

– Kann ich Sie morgen nach der Arbeit abholen?
– Oh ja gerne.
– Um 6? Oder treffen wir uns lieber im Kaffeehaus?
– Ganz wie Sie wollen. Sie können mich gerne abholen.

Oskar ist pünktlich.
– Gehen wir ins Kaffeehaus und dann ins Ronacher?
– Oh ja gerne.
– Oder wollen Sie lieber in den Prater fahren? Wir können mit dem Riesenrad fahren.
– Oh ja gerne. Ich möchte lieber in den Prater fahren. Ich fahr schrecklich gern mit dem Riesenrad. Und mit der Grottenbahn können wir fahren.
– Mit Vergnügen!

Oskar ist der Prater ganz recht. Da ist die Gefahr, jemanden zu treffen, nicht so groß wie in der Stadt. Noch dazu unter der Woche. Aber das Wetter ist so angenehm mild. Wer weiß, wem es aller einfällt, im Prater spazierenzugehen. Sie werden nicht lange spazierengehen. Er wird sie gleich ins Chambre séparée führen. Sie nehmen einen Fiaker.
– Wie heißen Sie denn?
– Berta.

– Ein schöner Name. Arbeiten Sie schon lange im Hutgeschäft?
– Zwei Jahre.

Oskar rückt ein bißchen näher an sie heran und legt seinen Arm um sie. Sie rückt etwas ab. Er rückt näher. Sie rückt ab. Er rückt näher. Schließlich sind sie angekommen. Sie fahren mit dem Riesenrad, der Grottenbahn und gehen ins Varieté. Danach ins Chambre séparée.

– Sehen wir uns wieder?
– Warum nicht.
– Wann denn?
– Hol mich doch einfach von der Arbeit ab.

3

Oskar, Sofie und Tea fahren nach Drohobycz. Sofie freut sich, sie fährt gern zu den Verwandten nach Drohobycz. Und die Stadt wird immer eleganter. Ein bißchen amerikanisch. Es gibt viele Geschäfte mit großen Auslagen. Schneider, Konfektionswaren, Porzellangeschäfte, schöne Drogerien und Friseure. Auf den Geschäften sind große Aufschriften mit vergoldeten Buchstaben: Confiserie, Manicure, King of England. In der Nacht blüht angeblich der Schleichhandel, sagt Adolf. Aber davon merken sie nichts. Esther und Minna kochen immer groß auf, wenn sie kommen. Dann macht Esther gefillte Fisch, die Sofie besonders liebt. Und Minna Mohnbäckerei, Honigleikach und Zimmes. Obwohl Minna längst nicht mehr koscher kocht. Man macht einen Ausflug nach Truskawiec und trinkt Brunnenwasser, und vielleicht fährt man sogar ein paar Tage in die Karpaten. Früher hat sich oft die ganze Familie in Drohobycz getroffen. Dann sind auch Sigmund und Jakob gekommen und Peter, der jetzt mit Tony in Zabłotów, einem Dorf bei Kolomea, lebt. Peter kann diesmal nicht kommen. Seine Frau hat gerade das zweite Kind entbunden. Tea und Eduard kennen sich schon. Tea ist fünf und Eduard sechs. Eduard hat einen Matrosenanzug an und Tea ein Sommerkleidchen aus gestreiftem Voile. Eduard hat ein eigenes Zimmer, in dem er zusammen mit dem Kindermädel schläft. Er zeigt Tea seine Spielsachen. Ein Matador, ein Spielzeugauto,

Bleisoldaten, eine Schäferei und Stelzen. Er sagt zu Tea immer Kaffeea und lacht sich dabei bucklig. Sie gehen in den Garten vor dem Haus, wo Tea die Stelzen ausprobieren soll. Tea will aber nicht, sie kann das nicht und hat Angst. Auch schaukeln will sie nicht. Die Mutter hat sie schon gewarnt vor der Schaukel. Das ist gefährlich. Man fällt leicht hinunter, auf den Kopf, und dann ist man tot. Und jetzt hat Tea Angst. Nicht um die Burg setzt sie sich auf die Schaukel. Dann spielen wir eben fangen. Kaffeea, fang mich! Und Eduard läuft ums Haus und Tea hinterher, fällt hin und weint. Eduard nimmt sie bei der Hand. Komm, ich zeig dir was. Er führt sie in den Abort. Aber Tea will nicht. Da ist es finster. Da geht sie nur mit der Mutter hin, und die hat eine Kerze. Wir spielen Mutter und Kind, sagt Eduard. Du bist die Mutter und ich das Kind. Ich bin krank, du mußt mich untersuchen. Eduard legt sich auf eine Decke im Gras und zieht die Hose runter. Du mußt mich untersuchen. Er hat eine Erektion. Tea starrt darauf. Er lüftet die Unterhose. Hast du auch einen Wiwimacher? Du mußt den Bauch untersuchen. Jetzt untersuch ich dich. Leg dich auf den Rücken. Eduard schiebt das Kleidchen in die Höhe und lüftet die Unterhose.

– Eduard, Tea, es gibt Jause!

4

Oskar schreit mit dem Kutscher. Er kommt viel zu spät, er wartet schon eine Stunde auf ihn. Er schreit mit den Lageristen. Es wird ja alles kaputt, wenn sie die Kisten so schmeißen. Sie sollen gefälligst vorsichtig sein. Er schreit mit dem Buchhalter, weil er mit den Abrechnungen nicht rechtzeitig fertig wird. Und manchmal schreit er auch mit Sofie und Tea. Sofie soll ihn in Ruh lassen mit dem Mädel und dem Greißler. Es interessiert ihn nicht, was die Erdäpfel kosten. Er gibt ihr Geld und damit muß sie auskommen.

– Aber Marie hat gestohlen.
– Was hat sie denn gestohlen?
– Sie hat vom Cognac getrunken und die Flasche dann mit Wasser aufgefüllt.

– Woher weißt du das?
– Das riech ich.
– Und sonst? Hat sie sonst noch etwas gestohlen?
– Zucker.
– Wieviel?
– 20 dkg vielleicht. Und Kakao und Tee hat sie auch gestohlen.
– Stell sie zur Rede.
– Sie lügt doch.
– Dann schmeiß sie hinaus.
– Aber die Dienstmädeln sind alle so. Alle stehlen und lügen.
– Du wirst schon eine Anständige finden. Ich kann mich darum nicht kümmern.

Und Tea ist ein Quälgeist. Oskar arbeitet den ganzen Tag, dann will er am Abend seine Ruh haben. Dann will er die Neue Freie Presse lesen und ein Bier trinken und nicht Domino spielen. Tea will keinen Lebertran. Oskar ordnet an, daß man ihn ihr in die Suppe geben soll, ohne daß sie es weiß. Tea ißt brav die Suppe. Siehst du, wie dumm du bist. In der Suppe ißt du den Lebertran, sagt Oskar. Und außerdem rennt Mama in ganz Wien herum, um für dich einen Lebertran zu bekommen. Nachdem er sein Bier getrunken hat, erklärt er Tea, wie teuer das Fleisch ist, das sie gerade gegessen hat und daß man so ein gutes Fleisch nur in ganz besonderen Geschäften bekommt. Sofie erzählt er, wie schwer das Leben ist. Wie schwer er arbeitet und daß doch nicht viel dabei herausschaut. Er ist unglücklich. Er hat es zu nichts gebracht. Die Schwermut lastet auf ihm. Sofie glaubt, daß sie schuld daran ist. Vielleicht weil sie Asthma hat und ständig zur Kur fahren muß. Vielleicht liebt sie Oskar nicht genug. Aber er bekommt alles, was er braucht. Sie weiß nicht, was sie machen soll. Oskar reist viel herum. Geschäftlich. Bleibt lange weg. Er wohnt immer in den teuersten Hotels, aber für einen neuen Herd in der Küche hat er kein Geld. Vielleicht hat er eine andere. In letzter Zeit ist er oft spät am Abend nach Hause gekommen. Geschäftsessen, hat er gesagt. Einmal jemand aus der Schweiz, einmal aus Leipzig, einmal aus Nürnberg. Wer weiß, ob das stimmt. Aber wenn er geschäftlich verreist, ist er immer lange weg.

Oskar ist in der Schweiz. Er vertritt die Firma Lindt in Wien, hat die Geschäftsstelle für Österreich-Ungarn. Sofie ist mit Tea nach

Wörishofen zur Wasserkur gefahren. Sie möchte, daß Oskar auch kommt. Wenn er nicht kommt, dann hat er eine andere. Vielleicht ist er froh, sie nicht zu sehen. Vielleicht geht sie ihm auf die Nerven. Es geht ihm ja alles auf die Nerven. Die Angestellten, Sofies Probleme, Tea. Obwohl er unlängst Tea aus Leipzig eine große Zelluloidpuppe mitgebracht hat. Manchmal bringt er auch Sofie Kostbarkeiten mit. Sie bittet ihn in einem Brief zu kommen. Auf elegantem Kopfpapier A. & W. Lindt mit darauf gezeichnetem Emblem Geschäftsstelle für Österreich-Ungarn O. Erdheim antwortet Oskar aus Bern Sofie nach Wörishofen:

Bern, le 1.8. 1912

Meine gute, liebe Sofie!

Es tut mir herzl. leid, daß ich Dir Kummer und Sorge, durch meine Unachtsamkeit, beim Schreiben der Adresse zugefügt habe.

Auch ich freute mich gestern kindisch von Dir drei Briefe auf einmal erhalten zu haben.

Flehentlich bitte ich Dich, liebste Sofie, grüble und denke nicht über mich. Von Natur aus zu Schwermut geschaffen, kann ich den Alpdruck, der mich wachenden Zustandes beherrscht, nicht los werden. Nicht Du, meine Liebe, bist an meiner Gemütsschwere schuld. Dir habe ich gewiß zu danken, daß ich manche Klippe umschifft habe, an der ich sonst gestrandet wäre. Dir Teuerste habe ich manch frohe Stunde, die ich genossen, zu danken. Du meine Sofie, hast keinen Grund, Dir auch nur ein graues Haar über meinen seelischen Zustand wachsen zu lassen. Die Verhältnisse zum Teil, und ein größerer Teil dieser gedrückten Stimmung ist väterliches Erbteil, das ich mit mir trage. Und wenn der Glanz des Himmels meinem Auge auch verborgen bleibt, wenn der Mond für mich auch stets umwölkt ist, Deine Liebe und Deine Güte ersetzt mir all das Schöne, all diesen Glanz. Deine irrenden Gedanken haben stets Zuflucht in meinem Herzen gesucht und ich habe sie aufgenommen, ich habe sie in mein Herz eingeschlossen, und das meine Allerteuerste hast Du empfunden, auch wenn ich meinen Gefühlen keine Worte verleihen konnte. – Du, meine liebe Sofie, stehst vor mir als leuchtendes Bild der Güte, in Dir verehre ich die ganze Würde der vornehmen Frau. Und wenn ich an Deine guten Eigenschaften manchmal viel zu große Ansprüche stelle, Du bist ihnen gewachsen, denn Deine Liebe zu mir – ich weiß es ganz genau – gibt Dir Kraft zu widerstehen, zu ertra-

gen. Wie herrlich hat Hanns Müller, in seinem letzten Schauspiel „Vampir", welches in der N.F.P. in Fortsetzungen erschienen ist, gesagt:

„Ich rühre Deine Wunden an, aus denen Dir Knospen, aus denen Dir Hoffnung bricht!"

Liebe Sofie, Du tust mir bitter Unrecht, wenn Du glaubst, daß ich mich sträube zu Dir nach W. zu kommen, um nicht mit Dir zusammen zu sein. Die Verhältnisse sind stärker als ich. Ich will Dir den Beweis erbringen, daß ich die beste Absicht – ohne mit Dir darüber ein Wort gesprochen zu haben – zu Dir nach Wörishofen zu kommen hatte! Hier liegt meine Einreisebewilligung bei, um die ich knapp nach Deiner Abreise, in Mindelheim für mich erbeten habe. Am 20. Juli ist sie hier angekommen. Glaube mir, es sind keine leeren Worte, es sind keine Phrasen, wenn man jemanden so liebt, wie ich Dich gerne habe, fühlt man seine Wünsche, auch wenn sie sich nicht zu Worten ausbilden, und die größte Genugtuung ist es, die ungesprochenen Wünsche restlos erfüllen zu können. Gefreut hätte ich mich, liebe Sofie, wenn es mir vergönnt gewesen wäre, mit Dir Arm in Arm Wörishofen zu durchqueren. Ich wäre glücklich gewesen. Nicht meinetwegen, denn meine Wünsche auf Glück sind in mir selbst zusammengebrochen – Dir eine Freude machen zu können. Mein ganzes Leben gipfelt nur noch in dem einzigen Bestreben, Dich, die Du mir schon ein Jahrzehnt treu an der Seite stehst, glücklich und zufrieden zu wissen. – Schlage Dir daher, Du Edle, Du Gute, den Gedanken aus dem Kopf, daß Du mich unglücklich gemacht hast. Unglücklich haben mich meine Eltern gemacht, eben weil sie mich gezeugt haben. Unglücklich hat mich die Natur, die Vorsehung gemacht, weil sie mich mit einem Gemüt ausgestattet hat, welches nur für Kummer und Sorge empfänglich ist. Dort, wo einem anderen Musik zum Tanze aufspielt, wird mir ein Trauermarsch geblasen. Dort, wo einem anderen sich ein unversiegbarer Quell des Glücks erschließt, steh ich vor einem ausgetrockneten Brunnen und lechze nach einem Trunk der Glückseligkeit, und habe ich sie endlich erreicht, dann ist sie längst von mir nicht mehr begehrt.

Liebste Sofie, denke nicht, daß Du schuld an meiner Schwermut bist, sie liegt einzig und allein in der Natur meines Temperaments.

Tausend Umarmungen und nicht minder an Zahl so viele Küsse

Dein Oskar

Meine Tea grüße ich von Herzen und küsse sie innig.

Sofie ist enttäuscht, daß Oskar nicht nach Wörishofen kommt. Er hält sie sicher für undankbar. Er zahlt die teure Kur für sie, und sie beklagt sich nur. Er arbeitet schwer und ist schwermütig, und sie macht ihm Vorwürfe. Vielleicht hat er doch eine Andere. Sofie ist leidend, Asthma, Blutarmut, Neuralgien, Rheumatismus, Ischias, und die Verdauungsorgane sind auch nicht in Ordnung. Sie leidet an chronischer Verstopfung. Es ist sicher nicht leicht, eine Frau zu haben, die so leidend ist wie sie, denkt Sofie. Die Kur ist teuer, das Hotel ist teuer. Aber sie muß in einem anständigen Hotel absteigen. Elektrisches Licht und Wasserklo müssen sein. Oskar selbst hat gesagt, daß sie in ein gutes Hotel gehen soll. Er ist ohnedies wohlhabend. Aber vielleicht will er für seine Frau nicht so viel Geld ausgeben. Vielleicht hält er Sofies Leiden für eingebildet. Sie schreibt an Oskar:

Mein liebster Oskar!

Ich bin tief betrübt, daß Du nicht nach Wörishofen kommen kannst. Aber wenn es höhere Macht ist, muß ich es ja verstehen. Ich verstehe, daß Du Deine Geschäfte erledigen mußt.

Mein lieber Ossi, es tut mir herzlich leid, daß Du so schwermütig bist. Wie Du weißt, leide auch ich manchmal unter Schwermut. Schlimmer aber sind meine Verdauungsbeschwerden und das Rheuma. Leider hat sich noch keine Besserung meines Zustandes eingestellt. Liebster Oskar, denke nicht, daß ich undankbar bin. Ich weiß, daß Du schwer arbeitest und daß Du mir die Kuraufenthalte ermöglichst. Du weißt gar nicht, wie sehr ich Dir für alles, was Du für mich getan hast, dankbar bin. Denke nicht, daß ich nur an mich denke. Ich bin in Gedanken immer bei Dir und hätte mir nichts sehnlicher gewünscht als Deinen Besuch in Wörishofen.

Ich trete fleißig Wasser und bekomme meine Massagen und Güsse und mache regelmäßig Gymnastik. Ich hoffe, daß es mir bald besser gehen wird. Tea geht in den neuen Sandalen nicht so gut. Barfußgehen gefällt ihr gar nicht, obwohl es ja so gesund sein soll, sagen die Ärzte. Ich kann stundenlang in den Sandalen spazieren gehen. Aber das neue Leinenkleid gefällt Tea sehr gut. Auch ich fühle mich in dem weiten Leinenkleid viel besser als in meinen engen alten Sommerkleidern. Wir essen täglich Hausmannskost, Hafersuppe, viel Topfen und kein Weißbrot. Wir essen nur Kneipp'sches Kraftbrot. Ich trinke auch keinen Kaffee und Tee. Tea bekommt auch nur selten Kakao. Sie bekommt auch nur wenig Süßigkeiten. Es soll sehr unge-

sund sein. Manchmal gehen wir trotzdem in die Konditorei. Wir trinken meistens Wasser. Gegen meine Stuhlverstopfung muß ich stündlich einen Eßlöffel frischen Wassers nehmen. Und stell Dir vor, wir schlafen auch immer bei offenem Fenster. Der Arzt hat es unbedingt empfohlen.

Ich habe auch schon eine Bekanntschaft gemacht. Eine junge Frau, die an Gelenkrheumatismus leidet. Sie kommt aus Berlin und ist leider ein bißchen vorlaut. Tea ist manchmal langweilig. Aber wir gehen viel spazieren und sie spielt manchmal mit den Kindern der Wirtsleute. Das Essen ist sehr gut. Tea liebt die bayerischen Dampfnudeln.

Tausend Küsse auch von Tea. Sofie

Oskar antwortet:

Berne, le 9/VIII

Teuerste Sofie!

Deinen lieben Brief vom 7.d.M. habe ich heute mit der Frühpost erhalten. – Ich zeihe Dich nicht, wie Du annimmst der Undankbarkeit. Wer in solchem Bewußtsein seine Pflicht erfüllt, wer Liebe aus dem Vollen darbietet, der rechnet nicht mit Dankbarkeit. Auch Deine Annahme, daß ich Dich verkenne, ist unstichhaltig. Du bist von einer gewaltigen Unruhe beherrscht, von einer Unsicherheit, die anderen unheimlich ist. Solange, meine Teure, solange Deine Phantasie nicht aufhören wird, mit diesen Ketten zu rasseln, deren Echo sich auch meinem Ohre mitteilt, so lange wird Dich die Ungewißheit verzehren. Ich schrieb Dir in einem meiner letzten Briefe, daß die wahre Liebe jene ist, die ohne das gesprochene und geschriebene Wort besteht, jene, für die die Worte noch nicht geschaffen sind. Ich wiederhole es und münze es für Dich, meine liebe Sofie. Glaube mir, daß ich Dich sehr sehr gerne habe, glaube mir, daß Du mir das teuerste auf Gottes Erdboden bist, glaube mir, daß ich aus reiner Liebe und Verehrung zu Dir Dich in ein Schutzkleid des Glücks hüllen möchte, schaue vertrauensvoll zu mir empor, und wenn sich unsre Blicke treffen und in eines zusammenschmelzen, wirst Du all das Gesagte bestätigt finden.

Es mag ja auch ein Grund von Eitelkeit dabei eine Rolle spielen, daß Du mich gern immer um Dich zu haben wünschest. Nicht aus Eitelkeit, aus innerem Triebe habe ich ja selbst die Absicht gehabt, heuer zu Dir zu kommen, aber meine besten Vorsätze waren immer von den unheimlichen, mich verfolgenden Unmöglichkeiten zertrümmert. Wir wollen, und komme, was kommen mag, diesmal doch einige Tage zusammen in Ruhe und Liebe, im Taumel des Glücks, in der Erinnerung unserer jungen Liebe, verleben, abgeschieden von aller Welt, nur mit Dir Teuerste allein. Um Dich, meine Beste, allein um mich zu haben, will ich gern mein ergrautes Haupt in Deinen Schoß legen, will mich gerne von Dir kosen lassen und will gerne in Deinem Schoße einschlafen und meinen glückseligsten Traum träumen.

Meine allerliebste Sofie! Lebe wohl und fühle Dich so glücklich, wie ich es Dir und mir wünsche, Tausendundabertausend Küsse

Dein Oskar

Das Geld kann ich nicht beheben. – Küsse an unsere Jüngste

Sofie geht mit Tea viel spazieren. Manchmal in Begleitung der Dame aus Berlin, über die Tea immer lachen muß, weil sie so komisch redet. Tea kennt das Berlinerische noch nicht. Manchmal begleitet sie auch ein Offizier aus Wien, der bei der Kavallerie dient. Ein Mann um die Fünfzig, der Sofie den Hof macht und für Tea Brombeeren pflückt und ihr alles mögliche über Schwammerln erzählt. Mit Sofie unterhält er sich über Spielhagen und Kotzebue und Courths-Mahler, von der gerade ein Fortsetzungsroman im Illustrirten Extrablatt erscheint. Dein ist mein Herz. Sofie ist ganz begeistert von dem Roman und erzählt dem Offizier die ganze Geschichte. Sie gehen auch zusammen ins Theater und zu den Freilichtkonzerten, wenn ihnen die Kur dazu Zeit läßt. Er wohnt im selben Hotel wie Sofie. Sie treffen sich immer schon beim Frühstück. Und Sofie ist froh, eine nette Unterhaltung zu haben. Der Offizier leidet an Gicht. Er bekommt Bäder, Massagen und Heilgymnastik. Mit dem Offizier unterhält sie sich lieber als mit der Dame aus Berlin. Die ist ihr eigentlich zu laut. Sofie macht auch Gymnastik. Zweimal war sie schon beim Arzt. Bis jetzt hat die Kur noch nicht geholfen. Sie ist immer noch verstopft und der Arm tut ihr auch noch weh und blaß ist sie wie eh und je. Der Arzt meint, sie muß Geduld haben. Aber Sofie ist kein besonders geduldiger Mensch. Wenigstens kann sie dem Offizier von ihren Schmerzen erzählen. Er hört sehr aufmerksam zu und ist sehr einfühlsam. Die kalten Wassergüsse und Bäder mag ich nicht, sagt Sofie.

– Sie dauern ja Gott sei Dank nicht lang. Ein paar Sekunden und dann ist es schon vorbei.
– Die Bäder sind schon kurz, aber der Guß muß so lange gemacht

werden, bis die Haut rot ist. Dann beutelt es mich immer vor Kälte. Und dann noch ohne abzutrocknen in die Kleider. Ich hab immer Angst, daß ich mich verkühle.
– Nein, nein. Sie müssen das schon brav machen. Sie werden sehen, es hilft.
– Mein Schwager hält nicht viel von der Hydrotherapie. Er ist Arzt. Er sagt, daß der Kneipp ein Kurpfuscher war.
– Wieso denn?
– Weil er kein Arzt war und von Medizin keine Ahnung hatte.
– Aber er hat vielen Leuten geholfen.
– Ja. Ich hab von einer Frau gelesen, die vierzehn Jahre erfolglos behandelt worden ist. Bis sie nach Wörishofen gefahren ist, wo sie der Pfarrer Kneipp geheilt hat. Eine schreckliche Leidensgeschichte war das. Ihr Leib war schon ganz zersetzt. Sie hat gar nicht mehr gehen können. Den Harn konnte sie nicht mehr halten, und Durchfall hatte sie ununterbrochen. Angefangen hat alles mit Erbrechen und Schwindel. Man hat sie operiert, und danach ist alles nur noch schlechter geworden. Den ganzen Unterleib hat man ihr rausgeschnitten. Die Gebärmutter und die Eierstöcke. Bei 24 Schulärzten war sie. Und dann hat ihr Kneipp geholfen.
– No sehen Sie. Dann hat Ihr Schwager aber nicht recht.
– Er sagt, die Wasserkur ist gar nicht auf Kneipps Mist gewachsen. Die gibt es schon viel länger und ist von richtigen Ärzten angewendet viel besser.
– Wenn er so ein Gegner von Kneipp ist, hat er Ihnen da nicht abgeraten herzufahren?
– Nein, er hat gesagt: wenn's nichts nutzt, so schad's nichts. Manches findet er sogar ganz gut. Das Barfußgehen im nassen Gras und die Fußgüsse und Fußbäder. Er hat gesagt, bei fieberhaften Erkrankungen ist es schlecht. Aber das hab ich ja nicht.
– Warum ist es bei Fieber schlecht?
– Bei Lungenentzündung zum Beispiel – das hab ich mir gemerkt – da bekommt man ein Topfenpflaster auf die Lunge. Aber das genügt nicht, sagt mein Schwager. Und dann soll man nach Kneipp zwei Eßlöffel voll Salatöl einnehmen. Das schadet, sagt Sigmund, das steigert die Blutwärme, und kühlt nicht.
– Mir hilft die Kur, obwohl ich das Barfußgehen gar nicht mag.

– Wie lange sind Sie denn schon hier?
– Vier Wochen und ich bleibe noch zwei.
– Ich auch. Ich hoffe, daß es mir bis dahin besser gehen wird.
Sofie schreibt Oskar, daß ihre Leiden noch nicht besser geworden sind, daß sie aber noch sehr hofft, daß es besser wird. Vor allem die Schmerzen im Arm.

Oskar antwortet Sofie:

Berne, le 15.VIII. 1912

Meine Einzige!

Stünde mir ein Strom von Worten zur Verfügung, er würde nicht ausreichen, um Dir meinen Schmerz über die mir zugekommene Nachricht, daß in Deinem für mich so teuren Befund sich noch keine Besserung eingestellt hat, zu schildern. – Es tut mir herzlich weh, es schmerzt mich, wenn ich höre, daß Du von Deinem Übel noch nicht befreit bist. Wir wollen uns aber beide der Zuversicht hingeben, daß die zwei Wochen, welche Du dort noch bleiben wirst, das gewünschte und erhoffte Resultat zeitigen werden. Amen!

Ich habe Dir gestern von der Dresdener Bank Filiale Leipzig in Leipzig M. 25.000 überweisen lassen und hoffe, daß Samstag, spätestens Montag der Betrag in Deinem Besitze sein wird. Solltest Du der Meinung sein, daß dies nicht reichen wird, dann teile mir dies sofort mit, damit ich Dir auch rechtzeitig einen weiteren Betrag überweisen kann. Für Dich, liebe Sofie, Geld zu geben, ist mir kein Opfer, ich tue es mit der größten Wonne und mit Vergnügen, weil ich Dich herzl. lieb habe und weil ich weiss, welch treue Seele Dir innewohnt. Nicht oft genug kann ich es Dir wiederholen, daß trotz aller Schlechtigkeit, die man dem ganzen Männergeschlechte, gleich viel ob mit Recht oder Unrecht nachsagt, jeder – mit geringen Ausnahmen natürlich – seine Frau lieb hat, bei mir trifft dies in besonders hervorragendem Maße zu, denn nicht bald jemandem ist das Glück beschieden, eine Lebensgefährtin Deines Schlages, ausgestattet mit so viel Tugenden, mit so viel Geduld und nicht letzten Endes mit so viel Liebe und Herzlichkeit, zu besitzen. Wenn ich auch nun das Ärgste angestellt habe, zeigt doch die Nadel vom Compaß meines Lebens mir den Weg zu Dir, zu Dir, die ich lieb habe, die ich verehre, die die Königin meines Herzens wurde. Gehe also, meine Teuerste, über den Punkt der Ausgaben so leicht hinweg wie ich. Ich arbeite und verdiene, und verdiene gerne für Dich und für unseren einzigen Schatz, und müßte ich Tag und Nacht die Arbeit eines Taglöhners leisten, für Dich,

Teuerste, würde ich es ohne Murren tragen. Lasse es Dir gut gehen und sei überzeugt, daß Du einen liebenden, einen aufopferungsfähigen Gatten gefunden hast in Deinem Oskar

Am 25. oder 26. d.M. gedenke ich nach Leipzig zu fahren.

5

Jakob ist habilitiert und hat eine bezahlte Stelle im Allgemeinen Krankenhaus. Sigmund arbeitet nach wie vor in der Poliklinik und hat eine Privatpraxis in der Taborstraße und Peter lebt in Zabłotów, weil er weder in Wien noch in Przemyśl noch in sonst einer Stadt als Advokat leben könnte, weil es überall zu viele Advokaten gibt. Er hat zwei Kinder, Pauline und Kamilla. Ein und drei Jahre alt. Zabłotów ist ein kleines Städtchen, mit 4000 Einwohnern, von denen mehr als die Hälfte Juden sind und der übrige Teil Ruthenen und ganz wenige Polen. Es liegt am Pruth, über den eine eiserne Brücke führt, der Stolz des Städtchens. Es gibt eine Synagoge, einige Bethäuser und eine Kultusgemeinde. Zwei Ärzte, eine Eisenbahnstation und eine Tabakfabrik. Außer Peter gibt es noch einen Advokaten. Das Städtchen ist schmutzig wie alle Stettls. Die meisten Häuser sind aus Holz. Aber Peter hat eines aus Stein. Ein einstöckiges Haus, ein vornehmes, elegantes Haus, das größte der Stadt. Mit einer Marmortreppe und vergoldeten Spiegeln. Der Vater hat ihm Geld gegeben, damit auch er sich ein Haus kaufen kann. Der Abort ist aber hinter dem Haus. In Zabłotów gibt es noch keine Wasserklos. Es gibt auch noch keine Wasserleitung. Der Wasserträger bringt das Wasser vom Brunnen, jedes Mal zwei Kübel, die er an einer langen Stange wie an einem Joch auf den Achseln trägt. Im Erdgeschoß hat Peter die Kanzlei eingerichtet. Peters Klientel sind meistens Juden und Bauern aus den umliegenden Dörfern. Er setzt Verträge auf, schlichtet Streitigkeiten, Grenzstreitigkeiten, Erbschaftsstreitigkeiten, Lohnstreitereien, scheidet gelegentlich eine Ehe, vertritt Diebe und Betrüger und manchmal sogar einen Mörder. Er hat keine große Kanzlei. Die Leute im Städtchen sind arm, und viele können sich gar keinen Advokaten leisten. Er hat einen Gehilfen und eine Schreibkraft. Das genügt.

Der Kaiser hat gerufen

1. Kapitel

1

Der Kaiser hat gerufen! Wir alle folgen freudig seinem Rufe! Hoch der Kaiser! Hoch Österreich! August 1914. Mobilisierung in Wien. Die Reichshaupt- und Residenzstadt gleicht einem Heerlager. Aus allen Windrichtungen kommen die Soldaten. Alle in neuen feldgrauen Uniformen. Sie werden mit Jubel begrüßt. Vor den Kasernen stehen Massen, die patriotische Lieder singen. Abschiedsszenen. Frauen und Mädchen weinen. Unter den Einberufenen werden Geld- und Tabakspenden verteilt. Die Straßen sind belebt. Überall stehen Gruppen beisammen und diskutieren die Lage. Der Wagen- und Automobilverkehr ist kolossal. Die meisten Mietfuhrwerke fahren Offiziere. Auch in den Tramwaywaggons sieht man zahlreiche Reserveoffiziere. Assentierte Pferde werden auf den Straßen geführt. Die Bahnhöfe sind voll mit Einberufenen, die zu ihren Truppenkörpern wollen. Wir werden's ihnen schon zeigen, rufen die Reservisten. Manche Rekruten vertreiben sich noch ein wenig die Zeit im Wurstelprater bis zur Stunde des Einrückens und fahren zur Volkshymne, zum Eugen-Lied und „Die Deutschmeister sind da" Ringelspiel. Heil dem Kaiser! Heil dem Lande! Österreich wird ewig stehen. Vor dem Kriegsministerium und den Redaktionen der Wiener Zeitungen warten täglich Hunderte auf Nachrichten. In den überfüllten Straßenbahnwaggons gibt es kein anderes Gespräch als den Krieg, und in den Kaffeehäusern und Gastwirtschaften hat man sich bereits mit den Kriegswecken abgefunden. Das Kleingeld ist rar geworden. Viele häufen es an. Geschäftsleute können nicht mehr herausgeben oder wollen nicht herausgeben. In Kaffeehäusern, Restaurants, Gasthäusern sind vielfach Tafeln angebracht, daß man nicht in der Lage sei, Papiergeld zu wechseln. Vor der österreichisch-ungarischen Bank in der Herrengasse sammeln sich um 6 Uhr früh schon die ersten Leute, und um 10 Uhr stehen die Leute bereits bis zum Ring. Besonders Frauen, die Kleingeld horten. In der Stadt schwirren Gerüchte herum. Man spricht von Gefechten, Toten,

Verwundeten, ja von der Aufreibung ganzer Regimenter, von Minen, Bomben und Metzeleien. In den Auslagen am Graben hängen die ersten Karten vom österreichisch-russischen und deutsch-russischen Kriegsschauplatz. Plötzlich rennen die Leute zusammen. Jemand spricht von der baltischen Flotte. Dann heißt es, die baltische Flotte sei geschlagen, Kronstadt genommen, St. Petersburg durch Truppen eingeschlossen. Bei der Pestsäule weiß man noch gar nichts davon. Aber zwei Häuser weiter sagt einer, die baltische Flotte ist von den Deutschen angegriffen worden. Bei der Peterskirche heißt es bereits: zerstört ist sie. Fünf Schritte weiter bestätigt ein besserer Herr, dem eine Lüge zuzutrauen eine Ehrenbeleidigung wäre, Kronstadt ist bedroht. Ein Fiaker schreit: eingenommen ist es. Und der Wachmann an der Ecke teilt dem anfragenden Stabsoffizier mit, daß man erzählt, St. Petersburg ist durch Truppen eingeschlossen. Der Offizier und der Wachmann schütteln den Kopf. Aber ein junger Mann ruft: Der deutsche Konsul selber hat es vom Balkon heruntergerufen. Wann, fragt der Wachmann. Wo, der Offizier. Zehn, die vor zwei Sekunden nichts wußten, schreien: G'rad jetzt hat er's heruntergeschrien. Und schon schreien hundert und tausend, und ein aberwitziger Jubel braust über den Graben.

Der erste Verwundete ist in Wien eingetroffen.

Sofie ist entsetzt. Am Yppenmarkt, am Rochusmarkt, auf dem Rudolfsheimer Markt, sogar am Naschmarkt haben Hausfrauen Bauern und Händler verprügelt, ihre Waren in den Schmutz geworfen und zertrampelt. Gleich nach der Kriegserklärung sind die Preise in die Höhe geschossen. Aber deshalb kann man sich doch nicht prügeln. Es müssen tapfere Frauen sein. In der Brunnengasse verlangte eine Eierhändlerin für ein Ei 16 Heller. Als sich eine Frau darüber erregte, schlug sie die Verkäuferin mit der Waagschale auf den Kopf. Der Stand wurde daraufhin gestürmt und die Händlerin verprügelt. Die Eier lagen im Nu zertreten am Boden. Manche Händler sind wirklich unverschämt. In einem Delikatessengeschäft hat Sofie einen Kuchen um 100 Kronen gesehen. Das hat der Verkäufer gesagt, Sofie hat gefragt. Zuerst hat er gesagt, 50 Heller. Und dann hat sich herausgestellt, daß ein Deka 50 Heller kostet. Sie kann es nicht fassen. 100 Kronen! Dafür bekommt man ein elegantes Kleid. Sie sind alle verrückt geworden. Der Krieg hat doch noch gar nicht richtig begonnen. Sie wird selbst backen. Aber das Mehl ist auch teurer geworden. Alle kaufen wie wahnsinnig. Sie muß auch kaufen. Sie schickt das Mädel. Das Mädel kann herumfahren, wo sie etwas bekommt und wo es billiger ist. Das Mädel soll vor allem Mehl kaufen, Sofie will einen Mehlvorrat haben. Alle kaufen Mehl. Dann wird es bald keines geben. Und Speck. Sofie muß auch Speck einlagern. Die Preise steigen von Tag zu Tag. Getrocknetes Obst gibt es überhaupt nicht mehr. Und Sofie hat immer Kuchen mit Arancini gemacht, den Tea so gern hat. Eier gibt es auch fast keine. Wie soll man da kochen und backen? Alle kaufen wie verrückt. Überall gibt es Schlangen. Butter ist auch schon schwer zu bekommen. Aber um Geld bekommt man alles. Sie werden nicht hungern. Oskar muß nicht einrücken. Er ist gerade über das Alter hinaus. Die Geschäfte gehen nach wie vor gut. Sogar besser als vor dem Krieg. Er hat vor kurzem im Keller eine Bierkühlanlage bauen lassen. Das schlägt sich jetzt sicher zu Buche. Er will wie gewohnt wieder zur Messe nach Bern fahren. Tea ist seit Mitte Juli in Drohobycz bei Adolf, Minna und Eduard. Sie ist sehr gerne dort. Minna kocht besser als Mama. Jiddische Speisen, die Mama nicht kochen kann. Und Eduard hat interessante Spielsachen. Er hat ein Schach bekommen. Aber Tea will nicht spielen, sie versteht die Regeln nicht. Aber wenn sie brav sind, hat Adolf versprochen, mit den Kindern in die Karpaten zu fahren. Sofie wollte zu ihrer Schwester nach Freistadt fahren und dann Oskar in Bern besuchen. Und Anfang September wollte sie Tea in Krakau abholen. Minnas Schwester sollte Tea nach Krakau bringen. Aber unter diesen Umständen wird daraus nichts. Tea soll sofort nach Wien kommen. Sofie telegrafiert nach Drohobycz. Adolf telegrafiert zurück, daß kein Grund zur Sorge ist. Aber Sofie setzt sich in den nächsten Zug und fährt nach Drohobycz. Es ist jetzt gar nicht so leicht nach Galizien zu fahren. Die Züge sind für die Soldaten reserviert. Aber Tea muß unbedingt sofort nach Wien kommen. Galizien ist viel zu nah an der russischen Grenze.

In allen Zeitungen, in allen Reden wird die Bevölkerung aufgefordert, den Soldaten Liebesgaben zu spenden. Nützliche Gegenstände, um ihnen ihre schwere Aufgabe zu erleichtern und sie daran zu erinnern, daß alle, die im Hinterlande geblieben sind, unausgesetzt in Bewunderung und Dankbarkeit ihrer gedenken. An Frauen und Mädchen ergeht ein Aufruf zu nähen und zu stricken. Nicht jede kann Pflegerin werden, aber jede Frau und jedes Mädchen ist im Nähen bewandert und viele verfügen über freie Stunden. Besonders wird Wäsche und Kleidung gewünscht. Hunderte von Frauen nähen und stricken für die Soldaten. Und was an Kleidungsstücken entbehrlich ist, wird gespendet. Sofie hat keine Lust zu nähen und zu stricken. Aber sie forstet den Kleiderkasten durch und findet Strümpfe, eine Unterweste, zwei Hemden, eine Hose, ein paar Handschuhe, die Oskar nicht mehr trägt, und bringt sie zur Sammelstelle. Auch einen alten Pelzkragen, ein altes Pelzfutter, einen Muff und eine Kinderkappe bringt sie zum Kriegsfürsorgeamt. Oskar spendet 50 Kronen. Alle spenden, da kann er sich nicht ausschließen.

2

September. Die Russen kommen. Die Grenze haben sie schon überschritten. Bald sind sie in Lemberg. Und dann sind sie auch bald in Kolomea. Und wenn sie in Kolomea sind, kommen sie auch nach Zabłotów. Es wird Pogrome geben. Man hört alles mögliche. Plünderungen, Raub, Mord, Brandlegungen, Vergewaltigungen, Verschleppung von Weibern, Kindern und Greisen und Verschickung nach Rußland. Am schlimmsten ergeht es den Juden. Die jüdischen Häuser werden in Brand gesteckt. Sämtliche Frauen und Mädchen, derer die Kosaken habhaft werden, werden geschändet. Aus Bohorodczany, das die Kosaken niedergebrannt hatten, mußten die geschändeten Frauen halbnackt und hungernd zu Fuß nach Stanislau ziehen. Eine Frau, die acht Tage nach der Geburt ihres Kindes vergewaltigt wurde, blieb tot am Weg liegen. In dem Städtchen Szczerzec griffen russische Soldaten den über 80 Jahre alten Talmudisten Ire Rapp auf der Straße auf, führten ihn in seine Wohnung und verlangten Geld. Der Mann konnte ihnen nichts geben. Daraufhin folterten sie ihn. Sie rissen ihm Kopfhaar, Bart und Schläfenlocken büschelweise aus. Dann wurde er auf den Boden geworfen und so lange geschlagen, bis er starb. Dies geschah in Gegenwart seiner im Bett liegenden alten, kranken Frau. Sie starb vor

Aufregung kurze Zeit danach. Im selben Orte wurde der Gemeinderat und Kultusvorsteher, Jakob Mischel, von russischen Soldaten mit Petroleum begossen und bei lebendigem Leibe verbrannt. In Sadagora wurden sämtliche Geschäfte jüdischer Kaufleute am Ringplatz und in den Hauptstraßen von den Kosaken aufgebrochen und ausgeplündert. Die geraubten Waren wurden auf Wagen, die russische Bauern aus den Grenzdörfern hereinbrachten, verladen und über die Grenze weggeführt. Der Vorsteher der Judengemeinde Sadagora, Kultuspräsident Kalman Leib Retter, wurde 14 Tage als Geisel in Haft gehalten. In allnächtlichen Streifungen, angeblich um Waffen zu suchen, schleppten die Kosaken aus den Häusern alles weg, was nicht niet- und nagelfest war. Die Wohnungseinrichtungen, Bettzeug, Warenvorräte wurden auf russischen und im Orte requirierten Fuhrwerken nach Rußland abtransportiert. Der Kultusvorsteher, ein angesehener und wohlhabender Kaufmann, wurde, nachdem man ihn tags zuvor während der Ausplünderung seines Tuchwarengeschäftes blutig geschlagen hatte, von russischen Soldaten im Bett erstochen. Der Buchhändler Berisch Hermann, ein angesehener Kaufmann, der auf die Hilferufe des Kultusvorstehers herbeigeeilt war, erhielt Kolbenschläge auf den Kopf und brach sofort tot zusammen. Der Weinhändler Meier Liquornik, der den Kosaken täglich Wein unentgeltlich verabreichen mußte, wurde in Gegenwart seiner Frau erschossen. Kein einziger Jude von Sadagora entging den Mißhandlungen. In Dichtenitz verbrannten die Russen bisher insgesamt 42 Häuser, darunter alle jüdischen, das Wachthaus, die Volksschule, das Gemeindehaus, die Leichenhalle und mehrere Bauernhäuser. Sämtliche Bewohner, denen die Häuser niedergebrannt wurden, wurden von den Russen fast nackt aus ihren Häusern gejagt. Sie verboten ihnen bei Todesstrafe, irgendeinen auch noch so geringen Gegenstand mitzunehmen. Moische Reichmann wurde erschossen, weil er versucht hatte, einen Polster aus seinem brennenden Hause zu retten. In Dembica stürzten die Kosaken mit Roß und Gewehr in die jüdischen Häuser, schlugen alles klein und schleuderten alles auf die offene Straße. Doch sie staunten, daß sie keinen einzigen Juden zu Gesicht bekamen und forschten nach der Ursache. Es war nicht schwer, in Erfahrung zu bringen, daß alle Juden in der Synagoge waren. Da gab es ein jubelndes Hurra. „Gehen wir zu den Jewreïj, sie sind alle in einer Stube zu haben!" und in wenigen Sekunden war die Synagoge von Kosakensotnien umzingelt. Wie wilde Tiere stürzten sie sich auf die wehrlosen Frauen, die in der Frauenabteilung versammelt waren, und vergewaltigten sie. Die sich wehrten, wurden erdolcht und zu Tode getreten. Beherzte Frauen stürzten sich durch die Fenster und verletzten sich schwer, aber auch diese verschonten sie nicht. Von den blutigen Nagaikaprügeln starben viele auf dem Synagogenplatz unter qualvollen Schmerzen. Den Männern verbot man, die Synagoge zu verlassen und durchsuchte ihre Taschen. Die Synagogengasse wurde in Brand gesteckt, und nach kurzer Zeit stand eine Reihe von Häusern in lodernden Flammen. Nach einigen Stunden verließen die Truppen die Stadt und zogen weiter. Die Christen haben überall an ihre Haustür ein Muttergottesbild gehängt, damit die Russen gleich sehen, daß hier keine Juden wohnen. Oft haben sie auch den Russen den Weg zu den jüdischen Häusern gezeigt.

Tony packt. So schnell wie möglich weg von Zabłotów. Peter ist schon in Wien. Er hat Anfang August die Einberufung zum Militärgericht nach Wien bekommen. Als Auditor beim Divisionsgericht. Er hat Tony geschrieben, daß sie mit den Kindern so schnell wie möglich nachkommen soll. Die Post funktioniert noch. Sie können in Oskars Haus wohnen. Im 2. Stock ist eine Wohnung frei. Die Eltern waren gerade in Wien und haben in Oskars Haus gewohnt. Jetzt sind sie in Karlsbad auf Kur. Wer weiß, wie lange die Russen in Galizien sind. Die österreichisch-ungarische Armee wird sicher bald siegen. Wenn die Russen abgezogen sind, können sie ja wieder zurückkommen. Aber jetzt müssen sie schleunigst weg. Die Reise ist beschwerlich. Die Züge sind nur mehr für die Armee da. Sie transportieren nur mehr Soldaten. Tony und die Kinder müssen mit dem Wagen fahren. Sie müssen irgendwie nach Ungarn kommen. Oder nach Böhmen. Dort verkehren wieder Züge. Die Kinder sind noch so klein. Kamilla ist erst drei. Pauline fünf. Das ruthenische Dienstmädel will nicht mitkommen. Tony hat es ihr vorgeschlagen. Aber sie will nicht von der Familie weg und auch nicht von der Heimat. Sollen die Russen kommen. Es wird ihr nichts passieren. Sie vergewaltigen nur die jüdischen Frauen, nicht die ruthenischen. Tony sagt, das stimmt nicht. Aber sie will nun einmal nicht. Aber sie begleitet sie bis Stanislau. Trecks jüdischer Flüchtlinge ziehen durch die Straßen. Frauen, Kinder, Greise mit ihren Bündeln.

Die jungen Männer sind eingerückt. Die Wagen kommen nur langsam voran. Es herrscht ein Gedränge auf den Straßen. Tony will zuerst nach Drohobycz. Aber vielleicht sind die Russen schon dort. Nach zwei Tagen erreichen sie endlich Stanislau. Hier müssen sie wieder übernachten. Eine fremde Familie nimmt sie auf. Sie ist gastlich, als ob sie sich immer schon kennen würden. Die Kinder bekommen Milch und Maisbrei. Eine jüdische Familie hilft immer einer anderen in Not. Die Russen stehen vor der Tür. Sie können jeden Tag einmarschieren. Schon hat sich das Gerücht verbreitet: Die Kosaken sind da. Überall werden die Haustore verrammelt und die Lichter ausgelöscht. Man zählt die Familienmitglieder, ob alle zu Hause sind, und wartet. Aber es geschieht nichts und allmählich kehrt wieder Beruhigung ein. Tony soll lieber gleich nach Ungarn fahren. Aber sie will nach Drohobycz zu Adolf und dann nach Przemyśl zu ihrem Vater. Die Gastfamilie organisiert ein Mädchen, das sie nach Drohobycz begleitet. Wie sie nach Drohobycz kommen, sind die Russen schon da. Tscherkessen, sibirische Regimenter mit riesigen Pelzmützen und vor allem Kosaken auf kleinen Pferden mit besonders schönem Schweif und der Nagaika in der Hand. Alle Wirtshäuser und Schenken sind geschlossen. Es darf nirgends Alkohol verkauft werden, weder Wein noch Bier noch Schnaps. Das war der erste Aufruf, der erlassen wurde. Adolf rät, nicht nach Przemyśl zu fahren, sondern lieber in die Karpaten nach Turka und von dort nach Ungarn. Tony befolgt Adolfs Rat. Olenka, die Schwester von Minnas Dienstmädel, begleitet sie bis Turka. Von dort müssen sie dann allein weiter. Erschöpft kommen sie schließlich in einem ungarischen Dorf an. Zwei Tage sind sie schon unterwegs. Vor dem Zollamt werden sie angehalten. Es warten schon viele Leute. Alle sind sehr aufgeregt. Hier wird entschieden, wer einen Passierschein zum Weiterfahren bekommt und wer in ein Flüchtlingslager eingewiesen wird. Tony bekommt ohneweiters einen Passierschein. Ihr Mann arbeitet ja beim Militärgericht in Wien. Sie können mit einem ganz normalen fahrplanmäßigen Zug fahren und müssen nicht mit einem Sammeltransport für Flüchtlinge fahren. Einen halben Tag müssen sie warten, bis endlich ein Zug nach Košice geht. Dort übernachten sie. Am nächsten Tag können sie direkt nach Wien weiterfahren. Der Zug fährt langsam und bleibt immer wieder stehen, manchmal gleich zwei Stunden. Auf den Bahnhöfen laufen Buben und Männer auf und ab und verkaufen Zeitungen, Semmeln, Getränke und Schokolade. Tony kauft den Kleinen immer Schokolade. Sie sind so unruhig in dem engen Zugabteil. Schokolade und Kracherl beruhigt sie zumindest für eine Zeit. Sie fahren 28 Stunden, bis sie in Wien ankommen. Peter holt sie am Ostbahnhof ab. Er hat Sofie mitgebracht. Sie kümmert sich um die Kinder, damit Tony verschnaufen kann. Der Bahnhof ist überfüllt mit Flüchtlingen. Es herrscht ein unsägliches Gedränge. Eine Frau hält ihr blutendes Kind, das von der Menge erdrückt worden war, am Arm. Leute mit Betten, Töpfen und Kübeln stehen herum. Schau, das blutende Kind, sagt Sofie.

– Achte nicht darauf!
– Dieses Elend!
– Schau nicht hin!
– Sie sind alle krank.
– Wir sind gleich draußen.

Tony fürchtet, daß sie sich verlieren. Peter führt sie alle geschickt zu einem Wagen.

Jeden Tag kommen Hunderte von galizischen Flüchtlingen nach Wien. Vorwiegend Juden. Sie kommen am Nord- oder Ostbahnhof an mit Sammeltransporten in Viehwagen. Die meisten bettelarm und krank mit unzähligen Bündeln und vielen Kindern. Am Bahnhof oder schon in den Zügen werden sie von Ärzten perlustriert und in Flüchtlingslager weitergeschickt. Zu viele sind schon in Wien. Im Kaftan und mit Pejes streifen sie durch die Leopoldstadt. Anstatt sich ins Kriegskorps einzureihen oder in die polnische Legion einzutreten, fliehen sie zu Hunderttausenden hierher, die Juden voran, schimpfen die Leute. Wie kann der Wiener Gemeinderat die Juden hereinlassen. Die übrige Bevölkerung saugen sie aus, lassen sich vom Staat unterstützen und führen ansonsten ein behagliches Leben. Sie haben ekelhafte Krätze und Ungeziefer. Den Kehricht leeren sie auf die Straße oder in die Haushöfe. Sie treiben sich auf den Straßen herum und verunreinigen sie. In der Leopoldstadt verursachen sie regelrecht Verkehrsstörungen, besonders am Karmeliterplatz. Nicht einmal die Sicherheitswache kann etwas dagegen tun, weil sie so widerspenstig sind. Mehl, Eier, Butter, Milch, Fleisch, Kerzen, Zünder, alles kaufen sie auf und verkaufen es zu Wucherpreisen weiter. An den Kandelabern gehören sie aufgehängt.

Przemyśl und Krakau wird geräumt, da wird wieder eine Million Juden nach Wien kommen. Sechzigtausend Kilogramm Zacherlin wird man bestellen müssen, damit man nicht verlause. Das hört man auf der Straße, im Kaffeehaus, und die Zeitungen schreiben es auch.

Peter muß viel arbeiten. Als Ziviljurist kennt er die neue Militärprozeßordnung nicht und auch das Militärstrafrecht nicht ausreichend. Die Bezahlung ist schlecht, obwohl er Quartiergeld und Geld für die Kinder bekommt. Er muß die Untersuchungen führen, die militärischen Kommandanten in Strafrechtsangelegenheiten beraten und unterstützen und die Strafprozesse leiten. Der Kommandant hat das Recht, die Einleitung des Ermittlungsverfahrens und den Antrag auf Bestrafung zu stellen. Der Auditor muß dann im Auftrag des Kommandanten Anklage erheben und den zuständigen Kommandanten in der Hauptverhandlung als Ankläger vertreten. Meistens muß er auch das Ermittlungsverfahren durchführen und ist Untersuchungsrichter und Verhandlungsleiter zugleich, weil zu wenige Offiziere des Justizdienstes vorhanden sind. Beim Militärgericht ist eben die Unvoreingenommenheit des Richters nicht unbedingt gewahrt. Bis jetzt gab es nur Vergehen und keine Verbrechen. Ein Gefreiter hat seinen vorgesetzten Korporal mit „dummer Rekrut“ beschimpft. Ein anderer hat eine Patrouille mit „Wachter“ beschimpft. Einer hat sich ohne vorschriftsmäßig eingeholte Bewilligung von seinem Regiment entfernt. Ein Posten der Verpflegungsmagazinwache hat sich mit einer Zivilperson in ein Gespräch eingelassen. Ein Korporal hat sich berauscht. Einer verkaufte eine ihm vom Staate zum eigenen Dienst anvertraute Kappe im Werte von 3 Kronen. Einer hat dem Schneidergehilfen Franz Jockl, der ihn wiederholt zu Boden geworfen und mit einem Stock auf den Kopf geschlagen hatte, einen Bajonettstich in den Hals versetzt. Einer hat dem Schustergehilfen Josef Hirn durch einen Schlag mit einem Bierglas auf den Rücken mit sichtbaren Folgen verbundene leichte Verletzungen zugefügt. Und einer hat dem Gastwirt Franz Kober eine Brieftasche im Wert von 80 h und einem Inhalt von 3 K 40 h aus der Rocktasche entwendet.

3

Jakob hat geglaubt, er muß nicht einrücken, weil er untauglich ist. Im Oktober bekommt er die Einberufung. Man braucht Ärzte, da ist es egal, daß er untauglich ist und nicht gedient hat. Er wird nach Bosnien geschickt. Er soll ein mobiles Epidemiespital leiten. Das heißt Dienst unmittelbar hinter der Front. Erst jetzt werden Epidemiespitäler eingerichtet. Viel zu spät. Die Epidemien wüten schon. Als pathologischer Anatom kann er natürlich nicht als Chirurg arbeiten. Aber Laborbefunde kann er machen und Infektionskrankheiten behandeln. Er muß gegen Pocken geimpft werden. Jakob wurde schon einmal geimpft vor einigen Jahren, als in Wien eine Notimpfung stattgefunden hatte. Die Impfung ist nicht ungefährlich. Damals starben einige Leute, vor allem Kinder zwar. Aber trotzdem. Es gab Lähmungen, enorme Schwellungen, Ausschlag am ganzen Körper, eiternde Wunden bis auf die Knochen, Herzrhythmusstörungen, Brand der Impfwunde, Lungenentzündung, Skrophulose, Muskelschwund, manche sind erstickt oder starben an Enzephalitis. Die Impfung muß noch einmal sein. Die letzte wirkt wahrscheinlich nicht mehr, zumindest nicht mehr genug. Es gab schließlich auch Erkrankungen trotz Impfung. Jakob ist guter Dinge. Die Impfung wird schon gut gehen. Es wird sowieso alles bald vorbei sein. Zu Weihnachten ist er wieder zu Hause. Die Eltern sind besorgt. Epidemiespital ist gefährlich. Aber er muß dem Vaterland dienen. Sigmund gibt ihm tausend Ezzes. Wenn er mit den Pflegern und Schwestern streng ist und darauf schaut, daß die Hygiene streng eingehalten wird, kann nichts passieren. Jakob lacht. Er wird schon aufpassen. Außerdem sind die Serben sicher bald besiegt. Noch ein Abschiedsbesuch bei Oskar und Sofie und ein Brief an Adolf und dann geht es los. Er fährt über Budapest nach Sarajevo, zweiter Klasse so wie die Offiziere. Fünf Rote-Kreuz-Schwestern fahren auch mit. Die Fahrt dauert endlos. Sie sind fast 40 Stunden unterwegs. Alle Züge sind voll mit Soldaten. Zivilisten dürfen nur mehr mit ganz bestimmten Zügen fahren. Die Organisation klappt nicht ganz. Die Züge stehen manchmal einfach herum. Jakob ist zum ersten Mal in Sarajevo. Er hat sich einen Baedeker gekauft und den Fotoapparat mitgenommen. Es ist eine interessante Stadt. Die Juden sind hier Sephardim. Sie haben keine Pejes, keinen Kaftan und keinen Scheitl. Hunderte Jahre haben sie die Tracht der Türken getragen. Nach der Okkupation haben sie allmählich die türkische Tracht abgelegt und sind jetzt mehr oder weniger modern gekleidet. Nur die Frauen tragen immer noch eine steife, topfartige, mit geblümtem Stoff überzogene Haube. Sie übernachten in Sarajevo. Einen Tag bleiben sie. Jakob schaut sich die Ghazi-Husrevbeg-Moschee an, den spaniolischen Tempel und die Čaršija, das türkische Marktviertel. Dann geht es weiter in Richtung serbischer Grenze zur Drina. Knapp hinter der Grenze wird aus Baracken das Epidemiespital aufgebaut. 30 Kilometer von Zvornik entfernt, in einem kleinen Dorf, in dem es keine Etappentruppen gibt, um die Ansteckungsgefahr zu vermeiden. Es gibt drei Baracken für die Patienten, eine für Patienten, die isoliert werden müssen, eine für die Ärzte und Schwestern, eine zur Desinfektion, eine für die Wäscherei, eine für die Küche, eine zum Waschen und Baden, eine Leichenbaracke und ein Haustelefon. Die hygienischen Vorschriften im Epidemiespital sind streng. Nicht ganz so wie in Friedenszeiten in den Städten. Bevor der Arzt zu den Kranken geht, muß er einen frischen Mantel anziehen, danach muß er ihn im Vorraum wieder ablegen. Hierauf müssen die Hände mit Seife und Wasser gewaschen und mit Sublimat desinfiziert werden, ebenso die Schuhsohlen mit einem in Sublimatlösung getauchten Lappen. Die Schwestern müssen fußfreie Röcke tragen und die Haare müssen vollständig bedeckt sein. Es gibt viele Typhuskranke. Und jeden Tag zwei, drei Fälle von Gonorrhöe und mindestens ein Syphilisfall. Wenn das so weitergeht, ist bald die ganze Truppe infiziert. Jakob muß mit dem Kommandanten sprechen. Er muß die Soldaten warnen und gegebenenfalls Maßnahmen treffen.

Unsere Truppen siegreich in Serbien eingerückt. Šabac genommen. Zahlreiche mit großer Tapferkeit geführte Gegenangriffe der Serben abgewiesen. Die Verluste des Feindes sind schwer. Es wurden zahlreiche Gefangene gemacht und viel Kriegsmaterial erbeutet. Unsere Truppen, die sich heldenmütig und mit bewundernswerter Bravour schlugen, brachten dem Feinde enorme Verluste bei. Die Verfolgung des Feindes ist im vollsten Gange. Wir schreiten von Sieg zu Sieg.

Es kommen immer mehr Typhuskranke und auch Verwundete, die Typhus haben. Auch Schwerverwundete. Es ist schwierig, sie zu transportieren. Die Straßen sind sehr schlecht. Da ist der Transport oft mit fürchterlichen Schmerzen verbunden und dauert lang. In Zvornik gibt es ein Verwundetenspital, in dem sie die erste Versorgung bekommen. Leichter Verletzte mit Typhus werden sofort weitertransportiert. Es ist jetzt auch aus Zvornik ein Chirurg ins Epidemiespital gekommen. Jakob war bis jetzt der einzige Arzt. Oft haben die Typhuskranken 40° Fieber und Darmblutungen. Dann spritzt er Kochsalzlösung, die die Blutung stillt. Er verordnet äußerste Ruhe und strenge Diät, manchmal nur eisgekühlte Milch. Viele haben Abszesse, die aufgeschnitten werden müssen. Tagelang liegen die Patienten ganz teilnahmslos da. Viele Patienten delirieren. Manchmal wollen sie im Fieberwahn aufstehen und davonrennen. Nicht selten muß man sie ins Gitterbett stecken. Jakob macht die Blutbefunde. Manche haben auch Ruhr. Das Wasser ist arg verschmutzt. Die Soldaten trinken es trotzdem ungekocht. Der Kommandant weiß sich nicht mehr zu helfen und führt die ganze Garnison zu einer Feldmesse, und jeder muß dem Geistlichen in die Hand geloben, kein ungekochtes Wasser mehr zu trinken. Sie essen auch ungewaschenes und verfaultes Obst, weil die Verpflegung schlecht ist und sie hungrig sind. Die Schwestern arbeiten gut und sind aufopfernd. Jakob ist zufrieden. Trotzdem entfährt ihm manchmal: Sie Trampel, wenn er nicht gleich bekommt, was er braucht oder will. Die hoch Fiebernden bekommen heißen Tee und stündlich kalte Umschläge. Die Stimmung unter den Patienten ist gut. Manchmal fangen die Schwestern mit den Patienten ein Plauscherl an. Sie wünschen nur, recht bald wiederhergestellt zu sein, damit sie am Feinde Rache nehmen können. Die Verwundeten erzählen, wie sie verwundet wurden. Einer lag im Schützengraben, sein Brotsack hat ihn gestört, und er hat sich kurz aufgerichtet, da wurde er getroffen. Wenn er gesund ist, zieht er wieder ins Feld. Ein Leutnant hat in der vordersten Reihe gekämpft, da hat er einen Streifschuß in die Wade bekommen. Es ist nur eine Fleischwunde, die bald geheilt sein wird. Und der Typhus wird auch bald vorbei sein. Dann kämpft er wieder fürs Vaterland. Jakob spritzt Kampfer und verordnet Rotwein. Es gibt auch viele Tote. Meistens wenn zum Typhus noch eine Lungenentzündung hinzukommt. Manche serbische Kriegsgefangene wollen sich partout nicht behandeln lassen. Sie schlagen aus, wenn sie eine Injektion bekommen sollen. Dann müssen sie an Händen und Beinen gehalten werden, aber sie beißen die Schwester in den Arm.

Jakob wird unmittelbar an die Front beordert. Unter den Soldaten grassieren Darmerkrankungen. Er wird zusammen mit einem mobilen Laboratorium nach Lješnica in Serbien gebracht. Das ist schon sehr nahe am Kriegsgeschehen. Man kann die Kugeln hören. Das Laboratorium ist in einem Zelt untergebracht. Fast schon in der Feuerlinie. Es kann jederzeit getroffen werden. Jakob ist beunruhigt, hat aber keine richtige Angst. Juden sind nicht so feige, wie man es ihnen nachsagt. Er ist genauso tapfer und mutig wie alle anderen. So mancher Goj ist feiger als er. Viele Soldaten haben Typhus. Jakob gibt Pyramidon. Sieben Eßlöffel pro Tag. Das ist eine neue Therapie, von der er noch in Wien gehört hat. Er erläßt ein strengstes Verbot, unabgekochtes Wasser zu trinken und Obst zu essen. Es gibt sehr viele Cholerafälle. Eine richtige Epidemie. Er möchte die Soldaten durchimpfen, aber es ist eigentlich schon zu spät. Außerdem sind die Soldaten dann einige Tage marod. Das geht jetzt nicht. Der Heeresführer verbietet die Impfung. Jetzt gibt es schon viele serbische Kriegsgefangene. Die meisten haben Cholera. Sie sind total verlaust, oft wimmeln die Kleider, der ganze Körper, sogar Verbände von Ungeziefer. Die hygienischen Verhältnisse hier sind extrem schlecht. Jakob ordnet an, die Latrinen jedes Mal mit Erde zuzuschütten und sie mit Kalk zu desinfizieren. Man kann die Kranken nicht isolieren. Er wollte im Gasthaus einen Raum in Beschlag nehmen, in dem man die Patienten wenigstens waschen kann. Aber die Infektionsgefahr ist zu groß. Es gibt keine Desinfektionsmöglichkeiten. Jakob schickt die Kranken sofort weiter. Im Epidemiespital bei Zvornik ist kein Platz mehr. Sie müssen nach Brod, Vinkovci, Szeged und Temesvár weiter geschickt werden, wo es auch Isolierspitäler gibt. Manche sterben noch, bevor sie weitertransportiert werden können. Die Leichen können auch nicht ordnungsgemäß eingesargt und desinfiziert werden. Man kann hier nicht helfen, nur diagnostizieren und weiterschicken. Die Ansteckungsgefahr ist enorm. Jakob ist geimpft. Nicht nur gegen Pocken, auch gegen Typhus und Cholera. Im allgemeinen ist die Impfung ein guter Schutz, obwohl man trotzdem erkranken kann. Dann ist der Verlauf aber schwächer und es besteht keine Todesgefahr. Er achtet darauf, möglichst wenig direkt mit den Kranken in Kontakt zu kommen und wäscht sich ununterbrochen mit Sublimat. Trotzdem, die Gefahr ist groß. Er hat ohnedies kaum Zeit nachzudenken. Er ist Arzt und muß durchhalten. Die österreichisch-ungarischen Truppen stehen 10 bis 15 km tief in Serbien. Die Serben kämpfen hartnäckig und verteidigen sich sehr gut. Die Fortschritte sind trotz größter Opfer nur gering. Bei Zvornik scheitert ein serbischer Angriff. Jakob wird wieder in das Epidemiespital bei Zvornik kommandiert, in dem jetzt dreihundert Patienten liegen.

17.000 Serben bei Valjevo gefallen. 4000 Serben gefangen. Sieg bei Mitrowitzka. Die über die Save eingebrochenen serbischen Kräfte wurden überall zurückgeschlagen. Das totale Fiasko des serbischen Einbruches liegt nun klar zutage. Das Schlachtfeld ist mit Leichen serbischer Soldaten bedeckt. Bisher wurden 7000 Gefangene gezählt. Tausende von serbischen Toten und Verwundeten liegen noch herum, während viele Serben in der Save tot gefunden werden.

4

Sigmund ist 46 Jahre alt und muß nicht einrücken. Er fährt mit Paula nach Venedig. Er hat ihr schon vor zwei Monaten versprochen, im August nach Venedig zu fahren. Vor ein paar Monaten ist Paula zum ersten Mal zu Sigmund in die Ordination wegen eines eingewachsenen Zehennagels gekommen. Es war keine sehr schlimme Geschichte. Der Nagel war nicht tief eingewachsen. Sigmund hat vereist und einen kleinen Schnitt gemacht. Paula ist dreimal zur Nachuntersuchung gekommen. Ein bißchen oft, aber Sigmund hat sie ohne viel nachzudenken jedes Mal wiederbestellt. Bald danach ist Paula wegen einer Magen-Darm-Verstimmung gekommen. Sie war ganz unbedeutend. Sigmund hat Diät und Käsepappeltee verordnet. Sie soll in einer Woche wiederkommen. Dann ist sie wegen häufiger Kopfschmerzen und einmal wegen Halsweh gekommen. Sigmund hat sich mit ihr immer ein bißchen länger unterhalten als mit den anderen Patienten. Wo sie wohnt, was die Arbeit macht, wo sie Schreibmaschineschreiben gelernt hat, was die Eltern machen, was sie gerne ißt, über das Wetter und den Wienerwald, und manchmal auch über das Kaiserjubiläums-Stadttheater und das Burgtheater. Dann hat sie über die letzte Operette erzählt, die sie gesehen hat und den Ausflug, den sie am Sonntag mit den Eltern in den Wienerwald gemacht hat. So hat Paula häufig einen Grund gefunden, Sigmund aufzusuchen. Einmal hat sie sich einen Finger verbrannt, es war nur ein kleines Bläschen. Für Paula aber ein Grund, zu Sigmund in die Ordination zu gehen. Nach so einem Besuch hat Sigmund einmal Paula gefragt, ob sie nicht Lust hat, mit ihm ins Kino zu gehen. Paula war begeistert. Sie war noch nie im Kino. Im Graben-Kino, dem feinsten Kino Wiens, wird eine lustige Kinoposse gespielt. Wo ist Coletti. Nach dem Kino waren sie im Restaurant. Paula war glücklich. Paula ist 26 Jahre alt, wohnt bei ihren Eltern und arbeitet als Schreibkraft in einem Büro. Sie kann Schreibmaschine schreiben und stenographieren. Sie ist katholisch und geht jeden Sonntag mit den Eltern in die Kirche. Sie ist durchaus fromm und geht regelmäßig beichten. Obwohl sie jung ist, geht sie nicht nach der neuesten Mode, keine fußfreien Kleider. Bodenlange, ein bißchen altmodische Röcke, dezente Blusen und ein bißchen zu große Hüte. Sie bewundert Sigmund glühend. Arzt und Chirurg. Sie ist ganz schüchtern ihm gegenüber. In ihrer Familie hat niemand studiert. Sie war auch noch nie in Venedig. Sie freut sich schon seit zwei Monaten jeden Tag darauf. Daß Krieg ist, macht nichts. Deshalb werden sie die Reise nicht abblasen. Der Krieg ist in Serbien und Rußland, aber nicht in Italien. Was soll sie den Eltern sagen? Daß sie mit einem Mann fährt, kann sie unmöglich sagen. Sie wird sagen, daß sie allein fährt, daß sie schon lange gespart hat, weil es ihr sehnlichster Wunsch ist, einmal nach Venedig zu fahren. Und wenn sie die Eltern zur Bahn bringen, dann müssen Sigmund und Paula so tun, als ob sie sich nicht kennen. Nach Venedig gehen die Züge ganz normal. Sie fahren über Budapest nach Fiume und von Fiume mit dem Salondampfer nach Venedig. Jetzt über Budapest zu fahren, ist zwar nicht so gut wegen der großen Militärtransporte, aber mit dem Schiff fahren ist romantisch. Und es ist doch ihre erste gemeinsame Reise und Paula ist noch so jung. Sie wohnen in einem vornehmen Hotel gleich bei Rialto. Hier merkt man nichts vom Krieg. Es gibt viele Touristen, und die Preise sind auch nicht gestiegen. Paula füttert Tauben, und Sigmund macht ein Foto von ihr mit einer Taube in der Hand. Sie ist glücklich. Sie lacht über die Tauben. Und freut sich über die Eisverkäufer, über die Glaswaren und Spitzendeckerln. Sie trägt ein Sommerkleid aus weißem Batist, fußfrei nach der letzten Mode, das ihr Sigmund gekauft hat. Und einen breitkrempigen Hut aus Panamageflecht mit Blüten und Beerenkranz. Auch ein Geschenk Sigmunds. Er findet, er steht ihr ganz besonders gut. Sie sieht reizend aus. Sigmund erzählt ihr von seiner Krankheit. Bis jetzt hat er sie ihr verschwiegen. Es kann sein, daß er sie ansteckt. Er glaubt zwar nicht, aber hundertprozentig garantieren kann er dafür nicht. Er wird sie schon nicht anstecken. Wenn es nicht hundertprozentig ist, dann ist es neunundneunzigprozentig. Paula hat keine Angst. Er sagt ihr, daß er keine Kinder bekommen kann. Das macht nichts. Das ist Paula völlig egal.

– Du willst mich doch sowieso nicht heiraten.
– Wieso nicht?
– Du bist Jude und ich bin katholisch.
– Das würde nichts machen.
– Du willst überhaupt nicht heiraten. Wenn du wolltest, hättest du längst geheiratet.
– Vielleicht hast du recht. Macht es dir etwas aus, daß ich Jude bin?
– Nein, überhaupt nicht.
– Und das soll ich dir glauben? Was wirst du dem Pfarrer sagen, wenn du beichtest?
– Ich werde nicht beichten.
– So? Aber du bist doch fromm.
– Ja, ich bin fromm.
– Aber dann darfst du nicht mit mir in Venedig sein.
– Gott wird mir verzeihen.
– Ihr habt einen schönen Gott. Ich bin aber nicht fromm. Macht das nichts?
– Vielleicht läßt du dich ja noch taufen.
– Sicher nicht.
– Laß uns über etwas anderes reden und Venedig genießen. Jetzt bin ich deine Geliebte, und das genügt.

Sigmund lächelt und Paula lacht. Dr. Sigmund Erdheim. Chirurg. Das hätte sie sich nie träumen lassen. Und jetzt ist sie mit ihm in Venedig. Und sie trinken Cappuccino und essen Eis und schreiben

Ansichtskarten an Oskar, Peter, Adolf und Jakob ins Epidemiespital. Ein größeres Glück kann sich Paula nicht vorstellen.

5

In Drohobycz heißt es: die Kosaken kommen. Sie sind noch nicht da, aber es kann nicht mehr lange dauern, bis sie da sind. Das Militär ist schon abmarschiert. Die Telefunkenstation wurde eingezogen. Menschenmengen strömen zum Bahnhof. Die meisten zu Fuß nur mit dem nötigsten Gepäck. Die Wagen sind knapp geworden. Das Gedränge ist lebensgefährlich. Die Stadt ist von Kanonendonner erfüllt. Schließlich sind sie da, die Russen. Der Bürgermeister übergibt die Stadt und verspricht Ruhe und Ordnung, die Russen versprechen Schutz und Ordnung. Die Einwohner verstecken ihr Geld und alle sonstigen Wertsachen, auch Proviant, vor allem Wein und Schnaps. Und die Christen bringen ein Heiligenbild am Haus an, damit die Russen gleich wissen, daß hier keine Juden wohnen, weil die Juden von den Russen am meisten mißhandelt werden. Oft halten die Russen die Juden für Spione und erschießen sie oder schicken sie nach Sibirien, weil die Juden die treuesten österreichischen Patrioten sind. Schließlich ziehen die Russen ein. Der Oberkommandierende erläßt einen Aufruf, worin er die Bevölkerung zu Vertrauen und Gehorsam gegen die Regierung auffordert. Das erste Gebot gilt der Schließung aller Wirtshäuser und Schenken. Es darf nirgends Alkohol verkauft werden, weder Wein noch Bier noch Schnaps. Das zweite gilt der Ablieferung aller Hieb-, Stoß- und Schußwaffen. Dann wird der Rubelkurs eingeführt, die Uhr eine Stunde vorgestellt, auf St. Petersburger Zeit, der Gemeinderat wird seines Amtes enthoben und die berüchtigte Polizeiverwaltung eingerichtet. Drohobycz ist nun russisch. Versucht sich jemand aufzulehnen, heißt es: Jetzt ist hier kein Österreich mehr, sondern Rußland. Es gibt keinen Raub und keine Plünderungen und auch keine Gewalttaten, wie man es von den umliegenden Ortschaften gehört hat. Die Bevölkerung wagt sich allmählich wieder auf die Straße, und der normale Alltag beginnt wieder. Obwohl die Russen laut und grölend durch die Straßen ziehen. Viele Familien sind jetzt ohne Einkommen. Nur die Kaufleute machen gute Geschäfte. Die Schulen müssen geschlossen bleiben. Sowohl die Volksschulen wie die Gymnasien. Die Zeitungen bringen ausschließlich Berichte von den Großtaten und Erfolgen Rußlands und seiner Verbündeten und von der Unfähigkeit der Österreicher und der Barbarei der Germanen. Aber es gibt Geheimzeitungen mit Berichten von Verwundeten, Gefangenen und jüdischen Händlern. Vor allem mit Heldentaten der Österreicher. Die Verbreitung dieser Geheimzeitungen ist äußerst gefährlich. Wird jemand von der Polizei erwischt, kommt er nach Sibirien. Gelegentlich aber gelingt es auch, eine richtige deutsche Zeitung einzuschmuggeln, die dann von allen, die ihrer habhaft werden können, verschlungen wird. Eines Tages ziehen Kosaken mit ihren Nagaikas durch Łan, das jüdische Ghetto, und schießen wild um sich, stecken Häuser in Brand und schlagen Fensterscheiben ein. Es gibt Verwundete und Tote. Sie behaupten, ein Jude hat auf einen Soldaten geschossen. Manchmal macht die Polizei Hausdurchsuchungen, wenn jemand angezeigt wurde, daß er Deutsch spricht, oder wenn jemand reich ist und sich loskaufen kann. Den Kaufleuten geht es so gut wie nie zuvor. Die russischen Offizieren strömen in die eleganten Läden und kaufen vor allem Parfümerie- und Galanteriewaren und Bonbons. Viele Popen haben die Russen mitgebracht. Sie zwingen die griechisch-katholischen Ruthenen, zur griechisch-orthodoxen Kirche überzutreten.

Adolf hat nicht einrücken müssen. Er gehört der Ersatz-Reserve an, und die wurde nur bis zum 37. Lebensjahr eingezogen, und er ist schon 39. Er flieht nicht mit Minna und Eduard vor den Russen, sie bleiben in Drohobycz. Adolf kann die Gruben nicht allein lassen. Es wird nichts passieren, sie wohnen nicht im Zentrum, nicht im Judenviertel. Und Adolf hat Geld. Im Notfall gibt er den Russen Geld. Moses Hersch und Esther sind auch wieder nach Drohobycz gekommen. Moses Hersch muß auf die Gruben, die Brauerei, die Raffinerie und das Geschäft schauen. Erst wenn er alles Adolf oder einem Geschäftsführer übergeben hat, kann er sich zur Ruhe setzen. Seit die Russen da sind, geht das Geschäft ohnedies sehr gut. Nur Bier verkauft er nicht. Er ist vorsichtig. Die russische Polizei schickt die Leute bei den kleinsten Vergehen nach Sibirien. Sie haben genügend zu essen. Sie hungern nicht wie die Beamten und Lehrer. Minna kauft nach wie vor bei den Bauern Hühner und Eier. Sie kocht und bäckt wie in Friedenszeiten. Im Zentrum gibt es jetzt russische Geschäfte. Dort kauft sie Süßigkeiten. Russisches Konfekt ist besonders gut. Eduard liebt es. Der Kutscher hat auch schon Holz für den Winter gesammelt. Aber nicht genug. Wenn die Russen im Winter noch da sind, werden sie wahrscheinlich frieren. Sie werden schon irgendwo Holz kaufen können. Für Geld bekommt man alles. Von Oskar, Sigmund und Jakob bekommen sie nur selten Nachricht. Die Post funktioniert sehr schlecht. Und die Schulen sind immer noch geschlossen und bleiben voraussichtlich auch geschlossen. Eduard bekommt Privatunterricht. Ein Gymnasiast aus dem Kaiser-Franz-Josef-Gymnasium lernt mit ihm Rechnen, Aufsätze schreiben und Heimatkunde. Und nachdem sie ihr Pensum erledigt haben, spielen sie Schach miteinander. Aber Eduard verliert immer. Die Russen werden nicht ewig hier sein. Die Österreicher werden Galizien zurückerobern. Und dann muß Eduard ins Gymnasium gehen. Eduard ist gerne in die Schule gegangen. Er hat lauter Einser und freut sich schon aufs Gymnasium.

6

Die Serben auf der ganzen Linie geschlagen. 19.000 Gefangene, 47 Maschinengewehre, 46 Geschütze erbeutet. 35.000 russische Gefangene. Der Kommandant der fünften Armee schreibt an den Kaiser: „Hochbeglückt bitte ich, Euerer k. u. k. Apostolischen Majestät am Tage der Vollendung des 66. Jahres Euerer Majestät glorreichen Regierung die ehrfurchtsvollsten Glückwünsche der fünften Armee sowie die alleruntertänigste Meldung zu Füßen legen zu dürfen, daß die Stadt Belgrad heute von Truppen der fünften Armee in Besitz genommen wurde." Ein großer Sieg unserer Truppen in Westgalizien. Die Russen überall geworfen, obwohl die Russen ihre vorzüglichsten Regimenter, auch sibirische, einsetzten.

Weihnachten im Krieg. Es soll nicht anders sein als im Frieden. Die Kinder in der Schule werden aufgefordert, ihre Spielsachen auszusortieren. Was sie nicht mehr brauchen, sollen sie armen Kindern spenden, Kindern, deren Väter im Feld sind und Kriegswaisen. Tea bringt eine Puppe und einen Baukasten zur Sammelstelle. Die Eltern loben sie dafür. Ein braves Mäderl gibt sein Spielzeug armen Kindern. Sofie spendet 5 Kronen für Süßigkeiten für die armen Kinder. Für die Soldaten werden in der Schule kleine Packerln gemacht. Die Kinder bringen Taschentücher, Zündhölzer, Bleistifte, Nähzeug, und legen den Packerln kleine Grußkärtchen und Tannenreisig bei. Sofie hat Tea Zigaretten und Zündhölzer für das Päckchen mitgegeben. Oskar findet es gut, daß die Kinder in der Schule zu Kaisertreue und Vaterlandsliebe erzogen werden.

Sofie geht mit Tea auf den Weihnachtsmarkt in Mariahilf beim Herzmansky. Die Straßenbahn ist voller als sonst, und man muß auch länger warten. Es kommen viele Verwundete nach Wien und viele werden in speziell eingerichteten Tramwaywaggons in die Spitäler gebracht. Aber Tea und Sofie sind trotz der langen Wartezeit guter Dinge. Es ist kalt, und es liegt schon Schnee. Sie haben beide einen Muff und frieren nicht. Die Straßen sind schlecht geräumt und schmutzig. Es fehlt an Arbeitern. Sofie ermahnt Tea ununterbrochen vorsichtig zu sein. Wenn sie hinfällt, kann sie sich ein Bein brechen. Aber Tea will Mama nicht die Hand geben. Auf der Mariahilfer Straße gibt es einen Bananenverkäufer, der Tea fasziniert. Ein junger Mann, der an einer Querstange über die Schulter hängend zwei Bananentrauben trägt, von denen er die Früchte stückweise verkauft. Tea bekommt eine Banane. Aber sie darf sie nicht auf der Straße essen, erst zu Hause. Auf der Straße ist es zu kalt, da bekommt sie kalte Hände und verkühlt sich. Heuer wollen Oskar, Sofie, Tea, Peter, Tony, die beiden Kleinen, Pauline und Kamilla, und Sigmund zusammen in der Höhnegasse bei Oskar und Sofie Weihnachten feiern. Jakob kann nicht kommen. Er ist mit der Truppe in Serbien. Und Sigmunds Paula, die schon die ganze Familie kennt, muß mit den Eltern feiern und in die Kirche gehen. Oskar läßt im Garten auf der Tanne elektrische Kerzen anbringen. In den Nachbargärten ist das auch so. Sofie will eine Gans braten, auch wenn Krieg ist. Manche Lebensmittel sind zwar knapp, aber Sofie hat bis jetzt immer noch alles bekommen, was sie braucht. Obwohl sie jetzt auch schon manchmal Gerstenmehl verwendet, und einmal hat sie sogar einen Kuchen aus Maismehl gebacken. Die Zeitungen schreiben, man soll nur mehr einmal am Tag Suppe, Fleisch, Gemüse und Mehlspeise essen. Fleisch ist teuer geworden, aber Sofie kann es sich leisten. Oskar verdient besser denn je. Neuerdings gibt es sogar Kochrezepte auf Straßenbahnfahrscheinen. Eine Initiative des Bürgermeisters Weiskirchner. Das Dienstmädel ist vom Land. Sie hat gesagt, sie kann eine schöne, fette und preiswerte Gans besorgen. Eine Gans muß lange braten. Man soll Kohle sparen, steht in den Zeitungen. Man soll nicht so viel backen und Speisen bereiten, die nicht allzu langes Heizen benötigen. Sofie spart ohnedies. Das Schlafzimmer heizt sie gar nicht mehr. Aber zu Weihnachten muß es eine Gans geben, auch wenn Krieg ist und Kohlen knapp sind. Sie haben sowieso genügend Kohlen. Oskar hat für teures Geld Kohlen beschafft. Um hundert Ecken. Sofie weiß gar nicht genau, wie. Ihr Ossi kann das schon. Die Gans wird mit Äpfeln und Maroni gefüllt, und dazu muß es Rotkraut geben. Aber das bekommt man überall, sogar beim Greißler vis-à-vis. Weihnachtsbäckerei muß auch gebacken werden. Wenn es sein muß, dann halt mit Gerstenmehl. Beim Altmann in der Stadt kauft Sofie Lebkuchen. Der ist zwar jetzt teurer, aber genauso gut wie in Friedenszeiten. Tea liebt den Lebkuchen vom Altmann, und die Kleinen werden ihn auch mögen. Tony verspricht, für den Heiligen Abend eine Torte zu backen. Eine jiddische Mohntorte. Peter und Tony haben noch nie Weihnachten gefeiert. Sie halten die jüdischen Feiertage ein, nicht besonders gewissenhaft, aber doch. Wenn Oskar und Sigmund wollen, daß sie zusammen Weihnachten feiern, dann soll es sein. Es sind doch die Brüder, und Peter liebt die Familie. Tea freut sich schon riesig auf Weihnachten. Nur die zwei kleinen Kinder von Onkel Peter und Tante Tony, die jetzt im 2. Stock wohnen, mag sie nicht. Warum sie mit denen Weihnachten feiern, kann Tea nicht verstehen. Pauline geht noch gar nicht in die Schule, und Kamilla ist ja noch fast ein Baby. Sie wird sicher mit den beiden spielen müssen. Aber sie will lieber mit den Erwachsenen zusammen am Tisch sitzen und ihren Gesprächen zuhören. Onkel Sigmund ist immer so lustig und erzählt Witze. Und jetzt wird sie sicher mit Pauline in ihr Zimmer gehen müssen und mit ihr spielen. Der ganze Heilige Abend wird verdorben sein. Sie wird sich weigern. Aber der Vater wird es befehlen.

Am Heiligen Abend sind alle festlich gekleidet. Die Herren schwarz, sogar Oskar hat einen ganz dezenten Anzug an. Sofie trägt ein Kleid aus schottischem Velvet und Tony ein bißchen ein altmodisches einfaches Blusenkleid aus nickelgrauem Wollstoff. Sie hat sich an Wien und die schicke Mode noch nicht gewöhnt. In Zabłotów ist man einfacher gekleidet. Sie will sich gar nicht anders kleiden als in Zabłotów. Sie ist eben eine einfache Jüdin aus dem Stettl. Tea hat ein Faltenkleidchen aus dunkelblauem Cheviot an, und die beiden Kleinen tragen gleiche Kittelkleidchen. Das Speiszimmer ist festlich geschmückt. Der große Tisch ausgezogen. Das schöne Service ist gedeckt, auf jedem Platz ein Tannenreisig. Vor der Verandatür steht ein großer Christbaum mit Windbäckerei, Fondantringerln, Äpfeln und bunt eingewickelten Zuckerln. Tea ist glücklich. Sie ist schon beschert worden, bevor die Gäste gekommen sind. Sie hat olivgrüne gestrickte Gamaschen bekommen und eine Pelzhose. Darüber hat sie sich nicht so gefreut. Aber sie bekommt jedes Jahr zu Weihnachten etwas Warmes zum Anziehen. Mama hat schreckliche Angst, sie könnte sich verkühlen. Aber viele Bücher hat sie bekommen und einen Zeichenblock und Buntstifte und einen Zauberapparat. Du bist ja heute ganz normal angezogen, wendet sich Sigmund an Oskar.

– Es ist auch Weihnachten.

– Du schaust ja gar nicht aus wie ein Gigerl.

Peter lacht.

– Tut's meinen Ossi nicht frotzeln.

Oskar lacht.

– Alle Zähne sollen euch ausfallen, bis auf einen, und der soll schmerzen.

Alle lachen. Sie teilen Geschenke aus. Eine Füllfeder für Oskar, eine Brieftasche für Sofie, ein Schmuckkästchen für Tony, eine Krawatte für Sigmund, ein Seidenschal für Peter, ein Baukasten für Kamilla, eine Puppe für Pauline. Sofie läutet dem Mädel. Die Suppe muß aufgetragen werden. Gemüsesuppe aus Rindsknochen. Sofie läuft in die Küche. Sie muß auf die Gans schauen. Das Mädel läßt auf sich warten. Oskar läutet noch einmal. Endlich kommt sie.

– Können Sie nicht kommen, wenn ich läute?!

Das Mädel tischt auf. Nachdem die Gans serviert ist, darf sie gehen, damit sie auch noch Weihnachten feiern kann. Man spricht über Jakob, den Helden der Familie. Er war bei der Eroberung Belgrads dabei. Alle sind stolz auf ihn. Er arbeitet schwer und lebt gefährlich.

– Er ist immer an der Front.
– Ich hätte Angst.
– Er ist eine Held.
– Ein jüdischer Held.
– Es gibt doch keine jüdischen Helden.
– Wie du siehst schon.
– Als Jude ist er dem Kaiser auch besonders verpflichtet.
– Jetzt ist es ruhig in Serbien.
– Aber die Krankheiten. Er ist doch ständig einer Ansteckung ausgesetzt.
– Der Ärmste.
– Die Serben haben alle Cholera. Ich hab Angst um ihn.
– Er ist geimpft.
– Wer weiß, ob das etwas nützt.
– Jetzt ist es ruhig. Aber wer weiß, wie lange.
– Er muß sicher wieder in die nächste Schlacht. Er muß immer mit der Truppe mit.
– Der Arme.
– Er ist aber doch nicht mitten im Gefecht. Immer ein bißchen dahinter.
– Schrecklich. Mir wird ganz angst und bang.

Heute wollen wir nicht über den Krieg sprechen, sagt Sofie. Es ist Weihnachten, und es wird sowieso bald Friede sein.
– Schreiben wir ihm alle zusammen eine Ansichtskarte vom Weihnachtsfest in der Höhnegasse.

Alle sind einverstanden. Sofie läutet dem Mädel.
– Abservieren.

Schnell in die Küche. Die Gans. Sie muß als Ganzes auf den Tisch kommen. Der Trampel von einem Dienstmädel tranchiert sie nicht richtig.
– Können Sie das nicht anständig machen. Sie zerfleddern doch die ganze Gans. Nicht einmal eine Gans kann sie anständig tranchieren.

Das Mädel zuckt nicht mit der Wimper und schneidet weiter.
– Um Gottes willen, nicht so. Schöne große Stücke runterschneiden.
– Besser geht's nicht, Gnädigste. I tu eh, was ich kann.
– Stechen Sie doch nicht so tief ins Fleisch. Vorsichtig!

– Lümmel nicht so, Tea.
– Ja, Papa.
– Stütz den Kopf nicht auf den Arm. So sitzt man nicht bei Tisch. Das weißt du doch.
– Ja, Papa.

Die Gans schmeckt köstlich. Nicht schlechter als die Schabbesgans in Drohobycz. Sogar besser, weil sie gefüllt ist. Auch die Torte hat Tony genauso gut gemacht wie Eduards Mame. Sofie zündet die Kerzen am Christbaum an und singt Stille Nacht, Heilige Nacht. Tea muß mitsingen. Sie bringt aber keinen richtigen Ton heraus. Sigmund, Oskar und Peter singen auch ein bißchen mit. Aber sie können weder den Text noch die Melodie richtig. Danach singt Tony jiddische Lieder. Sie hat eine schöne Stimme, sie singt sehr schön. Aber wir feiern doch Weihnachten. Ihr müßt die Weihnachtslieder lernen. Ach was, jiddische Lieder passen immer. Sofie lacht und singt „Leise rieselt der Schnee".

2. Kapitel

I

Siegreiches Ende der Russenschlacht. 70.000 Russen tot oder verwundet, über 6000 gefangen, alle Stellungen von uns behauptet. Fortdauer der Schlacht in Ostgalizien. Alle russischen Angriffe unter schweren Verlusten abgewiesen. Artilleriekämpfe an der italienischen Grenze. Der Lovčen erstürmt. Eine Ruhmestat unserer 49er. In dreitägigen harten Kämpfen überwand unsere tapfere Infanterie den erbitterten Widerstand des Feindes und die ungeheuren Schwierigkeiten des winterlichen Karstgebirges, das, wie eine Mauer 1700 Meter hoch aus dem Meere ansteigend, seit Jahren zur Verteidigung eingerichtet wurde.

Jahrgang 1868 wird einberufen. Sigmund muß einrücken. Die älteren können im Hinterland bleiben. In der Poliklinik ist ein Verwundetenspital eingerichtet worden. Sigmund kann dort arbeiten. Er ist froh, in Wien bleiben zu können. Die Arbeit im Verwundetenspital ist schwer. Er ist Tag und Nacht auf den Beinen. Es kommen vorwiegend Schwerverletzte, meistens direkt vom Verbandplatz mit den Verwundetenzügen. Die Verwundeten haben oft weder eine Quarantänestation passiert noch sind sie in irgendeinem größeren Feldspital versorgt worden. Die meisten Patienten sind in einem fürchterlichen Zustand. Die Kleider zerfetzt und von Kugeln durchschossen, sie sind schmutzig, verlaust, voll Ungeziefer, oft ist die Wunde voller Würmer. Sie haben Kopf- und Kieferschüsse, Lungenschüsse, Arm- und Beinfrakturen, Knieschüsse, Herzschüsse, durchschossene Hände, Harnröhrenverletzungen, viele haben erfrorene Füße und Arme. Sigmund operiert den ganzen Tag, manchmal auch bis tief in die Nacht hinein. Er amputiert, entfernt Kugeln und Grantsplitter aus dem Schädel, der Lunge, dem Herz, der Niere, schneidet Abszesse auf, näht Wangen und Lippen zusammen und reinigt Wunden. Manchmal sind es zehn, zwanzig, dreißig Amputationen an einem Tag. Viele haben hohes Fieber, viele Blutvergiftung. Manche haben Tetanus. Viele sterben, vielen kann er helfen. Wenn ein Patient wieder schnell auf den Beinen ist, sagt er immer: Gott tut Wunder. Einem jungen Mann ist durch einen Schrapnellschuß das Fleisch von beiden Schienbeinen ganz heruntergeschält worden. Ein Soldat hatte besonders stark erfrorene Füße. Als Sigmund ihn fragt, wie das nur so schlimm hat werden können, sagt er: Ich hatte gerade meine Schuhe und Strümpfe ausgezogen, um meine Füße zu reinigen, als es plötzlich hieß: Die Russen kommen! Wer sein Leben retten will, der fliehe! So hatte ich keine Zeit mehr, meine Füße wieder zu bekleiden, und bin 45 km weit mit bloßen Füßen durch den Schnee gelaufen. Einem Patienten hatte eine Kugel den ganzen Unterkiefer weggerissen, einem fehlten die Lippen, einem war das ganze Gesicht zerfetzt, einem die Nase weggerissen, einem die Zunge durchschossen. Manche schreien vor Schmerz, manche kann man nirgendwo anfassen, weil es keine Stelle am Körper gibt, die nicht schmerzt. Am Anfang fiel Sigmund das Operieren schwer. Er hatte noch keine Erfahrung im Amputieren und Entfernen von Kugeln. Zweimal hatte er in Friedenszeiten einem Selbstmörder eine Kugel herausoperiert. Nicht genug Erfahrung für die jetzt tägliche Arbeit. Er ist ein guter Chirurg und hat geschickte Hände. Große Chirurgenhände. Trotzdem ist ihm manchmal bange, wenn er eine tief liegende Kugel entfernen muß. Er ist erschöpft und schläft wenig. Das Schicksal seiner Patienten geht ihm nahe. Ein Patient, der gerade erst operiert worden ist, hat hohes Fieber bekommen. Sigmund weiß, daß nichts mehr zu machen ist, man muß amputieren. Es ist acht Uhr abends. Er sagt ihm freundlich mit väterlicher Stimme, daß man amputieren muß, wenn er weiterleben will. Der Patient schweigt.

– Haben Sie gehört, wir müssen den Fuß abnehmen.
– Aber Herr Doktor, Sie scherzen doch wohl.
– Nein, mein Lieber, in so ernster Sache scherzen wir nicht.
– Aber Herr Doktor, dann bin ich ja nachher ein Krüppel! Da will ich doch tausendmal lieber sterben, als zeitlebens ein Krüppel sein.
– Ja, wie Sie wollen, wir zwingen niemanden zu einer Amputation. Aber wenn Sie Vater oder Mutter haben, oder sonst jemanden, den Sie lieben, so sollten Sie sich die Sache doch noch überlegen.
– Ja, ich will darüber nachdenken.
– Es muß gleich sein, gleich. Morgen könnte es zu spät sein!

– Aber Herr Doktor, das ist doch ganz unmöglich.

Und der Patient beginnt bitterlich zu weinen. Sigmund ist betroffen.

– Morgen will ich Bescheid sagen. Jetzt kann ich nicht. Lassen Sie mich bis morgen warten.

– Na, wie Sie wollen. Wir können Sie nicht zwingen.

Der Patient schluchzt. Die Schwester betreut ihn. Am nächsten Tag sagt er der Schwester, daß er operiert werden will, vorher will er aber noch der Mutter schreiben. Irgend etwas kommt der Schwester an ihm merkwürdig vor und sie ruft Sigmund. Sigmund spritzt Kampfer. Und eine Minute später ist der Patient tot.

Paula sieht Sigmund jetzt nur selten. Und wenn er sie sieht, erzählt er von den Patienten, den Verletzungen. Er kann an nichts anderes denken und von nichts anderem reden. Paula hört andächtig zu. Immer die zerfetzten Gesichter, die zerschossenen Beine der blutjungen Männer. Die rasenden Schmerzen, die sie alle haben. Viele Patienten haben starre Gesichtszüge, viele leiden unter Schlaflosigkeit. Paula bewundert Sigmund grenzenlos. Was für eine schwere Arbeit und dann noch ständig im Einsatz. Die schwierigen Operationen und die leidenden Menschen. Was er aushalten muß, was er können muß. Und was für eine Verantwortung. Wenn sie zusammen sind, kocht Paula immer. Sie muß jetzt besonders nett zu Sigmund sein. Die schwere Arbeit, und dann noch der Schlangenfraß im Spital. Das Essen im Spital ist jetzt noch schlechter, als es ohnedies schon immer war. Sie treibt schon etwas auf, woraus man etwas Gutes machen kann. Sie stellt sich selbst stundenlang an. Nicht so wie Sofie, die das Dienstmädel schickt. Sie verwendet Gelatine und Germ. Statt Fleisch nimmt sie Zef, das aus gemahlenen Linsen, Erbsen und Bohnen besteht. Paula und Sigmund schmeckt es. Und statt schwarzem Tee trinken sie Brombeer- und Himbeertee. Als Nachspeise gibt es Gugelhupf aus Erdäpfelmehl. Sigmund erzählt Paula von den Rückenmarksverletzungen, bei denen nicht zu helfen ist. Von wundersamen Glücksfällen. Von einem Schuß, der quer den Hals von einer Seite zur anderen glatt durchlaufen hat, ohne daß die Wirbelsäule oder die hier dicht laufenden großen Gefäße, die Speiseröhre, der Schlund, der Kehlkopf oder die Luftröhre auch nur gestreift worden sind. Er erzählt von einem Unteroffizier, der mit beiderseits durchschossenem Schultergelenk und schweren Eiterungen eingeliefert wurde. Er war nach vier Monaten völlig geheilt und spielte schon wieder seine Mundharmonika. Eines Tages bekam er einen neuen Bettnachbarn, einen Soldaten mit Gehirnschuß, Benommenheit und schweren Krämpfen. Im Krankenzimmer wurde die Indikation zu einer Schädelöffnung besprochen und dabei fiel das Wort: Vielleicht ist es auch Tetanus. Es war kein Tetanus. Die Krämpfe hörten nach dem Herausnehmen eines Knochensplitters auf. Sein Bettnachbar aber, der Unteroffizier, bekam nach drei Tagen den ersten typischen Wundstarrkrampfanfall ohne jedes Fieber. Nach vier Monaten gibt es keinen Wundstarrkrampfanfall, und eine Infektion im Spital ist ausgeschlossen. Einspritzung von Tetanusantitoxin hatte nicht den geringsten Effekt. Schließlich hat sich herausgestellt, daß der Unteroffizier gar nicht Tetanus hatte. Nur seine Phantasie produzierte einen Tetanusanfall, der durch mehrere Wochen anhielt. In Hypnose hatte man ihm schließlich erklärt, daß er nicht Tetanus hat, und die Anfälle hörten auf. Ein klarer Fall von Hysterie. Was sagst du dazu? Sigmund ist beeindruckt. Woher wußte dieser einfache Mann so genau, wie ein Wundstarrkrampf ausschaut? Ein anderer hatte nach einer Granatexplosion ohne jede Verletzung alle Symptome einer Wirbelverrenkung. Auch das ging durch Hypnose weg. Sigmund wundert sich immer, wie geduldig die Patienten die Behandlung aushalten. Manche müssen vier, fünf oder sechs Operationen über sich ergehen lassen. Zu jeder chirurgischen Methode gehören immer zwei, einer, der es sich ausdenkt, und ein anderer, der es sich gefallen läßt, sagt Sigmund immer. Und Paula lacht. Manchmal gehen Paula und Sigmund auch ins Kino. In den meisten Lichtbildtheatern werden Serien von Kriegsbildern vorgeführt. Unsere tapferen Krieger. Eine Feldmesse. Russische Kriegsgefangene. Paula geht danach immer in die Kirche beten und zündet eine Kerze an, obwohl Kerzen rar und teuer sind. Sigmund begleitet sie, aber er wartet vor der Kirche.

2

Oskar bekommt die Einberufung. Er muß ins 1. Garnisonsspital zur Musterung. Er hat ein Magengeschwür und ist untauglich. Er ist darüber nicht unglücklich. So kann er seinen Geschäften nachgehen und Geld verdienen. Es ist alles sehr teuer geworden, vieles nur schwer zu bekommen. Sofie beklagt sich ständig, daß Fleisch und Butter so schwer zu bekommen sind. Dabei geht es ihnen gut. Oskar verdient gut, und sie können sich alles leisten, auch die teuren Lebensmittel. Sofie kocht nicht nach den Kriegsrezepten, die in den Zeitungen stehen. Mohntorte ohne Ei und Butter. Das kommt überhaupt nicht in Frage. Oder Paradeissauce ohne Fett. Sie hält sich auch nicht an die zwei fleischlosen Tage in der Woche, die eingehalten werden sollen. Schokolade und Bonbons haben sie auch reichlich. Oskar bezieht sie direkt von Lindt aus Bern. An die hygienischen Ratschläge hält sich Sofie aber. Händewaschen vor dem Kochen, saubere Tücher, Milch nur abgekocht trinken, Butter nur aus pasteurisierter Milch, nur geschältes Obst, gekochte Eier und Gemüse, kein Salat. Lebensmittel sind Träger von Krankheitskeimen. Die Krankheiten haben in Wien stark zugenommen. Vor allem Tuberkulose, aber es gibt auch Typhus und Ruhr und Fälle von Cholera. Im Sommer fährt Sofie mit Tea nach Maria Bründl in die Sommerfrische. Die Luft ist dort sehr gut, und es gibt herrliches Quellenwasser. Sofie tut es gut und Tea sowieso. Sofie bekommt eine Elektrotherapie und Massagen und Tea soll Schwimmen lernen. Jeden Tag bekommt sie Schwimmunterricht mit einem Korkgürtel. Aber sie hat schreckliche Angst, sogar wenn sie noch stehen kann. Sie strampelt immer nur mit den Armen und den Beinen. Der Lehrer hält sie, aber sie strampelt trotzdem. Die Mutter schaut zu. So wird das nie etwas, sagt die Mutter, die selbst nicht schwimmen kann, und Tea strampelt weiter. Papa ist in Wien geblieben, schreibt Briefe und schickt Bücher und Schokolade.

1/VIII 1916

Meine teuerste Tochter!

Deine Briefe, auf die ich mich immer unendlich freue, verschönern mir das Leben. Speziell freute mich die Ausführlichkeit, mit der Du Freistadt beschreibst. Man sieht, daß Du doch etwas gelernt hast, und diese Ge-

nugtuung, die ich beim Lesen dieses Briefes empfunden, kannst Du, mein herziger Schatz, nicht verstehen. Wenn ich daran denke, daß Du erst vor kaum einigen Jahren sprechen gelernt hast und jetzt schon so weit bist, daß Du mir einen vier Seiten langen Brief schreiben kannst, tanzt mir das Herz im Leibe. Aber bei genauer Durchsicht Deines l. Briefchens finde ich einen groben Fehler, auf den ich in aller erster Reihe aufmerksam machen will. Du schreibst „vertig" statt „fertig". Ich nehme an, daß dieser Dein Brief in Eile geschrieben war, aber ein solcher Fehler soll nicht noch einmal aus der Feder fließen. Der Brief ist überhaupt nicht sauber geschrieben. Du hast Dich gar nicht zusammengenommen. Ich will hoffen, daß Deine nächsten Zeilen an mich viel sauberer geschrieben sein werden.

Eine nicht mindere Freude als Deine Briefe machen mir in der letzten Zeit auch die Briefe unserer teuren Mama, denn sie schreibt mir, daß Du ihr keine Sorge und keinen Ärger bereitest. Wie bin ich Dir, meine liebe Tea, hiefür dankbar. Uns beiden, mir und Dir, mein Kind, ist die Gesundheit der l. Mama das teuerste Gut, das wir wie einen eigenen Augapfel zu behüten haben. Ich weiß, daß Du trotz Deiner Jugend, trotz Deiner 10 Jahre schon so gescheit bist, daß ich das alles schreiben kann. Ich weiß, Du verstehst; Du verstehst und fühlst auch das, was ich nicht schreibe und deshalb hoffe ich, daß Du nach wie vor unsere liebe gute Tea bleiben wirst.

Nun will ich mich ein wenig über Deinen Brief auslassen. Mich hat das Gedichtchen sehr gefreut, wegen seiner Form und seines Inhaltes. Der Patriotismus ist für uns Österreicher von großer Wichtigkeit, und wenn wir alle durch und durch patriotisch gesinnt sind, werden wir gewiß diesen uns von unseren Feinden aufgedrungenen Krieg siegreich beenden. Zum Siege gehört in erster Reihe Einigkeit, und einig kann nur ein Volk sein, wenn es patriotisch ist. –

Nun meine teure Tea habe ich Dir noch zu berichten, daß ich Dir ein Buch zugeschickt habe und hoffe, daß es Dir Freude machen wird. Im Pakete wirst Du einige Rollen von jenen Schweizer Biscuits treffen, die Dir seinerzeit sehr geschmeckt haben und für welche ich Dir besten Appetit wünsche. Den Empfang desselben wirst Du mir hoffentlich bestätigen.

Morgen gehen Bonbons an Euch ab. –

Hilfst Du der Mama manches? Was? Ich wäre schon sehr froh, wenn Du ein selbständiges Mäderl wärest und Du unserer guten lieben Mama manche Handgriffe ersparen würdest. Hoffen wir, daß dieser Wunsch bald in Erfüllung gehen wird.

Nun lebe wohl, mein Engel, und sei unter kräftigsten Umarmungen auch sehr herzlich geküßt von Deinem Dich liebenden Vater

Oskar

Bald nachdem Tea und Sofie nach Wien zurückgekommen sind, fährt Oskar nach Bern zur Messe. Sofie ist nicht gern allein in Wien. Sie fürchtet sich. Sie fürchtet einen Brand in der Küche, daß der neue Ofen im Speiszimmer raucht und daß sie dann alle an Kohlengasvergiftung sterben werden. Vor allem aber fürchtet sie sich vor Einbrechern. Wenn sie mit Tea allein ist und das Dienstmädel frei hat, wird die Eingangstür verrammelt. Bei der äußeren Tür nützt das sowieso nicht, da kann jeder leicht rein. Aber die Tür zur Wohnung muß gesichert werden. Mit Tea schleppt sie Sessel heran und türmt sie vor der Tür auf. Wenn jemand einbricht, hört man es. Dann fallen die Sessel um. Aber was, wenn wirklich ein Einbrecher kommt? Was macht sie, wenn sie ihn hört? Und was ist mit den anderen Türen? Zwischen Jakobs und Teas Zimmer ist eine Tür. In den Türrahmen ist zwar ein Bücherregal eingebaut und die Tür ist abgesperrt. Ein Einbrecher kann da aber vielleicht auch durch. Tea hat Angst. Der Einbrecher kommt durch das Bücherregal. Sie kann nicht einschlafen, geht zu Mama, die ihr erlaubt, in Papas Bett zu schlafen. Und Mama beruhigt sie. In der Nacht können keine Einbrecher kommen, weil die Haustür unten ja zugesperrt ist. Sie liest ihr dann aus Andersens Märchen vor, und Tea schläft ein. Und Sophie legt zur Beruhigung Patience. Wenn Oskar nicht da ist, räumt Sofie die Kästen aus und wieder ein, räumt ein bißchen etwas um und schaut in den Mottenkasten, der im Büro steht, ob auch alles in Ordnung ist. Tea muß ihr dabei helfen. Die Wäsche aufs Bett legen und ihr wieder bringen. Kästen aus- und einräumen kann Sofie mit dem Dienstmädel nicht. Die würde alles durcheinanderbringen. Das geht nur, wenn sie allein ist und Tea ihr ein bißchen hilft. Oskar reist viel, und Sofie ist oft allein. Dann fährt sie auch gerne in die Stadt, Besorgungen machen und nimmt Tea mit. Neue Tischdecken, neue Bettwäsche, neue Blusen, neue Krawatten, Schuhe. Jetzt im Krieg ist alles sehr teuer. Schuhe bekommt man gar keine mehr. Höchstens beim Maßschuster für 200 Kronen. Tea braucht aber ständig neue Schuhe, weil ihre Füße so schnell wachsen und schon ungewöhnlich groß sind für ihr Alter. Aber Schuhe aus Pappendeckel oder Holz, wie sie in den Geschäften jetzt zu haben sind, kommen überhaupt nicht in Frage. Sofie geht mit Tea selbstverständlich zum Schuster, wobei sie ihr ununterbrochen erzählt, wie schwierig es jetzt ist, anständige Schuhe machen zu lassen. Auf ihren Einkaufsfahrten kauft sie jetzt weniger als sonst, aber danach geht sie mit Tea wie in Friedenszeiten in die Konditorei.

3

Die Russen sind abgezogen. Drohobycz ist wieder österreichisch. Vor den Geschäften stehen Schlangen. Das Kriegsbrot ist ungenießbar, roh und aufgeblasen. Adolf, Minna und Eduard essen kein Kriegsbrot. Adolf besorgt am Ringplatz Mehl, und Minna bäckt selbst. Sie essen nicht schlecht. Minna bekommt Eier und Hühner von den Bauern. Das ukrainische Dienstmädel ist ihnen dabei behilflich. Und für die Dinge, die man nur in Geschäften bekommt, muß das Mädel eben Schlange stehen. Manchmal von 6 Uhr früh bis 10 Uhr vormittag. Minna befiehlt es. Manchmal kann man sich durch einen Nebeneingang ins Geschäft hineinschummeln. Dann muß man nicht so lange warten und bekommt noch alles, was man braucht. Manche Leute kaufen Brot und verkaufen es zu Wucherpreisen weiter. In ganz Galizien gibt es Cholerafälle. Es gibt eine große Impfaktion, aber die Leute haben kein Geld dafür. Adolf, Minna und Eduard lassen sich impfen, sie haben genügend Geld. In Drohobycz gibt es ein neues Choleraspital mit neuen Badezimmern. Vor dem Spital hält Militär Wache, damit niemand fliehen kann. Oft haben Leute, die keine Symptome mehr haben, aber auch Kranke einfach Reißaus genommen. Die Patienten dürfen aber erst entlassen werden, wenn die bakteriologische Untersuchung ergeben hat, daß sie keine Cholerabakterien mehr haben. Am Bahnhof müssen sich die Durchreisenden einer ärztlichen Inspektion unterziehen. Oft sieht man auf den Straßen Transporte von Evakuierten aus Dörfern nahe der Grenze, die die Russen wieder besetzt haben. Die Wagen sind mit Kram beladen, der schnell aus den Häusern geholt wurde. Ältere und jüngere Frauen und Buben gehen zu Fuß und führen die Haustiere mit. Die Alten führen die Pferde. Die Kinder sind schmutzig und müde. Vielen schauen den Transporten zu und fragen die Evakuierten nach Einzelheiten der Reise. Die Kaffeehäuser sperren schon um 10, um Strom zu sparen. Adolf geht wieder ins Kaffeehaus, Zeitung lesen. Jetzt gibt es wieder alle Zeitungen aus Wien. Die Post funktioniert auch wieder, und er weiß, wie es seinen Geschwistern geht. Er hat sich einen schicken Filzhut gekauft, den jetzt alle tragen. Und Minna, um Stoff zu sparen, ein fußfreies, enges Kleid im modischen Tegethoffblau.

Adolf hat die Einberufung bekommen. Jetzt werden ihm die Plattfüße nichts mehr nützen. Ansonsten ist er kerngesund. Er hilft mit einem Stück Gold bei der Musterung nach. Eduard hat die Aufnahmsprüfung in die zweite Klasse Gymnasium bestanden, nachdem ein Jahr lang keine Schule war. Er geht ins Kaiser-Franz-Josef-Gymnasium, in das schon Jakob und Peter gegangen sind. Er hat eine Uniform aus gutem Flanell bekommen, noch aus Friedensstoff. Minna hat ihn auf der Samborska um teures Geld erstanden. Man darf nur ins Gymnasium gehen, wenn man gegen Pocken geimpft ist. Minna war sehr aufgeregt und ist vor Angst beinahe gestorben. Sie hat Sigmund nach Wien geschrieben und Jakob ins Feld. Beide haben sie beruhigt. Es ist auch alles gutgegangen. Eduard hatte nur ein bißchen Fieber. Er ist ein guter Schüler, lernt gern und fleißig, läßt andere Kinder abschreiben und schenkt armen Kindern sein Jausenbrot. Er hat es weit in die Schule. Der Kutscher bringt ihn jeden Tag hin und holt ihn wieder ab. Adolf möchte sowieso übersiedeln. Er möchte ein Haus in der Nähe des Ringplatzes kaufen.

In Drohobycz gibt es auch ein Kino. Minna liebt dieses Kino. Wann immer sie Zeit hat, geht sie ins Kino. Meistens nimmt sie Eduard mit. Frau Feldgrau, eine aktuelle Komödie in drei Akten, die in den ersten Momenten des Krieges an der deutsch-französischen Grenze spielt, von Anfang bis zum Ende eine Lachsalve. Der Überfall der Kosaken auf ein galizisches Dorf. Die schöne Jüdin, ein Opfer des Krieges. Wir müssen siegen! Drama in drei Akten. Die liebe Diebin, eine amerikanische Komödie. Der Tiergarten in London, 300 Exemplare von Vierbeinern und Vögeln. Eduard geht auch gern ins Kino. Der Überfall auf ein galizisches Dorf hat er auch gesehen. Seither spielt er mit Zinnsoldaten die Vertreibung der Russen aus Galizien. Die schöne Jüdin hat Minna zweimal gesehen. Sie war immer ganz fertig und hat geweint. Es ist die wahre Geschichte einer jungen, schönen Jüdin, die von den Kosaken zu Tode gequält worden ist. Einmal hat sie Eduard mitgenommen. Er hat auch geweint. Sie wird sich mit Adolf den Film noch einmal anschauen. Sie schreibt Oskar und Peter, daß sie sich auch den Film anschauen müssen. Sie hat in der Zeitung gelesen, daß man ihn auch in Wien sehen kann.

4

Jakob war mit der Truppe in Belgrad, er war beim Angriff auf Montenegro dabei, bei der Eroberung des Lovčen, in Cattaro und Cetinje, meist schwer verkarstetem Mittel- und Hochgebirge, an der großenteils steilen und felsigen Küste. Oft hat er lange Fußmärsche durchhalten müssen, vorbei an Schützengräben, Leichen und Gräbern. Die Straßen sind so schlecht, daß die Pferde zusammenbrechen. Oft mußte er in einem schmutzigen Zimmer mit Wanzen nur auf einem Strohsack übernachten. Jakob fotografiert viel. Er hat dafür eine Sondergenehmigung. Schützengräben, Schlösser, Maisfelder, Flüsse, Berge, Offiziere, Soldaten, Spitäler, Schwestern und Ärzte. Die Mannschaft ist in einem äußerst bedenklichen Gesundheitszustand. Die Soldaten sind hungrig, schmutzig und krank. Die Verpflegung ist katastrophal. Die Fleischkonserven sind oft verdorben. Sie bekommen verfaultes Dörrgemüse, Kraut und eingelegte Bohnen mit einem dicken Belag von Schimmelpilz. Jakob bekommt dasselbe Essen wie die Offiziere. Es sind keine Delikatessen, aber genießbar. Huhn und Gemüse. Und Oskar schickt ihm immer wieder Schokolade. Jetzt ist er in Alessio im versumpften und malariaverseuchten Albanien. Er hat das Offiziersehrenzeichen vom Roten Kreuz mit der Kriegsdekoration bekommen. Die Soldaten schützen sich oft nicht genug gegen die Stechmücken, und es gibt viele Malariafälle. Jakob hat alle Hände voll zu tun. Er muß mit den Offizieren verkehren, vor allem mit ihnen zusammen essen und Konversation machen. Ganz primitive und ungebildete Leute. Und dann auch noch das blöde Geschwätz von den Schwestern. Es gibt zwei katholische Ordensschwestern, die mit den Patienten ständig beten, den Leidenden wünschen, daß sie Gott bald zu sich nimmt und erlöst, und dafür sorgen, daß die Sterbenden die letzte Ölung bekommen. Obwohl er selbst aufopfernd arbeitet, spottet Jakob immer darüber. Jetzt ist er schon im Himmel. Vielleicht ist er in der Hölle. Wenn er ein guter Soldat war, ist er sicher im Himmel. Die Schwestern schweigen meistens dazu. Manchmal sagt eine, daß sie für ihn betet. Dann lacht Jakob auf, und die Schwester sagt noch einmal, daß sie für ihn betet. Überhaupt mag er die Krankenschwestern nicht. Sie wollen gar nicht im Epidemiespital arbeiten, da stecken sie sich doch nur an. Sie wollen nach der Schlacht Verwundete suchen und den ersten Notverband anlegen. Sie sind von einer krankhaften Schaulust und gefallen sich in der Pose der Liebespendenden. Sie sind zweifelhafte Geschöpfe, die sich in den Chefchirurgen unsterblich verlieben. Man darf abends, während der Nacht oder vor Sonnenaufgang nicht ausgehen, die Fenster müssen mit Netzen verhängt werden, die Türen fest geschlossen sein, man muß einen Hut tragen, am besten mit einem Schleier, und Lederhandschuhe. Viele Soldaten halten sich nicht daran und verwenden das weiche Moskitonetz als Kopfunterlage. Oder sie lüften die Netze und decken sich ab. Die Hände soll man mit Terpentinseife waschen und mit Kampfervaseline einreiben. Prophylaktisch nimmt man am besten Chinin auf nüchternen Magen. Chinin ist rar geworden und schmeckt außerdem schrecklich bitter. Die Soldaten nehmen es deshalb oft gar nicht. Jakob hat für sich noch genügend Chinin. Er hat Chinin-Schokoladetabletten aus der Schweiz. Aber für die Truppe ist nicht genügend Chinin da. Man braucht es für die Kranken, die Gesunden sollen sich durch Vorsichtsmaßnahmen schützen. Jakob schützt sich natürlich sorgfältig, aber er ist schon sehr mitgenommen. Im Sommer die Hitze, im Winter die Kälte und dann das viele Chinin. Es schlägt sich auf den Magen. Er ist schon stark angegriffen. Er bekommt Urlaub und kann ein paar Wochen nach Karlsbad fahren. Moses Hersch, der inzwischen mit Esther nach Wien gezogen ist, schreibt ihm nach Karlsbad:

27. VI 916

Lieber Jakob!

Deine Karte vom 19. habe am 21. und dein Brief vom 24. am 26. erhalten. Es freut uns nicht wenig, daß du schon eine Besserung zu verzeichnen hast und daß du schon den Fleischgenuß dir nicht versagen darfst. Ich hoffe mit Bestimmtheit, dass Karlsbad dich vollkommen herstellen wird. Karlsbader Brunnen bringen Wunder. –

Lieber Jakob! Mein theurer Sohn! Noch lebt in mir die große Freude, welche dein langes erhabenes Schreiben vom 17. März in mir hervorgerufen hat – deine Anschauungen und Betrachtungen in jenem Briefe begeistern mich noch heute – Noch bereite ich mir ein geistiges Vergnügen als ich dieses Schreiben wiederholt lese und schon hast du mir wieder ein unendliches Vergnügen damit bereitet, daß du mir den Brief des Herrn Sanitäts Chef zum lesen geschikt hast. Mein lieber Jakob! Du hast nicht umsonst gearbeitet. Ein Vater zu seinem Sohne kann nicht freundlicher und herzlicher schreiben als dieser an dich vom Herrn Sanitäts Chef gerichtete Brief. Ich habe sehr oft durch deine schwere Arbeit dich bedauert. Es freut mich natürlich zu sehen dass deine schwere Arbeit Anerkennung findet. Mögest du uns weiter gesund erhalten bleiben u dir zum Wohle und uns zur Freude weiter glücklich wirken. Leider steht mir die deutsche Sprache nicht derart zu Gebote damit ich alle meine frohe Empfindungen zum Ausdruck bringen konnte. Ich muß mich daher mit obige schlichte Worte begnügen. Du wirst mich wohl gut verstehen.

Grüßend und küssend

Dein Vater

M H Erdheim

5

Der Kaiser ist tot. Von den Dächern der Häuser wehen schwarze Fahnen, viele Schaufenster von Geschäften sind mit schwarzen Tüchern ausgeschlagen, und Büsten und Bilder Kaiser Franz Josefs stehen darin unter Palmen und Lorbeer mit schwarzem Flor umhangen. Die Leiche wird zur Aufbahrung und Exponierung in die Hofburgpfarrkirche gebracht. Hunderttausende stehen Spalier von der Hofburg über den Ring und die Mariahilfer Straße bis nach Schönbrunn. Vor der Menschenmenge bilden Sicherheitswache und Militär den ganzen Weg entlang ein dichtes Spalier. Die Soldaten tragen Feldmonturen mit Gewehr und

Tasche, ohne Tornister und Feldzeichen. Die Offiziere haben Trauerflor auf dem Arm über dem Mantel. Der Platz vor dem Schloß in Schönbrunn ist abgesperrt, aber in der Umgebung ist ein unübersehbares Menschenmeer. Durch die Allee des Vorparks rollen Hofwagen und Equipagen, die Wagen schwarz, die Livreen schwarz, das Zaumzeug der Pferde schwarz.

Paula ist schon nachmittags in die Stadt gefahren. Ohnedies rechtzeitig. Sie hat aber trotzdem keinen guten Platz mehr bekommen. Sie steht beim Gittertor des Volksgartens. Sie wollte Sigmund mitnehmen. Er hat sich aber strikte geweigert. Die Juden sind zwar dem Kaiser zu besonderem Dank verpflichtet, aber er läßt sich nicht in der Menschenmenge zertrampeln. Und außerdem hat der Kaiser auch nichts mehr davon. Es wird sicher nichts passieren, hat Paula gesagt. Es werden Sicherheitsvorkehrungen getroffen. Beim Kaiserjubiläum ist auch nichts passiert. Aber Sigmund läßt sich nicht überreden. Es genügt ein blauer Fleck oder ein Rempler auf die Nase. Seine Brille kann in Brüche gehen. Er geht bestimmt nicht mit. Er geht auch nicht mit in die Hofkapelle, um die Leiche zu besichtigen. Paula soll allein gehen. Er muß arbeiten, das ist wichtiger, die Verletzten können nicht warten. Paula muß unbedingt auch in die Hofkapelle. Der Andrang ist enorm. In der Früh stehen die Leute am Josefsplatz, und im Laufe des Tages werden es immer mehr, sie stehen auf der Ringstraße bis zum Hofburgtheater. Paula muß auch das Leichenbegängnis sehen. Vielleicht kann sie den prachtvollen Galaleichenwagen sehen. Sofie würde auch gern den Leichenzug sehen. Aber sie hat Angst vor der Menschenmenge. Solche Menschenansammlungen sind lebensgefährlich. Bei den Leichenfeierlichkeiten von Eduard von England vor ein paar Jahren hat es Tausende von schweren Unfällen gegeben. Sie ist froh, daß Tea nicht mit der Schule den aufgebahrten Kaiser anschauen muß. Das war ihre größte Sorge. Die Kinder haben drei Tage schulfrei. Tony würde auch gern das Leichenbegängnis sehen. Aber sie fürchtet sich noch viel mehr als Sofie. Peter muß hingehen. Das ganze Militärgericht muß geschlossen teilnehmen. Tony ist sehr nervös. Aber Peter hat einen Passierschein bekommen, um auch in die für die Allgemeinheit abgesperrten Straßen zu kommen. Da sind nicht so viele Leute. Auch Oskar fürchtet die Menschenmenge. Er nützt den freien Tag und prüft die Buchhaltung.

6

Es ist strikt verboten, Wohnräume vor dem 15. Oktober bzw. nach dem 7. April zu beheizen. Auf Übertretung steht eine Geldstrafe bis zu 20.000 Kronen oder bis zu sechs Monaten Arrest. Eine Familie hat zweimal im Monat auf 50 kg Kohle Anspruch. Marmelade gibt es nur mehr auf Karten, Kriegsmarmelade in Blöcken gepreßt. Ein Stück Seife kostet 12 Kronen. Blanka, Minka, Waschall, Prima sind Seifensurrogate ohne Soda und Fettstoff. Sie sind breiig und ruinieren die Wäsche. Zündhölzer, Kerzen, Säcke, Spagat kosten fünf bis zehn mal so viel als vor dem Krieg. Es gibt keine Lichtreklame mehr und fast keine Schaufensterbeleuchtung. Nach zehn Uhr gibt es keine Straßenbeleuchtung mehr.

Wien 9 Feber 917

Lieber Jakob

Mittwoch am 7. vormittag habe dir eine Karte geschrieben, am selben Tag nach Mittag habe ich deine Karte vom 23/I also nach 14 Tagen erhalten. –

Ich habe gedacht, daß dort, wo im Somer so heiß ist, im Winter keine große Kälte sein soll, und doch sehe ich dass auch dort ein schwerer Winter eingezogen hat. Auch hier in Wien herscht die Kälte schrecklich und der Mangel an Kohle ist sehr groß. Durch Sigmunds Protektion habe ich eine Anweisung auf 250 kg das ist 5 Sack Kohle bekomen – für die Zufuhr für diese von der Bahn habe ich 32 Kronen bezahlt. Vielleicht soll man dir den Pelz hinschicken?

Die Mutter hat leider seit einigen Wochen ihre alten und neue Schmerzen gehabt, sie war nicht beständig zu Bett, mußte aber häufig im Laufe des Tages ins Bett gehen, seit 4 Tagen geht ihr Gottlob gut hoffentlich wird die Besserung anhalten. –

Daß es mir finanziell gut geht, hat dir meine Karte vom 7. erzählt. Sollen wir nur mit Euch meine lieben Kinder gesund erhalten bleiben, das andere wäre schon in Ordnung.

Es freut mich ungemein zu hören, daß dein Magen in Ordnung ist, möge diese Ordnung nur anhalten. Es ärgert mich aber sehr wenn du keine Aussicht hast von dort wegzukommen. Wie gerne hätte ich es gesehen dich nächsten Somer – wenn schon nicht in Wien – doch in ein anderes gesünderes Klima versetzt zu wissen. –

Deine Karte habe Sigmund zum Lesen gegeben. –

Ohne sonstiges für heute grüßt und küßt dich dein Vater

M H Erdheim

Jakob hat wieder einen Orden bekommen.

Seine Majestät Der Kaiser von Österreich König von Ungarn und Böhmen u.s.w. und Apostolischer König von Ungarn haben mit allerhöchster Entschließung vom 11. März 1917 dem Universitäts-Dozenten in Wien Dr. Jakob Erdheim beim mobilen Epidemie-Laboratorium Nr: 3 in Anerkennung vorzüglicher und aufopferungsvoller Leistungen im Sanitätsdienste vor dem Feinde das Offizierskreuz des kaiserlich-österreichischen Franz Joseph-Ordens mit der Kriegsdekoration Allergnädigst zu verleihen geruht.

Moses Hersch ist stolz auf seinen Sohn. Es ist ein hoher Orden. Und Jakob ist auch stolz. Er leistet auch im Krieg gute Arbeit, auch wenn er nicht kämpfen kann. Er wird nach Galizien versetzt zur 4. Armee, nach Władimir Waliński, nördlich von Lemberg, eigentlich schon in Russisch-Polen. Es ist eine lange und beschwerliche Reise. Durch Albanien muß Jakob mit dem Wagen auf schlechten Straßen fahren. Dann geht es weiter mit der Bahn erster Klasse nach Sarajewo mit endlosen Aufenthalten und Umsteigen. In den Wartesälen liegen Soldaten auf den Bänken, neben- und übereinander. Endlich kommt er in Szeged an, wo er lange Aufenthalt hat, sich die modernen Sezessionsbauten anschaut, zum Bahnhof zurückgekehrt nachtmahlt und im Coupé übernachtet, obwohl es erst am nächsten Tag weitergehen soll. Schließlich geht es weiter mit einem eleganten ungarischen Rot-Kreuz-Zug, der Verwundete abholt, mit Schlafcoupés, Küche und Operationscoupés. Nach weiteren zwei Tagen kommt er endlich um 3 Uhr in der Früh in Władimir Waliński an. Das Bahnhofsgebäude ist ein Trümmerhaufen. Die Stadt ist aber weniger zerstört als erwartet. Wenigstens ist es hier im Sommer nicht so schrecklich heiß wie in Albanien. Aber es gibt Fleckfieber, die russische Armee ist damit stark verseucht. Er kennt das Fleckfieber schon aus Serbien. Es ist schwer zu diagnostizieren und schwer zu behandeln. Die Sterblichkeit ist hoch, und Komplikationen sind häufig. Die Krankheit wird durch Kleiderläuse übertragen, und eine vollständige Entlausung ist unmöglich. Die Läuse halten sich zumindest unter den Verbänden. Ärzte bekommen Fleckfieberanzüge aus einem Spezialstoff mit lausdichtem Abschluß. Jakob trägt ein laussicheres mit Lysollösung besprengtes Gewand. Eine Hose und Bluse mit Kapuze in einem Stück und Röhrenstiefel. Er ist wieder Tag und Nacht auf den Beinen. In der Früh erzählt die Schwester immer, wer in der Nacht gestorben ist. Manchmal, wenn sie dabei war, erzählt sie, wie der Patient gestorben ist, was er in der letzten Stunde oder den letzten Minuten gelitten hat, und zerdrückt dabei eine Träne. Jakob reagiert darauf nicht. Diese verweichlichten Krankenschwestern. Immer dieses rührselige Mitleid. Patienten sterben eben, wenn sie Typhus, Ruhr oder Cholera haben. Daran muß man sich gewöhnen. Jakob hat wieder Magenschmerzen. Das Essen ist schlecht, auch für die Offiziere. Das Fleisch ist zäh, das Fett schlecht und alt, Gemüse gibt es fast überhaupt nicht mehr, und die Mehlspeisen sind meistens ungenießbar. Von Diät kann keine Rede sein. Er bekommt Fieber und Rippenschmerzen. Er tippt auf Tuberkulose. Ein Kollege untersucht ihn. Wahrscheinlich Rippenfelltuberkulose. Er kann mit dem nächsten Transport nach Wien fahren und kommt gleich in ein Sanatorium in Niederösterreich. Danach wird er enthoben und kann wieder in Wien im pathologischen Institut arbeiten.

7

Tea muß Klavierspielen lernen. Oskar hat ein Piano gekauft. Es steht im Schlafzimmer der Eltern. Eine, zweie, dreie. Tea kann das nicht nachspielen. Noch einmal. Eine, zweie, dreie. Tea drückt auf die Tasten. Irgendwie. Einmal länger, einmal kürzer, egal, was die Lehrerin sagt.

– Hörst du nicht?

Und Tea drückt wieder irgendwie auf die Tasten. Sie geht jetzt ins Lyzeum im 1. Bezirk. Ins Halbinternat. Den ganzen Tag wartet sie immer schon, daß sie endlich abgeholt wird. Das Essen ist schrecklich schlecht. Kohlsuppe, Erdäpfelschnitzel mit Sauerkraut, rote Rüben,

Kümmelsuppe, Kuttelfleck, Schellfisch. Das mag Tea alles nicht. Fisch ist am schlimmsten. Fisch kann sie beim besten Willen nicht essen. Zu Hause bekommt sie nur, was sie mag. Geselchtes, Schweinsbraten ohne Kümmel, weil sie Kümmel nicht mag. Da muß sie auch keinen Karfiol essen und keine grauslichen roten Rüben. Sogar Butter gibt es, die Papa immer aus der Stadt nach Hause bringt, und Schokolade. Die Fräulein, die Nachmittag die Kinder beaufsichtigen, teilen auch manchmal Ohrfeigen aus. Tea hat schon zweimal eine bekommen, weil sie sich mit dem Kopf auf den Tisch gelehnt und geschlafen hat. Und wenn sie das Essen nicht mag, heißt es, sie soll froh sein, daß sie jetzt im Krieg so etwas Gutes bekommt. Sie darf nicht aufstehen, ohne aufgegessen zu haben. Manchmal stopft sie den Fisch in den Mund und läuft dann schnell aufs Klo und spuckt ihn wieder aus. Einmal hat ein Fräulein das bemerkt. Tea hat eine Ohrfeige bekommen. So etwas im Krieg, wo die Bevölkerung schon hungert. Die Mutter wurde benachrichtigt. Sie hat mit Tea geschimpft und gesagt, sie soll nicht so undankbar sein, wo das Lyzeum doch so teuer ist. Tea schmiert die Aufgaben nur so hin. Immer schaut ein Fräulein über die Schulter. Sie kann das nicht leiden. Sie hat keine guten Noten, lauter Vierer, nur in Zeichnen und Deutsch einen Zweier. Am schlimmsten ist Turnen. Das kann sie gar nicht. Vor den Geräten hat sie Angst. Sie springt nicht über den Bock. Und laufen und hüpfen mag sie auch nicht. Anläßlich des Namensfestes des Kaisers gibt es eine Schulfeier. Der Direktor spricht über die vernichtenden Siege über die Italiener. Dadurch sind ihre Aspirationen auf Triest, Görz und andere Landesteile für immer vorüber. Die Kinder rufen: Hoch lebe der Kaiser und singen die Volkshymne. Drei Wochen später gibt es einen Dankgottesdienst anläßlich der Errettung des Kaisers aus Lebensgefahr. Das Kaiserpaar besichtigte gerade die Südwestfront. Beim Überschreiten eines an sich völlig seichten Nebenflusses des Isonzo blieb das Auto stecken. Beim Versuch den Kaiser über den Fluß zu tragen, brach das Wehr, auf dem der Leibjäger stand, ein, und beide wurden von den Fluten abgetrieben. Nach längeren Bemühungen von des Kaisers Begleitung wurde der Kaiser wieder an Land gebracht. Im Frühling machen sie Ausflüge nach Mödling, Neuwaldegg, aufs Hameau, einen Tagesausflug nach Preßburg, wo sie das k.k. Naturhistorische Hofmuseum besichtigen. Tea will nicht mehr ins Internat gehen und überhaupt nicht in diese Schule. Der Vater schimpft. 300 Kronen kostet das Lyzeum, und jetzt will sie nicht mehr hingehen. Da sucht man für das Kind das Beste aus, und dann macht sie solche Zicken. Tea will in ein richtiges Gymnasium gehen und Nachmittag nach Hause zu Mama, wo sie essen kann, was ihr schmeckt, und ihr eigenes Zimmer hat. Sofie redet mit Oskar. Das Kind ist unglücklich. Man muß sie aus der Schule nehmen. Sie kann im Herbst die Aufnahmsprüfung in die 2. Klasse Gymnasium machen. Mit einem Lehrer wird sie die Prüfung schon bestehen. Schließlich willigt Oskar ein. Sofie nimmt Tea im Mai aus der Schule. Tea bekommt Französischstunden und einen Lehrer für Mathematik.

Oskar wird noch einmal gemustert. Er ist zu Hilfsdiensten tauglich. *Der Landsturmpfl. Osias Erdheim recte Hopfinger ist zum Landsturmdienste einzuberufen, ihm der Gewerbeschein auszuhändigen, der Mann zu präsentieren und zum Ersatz-Baon Nr. 49 einzuteilen.* Oskar sucht um den Intelligenzstreifen an. Der Intelligenzstreifen oder das „Abortabzeichen" ist ein schmaler gelber Steifen an den Ärmeln, der einen Landsturminfanteristen ohne Waffe vor gewissen Arbeiten, wie der Reinigung der Aborte, bewahrt. Dieses Abzeichen erhalten ältere Landsturmleute ohne Matura, aber mit einer im Zivilberuf nachgewiesenen Intelligenz. Vor allem bekommen es Unternehmer, Industrielle, Kaufleute, Gutsbesitzer. Oskar wird zu Hilfsdiensten bei der k. u. k. Zensurstelle herangezogen. Vorwiegend Schreibarbeiten. Ins Schreibzimmer kommt oft ein junges Mädchen. Sie macht Botengänge.

– Wo müssen Sie denn hin, Fräulein?
– Ins Kriegsministerium.
– Und danach kommen Sie wieder?
– Freilich.

Jedes Mal fragt Oskar, wohin sie geht. Das Fräulein lacht. Oskar bringt ihr eine Tafel Lindt-Schokolade. Sie ist glücklich. Wo gibt es denn jetzt Schokolade? Sie hat schon ein Jahr lang keine Schokolade mehr gegessen. Am nächsten Tag bringt er ihr Eier.

– Wo haben Sie denn die Eier her?
Auf der Marienbrücke hab ich sie gekauft.
– Von galizischen Flüchtlingen.
– Natürlich.
– Ja, wenn man Geld hat. Zehn Eier! Wenn wir noch Mehl hätten,

könnte meine Mutter ein Biskuit backen.

– Morgen bring ich Ihnen ein Mehl.
– Die Mehlquote ist auf die Hälfte reduziert worden.
– Morgen bring ich eines.
– Von den jüdischen Schiebern. Die verlangen 10 Kronen für ein Kilo Mehl.
– Für Sie ist mir nichts zu teuer, Fräulein Adele.
– Aber das kann ich doch nicht annehmen.
– Warum denn nicht? Darf ich Sie heute nach Hause begleiten?
– Wenn Sie unbedingt wollen.
– Wo gehen wir hin?
– Ich weiß nicht.
– Wir gehen in die Konditorei.
– Oh!
– Ich weiß eine Konditorei, wo es noch richtige Schokolade gibt und Mehlspeisen aus richtigem Mehl.
– Das glaub ich nicht.
– Doch, doch, Sie werden sehen. In der Milchgasse. Gehen wir.

In der Konditorei bestellen sie Schokolade und Krapfen. In der Schokolade ist keine Milch, und die Krapfen sind mit Maismehl gebacken. Oskar beschwert sich. Es ist in allen Gast- und Schankgewerbebetrieben verboten, Milch und Milchgetränke zu verabreichen.

– So weit ist es also gekommen.
– Da nützt Ihnen Ihr ganzes Geld nichts.
– Gehen wir ins Kino. Die Königstochter von Travankore. Das ist ein indisches Liebesidyll nach alten Aufzeichnungen.
– Fein!

Sie nehmen einen Fiaker zur Mariahilfer Straße. Das Kino ist voll. Oskar legt seinen Arm um Adele. Sie läßt ihn gewähren. Er nimmt ihre Hand und sie läßt es zu. Ein spannender Film, flüstert er ihr ins Ohr. Ja, sehr. Was für eine schöne Geschichte.

– Hat es Ihnen gefallen?
– Ja, sehr. Und jetzt?
– Dort drüben ist ein Hotel.

Pauline geht auch schon in die Volksschule. Tea mag die beiden kleinen Cousinen nach wie vor nicht. Einmal in der Woche wird gemeinsam gegessen. Da kommen Peter und Tony mit den beiden Kindern, Sigmund manchmal mit Paula und Moses Hersch und Esther, die in der Messerschmidtgasse wohnen, fünf Minuten von Oskars Haus entfernt. Sofie serviert Schweinsbraten, sagt, es ist Rindfleisch, und behauptet, daß es koscher ist. Moses Hersch und Esther schweigen dazu und essen den Schweinsbraten. Die Söhne essen ja auch nicht mehr koscher. Aber in den Tempel gehen Moses Hersch und Esther schon noch, wenn auch nicht jeden Schabbes. Meistens geht Moses Hersch allein. Esther ist sehr leidend, aber Moses Hersch ist auch schon ein sehr alter Mann. Sofie hat Sigmund strikt verboten, von den Verwundeten zu erzählen. Das verdirbt ihr den Appetit. Tony will es auch nicht hören, sie beginnt jedes Mal zu weinen. Umso mehr erzählt Peter. Von den Simulanten, die er bestrafen muß. Leute, die durch Selbstbeschädigung der Einberufung entgehen wollen. Da gibt es Leute, die sich künstlich einen Leistenbruch zuziehen, die Haut verätzen oder verbrühen, künstlich Augenentzündungen herbeiführen oder durch Fremdkörper Entzündungen der Harnröhre, durch Seifenwasser Tripper vortäuschen oder sich Erfrierungen zuziehen. Sigmund lacht. Er kann es aber verstehen. Wer will jetzt schon ins Feld ziehen, vielleicht als Krüppel zurückkommen oder gleich am Schlachtfeld tot bleiben. Sofie und Tony wollen das auch nicht hören. Immer ist nur vom Krieg die Rede. Erzähl nicht solche Sachen vor den Kindern, sagt Sofie. In der Schule hören sie ohnedies viel zu viel vom Krieg. Für uns Männer gibt es jetzt kein anderes Thema, sagt Sigmund. Und Oskar und Peter stimmen zu. Peter erzählt von einem Burschen, der seinen Offizier erschossen hat, weil er ihn nicht vom Frontdienst fernhalten wollte. Von einem Kanonier, der, um sich eine geringe Menge Maismehl anzueignen, zwei Kameraden erschossen hat. Von einem Arzt, der seiner nymphomanen Frau völlig hörig war und sie schließlich umbrachte. Von einem Hochstapler, der ohne Charge einrückte und in kürzester Zeit eine beachtliche militärische Laufbahn machte. Er erschlich sich die Feldwebelcharge, die große silberne Tapferkeitsmedaille, trat als Kadettaspirant auf und erzählte von glänzenden Waffentaten, ohne jemals im feindlichen Feuer gestanden zu sein. Er gab sich als Kadettfeldwebel, als Leutnant, schließlich als Oberleutnant aus, nahm einen adeligen Namen an, den er mit dem Zusatz „Dr. juris", später noch „Dr. med" verzierte. Er trat als Dozent der Wiener Universität auf und fungierte als Etappenstationskommandant. Es ist kaum zu fassen, daß dieser Mann so lange sein Unwesen treiben konnte, sagt Peter. Alle finden die Geschichte vom Hochstapler lustig. Endlich einmal keine grausliche Kriegsgeschichte. Tea hört immer sehr aufmerksam den Erwachsenen zu. Sie hat die Geschichten der Onkeln gern. Papa erzählt nie so interessante Geschichten.

Sofie trifft am Nordbahnhof immer eine Bäuerin aus Galizien, die ihr Milch, Eier, Butter, Obst und Gemüse verkauft. Alles von hervorragender Qualität, aber teuer. Sie können es sich leisten. Sie müssen sowieso schon frieren, weil es beim besten Willen auch für Geld keine Kohlen gibt. Wäsche gibt es auch keine mehr, keine Hemden, keine Unterhosen, keine Kragen, keine Damenstrümpfe, wenn, dann höchstens um 100 Kronen. Gasthäuser sperren um 9, Kaffeehäuser um 10, Theater, Kinos, Varietés, Konzert- und Vortragssäle sind gesperrt. Und Sigmund weiß nicht, wie er arbeiten soll. Es fehlt an Benzin, Äther und Alkohol. Statt Baumwollbinden gibt es Papierbinden, das Verbandszeug muß gewaschen und wiederverwendet werden. Die schmerzstillenden Mittel, sofern es welche gibt, sind schlecht. In den Spitälern gibt es viel zu wenig Kohle und Lebensmittel, und in der Poliklinik wird nur mehr Sauerkraut gegessen.

Esther ist gestorben. Moses Hersch zieht in die Höhnegasse in Jakobs Zimmer. Sofie fährt mit Tea nach Franzensbad. Sie hat einen Ausschlag am ganzen Körper. Der Arzt sagt, die Moorbäder in Franzensbad sind das einzige, was noch helfen kann. Der Ausschlag juckt sehr und Sofie kratzt. Der ganze Körper ist schon blutig. Sie war schon einmal in Franzensbad wegen ihres chronischen Katarrhs. Tea macht auch eine Kur, sie ist zwar pumperlgesund, aber schaden kann es ja nicht. Kinder trinken von der Salzquelle. Sie sind beide den ganzen Tag mit der Kur beschäftigt. Trinken, baden, ausruhen, Mittagessen, wieder ausruhen. Sofie bekommt Injektionen, dann wieder von der Quelle trinken, spazierengehen und wieder trinken. Tea ist langweilig, sie mag auch nicht so viel im Bett liegen, sie liest die Deutschen Heldensagen, spazierengehen langweilt sie auch. Nach Miramonti geht sie gern. Dort gibt es ein Kaffeehaus, wo sie ein Stückchen Kuchen mit Mehl gebacken bekommt und richtige Schokolade mit Milch. Und der Balladenabend hat ihr gut gefallen. Sie möchte so gern ins Theater gehen. Der Frauenfresser. Die Mutter will aber am Abend nicht mehr weggehen, weil sie zu müde ist.

Franzensbad, 2. VII. 18

Mein geliebter Oskar!

Heute Nacht bist Du allein, weil Marie weggefahren ist. Ich weiß, Dich stört das alles nicht, aber ich muß an meinen lieben Ossi denken, ob ihn auch Großvater's Christl gut versorgen wird? Dein l. Brief vom Sonntag ist in meinen Händen, ebenso erhielten wir heute mittags das Brot & Zucker & Mehl, besten Dank für alles. Tea hat dem Brot gleich zu Mittag tüchtig zugesprochen.

Am 1. d. M. schreibst Du, Spaller wird für mich 1000 – Kr. in die Bank einlegen; ich habe bis heute keinen Bescheid bekommen & würde das Geld schon benötigen, da ich heute die 2. Wochenrechnung bekam und nur mehr über 300. – verfüge, während selbe über 500. – beträgt. Ich bitte Dich inständigst, sofort etwas zu unternehmen, damit ich Geld bekomme.

Kommt Frau Gottesmann hierher? Tea hätte eine Gefährtin, es wäre mir recht lieb.

Ihr seid also in Wien recht schlecht versorgt! – Bis auf Brot bekommen wir ziemlich alles – aber um horrende Preise. Die Wochenrechnung betrug voriges Jahr die Hälfte. Ich lege Dir selbe bei. Auch sonst ist alles wahnsinnig teuer. Zur Jause bin ich gezwungen etwas zu kaufen, aber jedes Stückchen ist furchtbar teuer; Köstlin Lebkuchen ist ausgezeichnet, aber ein Stück 1.20 Kr. Zu haben ist alles, die besten und feinsten Sachen.

Nun genug darüber, ich kann daran nichts ändern. Tea hat fast immer Hunger. Und dabei ist es überall überfüllt von Kurgästen, hier machen sich die Kriegsgewinner sehr fühlbar. Tea geht es gut, sie hat eine leichte Kur, nur klagt sie fast täglich über Kopfschmerzen! Ich habe eine sehr schwere Kur, starke Moorbäder, 25 Minuten fast täglich, 3 Mal wöchentlich muß 2 Löffel Tierkohle zur Desinfektion des Darmes einnehmen, 3 mal wöchentlich Kamillen-Irrigationen & außerdem ein Medikament „Detoxin" Tabletten & 3 verschiedene Quellen trinken & sehr Diät leben. Zwei verschiedene Salben, kurz ich bin von 7 Uhr früh bis abends in der Kur & habe fortwährend zu tun. Das Jucken ist entsetzlich, jede Nacht muß ich aufstehen & allerhand anwenden, es verbittert mir mein Leben! Ich habe wirre Träume.

Essen haben wir ja genug, aber unsere Brotration essen wir zum Frühstück auf. Wie geht es daheim mit den Lebensmitteln? Bitte schreibe mir doch auch, wie Du ißt?!

Nun mein lieber, guter Oskar habe ich mit Dir ein bißchen geplaudert. Nimmst Du Dir überhaupt Zeit, meine endlosen Episteln zu lesen?

Ich brenne vor Ungeduld auf Deine lieben Nachrichten. Du kannst es gar nicht glauben, wie sehr ich mich danach sehne.

Es küßt Dich unzählige Male
Deine Dich zärtlich liebende

Sofie

8

Galizien wollen die Polen, und die Ukrainer wollen es auch. Deshalb führen sie Krieg gegeneinander. Die Juden sind neutral. Die Polen aber nehmen den Juden die Neutralität übel. Sie sind für sie Verräter, die sie vernichten müssen. Ihre Neutralität müssen sie büßen. Sie beschuldigen die Juden der Spionage, die Neutralität nicht bewahrt zu haben, bewaffneten Widerstand geleistet zu haben und auf heimtückische Art den siegreichen Vormarsch der polnischen Truppen aufzuhalten versucht zu haben. Am 22. November 1918 marschieren polnische Legionäre unter dem Kommando von Offizieren in Doppelreihen in die jüdischen Straßen Lembergs ein. Mit Bajonetten und Handgranaten brechen sie die jüdischen Geschäfte auf und umzingeln die Häuser. Sie dringen in die Wohnungen der Geschäftsleute ein, ermorden alle, die sie dort antreffen, und verschleppen die Wohnungsbestände. Vor den großen Geschäftslokalen fahren Automobile mit Offiziersbesatzung vor, und alles geraubte Gut samt Einrichtungen wird aufgeladen und weggeführt. Leder, Stoffe, Nahrungsmittel. Schwestern des Roten Kreuzes nehmen an den Plünderungen teil und requirieren fürs Spital, wobei ihnen mehrere Fuhrwerke zur Verfügung stehen. Aber auch Zivilleute, Finanzräte, Bahnbeamte, Magistratsfunktionäre, Professoren, Akademiker und Studenten beteiligen sich an den Plünderungen. Damen in eleganten Kleidern und Familienväter kommen in Kutschen gefahren und fahren voll beladen davon. Die polnischen Soldaten besetzen die Häuser des Judenviertels, schütten Nafta in die Keller und Wohnungen und stecken sie in Brand. Viele springen aus dem Fenster. Die Patrouillen treiben mit Bajonettstichen und Gewehrfeuer Männer, Frauen und Kinder, die fliehen wollen, in die brennenden Häuser zurück. Hunderte Juden flüchten in den Tempel. Die polnischen Legionäre und Soldaten umstellen den Tempel und schleudern Handgranaten und Brandbomben in die Massen und schießen sie nieder. Alle im Tempel werden ermordet. Fünfhundert bis sechshundert Häuser stehen in Flammen. Tage danach noch rauchen die Häuser, und die verkohlten und verstümmelten Leichen liegen herum. Die polnische Bevölkerung hat den Pogrom mit unverhohlener Befriedigung aufgenommen und begrüßt. Damen und Herren der polnischen Gesellschaft Lembergs pilgerten nach dem Pogrom in das Judenviertel, um sich die Wirkungen des zweitägigen Mordens und Brennens anzusehen und das Schauspiel zu genießen. Daszynski, der Führer der polnischen Sozialdemokratie, sagt in einer Wahlrede: Die Juden sind selbst an ihrem Missgeschick schuld. Einem fremden, zahlreichen Volkselement, das sich nicht polonisieren will, werden wir immer mit Misstrauen und Hass begegnen.

In Drohobycz ist es ruhig. Bis jetzt. In ganz Westgalizien gibt es Pogrome. Die Polen plündern, rauben und zerstören. In Przemyśl sind fünfzehn Juden als Opfer des Pogroms begraben worden. Onkel Nuchem ist nichts passiert. Aber in seiner Wohnung waren sie und haben die Kämme beim Fenster hinausgeschmissen. Und dann das Blutbad in Lemberg. Die Drohobyczer Juden haben Angst. Adolf und Minna zittern. Sie wohnen zwar nicht im Judenviertel, aber der Mob kommt überall hin. Adolf ist reich. Zu den Reichen kommen sie auf jeden Fall. Aber sie kommen zu allen, den Armen und den Reichen ohne Unterschied. Eduard hat es weit in die Schule. Es kann etwas passieren, während er in der Schule ist. Man kann ihn deshalb nicht zu Hause lassen. Alle jüdischen Kinder gehen in die Schule. Es kann auf dem Schulweg etwas passieren. Selbst wenn Xenia ihn begleitet. Sie machen auch alle nieder, die Juden schützen. Adolf kann etwas auf dem Weg nach und von Borysław passieren. Sie können in Borysław wüten. In Lemberg ist es immer noch nicht vorbei. Es wird immer noch geplündert und geraubt. Sie hetzen die christliche Bevölkerung gegen die Juden auf. Die Juden verkaufen vergiftete Zuckerln und Zigaretten, sagen sie, sie geben Millionen für die Ukrainer aus, die Juden und ihr Kaiser haben den Krieg verschuldet. Moses Hersch, Sigmund, Oskar und Jakob machen sich Sorgen. Adolf soll mit der Familie nach Wien kommen. Das geht nicht. Er muß sich um die Gruben kümmern, und Eduard muß in die Schule gehen. In den kleineren Städten in Ostgalizien waren bis jetzt keine Pogrome. Man sagt, es wird keine geben. Die frommen Juden von Drohobycz beten von früh bis spät, daß es keinen Pogrom gibt. Und die weniger Frommen gehen auch in die Synagoge und beten. Selbst Adolf betet und hält Eduard dazu an.

Hakenkreuzler auf den Straßen

1. Kapitel

I

Ostjuden hinaus, Platz den Heimkehrern! Fort mit den Schmarotzern! schreiben die christlichen und deutsch-nationalen Zeitungen. Wer ist schuld an unserer furchtbaren Wohnungsnot? Die massenhafte Einwanderung von Ostjuden in unser Vaterland. Wer ist schuld an der entsetzlichen Teuerung all unserer Lebensmittel und Bedarfsartikel? Die wucherische Tätigkeit der eingewanderten Ostjuden auf allen Gebieten unseres Wirtschaftslebens. Was für ein sicheres Mittel gibt es, die herrschende furchtbare Wohnungsnot zu vermindern? Die Ausweisung aller seit dem 1. August 1914 eingewanderten Juden und völlige Sperrung der Grenzen gegen jede jüdische Einwanderung. Was für ein sicheres Mittel gibt es, der herrschenden entsetzlichen Teuerung aller Lebensmittel und Bedarfsartikel Einhalt zu tun? Die Ausweisung aller seit dem 1. August 1914 eingewanderten Juden und völlige Sperrung der Grenzen gegen jede jüdische Einwanderung. Wird die jetzige Regierung diese berechtigte Volksforderung erfüllen? Nein. Warum nicht? Weil 90 Prozent der Regierung aus sozialdemokratischen Juden besteht. Wie ein Heuschreckenschwarm überfluten die Ostjuden unser Land, nehmen uns die Wohnungen, nehmen uns Nahrung und Kleidung, diese Fremdlinge nehmen uns aber auch unseren Erwerb und Verdienst weg, denn kaum, daß sie unseren Heimatboden betreten haben, beginnen sie sofort mit ihren Wucher- und Schiebergeschäften, mit Kettenhandel und spekulativem Warenkauf, entziehen dadurch dem Markte die Waren und verteuern alles, was wir zum Leben unbedingt benötigen. Ostjuden, unsere Geduld ist am Reißen! Ihr habt sie auf eine verflucht harte Probe gestellt. Geht freiwillig, solange ihr freiwillig gehen könnt! In der Bevölkerung, und besonders in der Arbeiterschaft, wächst eine unheimliche Wut, und niemand kennt den Tag, an dem sie sich auf Euch stürzen wird. Aber jeder ahnt, daß dieser Tag nahe ist. Sehr nahe! Ostjuden, wir haben euch hassen gelernt, tief und inbrünstig hassen.

Paula will, daß Sigmund in einen anderen Bezirk zieht. Weg aus der Leopoldstadt. Die vielen Flüchtlinge. Sigmund stören sie nicht.

– Sie sind alle krank.
– Nicht alle. Ich bin Arzt und kann in jedem Bezirk von Patienten angesteckt werden, auch im Spital.
– Schau doch, wie sie ausschauen.
– Wie denn?
– Du weißt schon. Zieh in den 9. Bezirk.
– Ich will aber den Juden helfen.
– Im 9. Bezirk gibt es auch viele Juden.
– Aber reiche. Ich will den armen helfen. Ich will auch den Flüchtlingen helfen. Das kann ich in der Taborstraße am besten.
– Die Ostjuden sind schuld am Antisemitismus.
– Aber geh. Wo hast du denn das her?
– Die Zeitungen schreiben es doch.
– Welche?
– Die Reichspost. Alle. Sogar die Arbeiter-Zeitung. Alle sind gegen die Ostjuden.
– Ja, unser Freund Gottesmann schimpft auch auf die Kaftanjuden. Dabei kommt er selbst aus dem Stettl.
– Sie sind unzivilisiert.
– Das stimmt nicht. Sie sind nur arm. Viele sind Gelehrte. Gelehrter als Gottesmann und so mancher zivilisierte Jude. Ich bleib in der Leopoldstadt.

Moses Hersch ist gestorben. Sein Vermögen ist nichts mehr wert. Eine Million Kronen. Das war einmal viel Geld. Heute ist es nichts. Jakob ist Professor geworden und als Malariaspezialist nach Palästina eingeladen worden. Er hat in Albanien reichlich Erfahrung gesammelt in der Behandlung der Malaria. Sigmund ist habilitiert, Peter ist nach Zabłotów zurückgekehrt, Pauline geht in Kolomea ins Gymnasium und Sofie fährt wegen ihres Asthmas wieder nach Wörishofen zur Kur. Sofie fährt zwei-, dreimal im Jahr nach Wörishofen. Sie hustet viel, bekommt keine Luft und schläft schlecht. Wörishofen ist das einzige, das ihr ein bißchen Besserung bringt. Tea ist dann mit Papa und Marie in Wien. Sofie macht sich Sorgen. Papa arbeitet, und Marie ist zwar verläßlich, aber wer weiß, ob Tea auch rechtzeitig ihr Frühstück bekommt, ob sie sich auch warm genug anzieht, letztes Jahr hat sie erfrorene Füße und Hände gehabt, weil sie bei Frost Halbschuhe anhatte und keine

Handschuhe. Ob Oskar auch die Englischstunden rechtzeitig bezahlt und Tea die Bücher in die Bibliothek zurückbringt? Ob Oskar am Abend zu Hause ist und darauf achtet, daß Tea nicht zu lange liest und rechtzeitig schläft? Sofie muß mindestens vier Wochen in Wörishofen sein, sonst hat es gar keinen Sinn. Sie schreibt jeden zweiten Tag einen Brief oder eine Karte und erwartet das auch von Tea und Oskar.

Wörishofen, den 1. April 1922

Meine liebste Tea!

Schon seit 8 Tagen habe ich vom l. Papa keine Zeile! In meinem letzten Briefe bat ich Dich mir sofort zu schreiben, wo sich der l. Papa befindet? Ich bin schon sehr beunruhigt, Du weißt aus Erfahrung, was es für mich bedeutet eine Woche ohne Nachricht zu sein! Ich bin nervös – ich leide! Deinen Brief vom Donnerstag erhielt ich Sonntag & seither überhaupt nichts mehr von Euch, meinen Liebsten!

Ich beschwöre Dich, schreibe mir 2 Zeilen was los ist ??? – – Gerade solche Zustände verschlechtern mein Leiden erheblich.

Man liest hier so viel von Eisenbahnräubern & man räth mir dringend ab ja nicht bei Nacht zu fahren, die Überfälle sind hier an der Tagesordnung, vielleicht fahre ich bei Tag, obzwar mir das Übernachten in München auch sehr lästig & dabei heute kostspielig.

Ach meine liebe Tea, ich komme eben vom Sonnenbichl, gestern & heute haben wir hellen Sonnenschein, ich sitze stundenlang am Balkon & grüble & forsche über die Ursache des Stillschweigens des l. Papas.

Oft & oft mein Kind erinnere ich mich Deiner Kindheit, wenn ich die vielen Kastanien & Eicheln verstreut liegen sehe, es war Dein größtes Vergnügen, sie zu sammeln!

Dem l. Papa schreibe ich nicht, weil ich annehmen muß, daß er nicht zuhause. Während seiner letzten Reise trat in unserer Correspondenz gar keine Verspätung ein, ich hatte eine Karte von Linz & eine aus Steyr, die mich vollständig beruhigten! Ich wiederhole meine Bitte mir sofort zu schreiben – oder ist Papa vielleicht krank? Wären die Telegrammspesen nicht so enorm hoch, ich hätte längst depeschirt!

Es küßt Dich innigst
Deine besorgte Mutter

2

Tea ist jeden Sommer in Drohobycz. Papa bringt sie immer hin. Oskar bleibt dann immer eine Woche oder auch länger und sucht Kornhabers Tochter auf, die Tochter des Sohnes von Kornhaber, Moses Herschs Kompagnon, ein junges Mädchen von 20 Jahren, lädt sie in die Konditorei am Ringplatz ein und schenkt ihr eine Bluse, einen Hut oder ein Täschchen aus der Wiener Werkstatt. Tea weiß davon nichts. Papa sagt, er hat zu arbeiten. Geschäfte. Adolf fährt mit Tea und Eduard nach Borysław und zeigt ihnen die Gruben. Tea interessiert das nicht besonders. Borysław ist schmutzig, ein ständiges Geschiebe, man kann nur auf der einen großen Straße gehen. Aber Adolf meint, die Kinder müssen wissen, woher das Geld kommt. Am Abend, wenn es nicht zu spät ist, spielt er mit den Kindern, Domino, Mikado, aber am liebsten spielen die Kinder, etwas oder jemanden darstellen. Einer macht jemanden nach oder stellt irgendeine Tätigkeit dar, und die anderen müssen erraten, was es ist. Adolf ist ein wunderbarer Darsteller und denkt sich immer ganz ausgefallene Sachen aus. Überhaupt ist er ganz anders als Oskar. Nie schimpft er mit den Kindern, immer lacht und scherzt er mit ihnen und bringt Süßigkeiten mit. Und wenn das Wetter schön ist, macht er Fotos von den Kindern. Beide, Tea und Eduard, haben kürzlich Brillen bekommen und sind mächtig stolz darauf. Tante Minna findet aber, daß sie sich lieber ohne Brille fotografieren lassen sollen, die Brillen entstellen so das Gesicht. Und Tea soll nicht so ein kurzsichtiges G'schau machen. Das steht ihr gar nicht gut. Und überhaupt hätte sie sich vorher frisieren sollen. Sie trägt jetzt keine Zöpfe mehr, sondern einen Knoten im Nacken und ist immer ein bißchen zerrupft. Aber ihre neue Hemdbluse mit Bubenkragen, die ihr so gut steht, und den Sportrock mit Knöpfen hat sie zum Fotografieren angezogen. Endlos ist sie mit Mama durch die Stadt gelaufen, um neue Kleider zu kaufen. Siehst du, wie schwer es ist, schöne Sachen zu bekommen und wie sehr Mama sich für dich bemüht, hat Papa sie ermahnt. Tante Minna fährt mit Tea und Eduard nach Truskawiec in die Sommerfrische, wo sie Brunnenwasser trinken. Tea gefällt es dort viel besser als mit Mama in Wörishofen. Sie wohnen in der Villa Garzina. Viel schöner als diese neue Villa in Wörishofen. Mama ist jetzt allein in Wörishofen und schreibt jeden zweiten Tag einen Brief oder eine Korrespondenzkarte und verlangt das auch von Tea, die gar keine Lust hat so oft zu schreiben. Papa hat sogar schon eine Karte geschickt mit seinem Stempel darauf, damit Tea nicht vergißt, wo er wohnt und endlich schreibt. Eduard lernt in der Schule Griechisch und rezitiert Homer, was Tea unheimlich imponiert. Andra moi ennepe, Mosa, polytropon hos mala polla. Sie hat keine Ahnung, was das heißt, aber es klingt wunderschön. Mädchen können nicht Griechisch lernen, dafür lernt sie Französisch. Das lernt Eduard nicht. In Französisch ist sie gut, aber in Geschichte hat sie eine Versetzungsprüfung. Tea hat immer brav gelernt, jetzt mag sie auf einmal nicht mehr. Geschichte ist so fad. Papa hat getobt. Durchfallen kommt nicht in Frage. Wenn du durchfällst, mußt du wieder ins Lyzeum gehen, und wenn du das auch nicht schaffst, mußt du Schneiderin werden oder Telefonfräulein oder Krankenschwester, wenn du es überhaupt schaffst. Und Jakob hat gesagt, Mädchen sollen überhaupt nicht ins Gymnasium gehen. Tea mag nicht lernen. Es ist so fad. Eduard prüft sie. Er ist gut in Geschichte. Er ist in allen Fächern sehr gut. Tea korrespondiert emsig mit ihrer Freundin Liesl Zwillinger. Das ist interessanter, als Mama und Papa zu schreiben. Liesl hat auch eine Versetzungsprüfung und freut sich, daß sie nicht die einzige ist. Sie schreiben sich, was sie gelesen haben, was die andere unbedingt lesen muß. Liesl hat Niels Lyhne von Jacobsen gelesen, die Buddenbrooks, Oberhof von Immermann und den Glöckner von Notre Dame. Von Niels Lyhne ist sie begeistert. Das muß Tea auch unbedingt lesen. Die Cousinen aus Zabłotów wollen mit Tante Tony kommen. Tea paßt das gar nicht. Sie mag die beiden Kleinen nicht. Und dann ist sie mit Eduard nicht mehr allein. Dann können sie keine interessanten Gespräche mehr führen, wenn die Kleinen immer dabei sind.

Liesl, Teas Freundin, geht seit Herbst in die Odenwaldschule in Hessen. Liesl ist begeistert. Tea gefällt auch alles, was Liesl erzählt, und ihre Schule findet sie gar nicht gut. Aber sie will nicht von den Eltern weg, und außerdem würde sie weder der Vater noch die Mutter nach Deutschland lassen. Der Vater hält die Odenwaldschule sowieso für neumodischen Unfug. Er weiß zwar nicht genau, wie es dort zugeht, aber Unfug ist es sicher. Und rasend teuer. Für so etwas hat er kein Geld.

Liesl schreibt oft und ausführlich. Es gibt keinen Unterricht wie in der normalen Schule. Man wählt Kurse und hat dann ein, zwei Fächer jeden Tag über zwei Monate. Sie hat jüdische Religion genommen. Es ist ganz anders als in der Mittelschule in Wien. Sie liest jetzt von Buber „Ekstatische Konfessionen". Tea hat es sich auch gewünscht. Sie versteht das Buch aber nicht und legt es weg. Überhaupt ist Religion ein Blödsinn, sie ist Atheistin. So wie Niels Lyhne. Es gibt keinen Gott. Sie lügen alle. Tea streitet immer mit dem Religionslehrer. Er erzählt doch die tollsten Lügengeschichten. Liesl schreibt Tea, daß Religion auch interessant sein kann. In der Odenwaldschule haben alle Konfessionen zusammen Religion. Es gibt auch eine gemeinsame Andacht. Unlängst hat Dr. Geheeb eine Legende aus Selma Lagerlöfs Christuslegenden vorgelesen. Alle waren ganz still und haben gelauscht. Dr. Geheeb ist ein ganz besonderer Mensch. Er hat einen unheimlich langen Bart, bis auf die Brust, wie die Juden im Kaftan aus Galizien in der Leopoldstadt. Er hat so viel Verständnis für die Schüler, er ist wirklich einfühlsam. Trotzdem, Tea will von Religion nichts wissen. Es ist Lüge. Aber daß Buben und Mädeln zusammen lernen, gefällt ihr. Koedukation! Das ist eine Errungenschaft! Das sollte es in Wien in den staatlichen Schulen auch geben. Gartenarbeit würde sie aber nicht gerne machen, und auch Handwerk möchte sie keines lernen. Das Luftbad, von dem Liesl geschrieben hat, findet sie auch interessant. Alle Kinder zusammen nackt im Freien. Aber Buben und Mädeln getrennt. Ums Theaterspielen beneidet Tea Liesl glühend. Don Carlos und Maria Stuart waren Ereignisse. Liesl kommt zu Ostern nach Wien. Die beiden Mädchen fiebern schon einem Wiedersehen entgegen, damit sie sich alles erzählen können, von der Schule, den Professorinnen in Wien – Tea liebt die Französisch- und Deutschlehrerin –, von den Mitschülerinnen, von den Wanderungen im Odenwald und dem Ausflug nach Heidelberg. Tea hat „Hunger" von Knut Hamsun gelesen und ist begeistert. Liesl gefällt es gar nicht. Sie hat mehrere Male versucht, es zu lesen, aber sie ist nie über die ersten Seiten gekommen. Aber „Pan" und „Segen der Erde" liebt sie. „Pan" gefällt Tea gar nicht. Das ist ihr zu viel Naturbeschreibung, und die Freundschaft mit dem Hund interessiert sie nicht. Sie findet es fad. Aber „Gösta Berling" von Selma Lagerlöff findet sie großartig. Liesl auch. Sie reden über Lotte, die auch im Herbst in die Odenwaldschule kommen will. Liesl versteht nicht, warum Tea Lotte so interessant findet. Sie ist hübsch, aber nicht so gescheit, wie Tea glaubt. Überhaupt ist sie eingebildet. Tea soll Liesl wenigstens einmal besuchen, wenn sie mit der Mutter in Wörishofen ist. Am besten aber wäre, wenn sie auch in die Odenwaldschule käme. Aber Tea darf nicht, sie will auch nicht. Sie will nicht im Wald leben. Solange Liesl in Wien ist, sehen sie sich jeden Tag. Sie vermählen sich zum Spaß und schwören sich ewige Treue. Liesl muß wieder wegfahren, aber sie schreibt gleich.

18.IV.1923

Odenwaldschule — *OBERHAMBACH*
Leitung: Paul Geheeb — *bei Heppenheim (Bergstraße)*

Lieber Teo!

Du wirst Dich wohl gewundert haben, daß ich Dir, meinem lieben Gemahl, später schreibe als unserem Hausfreund! Doch tat ich dies nicht aus mangelnder Liebe zu Dir oder sonstigen Absichten, Du mußt es dem Zufall verdanken. Es ist doch traurig, daß wir uns sofort nach unserer Verheiratung trennen mußten, und ich sehne mich außerordentlich nach Dir, mein Geliebter!! Doch Du allein könntest dem Übel abhelfen, indem Du Deinen Koffer packst und zu mir, Deiner Geliebten, kommst. Es ist so schön hier in der ländlichen Einsamkeit, nur eins trübt meine Zufriedenheit: daß Du nicht hier bist! Wie schön wäre es, wenn wir mündlich Ideen und Gedanken austauschen könnten, wenn wir spazierengehen nach des Tages Arbeit, uns in die blühenden Wiesen legen (was behördlich verboten ist!) und dabei Poesie und Schönheit aus Natur und Büchern nehmen und aus uns selbst! Lockt Dich das alles gar nicht?!! Welch unendliche Wonne mit einem geliebten Menschen immer zu leben! Oder bin ich Dir das nicht? Empfindest Du nicht so? Auch hier könntest Du Deine Interessen ebenso weiter verfolgen wie in Wien und hättest dabei den Vorteil, daß Dein Wesen vertieft würde, daß Du reifer wirst! Auch das lockt Dich nicht? Dann gebe ich meine Überredungskunst auf, muß aber auch an Deiner Liebe zweifeln! Bitte schreibe mir sehr bald darüber! Mir geht es sehr gut, ich habe einen Freund gefunden, mit dem ich immer zusammen bin! Vielleicht kommst Du nun, von Eifersucht geplagt!! Doch fürchte nichts, ich bleibe Dir ewig treu, kannst Du das auch von Dir versichern? Noch gebe ich die Hoffnung nicht auf! Ich warte auf Dich, wie eine einsame Blume mit Wonne und Schmerz auf die Hand wartet, die sie bricht!

Nun leb wohl, Du, mir geistig so naher und räumlich so ferner und empfange die innigsten Küsse.

Liesl

Tea antwortet nicht. Sie hat keine Zeit. Ihre Freundin Gretl hat sie zu den sozialistischen Mittelschülern mitgenommen. Da geht sie jetzt regelmäßig hin und diskutiert Abende lang. Die Eltern lassen sie aber unter der Woche nicht weggehen, höchstens ins Theater. Nur am Samstag darf sie zu den Mittelschülern. Sie ist ohnedies schlecht in der Schule. Besonders in Latein. Wenn sie durchfällt, ist es aus mit dem Gymnasium, sagt der Vater. Und Nachhilfestunden zahlt er auch nicht. Die Mutter zweigt aber Geld vom Haushaltsgeld ab und zahlt die Nachhilfestunden. Sie nützen nicht viel. Tea mag nicht lernen. Sie liest lieber und geht ins Theater. Außerdem ist der Lateinlehrer ein Sadist. Er ist davon überzeugt, daß Mädchen zu dumm sind, um Latein zu lernen. Mitte Mai bekommt Tea wieder einen Brief von der Liesl. Ein ganz normaler Brief wieder: Liebe Tea. Sie will wissen, warum Tea nicht antwortet, ob es ihr vielleicht nicht angenehm ist, von ihr einen Brief zu bekommen. Tea hat schon geschrieben, aber sie hat den Brief zerrissen. Er schien ihr zu gefühlvoll. Liesl kann das gar nicht verstehen. Sie meint, daß sie sich voreinander nicht schämen müssen, daß sie sich ruhig alles sagen können und sich über alles aussprechen können. Aber Liesl ist nicht wirklich beleidigt. Sie schreibt, daß sie in Darmstadt im Theater war und daß sie gerne singen können möchte, es ihr aber nicht gelingt. So wie Tea, die gerne gut lesen können möchte. Wirklich gut, wie eine richtige Schauspielerin. Aber sie kann es nicht und ist darüber sehr betrübt. Liesl schreibt:

‚Alle Kunst ist völlig nutzlos', sagt Wilde. Dies ist wohl die wahrste Anschauung der Kunst. Künstler ist der zu Recht zu nennen, der es wagt, zu leben, wie es seiner Natur entspricht, sich nicht um das Geklatsche der Leute kümmert und trachtet seine Gefühle, Instinkte, Triebe und Begabungen nur so zu entfalten, wie es seinem innersten Sein entspricht. Ein derartiger Mensch wird auch die Produkte, irgendeine Kunst oder Auswirkungen die-

ses seines Lebens wahrhaft künstlerisch gestalten! Hoffentlich habe ich mich so ausgedrückt, daß Du verstehen kannst, was ich meine?

Tea versteht und wartet sehnsüchtig auf die Ferien, damit sie sich dann ausführlich über Kunst unterhalten können. Obwohl es diesmal keine schönen Ferien werden, denn sie weiß jetzt schon, daß sie eine Versetzungsprüfung in Latein haben wird, und sie wird stucken müssen.

3

10. Feber: 6 Uhr 30 Ankunft in Venedig. 15 Uhr 10 Weiterfahrt mit dem Dampfer nach Alexandrien. Gute Verpflegung. Lese Bismarcks Reden. 13. Feber: 19 Uhr 15 Ankunft in Alexandrien. 14. Feber: 21 Uhr Weiterfahrt mit dem Zug nach Jerusalem. Komfortabler Schlafwagen. 15. Feber: 20 Uhr Ankunft in Jerusalem. 16. Feber: Besichtigung des Spitals Schaare Zedek in der Jaffastraße gegenüber der Häuserkolonie Schaare Jeruschalajim. Dort wohne ich auch. Bekanntmachung mit den dortigen Kollegen. Ich arbeite im Jüdischen Hygienischen Institut, wo es eine Abteilung für Malaria gibt. 17. Feber: Ich berichte über die Chininprophylaxe. Die Malaria ist hier so verbreitet wie bei uns Schnupfen. Die Eingeborenen sind stark infiziert. Sie sind schlecht ernährt, und die Wohnungen sind unhygienisch. 18. Feber: Besuch an der Klagemauer. Es ist kalt. Flanellene Leibbinde erweist mir gute Dienste.

Jakob ist beeindruckt von Palästina. Was die Chaluzim alles geleistet haben. Die Siedlungen, die Straßen. Die Leute arbeiten manchmal achtzehn Stunden am Tag. Sie arbeiten für das Land. Das Land gilt ihnen mehr als Prinzipien. In den Kolonien haben die Leute kein eigenes Geld. Im Eßraum steht eine offene Kasse mit Geld. Der darf jeder entnehmen, was er an kleinen Ausgaben braucht. Einen Zettel muß er hineinlegen mit seinem Namen, dem Zweck und der Höhe der Summe. Jakob kann gar nicht fassen, wie das möglich ist. Die Frauen gefallen Jakob nicht. Viele vernachlässigen ihre Haushalts- und Pflegepflichten. Ohne Interesse und Liebe verrichten sie diese Arbeit so schnell wie möglich. Genauso wie im Goles. Sie werfen sich auf alle möglichen intellektuellen Interessen, mit denen sie der Allgemeinheit wenig nützen und in denen sie doch niemals volle Befriedigung finden. Viele fallen jeder neuen, auch der verstiegensten Idee zum Opfer. Eine Frau hat in erster Linie Mutter zu sein. Und das auch in Palästina.

13. Mai: Mit dem Wagen nach Jaffa. Läden wie in Drohobycz. Das Krankenhaus, die Polyklinik und das chemisch-pathologische Laboratorium in Newe Schalom besucht. Besuch von Tel Awiw. Schaut aus wie ein Berliner Vorort. Die Geschäfte schauen aus wie die Filiale eines weit verzweigten Unternehmens. Autos waten durch den Sand. Kamele spazieren über den Asphalt. Die Passanten schauen aus wie jüdische Literaten. Die Damen alle kurzhaarig. 14. Mai: Tropenhut mit Nackenschutz gekauft. Ebenso ein weißes Musselintuch, das hier Kefije genannt wird, das als Schutz gegen die Hitze über den Hut geworfen wird. Besuche die Kolonien Petach-Tikwa, Rischon-le-Zion, Rechowoth, Ben Schemen und Hulda. Petach-Tikwa schaut aus wie ein litauisches Städtchen. Niedere Judenhäuser wie in Rußland mit einem Vorbau, sehr sauber. Vor den kleinen Geschäften stehen Figuren aus dem Ghetto. Die älteren Leute sprechen untereinander im Jargon. Starker Orangenduft. 15. Mai: Vortrag im Krankenhaus. 16. Mai: Mit dem Zug nach Haifa. 17. Mai: Besichtigung des städtischen Krankenhauses, das 1919 durch Hadassa gegründet wurde. Vortrag. Haifa ist schöner als Neapel. 18. Mai: Zurück nach Jerusalem. Wieder Arbeit im Spital. 20. Mai: Mit dem Automobil nach Nablus. Weiter nach Atlit. Kreuzfahrerruine am phönizischen Strand. Stark versumpft. Voll Malariamücken. Klägliches Judendorf. Hunger und Fieber. Soviel klinisches Material für Malariaforschung gibt es nirgends mehr.

Jakob fährt Ende Juni nach Wien zurück. Bleiben möchte er nicht in Palästina, so gut es ihm auch gefällt.

4

Polen ist wieder ein eigenes Land, eine Republik aus den ehemaligen Teilungsgebieten. Den Grenzkrieg gegen die Sowjetunion hat Polen gewonnen, und Galizien gehört jetzt auch zu Polen. Die Ukrainer haben den Kampf verloren. Die Gesellschaft fordert die Entjudung der Verwaltung, die Entjudung der Dörfer, Ferien- und Kurorte, die praktische Durchführung des Boykotts jüdischer Geschäfte und das Aufkaufen von Häusern und Geschäften aus jüdischen Händen. Jüdischen Filmen und Büchern wird die Verbreitung von Pornographie unterstellt. In Drohobycz wird eine Lesung der jüdischen Schriftsteller Julian Tuwim und Antoni Słonimski verhindert. Juden sind Bankiers, Verschwörer, Freimaurer, Kommunisten und Bolschewiken, schreiben die Zeitungen. Sie wollen aus Polen einen Staat nach dem Muster des sowjetischen Rußland machen. Der bereits bekannte jüdische Dreck und Schmutz im Haus, im Geschäft, auf der Straße, im Zug und in der Straßenbahn ruft unwillkürlich Abscheu hervor. Es ist bekannt, daß alle Bezirke unserer Städte, die von der jüdischen Bevölkerung bewohnt werden, solch widerliche Müllhalden sind, daß selbst der größte Philosemit sich fürchtet, diese stinkenden Gassen zu betreten, schreibt der Lemberger Kurier.

Tony liebt Gäste. Peter ist eine Persönlichkeit in Zabłotów. Immerhin besitzt er das größte Haus der Stadt. Der Bürgermeister kommt zu Besuch, die Apotheker und die Ärzte des Ortes, der Oberst der Feuerwehr, der katholische Pfarrer und sogar der griechisch-katholische Pope, der besonders gern kommt wegen der Kugln in Milch, die Tony immer macht. Fast jeden Samstag abend kommen Gäste. Der Sabbat ist dann schon vorbei, obwohl sie ihn ohnedies gar nicht richtig feiern. Tony bäckt Challah und am Abend zündet sie Kerzen an. Das ist auch schon alles. Tony hat es gern ein bißchen festlich. Kiddusch spricht Peter natürlich nicht. Für die Gäste aber kocht Tony auf. Jiddisch. Gefillte Fisch, weil der Pfarrer und der Pope sie so gern haben. Und Zimes mit Rosinen, was der Weinhändler Ornstein über alles liebt. Kamilla, die Jüngste, hat Gäste besonders gern. Sie redet mit allen und erzählt von der Puppe, mit der sie immer noch spielt, obwohl sie schon 12 ist. Sie geht in die Bürgerschule, bei der Aufnahmsprüfung ins Gymnasium ist sie durchgefallen. Das macht ihr aber gar nichts. Ihr Polnisch ist sehr schlecht, schreiben kann sie es gar nicht. Peter und Tony sprechen mit den Kindern oft deutsch, aber meistens doch polnisch. Sie ist trotzdem in Polnisch schlecht, auch in der Bürgerschule. Am liebsten plaudert sie mit Männern und verdreht dabei die Augen. Pauline sitzt immer still daneben und will ihre Schwester davon abbringen, dummes Zeug zu reden. Pauline ist ein braves Mädchen und redet nie mit Erwachsenen, ohne gefragt worden zu sein. Sie lernt fleißig, obwohl es ihr in Kolomea im Internat gar nicht gefällt. Samstag nachmittag kommt sie nach Hause, und jeden Montag früh weint sie, wenn sie wieder in die Schule muß. Tony packt ihr Kuchen ein und überschüttet sie mit Küssen und Tränen. Es ist ein jüdisches Internat, und man regt sich schrecklich auf, daß sie am Samstag in die Schule geht und dann nach Hause fährt. Das viele Beten gefällt Pauline auch nicht. Zu Hause betet niemand. Der Vater spottet über die Beterei und all die Vorschriften. Aber in ein katholisches Internat wollte sie der Vater auf keinen Fall geben. Und in den Religionsunterricht muß Pauline natürlich auch gehen. Die Mutter hat ihr, wie sie klein war, aus der jiddischen Bibel vorgelesen. Kamilla hört nicht auf Pauline und schwätzt weiter von ihrer Puppe. Die Gäste lachen. Dann setzt sie sich auf den Schoß von Papa. Tony sagt, sie ist schon zu alt, um auf dem Schoß zu sitzen. Und Pauline macht ein strenges Gesicht. Aber Peter lacht und streichelt Kamilla. Am liebsten hat Kamilla die Ornsteins. Da kommt die kleine Bronia mit, die ist erst vier, und Kamilla spielt gerne mit ihr. Mauricy Ornstein liebt Kamilla auch. Er zieht sie immer an den Zöpfen und treibt Schabernack mit ihr. Dann schmiegt sie sich an ihn, und manchmal setzt sie sich einfach auf seinen Schoß. Tony und Pauline schauen dann immer ganz böse, aber Peter und Mauricy lachen. Mauricy ist Weinhändler und fährt immer nach Ungarn, wo er den Wein einkauft, und durch Galizien, wo er den Wein verkauft. Deshalb kommt er nur selten mit. Selbst trinkt er keinen Wein, auch Peter nicht. Zum Essen trinken sie Bier. Mauricy erzählt immer von seinen Reisen, und Tony scherzt dann, daß er so vielen schönen Frauen auf seinen Reisen begegnet, was Natalia, Mauricys Frau, wahnsinnig macht. Sie schaut Tony wütend an: Alle Zähne sollen dir ausfallen, bis auf einen, und der soll schmerzen. Peter assistiert noch und alle lachen, besonders aber Kamilla. Tony und Natalia spielen Klavier und Kamilla tanzt dazu. Peter langweilt sich, weil er unmusikalisch ist. Eigentlich haßt er das Klavier, und würde es am liebsten verkaufen, am liebsten zerhacken. Das Geklimper geht ihm schrecklich auf die Nerven. Aber Tony kann ohne Klavier nicht leben. Wenn Tony und Natalia Klavier spielen, liest er einfach Zeitung, auch wenn Mauricy da ist. Den Fortsetzungsroman der ganzen Woche.

2. Kapitel

1

Hakenkreuzler ziehen durch die Straßen in Windjacken, mit Stahlhelm, Armbinde und Hakenkreuzabzeichen. Sie marschieren in Kaffeehäuser, um jüdische Gäste zu vertreiben. Sie dringen in Vereinslokale von Arbeiterorganisationen ein, mißhandeln die Anwesenden und zerschlagen Türen und Fenster. Sie überfallen Arbeiter und schlagen sie mit Gummiknüppeln zu Boden. Sie stören Vorträge jüdischer Gelehrter, indem sie die Besucher mit Schlagringen und Gummiknüppeln prügeln, wobei wahllos auch auf Frauen und alte Leute eingedroschen wird.

Marschbefehl für Montag, 2. April 1923
V e r g a t t e r u n g: Neuwaldegg (Endhaltestelle Straßenbahn 43) vor dem Hause Neuwaldegger Straße Nr. 38
Zeit: 7.30 Uhr
Armbinde! Kappe! Uniform! Abzeichen! Usw. Vollzähliges und pünktliches Erscheinen Pflicht.
Lechner
Kommandant der nationalsozialistischen Sturmabteilung Wien.

Vier Kompanien Hakenkreuzler, vierhundert Mann stark, unternehmen am Exelberg eine Felddienstübung. Sie kommen in kleinen Gruppen, auf Motorrädern, Sanitätspatrouillen, Knüppeln in der Faust und geladenen Pistolen im Sack. Dreißig Genossen, Arbeiter aus Ottakring, ziehen an den Hakenkreuztruppen vorüber. Daraufhin lösen sich die Hakenkreuzler in Schwarmlinien auf und eröffnen auf die Arbeiter das Feuer. Die Arbeiter flüchten in den Wald. Die Hakenkreuzler nehmen die Verfolgung auf und stürzen sich mit Gummiknüppeln und Holzkeulen auf die Arbeiter.

Tea ist der Vereinigung sozialistischer Mittelschüler beigetreten. Lotte hat sie mitgenommen. Sie hat ihr von Wyneken erzählt, von der Schule in Wickersdorf und daß er die Jugend im Gemeinschaftsleben sich selbst verwalten läßt. Und daß er für Koedukation ist. Tea gefällt es sehr bei den sozialistischen Mittelschülern. Jeden Freitag um 18 Uhr ist Heimabend. Gruppenführer ist Paul Lazarsfeld. Nur Mama weiß, daß Tea zu den Heimabenden geht. Als Oskar davon erfährt, verbietet er es. Schließlich ist er Kaufmann und ganz und gar nicht Sozialdemokrat. Aber Sofie hat gemeint, man kann Tea ruhig hingehen lassen. Sie tun nichts Böses, und Lazarsfeld ist aus gutbürgerlicher Familie. Schließlich ist der Vater Advokat. Sie diskutieren über die Schule und den Sozialismus. Die Schule ist trostlos und langweilig. Sie gibt den Schülern kein Bild der Gesellschaft. Sie wagt es nicht, das Wort Klassenkampf auszusprechen. Die sozialistischen Mittelschüler sind gegen den autokratischen, für den sozialistischen Staat. Die Schule muß revolutioniert werden durch persönliche Aufklärung, durch Arbeit in Schulgemeinden, man muß den Willen zu aktivem Schulkampf stärken. Besonders daß Buben und Mädeln in einer Gruppe sind, gefällt Tea. Koedukation findet sie fantastisch. Vom 14. Lebensjahr an beginnen die Großstadtkinder den schweren Kampf: sie müssen sich die zweigeschlechtliche Menschenwelt erobern, erkämpfen. 14 Jahre haben genügt, ihnen das Natürlichste unnatürlich erscheinen zu lassen. Sie diskutieren, ob der Mensch von innen heraus oder von außen hinein lebt. Sie hören Vorträge über die vorkapitalistische Zeit und über Marxismus. Sie geben die Zeitschrift „Der Schulkampf" heraus. Sie reden über Monogamie und freie Liebe und über die Abschaffung der Prostitution. Sie spielen Theater und lesen George, Weininger und Nietzsche. Die Mädchen tragen wallende Leinenkleider mit Gürtel und Sandalen und Bubikopf, die Buben offenes Hemd, kurze Hose und Joppe und flatternde Mähne. Im Winter und Sommer gehen sie ohne Kopfbedeckung, und vor allem singen und tanzen sie. Besonders auf den Ausflügen in den Wienerwald am Sonntag. Alle in Haferlschuhen. Und einer hat immer eine Klampfen mit. Tea liebt diese Lieder. Ein Vogel wollte Hochzeit machen. Feinsliebchen, du sollst mir nicht barfuß gehen. Drum Mädel wink, wink, wink. Muß i denn zum Städtele hinaus. Sie singt mit großer Leidenschaft, aber falsch. Niemand nimmt es ihr übel. Dafür kann sie alle Texte auswendig. Mit dem Tanzen geht es noch schlechter, weil sie zwei linke Füße hat. Sie tanzen Reigen. Der Spielemann, der Spielemann ist immer noch nicht da. Ich geh in dem Walde und schaue aus nach dir, komm reich mir deine Hände und tanze mit mir. Tea weiß nicht, was sie mit den Beinen machen soll. Sie hebt die Beine zu wenig. Sie hat immer Angst hinzufallen. Oskar ist sehr gegen die sozialistischen Mittelschüler. Die wallenden Gewänder und die Mädchen mit den Bubiköpfen. Und außerdem muß Tea lernen. Sie ist gar nicht gut in der Schule. Sofie gefallen die Bubiköpfe auch nicht, aber manche Genossinnen kennt sie schon. Die sind alle ganz brave und nette Mädchen. Und mit dem Genossen Lazarsfeld hat sie auch schon telefoniert. Ein sehr vertrauenswüdiger junger Mann. Wegen der Schule macht sie sich auch Sorgen. Tea ist in Latein und Mathematik so schlecht. Oskar zahlt keinen Heller für Nachhilfestunden. Sie soll trotzdem Nachhilfestunden bekommen. Sofie macht das schon. Und Oskar erzählen sie nichts. Tea wird es schon schaffen mit den Stunden.

Die Hakenkreuzler wollten in den Rosensälen im Arbeiterbezirk Favoriten eine Versammlung abhalten. Die Veranstaltung wurde mit riesigen Plakaten angekündigt. Die Rosensäle sind neben einem Arbeiterheim. In kürzester Zeit gab es einen großen Auflauf von Arbeitern vor dem Lokal. Sie pfiffen und schrien pfui. Das Polizeikommissariat Favoriten hat die Veranstaltung verboten, die 200 Hakenkreuzler mußten durch einen Hinterausgang den Saal räumen. Die Sozialdemokraten bemerkten das, verfolgten die Hakenkreuzler, holten sie ein und umzingelten sie. Ein Hakenkreuzler feuerte aus einer Frommerpistole drei Schüsse ab und lief weg. Andere feuerten auf die nachkommende Menschenmenge, die nur fünfzehn bis zwanzig Schritte von ihnen entfernt war, und liefen davon. Einige Arbeiter werden verletzt, einer wird tödlich getroffen. Der Hauptangeklagte wird wegen des Vergehens gegen die körperliche Sicherheit und das Waffenpatent zu einer Geldstrafe von 100.000 Kronen, bei Nichteinbringung zu 48 Stunden Arrest, verurteilt.

Eduard hat mit Auszeichnung Matura gemacht und verbringt die Ferien mit Tea und Tante Sofie in Wörishofen. Im Herbst beginnt er in Wien Chemie zu studieren. Als Chemiker findet er in Borysław sicher Arbeit. Wo doch der Vater Grubenverwalter ist und selbst Gruben besitzt. Er hat sich schon in der Schule für die chemische Zusammensetzung des

Erdwachses interessiert. In der Laudongasse findet er ein Zimmer bei einer russischen Adeligen, die nach der Revolution nach Wien geflüchtet ist. Sie spricht schlecht Deutsch, aber Eduard versteht sie auch, wenn sie Russisch spricht, weil er Polnisch und Ruthenisch kann. Sie bedauert immer, daß sie ihm zum Frühstück keine Kascha bereiten kann. In Wien bekommt man nur, wenn man Glück hat, am Naschmarkt Kascha. Dafür macht sie manchmal Heringe und Erdäpfel zum Frühstück. Anfangs wollte Eduard gar nichts essen. Zum Frühstück Heringe! Inzwischen findet er es gar nicht so übel, und die warmen Pirogen mit Fleisch gefüllt schmecken ihm auch. Eduard interessiert sich brennend für das Radio. Er möchte liebend gerne einen Radioempfänger haben. Aber der kostet eine Million, und das ist zu teuer. Tea interessiert das nicht besonders. Obwohl Papa und Mama auch schon die ganze Zeit vom Radio sprechen. Auch Paul, den Tea so verehrt, hat schon vom Radio gesprochen. Es gibt Anleitungen zum Selberbasteln. Eduard kauft sich das Buch und bastelt selbst. Tea will davon nichts wissen. Sie interessiert sich für alles mögliche, sie malt und zeichnet, liest und schreibt Gedichte, aber diese Drähte und der Strom sind ihr zutiefst zuwider. Das ist sicher gefährlich. Sie liest Weininger, Strindberg und Ibsen und streitet mit dem Religionslehrer auf Leben und Tod. Sie hat in Religion ein Genügend, das hat niemand. Aber sie widerspricht immer frech und höhnisch. Woher wissen Sie das? Das stimmt überhaupt nicht. Religion ist Opium fürs Volk. Eduard mißbilligt und bewundert das zugleich. Er war immer brav. Er hat dem Rabbiner nie widersprochen. Er ist auch nicht Sozialist. Tea ist aufmüpfig und immer gegen die Eltern. Er kann sie nicht so recht verstehen. Er möchte mit ihr in den Prater gehen. Aber Tea geht nicht um die Burg in den Prater. Sozialistische Mittelschüler gehen nicht in den Prater. Tea verachtet den Prater. Da gehen die Spießer hin. Bei aller Liebe, da muß er allein hingehen.

Großer Familienausflug in den Wienerwald. Oskar und Sofie, Sigmund und Paula, Jakob und Tea und Eduard. Sie kehren in ein Gasthaus ein und bestellen Tafelspitz, Geselchtes und Hendl. Oskar findet alles teuer. Tea bestellt einen Tafelspitz.

– Der ist teuer, aber du bekommst, was du willst, mein Kind.

Sigmund fragt Tea, was die Genossen machen. Tea will im Sommer nach Lind in die Ferienkolonie. Papa will mich nicht fahren lassen, sagt Tea trotzig. Jakob lacht höhnisch. Sozialismus – Kinderspinnereien. Warum willst du sie nicht fahren lassen, fragt Sigmund Oskar.

– Sie ist schlecht in der Schule.
– Aber es sind doch Ferien.
– Nächstes Jahr soll sie Matura machen.
– Aber in den Ferien muß sie doch nicht lernen.
– Ich kenn diesen Genossen Lazarsfeld nicht.
– Dann schau ihn dir doch an.
– Er ist doch auch erst Student. Sie sind alle viel zu jung, um allein zu verreisen.
– Ich bitte dich, Tea ist 18.
– Aber trotzdem noch ein Kind.
– No, no, so ist es auch wiederum nicht.
– Dort sind Buben und Mädeln zusammen.
– Und Eduard ist vielleicht kein Bub?
– Der ist ein Vetter.
– Wenn sie studiert, kommt sie auch unter Burschen.

Sofie ist auch auf Teas Seite. Das ist alles ganz harmlos. Sie singen und tanzen und lesen Gedichte. Und studieren Marxismus, sagt Jakob. Den sie nicht verstehen. Dabei sind alle aus bürgerlichem Haus. Laß sie doch, sie sind jung und begeistert, sagt Sigmund.

Tea fährt in die Ferienkolonie nach Lind bei Villach an der Drau. Papa hat es erlaubt. Die Organisatoren sind Paul Lazarsfeld und Ludwig Wagner. Lazarsfeld hat sich Oskar und Sofie persönlich vorgestellt. Er ist auch schon älter. Er hat versprochen, sich um alles zu kümmern. Sie werden in der Volksschule von Lind übernachten, das Essen wird reichlich sein. Die Mutter von Ludwig wird kochen, eine Ärztin fährt mit, Fürsorgerinnen passen auf die Kleinen auf, und ansonsten passen er und Ludwig schon auf, daß nichts passiert. Sofie ist besorgt, weil Tea nicht schwimmen kann. Sie soll einen Schwimmreifen mitnehmen. Sie ist schon alt genug, um zu wissen, daß sie nicht ins tiefe Wasser gehen darf. Trotzdem hat Sofie Angst. Paul hat versprochen aufzupassen, daß Tea nicht ertrinkt. Am 15. Juli geht es los. Sechs Wochen. Tea hat aber Mama gesagt, daß die Kolonie nur fünf Wochen dauert. Sechs Wochen hätte Mama vielleicht nicht erlaubt. Wenn sie nur einmal dort ist, wird sie schreiben, daß sie alle noch eine Woche bleiben wollen. Dann kann man sie nicht zwingen, nach Wien zu fahren. Haferlschuhe, Sandalen, Blusen, weite Röcke, wallende Kleider, Windjacke, alles in den Rucksack. Sofie bringt Tea zur Bahn und spricht noch einmal mit Lazarsfeld und Ludwig Wagner.

– Bleib gesund, mein Kind! Und schreib regelmäßig. Vergiß nicht! Jeden zweiten Tag, sonst werde ich nervös.

110 Arbeiterkinder unter 14 Jahren sind in der Kolonie und 60 Mittelschüler von 14 bis 18 Jahren, Burschen und Mädchen. Pauls und Ludwigs Vorbild ist Siegfried Bernfelds Kinderheim für jüdische Flüchtlingskinder nach dem Krieg. Nur eben nicht zionistisch, sondern sozialistisch. Es soll ein Versuch neuer Erziehung sein. Nicht so streng, die Kinder sollen sich einfach erholen, und wenn sie toben, sollen sie toben. In jedem Zimmer der Kinder schlafen auch ein geprüfter Fürsorger und zwei erzieherisch begabte Jugendliche. Jedes Zimmer delegiert ein Kind, das dafür verantwortlich ist, daß im wesentlichen Ruhe herrscht. Bis 14 schlafen Buben und Mädeln getrennt. Die Großen schlafen koedukativ. Das Essen ist reichlich, aber einfach. Grieskoch, Kakao, Brot, Suppe, Gemüse, Mehlspeise, zwei Mal in der Woche Fleisch. Die Eltern wurden gebeten, keine Eßwaren zu schicken. Die Kinder sollen zu künftigen Klassenkämpfern erzogen werden und nicht zu egoistischen Vielfraßen. Es wird gesungen, getanzt, erzählt, vorgelesen, Theater gespielt und diskutiert. Die Großen, die Mittelschüler, diskutieren die spezifische Stellung und Aufgabe der Jugend in der Gesellschaft, sie lesen zusammen „Also sprach Zarathustra", halten Referate über verschiedene Themen, und es gibt ein Seminar über das Kommunistische Manifest. Mit Schulbeginn wird Tea nicht mehr in die Religionsstunde gehen. Gleich wenn sie zurück ist aus der Kolonie, wird sie aus der Kirche austreten. Das hat sie sich geschworen. Sie ist Atheistin. Sie hält eine flammende Rede gegen Alkohol und das Rauchen. Der Alkohol läßt das Leben leicht und schön erscheinen. Er macht den Menschen zuversichtlich, raubt ihm Willen, Mut und Kraft zu fruchtbringender Arbeit. Der Spießbürger täuscht sich im Rausch hinweg über die Eintönigkeit seines Lebens, über seine eigene innere Leere. Darum ist die Abstinenz der Schlachtruf all derer, die für eine innere Erneuerung und Umgestaltung des Lebens kämpfen.

Darum bedeutet auch bei uns die Entscheidung für die Abstinenz das Bekenntnis zur neuen, werdenden Kultur, die Lossagung vom Bürgertum. Einmal machen sie einen Ausflug auf den Dobratsch. Es geht steil hinauf, und Tea hat schreckliche Angst. Es ist so steil, sie kann da nicht hinaufkraxeln. Du mußt, sagt Ludwig.

– Ich muß gar nicht. Ich geh zurück.
– Du kannst jetzt nicht allein zurückgehen.
– Ich kann nicht hinaufgehen.
– Du mußt.
– Ich laß mich nicht zwingen.
– Du kommst jetzt mit. Es ist gar nicht gefährlich.

Tea plärrt und bleibt stehen. Ludwig nimmt sie bei der Hand und zieht sie weiter. Tea heult.

– Flenn nicht. Komm lieber.
– Ich will aber nicht.
– Du mußt.

Bis zum Gipfel zieht Ludwig Tea hinter sich her. Ihr seid alle Sadisten, sagt Tea mit Tränen in den Augen.

Beim Frühstück liest Paul vor, was das Villacher Blatt „Freie Stimmen“ geschrieben hat:

> Die Volksschule in Lind – Eine Judenkolonie! Am Dienstag, den 15. d. M. trafen in Villach nicht weniger als 120 Judenkinder aus Wien ein und wurden in der Volksschule in Lind untergebracht. Wer die Erlaubnis hiezu gab, kann wohl leicht ermittelt werden, wenn man die Machtentfaltung der Sozialdemokraten in unserem Gemeindehaushalt beobachtet. Ja, man geht sogar so weit, um dieser Judenkolonie die Möglichkeit der Verproviantierung zu geben, indem der bisher als Torflager benützte Schupfen hergerichtet wird zu einer Küche. Das Brennmaterial konnte früher verfaulen, da hatte man keine Mittel, um das schadhafte Dach auszubessern, jetzt, wo die Kinder Israels eingetroffen sind, wird über Hals und Kopf gearbeitet, um den Sprößlingen der jüdischen Internationale den Aufenthalt so angenehm als möglich zu machen. Ist dies den Vertretern der bürgerlichen Parteien bekannt? Haben die Steuerträger davon Kenntnis? Es ist noch nicht eine Woche

verstrichen, daß der Herr Bürgermeister in schwungvoller Rede auf den nationalen, freiheitlichen Standpunkt der Stadt Villach hingewiesen hat und heute ist Villach die erste Stadt, die eine Judenkolonie besitzt.

Die Kinder schreien: pfui.

– Wir lassen uns nicht beirren. Und wenn die Hakenkreuzler kommen, schlagen wir sie in die Flucht.

Das Essen ist schlecht, manchmal auch wohl nicht mehr ganz frisch, und die Kinder haben oft Durchfall. Die Suppe kann Tea überhaupt nicht essen, das ist eine mit Wasser aufgekochte Einbrenn. Die Powidlbrote sind auch grauslich. Obwohl sie Klassenkämpfer und keine Vielfraße sind, kauft sich Tea manchmal am Markt Pferdewurst. Schinken gibt es nicht. Aber Pferdewurst ist immer noch besser als der Schlangenfraß. Sie kann das einfach nicht essen. Die anderen kaufen sich auch am Markt Wurst und Käse. Sofie ist sehr besorgt, sie hat Angst, daß Tea als Spinne zurückkommen wird. Martha hat nach Hause geschrieben, daß das Essen schlecht ist und daß sie immer hungrig ist. Marthas Mutter hat Sofie angerufen. Sofie hart daraufhin Tea sofort Geld geschickt. Sie soll sich Gutigkeiten kaufen. Tea ist trotzdem guter Dinge, auch wenn das Essen schlecht ist. Die Burschen und Mädchen sind ständig verliebt. Sie knutschen und flirten und schmieren herum. Und sie diskutieren darüber endlos. Manche sind strikt dagegen, manche finden es ganz normal. Die Diskussionen darüber bezeichnen sie als Hysterie und dichten das Kolonielied:

In Lind bei Villach an der Drau
Ist eine Kolonie
Allwo man bis zum Morgengrau'n
Nicht schläft vor Hysterie.

Sie führen ein Kabarett auf und Tea spielt die Hysterie. Ihre Haare hängen wirr herunter, sie hat ein langes verschlamptes Kleid an, schaut mit irrem Blick um sich herum und singt:

Hakenkreuzler bilden Schwärme,
Gift rollt durch die Kinderdärme.

Und Nachtausflüge machen sie. Bis drei, vier in der Früh, manchmal bis zur Dämmerung. In kleinen Gruppen, zu dritt, zu viert. Arm in Arm, singend, küssend und diskutierend. Tea liebt diese Ausflüge. Dafür ist sie dann immer unausgeschlafen. In der Liegestunde schläft sie dann wie die Kinder auch ein bißchen. Auf den Strohsäcken schläft sie schlecht. Zu Hause hat sie natürlich gute Matratzen. Aber es macht nichts. In der Kolonie muß sie eben alles mitmachen. Es ist ja alles so aufregend.

Die Freien Stimmen können sich gar nicht beruhigen. Es ist schon wieder ein Artikel über die Kolonie erschienen:

> Der Skandal von Villach! Als wir letzthin berichteten, daß in der Volksschule in Lind mit Zustimmung der Gemeinde eine Judenkolonie errichtet worden sei, in welcher 120 Wiener Judenkinder mit wenigen christlich-arischen Ausnahmen die Sommerferien verbringen, da glaubten auch wir, daß es sich um eine gesittete, wohlerzogene und disziplinierte Kindergruppe handelt, die es zu schätzen wissen wird, daß sich die Stadt Villach eine derartige Last aufbürdet. Wir glaubten, es mit einer Gruppe von Menschenkindern zu tun zu haben, die nach Art der Jugendhorte oder Wandervögel in Zucht und Ordnung stehen und zu keinerlei Klagen Anlaß geben. Dies ist aber nicht so, wie uns zahlreich erbitterte Klagen der Bevölkerung von Lind erkennen lassen. Ein Toben, Lärmen, Schreien, ein Gebrüll bis in die späte Nacht hinein durchgellt die Räume der Schule, den Hofraum, den Vorplatz und dessen Umgebung. Dabei handelt es sich nicht nur um Kinder, sondern auch um erwachsene Mädchen und Burschen, die in fast paradiesischer Nacktheit den ganzen Tag herumlaufen. Der Hofraum des sonst immer sehr schmucken Schulhauses gleicht einem verlassenen Festplatze oder einem Komposthaufen. Knochen, Papierfetzen, Gemüseabfälle, alte Fetzen, Obstreste, Haarbüschel und anderer Unrat zieren die Umgebung der Linder Schule.

Tea fährt nach Villach und kommt mit einem Bubikopf zurück. Alle klatschen, als sie sie sehen. Eine kurze Hose und eine Herrenjacke hat sie sich auch gekauft. Stolz stolziert sie mit den Händen in den

Hosentaschen herum. Besonders Paul findet die kurzen Haare ganz reizend. Überhaupt Paul. Er weiß alles, versteht alles. Er ist so gescheit. Er versteht sogar Hegel. Er ist der Politischere, Ludwig der Jugendbewegtere. Obwohl Ludwig raucht, vor der Gruppe. Tea ist entsetzt, enttäuscht und empört. Sie knutscht auch. Mit Edi, Karl, Max und Egon. Sie ist auch verliebt. Sie weiß gar nicht, in wen. Eigentlich in Paul. Sie schreibt in ihr Tagebuch:

Bei uns gibt es keine Erotik der Gruppe. Bei uns gibt es bloß persönliche Angelegenheiten. Unpersönliche Bindungen kennen wir nicht. Und nicht einmal da haben wir Form und Stil. Alles ist erlaubt – es geht unheimlich weit – bis zum Koitus, davor nur schrecken wir zurück. Es ist ein gegenseitiges sich Ausnützen und Auskosten bis zum Letzten. In all dem ist aber keine Haltung, es ist ein müdes Sichgehenlassen – und von Askese keine Spur. Halbe Askese, halber Flirt. Sollte nicht doch lieber völlige Askese? Aber es ist leicht, Askese zu verlangen, wenn man selbst nicht liebt. Übrigens seltsam: Mein ganzes Leben lang war ich erotisch nicht so frei wie seit einigen Monaten. Ich fühle mich zwar nicht wohl dabei – allein – Überhaupt Askese für Mädchen – Es erscheint immer ein wenig lächerlich. Also Askese bloß individuell – aber dann völlige Askese, nicht unsere verlogene. Und weiters: was das Ausnützen von Gefühlen etc. betrifft. Gelegenheit ist alles. Wir sind so eng beisammen. Das sagt alles.

Tea schreibt nach Hause, daß die Kolonie noch länger dauert, und sie braucht Geld. In Wirklichkeit will sie mit Lotte, Grete, Ruth, Edi und Karl noch nach Venedig fahren. Paul und Ludwig können nicht mitfahren, sie müssen die Kinder nach Wien bringen. Sie hat ohnedies schon geschrieben, daß die Kolonie verlängert worden ist. Sie dauert sechs Wochen und nicht fünf. Aber jetzt will sie noch nach Venedig. Sie hat große Angst, daß Mama sie nach Wien beordert. Aber Mama schickt ihr 100.000 Kronen und schreibt ihr, daß sie sehr gut gewußt hat, daß die Kolonie sechs Wochen dauert. Hertha hat es ihrer Mutter gesagt. Und im übrigen wären die sechs Wochen gerade um. Egal, Hauptsache sie muß nicht nach Wien und sie hat Geld bekommen. Das reicht für einen Abstecher nach Venedig. Es wird nicht teuer sein. Sie werden in einem Kloster schlafen. Edi kennt sich aus. Er sagt, man bekommt im Kloster auch zu essen.

Eduard will Tea unbedingt seinen Radioempfänger zeigen. Er verbringt fast seine ganze freie Zeit mit dem Radioapparat. Er hat alle möglichen Journale. Des Bastlers Radio Blatt. Österreichischer Radioamateur. Der Radiobastler. Es ist ganz einfach, einen Radioempfänger selber zu basteln. Man braucht nur eine Schere, einen Schraubenzieher, eine kleine Säge und ein Feldmesser. Tea sagt, mhm und schaut mißtrauisch und ängstlich auf den Radioempfänger. Er hat zehn Drehknöpfe. Eduard setzt ihr die Kopfhörer auf. Beim Suchen der Station ist ein Pfeifton zu hören. Tea staunt.

– Gibt es nur Musik?
– Aber wo! Alles mögliche. Auch Literatur. Das muß dich interessieren.

Eduard zeigt ihr zwei Zeitschriften. Das Programmheft Radio-Wien und den Radio-Amateur.

– Schau, es gibt alles. Konzerte, Nachrichten, sogar die Kurse der Wiener Börse.
– Das interessiert mich gar nicht.
– Mich auch nicht. Aber hier schau, Der Verschwender.
– Das ist ein Blödsinn.
– Da, Hanneles Himmelfahrt.
– Das interessiert mich nicht.
– Von Schnitzler Paracelsus.
– Interessiert mich auch nicht. Das ist keine gute Literatur.
– Aber hier schau, Strindberg. Den liebst du doch so.
– Mhm. Was denn?
– Steht nicht da. Das wird erst angekündigt. Volkslieder gibt es auch. Interessiert dich das gar nicht?
– No ja.
– Warte, dein Vater kauft auch bald einen Radioempfänger.
– Und dann wird er mir verbieten, Radio zu hören.
– Sicher nicht.
– Du kennst ihn nicht, er verbietet mir alles.
– Weil du bei den sozialistischen Mittelschülern bist.
– Ja.

Tea macht ein trotziges Gesicht.

– Im Österreichischen Radio-Amateur wird der beste Amateur-Radioapparat prämiert. Vielleicht mach ich da mit. Es gibt zehn

Preise.
- Was denn?
- Einen Dreiröhrenapparat, einen Zweiröhrenapparat, einen Einröhrenapparat, einen Lautsprecher, ein Universalschaltgerät, einen Heizakkumulator, eine Anodenbatterie, einen Kopfhörer, etwas aus der Radioliteratur und ein Jahresabonnement auf den Radio-Amateur.

Tea ist eher gelangweilt. Aber es imponiert ihr doch, daß Eduard so ein Gerät basteln kann.

Der Mittelschüler Tommy Schwarz, Schüler der 7. Klasse, hat sich das Leben genommen. Es gab eine Diskussion mit einem Professor über die Rechte des Lehrers gegenüber der Schulgemeinde. Was der Lehrer kann oder nicht kann. In der Pause schrieb Tommy Schwarz auf die Tafel: „Der Herr Professor kann alles. Wer alles kann, der kann uns auch . . . Also kann uns der Professor . . ." Daraufhin wurde Schwarz aus der Schule ausgeschlossen. Das tragische Ende von Thomas Schwarz veranlaßt die sozialistischen Mittelschüler alle Obermittelschüler Wiens zu einer Versammlung im Rathaus aufzurufen, um das Erziehungssystem, das heute an den Mittelschulen herrscht, zu besprechen. Zweitausend junge Leute versammeln sich in der Volkshalle. Siegfried Bernfeld hält eine lange Rede. Die Mittelschule konserviert den Rechtszustand einer längst vergangenen Gesellschaftsordnung, wo der einzelne das Recht spricht nach Willen und Laune, ohne Kenntnis der Objekte. Das Militär, der Feldwebel, der Leutnant lebt fort in der Mittelschule. Dieser Zustand ist unerträglich für euch, für eure Lehrer, für eure Eltern, für den ganzen Staat. Die Disziplinarrechte sind dem einzelnen Lehrer, der einzelnen Lehrergemeinschaft zu entziehen und der Gesamtheit der Schüler und Lehrer, der Schulgemeinde zu übertragen. Bernfeld erntet stürmischen Beifall. Ein Freund von Thomas Schwarz sagt: Tommy Schwarz war dem Lehrkörper unbequem, nicht weil er einen ungehörigen Witz gemacht hat, sondern weil er für die neue Schule kämpfte. Und der Vertreter der sozialistischen Arbeiterjugend: Die Jugend kann nur kämpfen im Rahmen der organisierten Arbeiterschaft. Die neue Schule kann nur entstehen auf der Grundlage einer neuen Gesellschaft. Und Tea spricht als Vertreterin des Währinger Mädchengymnasiums: Die Flucht aus der Schule ist bei uns noch viel größer als an den Knabenschulen. Die wenigsten Schülerinnen haben noch irgendein Interesse an der Schule. Aber wir müssen nicht mehr wie bisher aus der Schule fliehen, die Schule muß unser einziger Gedanke sein, wir müssen sie uns erobern.

Tea sitzt im Speiszimmer und ißt zu Mittag. Oskar kommt aus dem Büro. Tea hört, wie er die Gangtür zuknallt und ahnt Böses. Hur, Schlampen, schreit er. Tea schaut Oskar groß an.

– Mit wem hast du dich gestern abend vorm Haustor geküßt?

Tea schweigt.

– Sag, mit wem? Du Schlampen.
– Mit niemandem.
– Die Hausmeisterin hat dich gesehen.
– No und?
– Ich hab gedacht, du bist ein anständiges Mädchen.
– Bin ich auch.
– Bist du nicht. Ein anständiges Mädchen macht das nicht. Daß das nie wieder vorkommt.

Tea will eine Bindung haben. Sie will sich verlieben. Sie legt gar keinen Wert darauf, daß es just jemand aus der Gruppe ist. Aber er soll sie auch lieben. Also durchaus das bürgerliche Ideal. Vielleicht. Aber sie braucht es. Groß und schön soll er sein. Paul beachtet sie zu wenig. Sie möchte schrecklich gern wissen, wie Paul zu ihr steht. Wahrscheinlich steht er überhaupt nicht zu ihr. Paul ist momentan der einzige, der sie irgendwie erregt. Traurig, weil sie so wenig von seinem Leben weiß. Er ist einfach unheimlich intelligent. Sie spricht mit ihm über ihre Arbeit in Philosophie. Er gibt ihr Alfred Adler zu lesen. Sie hat wieder Niels Lyhne gelesen. Das Buch ist ganz wunderbar. Sie will eine Mädelgruppe führen.

Wohlan die Zeit ist kommen
Für eine Mädelkolonie,
Wir ham's uns vorgenommen,
Probiert ham wir's noch nie.
Bei Graz in einem Schlosse
Da soll wohl unsre erste sein,
Jedoch noch kein Genosse
Hat ein Vertrauen drein.

Denn wir gehen ja nicht nach Ilmau
Und auch nach Gaming nicht,
Wir wollen einmal nix lernen
Auch agitieren nicht.

Aber zu Weihnachten will sie nach Ilmau fahren in die Winterkolonie nach dem Heiligen Abend. Sie ist schon sehr aufgeregt. Erlaubnis hat sie noch keine. Die Mutter erlaubt es, der Vater weiß noch nicht, daß sie fahren will. Aber sie packt schon den Rucksack. Hohe Schuhe, dicke Pullover, die Mutter ist immer schrecklich besorgt, daß sie sich verkühlt. Sie bespricht mit Mama, was sie mitnimmt. Da kommt Papa herein.

– Was machst du da?
– Rucksack packen. Ich fahr morgen in die Kolonie.
– Du fährst nicht.

Tea macht ein trotziges Gesicht.

– Wieso?
– Du fährst nicht. Du mußt lernen. Du machst heuer Matura.
– Na und.
– Du fährst nicht. Schluß aus. Keine Widerrede.

Tea heult. Sie geht in ihr Zimmer, knallt die Tür zu, schmeißt sich aufs Bett und heult.

Nun sind sie fort, in die Kolonie. Und er ließ mich nicht mit. Etwas Gemeineres als mein Vater ist mir wohl überhaupt noch nie vorgekommen. Heute früh Anruf von P., ob ich aus Prinzip nicht mitfuhr. Ich bin maßlos nervös. Ich muß nach Ilmau. Kost es was es wolle.

Tea spricht mit Mama. Ob sie nicht mit Papa reden kann. Hertha, Grete, Lotte, alle haben fahren dürfen, nur sie nicht. Sofie spricht mit Oskar. Er soll sie fahren lassen. Sie wird in Wien sicher nicht arbeiten. Sie wird die ganze Zeit in ihrem Zimmer sitzen und heulen. Sie schafft schon die Matura. Schließlich willigt Oskar ein und Tea, überglücklich, fährt nach.

Tea ist in der Gruppe von Paul. Jeder Tag beginnt mit einer Morgenansprache. Auf weiß gedeckten, mit Tannenzweigen geschmückten Tischen steht der Kakao. Helleiner liest George oder Spitteler oder C.F. Meyer. Sehr pathetisch. George versteht Tea nicht. Die anderen Mädeln verstehen ihn auch nicht. Lotte sagt, sie fühlt es. Tea wird dem Lateinlehrer das nächste Mal auch sagen, sie fühlt es, wenn sie Tibull nicht versteht. Max Adler und Otto Neurath halten Vorträge. Tea versteht sie nicht wirklich. Aber Rilke. Josuas Landtag ist gewaltig. Die kleinen Mädeln langweilen sich, geben aber Ruhe. Tea ist ein bißchen enttäuscht. Tanzen und Singen allein tun's nicht. Die Morgenansprachen versteht sie nicht, und was sonst gesprochen und gelesen wird, hat sie längst überwunden. Aber die Silvesterfeier war ein Höhepunkt. Roberts Parodie auf Goethes Faust. Die Mittelschülerbewegung entsprach dem Doktor Faust und gewettet wurde um eine Tafel Milchschokolade. Ilmau ist schon schön und interessant, aber Lind war schöner.

Ich bin elektrisch. Mein Herz tanzt wie verrückt. Dem erstbesten könnt ich mich in die Arme werfen, und ich tu's nicht – Gott behüte – nicht weil ich ein anständiges Mädchen bin – nein. Bloß um mich aufzusparen. Für wen? Hingeben könnt ich mich jetzt so aus vollem. Ich lechze nach der Umarmung. Schön will ich sein! Jetzt wo ich blühe, will ich genommen werden. Gruppe ist bloß Ersatz. Schön und kühn müßte er sein. Himmel, wenn das meine Mädeln wüßten. Eine Gruppenführerin, die auf den Märchenprinzen wartet. Na, schließlich nähme ich ja auch so irgend etwas anderes als Freund hin. Helleiner käme als Mann in Frage, aber der ist zu fein für mich, so was kann man ja verehren – aber lieben? Ich bin schon sehr alt, dafür bin ich halt intelligent. Eine Liebelei will ich haben, ein paar Abenteuer, nicht gerade Flirt. Ich kann sicher niemals treu sein, würde auch von einem Mann nie Treue beanspruchen (vorausgesetzt, daß ich schnell genug Ersatz finde). Ich glaube, in mir steckt ein großes Biest. Ich bin spät reif geworden, aber jetzt glüh ich. Ich bin toll. Arbeiten, was ja in solchen Fällen das einzige ist, nützt bei mir auch nicht. Heute kann ich mehrmals und mit voller Überzeugung sagen: Es ist eine Lüge, daß Arbeit befriedigt. Ich habe gearbeitet. Ganz ehrlich und mühselig. Und der Erfolg? Mitten im Lesen ein Wort, ein Satz – und alles Alte ist wieder da, nur stärker noch. Mädchengruppen sind letzten Endes doch irgendwie sentimental. Krank irgendwie, weil der Geist fehlt. Und Gefühl ist ein schlechter Ersatz für Geist. Ich bin sehr Weib geworden. Kann nur sagen: wenn ich dich liebe, was geht es dich an. Ich werde alt. Werde eine alte Jungfer. Alles, alles nur das nicht. Lieber Dirne als Nonne. Ich hab einmal gehört, wenn ein Mädel will, findet sich immer wer. Gar so reizlos bin ich ja doch nicht. Wird sich schon einer finden. Da darf man eben nicht allzu wählerisch sein.

Der Schriftsteller Hugo Bettauer wurde von einem Nationalsozialisten erschossen. Der Attentäter gibt an, Bettauer getötet zu haben, weil er seine Wochenschrift „Er und Sie" für die Jugend verderblich halte.

Tea hat im Semesterzeugnis in Latein einen Fünfer. Hoffentlich geht das gut bei der Matura. Aber zu Ostern muß sie wegfahren. Komme, was da wolle. Sie schafft die Matura schon. Muß sie halt ein paar Nachhilfestunden mehr nehmen. Mama hat das Geld schon. Auf die letzte Schularbeit hat sie ohnedies schon einen Vierer bekommen. Zwar einen schwachen, aber immerhin einen Vierer. Alle Gruppen treffen sich auf der Ruine Hohenegg. Es gibt ein Lagerfeuer, und Ludwig Wagner hält eine Ansprache über Jugendbewegung und Weltanschauung. Alle rund um das Lagerfeuer schwören Ludwig die Treue. Die Hakenkreuzler aus der Umgebung haben von dem Treffen gehört und wollen mit einer Schlägergruppe die Sozialisten zum Abbruch der Tagung zwingen. Sie formieren sich im Tal, sprechen mit Paul Lazarsfeld und stellen ihm ein Ultimatum. Daraufhin entschließen sich Ludwig und Paul, das Treffen abzubrechen. Kinder und Mädchen kann man einer Prügelei nicht aussetzen.

Ich glaube, Philosophie so gut als auch reine Wissenschaft sind dem Manne vorbehalten. Uns bleiben zwei andere Möglichkeiten: der Glaube und das praktisch instinktmäßige Leben. Allerdings nach dieser Einsicht ist es lächerlich zu studieren. Wenn ich begabt dazu wäre, würde ich Tänzerin werden. Tanz ist das, was der Frau so ureigen ist. Tanz ist das, wo sie schöpferisch sein kann. Nachdem ich mich 19 Jahre gegen meine Frauenrolle gewehrt habe, muß ich mich doch dreinfinden. Die Frau ist minderwertig. Otto Weininger dürfte doch der größte Philosoph sein. Ich war nahe daran zu verflachen. Und schuld daran ist nur die ewige Individualpsychologie, die mich jedes Unterdrücken des Geschlechtstriebs als neurotische Sicherung auffassen ließ.

Tea macht jeden Sonntag mit ihren Mädeln einen Ausflug in den Wienerwald. Oskar tobt. Sie soll lieber lernen. Die Matura steht vor der Tür. Diese verrückte Jugendbewegung. Sofie besänftigt ihn jedes

Mal, und Tea marschiert in Windjacke, Haferlschuhen und mit einem Rucksack mit Brot, Geselchtem, Biskuit und Schokolade, alles von der Mutter eingepackt, los. Dann singen sie: Es wollt ein Jägerlein jagen. Wach auf mein Herzens Schöne. So grün als ist die Heiden. Landknechtslieder. Vom Barette weht die Feder. Und Warschawianka, das Tea so liebt.

Auf, auf nun zum heiligen Freiheitskampfe,
Bezwinge die Feinde, du Arbeitervolk.
Auf die Barrikaden, auf die Barrikaden,
Erstürme die Welt, du Arbeitervolk.

Tea hat Matura gemacht und fährt in die Kolonie nach Rottenmann. Jetzt kennt sie ja schon alles. Es ist nicht mehr die erste Begeisterung. Aber trotzdem. Sie diskutieren über Zionismus, die Gruppe und die Mädchenfrage. Paul ist nicht in Rottenmann, er ist in der Nähe auf der Alm, um für sein Rigorosum zu lernen. Paul hat Tea durch Karl eingeladen, ihn zu besuchen. Tea freut sich, hat aber ein bißchen Angst, mit Paul allein zu sein. Sie macht sich auf, findet den Weg aber nicht und muß umkehren. Sie bittet, das nächste Mal mitgenommen zu werden, wenn jemand raufgeht. Sie brennt darauf, mitgenommen zu werden. Am nächsten Tag geht Theo. Ein lieber und anständiger Bursch. Auch zusammen verfehlen sie den Weg und es beginnt zu schütten. Tea ist verzweifelt. Ihr ist schlecht und sie hat Angst, die Nacht auf der Hütte bleiben zu müssen. Nach zwei Stunden im strömenden Regen kommen sie zur Hütte. Tea erzählt von der Kolonie, und die Buben sprechen sehr ernst über die Bewegung. Paul serviert selbstgekochtes Erdäpfelgulasch. Dann braten sie Erdäpfel und schauen zu, wie die Kleider langsam trocknen.

– Hast du gar keine kurzen Hosen an?
– Nein, ich bin doch ein Mädel.
– Das warst du voriges Jahr nicht?
– Doch. Aber heuer mehr.
– So? Woran merkt man das?
– So halt. Ich laß mir die Haare wachsen.
– Auch schon was.
– Du hast voriges Jahr Vorträge über Marx gehalten und heuer läßt du uns im Stich.

– Ich muß lernen.
– Das ist eine Ausrede.

Theo wird immer stiller und legt sich schließlich auf das aufgeschichtete Heu. Paul überläßt Tea sein Bett. Er setzt sich zum Ofen.

– Ich muß noch lernen. Wenn du magst, komm ich nachher noch zu dir und wir können plaudern. Wenn du nicht zu müd bist natürlich.
– Nein, nein, ich bin gar nicht müd.

Obwohl Tea schon halbtot ist vor Müdigkeit. Tea schließt die Augen und denkt, wie sie die Hütte herrichten will und kochen und den Riß in Pauls Hemd flicken. Voriges Jahr in Lind hätte sie so etwas nicht im Traum gedacht. Paul steht auf. Tea zittert. Soll sie sich schlafend stellen oder ein Gespräch riskieren. Sie hebt den Kopf.

– Bist noch wach, Tea? Kann ich noch ein bissel zu dir kommen?

Sie sprechen von Mila und Martha und von sich. Daß sie einander doch immer lieb gehabt haben und daß doch etwas zwischen ihnen steht und daß das nicht Mila oder Martha ist oder irgendein Mensch. Tea sagt ihm, daß sie ihn sehr lieb hat. Und Paul spricht von Mila und von Martha. Und Tea sagt ihm, daß es unter seiner Würde ist, so zu flirten, daß er doch Grenzen haben muß und daß sie traurig ist, wenn er sich gerade solche Mädchen und gerade so zum Spaß nimmt. Aber Martha war damals die einzige, die ihm gut war und der er gut sein durfte, sagt Paul. Er kann sich nicht binden. Er ist ein Vagabund. Er ist einsam. Er liebt Mila und Tea und viele andere. Sie sprechen über Lind und Tea ist ganz aufgelöst. Für Paul ist alles nur eine Episode. Wir beide passen nicht zusammen, sagt Paul. Aber irgendwo haben wir irgendwie irgendwas gemeinsam. Tea hat Paul sehr gern. Er ist der einzige, der in ihrem Leben ernstlich eine Rolle gespielt hat. Natürlich ist es nur eine Episode. Sie fühlen sich ja nicht aneinander gebunden. Sie stehen sich ja fremd gegenüber. Nur jetzt nicht. Tea ist sehr aufgewühlt und weint ein bißchen. Theo schläft wie ein Stock. Das Bett ist hart und schmal. Alle Probleme lösen sich auf. Und Tea ist glücklich.

2

Piłsudski hat die Regierung gestürzt. Er errichtet das Sanacja Regime, eine Militärdiktatur. Durch sie soll Polen moralisch gesunden. Das Parlament, die Parteien, die Opposition bleiben. Piłsudski herrscht im Hintergrund hinter einer parlamentarischen Fassade mit Polizeimethoden. Bauernaufstände werden niedergeschlagen, die separatistischen Ukrainer verfolgt. Die Bevölkerung bleibt verschont, es gibt keine Ideologie. Es herrscht der offiziell von der Regierung eingeführte Piłsudski-Kult. In Lemberg wird in der Ulica Zielona zu Ehren Piłsudskis demonstriert. An seinem Namenstag schreiben jüdische Kinder über ihn Gedichte und in den Synagogen werden zu seinen Ehren Gottesdienste abgehalten. Piłsudski ist kein Antisemit und der Antisemitismus geht zurück. Er interessiert sich nicht für die jüdische Bevölkerung und die jüdische Frage. Aber die Endecja, die Nationalisten, fordern einen numerus clausus für jüdische Studenten, aber es bleibt bei der Forderung. Polen für die Polen, sagen sie. Die Juden waren während des Kriegs nicht loyal, behaupten sie. Die Regierung aber unternimmt nichts gegen die Juden, und die Juden stimmen für Piłsudski.

Pauline geht jetzt in Lemberg ins Gymnasium und Kamilla in eine Modeschule. Sie wohnen zusammen bei einer Cousine von Tony. Auf der Ulica Janowska, im jüdischen Viertel. Eine laute Straße, durch die die Straßenbahn rattert. Pauline lernt gut. Sie hat lauter Einser, nur in Französisch und Turnen einen Zweier. Sie singt auch im Schulchor und spielt Geige. Kamilla lernt schlecht. Sie wird die Modeschule auch nicht schaffen. Sie will nicht lernen. Nach der Schule geht sie spazieren. Am liebsten am Ringplatz. Da gibt es schöne teure Geschäfte. Am liebsten schaut sie schöne Kleider und elegante Stoffe an. Pauline liest viel. Żeromski und Reymont natürlich. Leidenschaftlich aber liest sie Jasnorzewska-Pawlikowska. Liebesgeschichten, die ihr die Tante empfohlen hat. Überhaupt liest die Tante ununterbrochen und gibt Pauline zu lesen. Am Abend lesen sie immer zusammen Gedichte von Tuwim und Słonimski. Oder die Tante liest ihr das Feuilleton in der Chwila vor. Majakowski, Klabund und Yvan Goll. Pauline liebt diese Abende.

Da gibt es Tee oder heiße Schokolade und Konfekt oder Biskuit aus der Konditorei am Ringplatz, und die Tante deklamiert Gedichte. Manchmal gehen sie auch ins jüdische Theater. Moische Melamend, eine lustige Operette, hat auch Kamilla gefallen, die nur selten mitgeht und schon gar nicht Tantes Deklamationen anhört. Kamilla liest gar nichts. Nur Modejournale. Die aber mit großem Eifer. Sie hat Onkel Oskar gebeten, ihr aus Wien welche zu schicken. Wien ist doch schicker als Lemberg oder Warschau. Wenn sie etwas Schönes findet, geht sie zur Schneiderin und läßt sich ein Kleid nähen. Die Mutter regt sich immer schrecklich auf und findet, daß Kamilla schon viel zu viele Kleider hat und daß sie immer den teuersten Stoff aussucht, gibt ihr aber dann schließlich doch das Geld für ein neues Kleid. Peter legt immer ein gutes Wort für Kamilla ein. Er findet sie reizend in ihren Toiletten. Selber nähen mag Kamilla nicht, obwohl sie es können müßte. Aber es genügt ja, wenn sie in der Schule näht und Schnitte zeichnet. Sie heiratet sowieso einmal einen reichen Mann. Sie trägt jetzt am liebsten ihr neues kornblumenblaues Kleid aus Satinkrepp mit gerüschtem Kragen und plissierten Ärmelrüschen. Am Ringplatz spricht sie ein junger Mann in Uniform an. Ein Offizier.

– Wohin des Weges, schönes Fräulein?
– Nirgendwohin.
– Spazieren?
– Ein wenig.
– Schöne Kleider.
– Ja, sehr. Aber in Wien sind sie schöner.
– Meinen Sie? In Warschau sind sie genauso schön.
– Nein, bestimmt nicht.
– Woher wissen Sie das?
– Ich war schon in Wien.
– Darf ich Sie in die Konditorei einladen?
– Oh ja, gerne.
– Gehen Sie noch in die Schule?
– Ja, in eine Modeschule. Aber es gefällt mir nicht.
– Warum denn nicht? Sie mögen doch schöne Kleider.
– Ja, schon, aber in der Schule ist es langweilig.
– Wollen Sie mit mir einmal ausgehen?
– Oh ja, gerne.

– Vielleicht morgen. Lieber ins Kino oder in die Oper? Vielleicht Figaros Hochzeit oder La Traviata?
– Ins Kino!
– Die Tragödie des Hauses Habsburg?
– Ja, das ist sicher schön und traurig.
– Dann treffen wir uns morgen um ½ 6 vor der Diana am Ringplatz.

Kamilla geht mit dem Offizier ins Kino, in die Oper und vor allem Tanzen. Er ist Major. Kamilla imponiert das unheimlich. Sie tanzt für ihr Leben gern. Eigentlich kann sie noch gar nicht tanzen. Die Eltern haben gesagt, daß sie für einen Tanzkurs noch zu jung ist. Aber der Offizier zeigt ihr alles. Es geht schon ganz gut. Walzer kann sie schon ein bißchen. Foxtrott und besonders Charleston gefällt ihr. Und Black Bottom tanzen sie leidenschaftlich gern mit ununterbrochenem Gelächter. Kamilla schwingt ihr Becken lustvoll vor und zurück, und wenn sie dann mit den Hintern zusammenstoßen, kann sie sich vor Lachen gar nicht mehr halten. Der Offizier will ihr ein Tanzkleid kaufen. Kamilla kennt ihn zwar noch gar nicht richtig. Aber warum nicht. Er ist sicher reich. Und ein schönes neues Kleid wär doch einfach herrlich. Er kauft ihr ein mandelgrünes Ballkleid aus Crêpe de Chine mit perlengestickten Bordüren. Kamilla ist begeistert. Was wird die Tante sagen? Die Tante darf von dem Kleid auf keinen Fall etwas erfahren. Und Pauline auch nicht. Das Kleid wird beim Offizier aufbewahrt. Er hat ein Zimmer bei einer alten, fast tauben und blinden Witwe. Sie bemerkt gar nicht, wenn Kamilla kommt, um sich umzuziehen. Kamilla gefällt ihre Frisur nicht mehr. Sie hat glatte kurze Haare über die Ohren und seitwärts in die Stirn gekämmt. Das ist eine Frisur für brave kleine Mädchen, für Pauline. Sie will ondulierte Haare haben. Aber was wird die Tante sagen, wenn sie zum Friseur geht? Es wird sowieso alles aufkommen, sie schöpft vermutlich ohnedies schon Verdacht. Kamilla geht fast jeden Abend aus. Das Kino interessiert sie gar nicht mehr so und schon gar nicht die Oper, sie will nur mehr tanzen. Der Tante erzählt sie, daß sie mit der Schule ins Theater geht. Zuerst hat es die Tante geglaubt. Aber inzwischen glaubt sie Kamilla kein Wort mehr. Sie will ihr verbieten wegzugehen. Aber Kamilla schreit und macht Szenen. Die Tante hat ihr gar nichts zu verbieten. Sie geht doch nur ins Theater und in die Oper. Das kann man ihr schließlich nicht verbieten. Die Tante schreibt

Tony einen Brief. Tony kommt stante pede nach Lemberg, um nach dem Rechten zu sehen. Kamilla gesteht, daß sie tanzen geht.

– Mit wem?

– Mit einem polnischen Offizier.

– Du kommst sofort mit nach Zabłotów.

– Nein.

Kamilla schreit und weint.

– Du machst in Zabłotów eine Schneiderlehre. Mit der Schule ist es aus. Du lernst sowieso nicht. Schau dir deine Schwester an!

– Ich will nicht nach Zabłotów!

Kamilla heult.

– Ich werde brav sein und nicht mehr tanzen gehen und die Schule abschließen.

– Ein letzter Versuch. Aber wenn du die Schule nicht schaffst, kommst du nach Zabłotów.

Am nächsten Tag wartet der Offizier schon vor der Schule.

– Fräulein, bitte woll'n Sie Shimmy tanzen?

– Shimmy, Shimmy, ist der Clou vom Ganzen!

– Früher einmal machten es die Wilden.

– Jetzt gehört's dazu, um sich zu bilden.

– Früher war es shocking,

– Jetzt gehört's zum guten Ton.

– Shimmy, Shimmy ist die große Mode,

– Shimmy ist die Sensation.

Sie lachen.

– Meine Mutter fährt morgen weg.

– Dann gehen wir morgen wieder ins Schor und tanzen Shimmy.

– Ich freu mich schon riesig. Shimmy ist die Sensation.

3

Tea studiert Medizin. Doch nicht Germanistik, doch nicht Philosophie. Lehrerin will sie doch nicht werden. Mit Medizin steht ihr alles offen. Das Knochenkolloquium hat sie hinter sich. Sie ist müde. Immer ist sie todmüde. Aber sie arbeitet gar nicht so viel. Das Sezieren macht ihr Spaß. Sie ist sehr geschickt. Sie hat große Hände. Von den Erdheims geerbt. Chirurgenhände, sagt Sigmund immer. Nur der Haut tut das Sezieren gar nicht gut. Das ganze Gesicht ist voller Wimmerln. Sie wäscht es ohnedies ständig mit Spiritus. Das nützt nicht viel. Dann sitzt sie am Abend vorm Spiegel und drückt Wimmerln und Mitesser aus. Ganz entstellt ist sie durch diese blöden Wimmerln. Und nichts hilft. Sie singen beim Sezieren immer heitschi bum beitschi bum bum. Sie machen Witze über die Leichen, lachen und spotten und die Flitscherln versuchen mit dem Demonstrator zu kokettieren. Dann macht der Demonstrator ein verächtliches Gesicht. Überhaupt gefällt der Demonstrator Tea. Der feine Spott, die Ironie, die Verachtung. Ein hübscher Judenjunge. Wo die doch selten so hübsch sind. Weiche gewellte Haare, aber keine so häßlichen Schneckerln, wie sie sonst die Judenbuben haben. Die Brille mit der goldenen Fassung steht ihm auch gut. Einmal stand Tea ihm ganz nahe und hat sein Haar berührt. Aber sie ist kein Flitscherl, sie kokettiert nicht. Sie gefällt ihm sowieso sicher nicht. Mit diesen Wimmerln! Ob sie das Studium wirklich befriedigt? Ob sie nicht doch lieber ein Heim und Haus und Kinder hätte, als so bindungslos durch die Welt gondeln? Wenn sie nicht immer so müde wär. Sie muß zum Zahnarzt gehen. Sie ist schon ganz verschwollen. Alles Glück, das sie je besaß, wollte sie verschenken, dafür daß sie nicht zum Zahnarzt gehen muß. Wenn ihre Zähne in Ordnung sind, wird sie arbeiten. Und was kommt dabei heraus? Das sieht sie ja an Eduard. Jeden Tag geht er ins chemische Laboratorium. Er tut nichts anderes als arbeiten. Er ist ihr ein warnendes Beispiel. So ein elendes Wrack von einem Menschen wird sie natürlich nie. Dazu ist sie viel zu viel in der Jugendbewegung drinnen. Sie geht in die Vorlesungen von Karl Kraus. Sie geht in jede Vorlesung. Sie muß in seine Vorlesungen gehen. Alle gehen in die Karl-Kraus-Vorlesungen. Die Lotte, die Martha, die Liesl, natürlich gehen der Paul und der Ludwig auch hin. Unvorstellbar, einmal eine Vorlesung zu versäumen. Da müßte sie schon krank sein. Sehr krank. Mit ein wenig Temperatur kann man schon zum Kraus gehen. Auch wenn die Mutter dagegen ist. Nur mit hohem Fieber geht es wirklich nicht. Man darf nicht zu spät kommen. Tea kommt immer und überallhin zu spät. Nur zu den Karl-Kraus-Vorlesungen nicht. Mit hängender Zunge schafft sie es immer gerade noch. Sogar der Vater war einmal in einer Vorlesung und liest gelegentlich die Fackel. Die erste Offenbach-Vorlesung. Blaubart. Es war phantastisch. Wie er singt!

Jeder kann in Republiken
Jeden anderen unterdrücken
Ja er kann ihn unterdrücken,
So verlangt's die Disziplin.
Drücken, drücken, drücken, drücken,
Das ist Disziplin.

In zwei Monaten ist die nächste Offenbach-Vorlesung. Da geht Tea wieder hin. Sie muß lernen. Nichts als lernen. Wie in der Schule. Physik und Chemie. Dinge, die ihr so gar nicht liegen. Eduard hilft ihr ein bißchen. Er kommt öfter zu ihr. Er erzählt ihr von einem Kommilitonen, der sich auch so für Literatur interessiert und auch immer zu den Karl-Kraus-Vorlesungen geht. Er heißt Elias Canetti. Tea zeigt kein großes Interesse. Eduard möchte immer mit Tea spazierengehen. Am liebsten einen Ausflug in den Wienerwald. Tea mag aber keine langen Spaziergänge. Wo sie immer so müd ist. Von langen Gewaltmärschen mit Haferlschuhen hat sie von Lind genug. Ein kleiner Spaziergang in den Park ist genug des Guten. Eduard versucht ihr zu erklären, was Elektrizität ist. Tea versteht gar nichts. Eduard legt den Arm um ihre Schultern. Tea läßt ihn gewähren. Es gibt zwei Arten von Elektrizität, die positive und die negative. Sie kann sich darunter nichts vorstellen. Macht nichts, du kannst es auswendig lernen, sagt Eduard, beugt sich zu ihr und will sie küssen. Tea will nicht. Er ist doch ihr Vetter, sie haben doch miteinander gespielt, als sie fünf war. Doch nicht Eduard. Sie mag ihn sehr, aber wie einen Bruder. Sie gehen nach Hause. Tea muß weiterlernen. Elektrisches Feld, elektrischer Strom. Das sind ihr spanische Dörfer. Wie das Telefon funktioniert, muß sie auch wissen. Die schiefe Ebene versteht sie gerade noch. Kraft ist Masse mal Beschleunigung. Darunter kann sie sich gerade noch etwas vorstellen. Aber die Ohmschen Gesetze sind ihr schon spanisch. Eine reine Wechselstromkurve ist eine Sinuslinie. Sie hat keine Ahnung, was das heißt. Das Physikrigorosum naht. Sie wird das alles eben auswendig lernen. Wie wird das werden? Erste Frage: Was ist ein Hebel? Das weiß sie, das hat sie sogar verstanden. Was ist ein Magnetfeld? Das weiß sie auch. Was ist kinetische Energie. Das weiß sie auch. Wenn auch nicht hundertprozentig verstanden. Und was ist das Licht? Eine elektromagnetische Welle. Bestanden. Tea hat keine Ahnung, was elektromagnetische Wellen sind. Das hat sie auswendig gelernt. Hauptsache sie hat bestanden. Manchmal hat man eben im Leben auch Glück. Wozu braucht sie auch diese blöde Physik? Als Ärztin muß sie sicher nicht wissen, was elektromagnetische Wellen sind. Sie ist glücklich und erzählt allen Leuten die Geschichte von den elektromagnetischen Wellen und lacht. Der Vater schenkt ihr für die bestandene Prüfung eine Reise in die Normandie.

4

Eduard fährt in den Ferien zu seinen Eltern nach Drohobycz. Der Vater hat ein Haus auf der Ulica Sienkiewicza gekauft. Ganz im Zentrum im vornehmen Viertel. Eduard wollte eigentlich mit Tea in die Karpaten fahren. Aber Tea hat keine Lust, sie fährt sowieso nach Frankreich. Er weiß nicht recht, was er anfangen soll. Schließlich sind Ferien. Schade, daß Tea nicht mit ihm Ferien machen will. Wer weiß, mit wem sie sich herumtreibt. Von diesem Paul redet sie gar nicht mehr. Aber es gibt ja noch andere in der Jugendbewegung. Und Kollegen gibt es schließlich auch. Er muß ohnedies arbeiten. Aber ein bißchen erholen muß er sich schließlich auch. Er geht ins Kino. Aber die Filme sind blöd. Drohobycz ist doch Provinz. Obwohl es sich in den letzten Jahren stark verändert hat. Die Straßen sind asphaltiert. Es gibt Tanzcafés, Varietés, sogar ein Kabarett gibt es. Da gehen die reichen jungen Leute hin. Eduard fährt nach Stryj zu seiner Cousine Rena. Stryj ist nicht weit, eine halbe Stunde mit dem Zug. Rena kommt in die achte Klasse und ist die Tochter einer Schwester seiner Mutter. In Stryj gibt es gar nichts außer dem Fluß Stryj, es ist kleiner als Drohobycz. Sie rudern auf dem Stryj. In Drohobycz kann man nicht rudern. Die Tyśmienica ist so schmutzig, das ist unappetitlich. Aber den ganzen Tag rudern ist fad. Eduard schlägt vor, nach Drohobycz zu fahren. Rena kann ja dann bei ihnen übernachten. Im neuen Haus gibt es Platz genug. Sie gehen ins Kino. Die tugendhafte Susanna. Ein lustiger Film. Rena gefällt er, aber Eduard findet ihn eher blöd. Dann gehen sie tanzen. Eduard kann nicht besonders gut tanzen. Er steht immer so schief da und zieht eine Schulter hoch. Aber Charleston, dieser moderne Tanz, das geht schon. Mit den Armen rudern und den Rücken beugen, das kann er schon. Rena findet Charleston ungemein lustig. Und Eduard hat sich gut geschlagen. Es wird auch Black Bottom getanzt. Aber das will Eduard nicht tanzen, das ist unanständig. Am Abend empfängt sie Minna mit einem Szegediner Krautfleisch und der Vater erzählt von der feierlichen Eröffnung eines Kaufhauses in Borysław.

3. Kapitel

1

– Hallo Tea. Der Justizpalast brennt.
– Was?
– Die Innenstadt ist voll mit Demonstranten.
– Was ist passiert?
– Das Schattendorfurteil. Weißt du noch nicht?
– Nein.
– Alle sind freigesprochen.
– Was?
– Ja. Fahr heute lieber nicht auf die Uni. Du versäumst sicher nichts.
– Wo bist du?
– Zu Hause. Ich war auf der Uni und bin dann ganz schnell geflohen. Die Straßenbahn fährt nicht. Ich habe gerade noch ein Auto bekommen. Es sind kaum welche zu bekommen. Bald wird man auch nicht mehr telefonieren können. Alles soll stillgelegt werden. Alles ist voll Polizei. Sie sollen schießen.
– Woher weißt du das? Hast du es gesehen?
– Ein Mann hat es mir gesagt. Ein Passant vor der Uni. Und dann bin ich schnell nach Hause gefahren. Ich komm zu dir und bring dir die Arbeiter-Zeitung. Da steht alles über das Urteil drinnen.

Das war Sopherl. Zur Zeit Teas beste Freundin. Ständig picken sie zusammen. Sie wohnt ganz in Teas Nähe. Sie begleiten sich immer gegenseitig nach Hause und singen Au clair de la lune. Wenn sie bei Sopherl angelangt sind, gehen sie wieder zu Tea und dann wieder zu Sopherl und dann wieder zu Tea. Sie haben immer so viel miteinander zu reden, zu erzählen, zu besprechen. Über Lasker-Schüler und Klabund, über schöne und gescheite Männer, über Sopherls Liebschaften und über die Väter, die immer alles verbieten, obwohl sie schon großjährig sind.

Die Mörder von Schattendorf freigesprochen! Frontkämpfer können ungestraft auf Schutzbündler schießen und zwei Menschen töten. Daß alle Arbeitermörder in Österreich straflos bleiben, ist länger nicht zu ertragen. Zum Zeichen des Protestes wird von 8 bis 9 Uhr der Strom für die Straßenbahn abgeschaltet.

Tausende Demonstranten ziehen in die Innenstadt und vors Parlament. Von allen Seiten kommt die Arbeiterschaft zum Ring. Die Arbeiter und Angestellten der Elektrizitätswerke tragen eine Tafel: „Protest dem Schandurteil. Wir greifen zur Selbsthilfe!" Plötzlich reitet mit gezogenem Säbel eine Polizeiattacke gegen die Menge. Die Demonstranten fliehen in den Rathauspark. Alle, die nicht rechtzeitig fliehen können, kommen unter die Hufe. Obwohl viele Mütter mit Kindern im Park weilen, wird er von den Berittenen gestürmt. Sie jagen über kleine Kinder und Kinderwagen hinweg. Die Demonstranten sammeln sich und bewaffnen sich mit Steinen. Weitere Polizisten treiben die Demonstranten vom Parlament zum Schmerlingplatz. Die Polizei schießt in die fliehende Menge. Mit gezogenem Säbel jagen die Wachleute hinter den Flüchtenden her und hauen auf sie ein. Über den Ring und durch alle Hauptstraßen marschieren Polizeikolonnen, mit Karabinern bewaffnet, bleiben von Zeit zu Zeit stehen, legen die Gewehre an und feuern in die Menge. In allen Straßen wird geschossen. Nicht nur gegen Demonstranten, sondern auch gegen Menschen, die sich völlig passiv verhalten. Einige Polizeieinheiten verschanzen sich in Privathäusern und feuern aus den Fenstern, wenn kleine Gruppen vorübergehen, andere fahren in Lastautomobilen umher und richten überall, wohin sie kommen, ein Blutbad an. Demonstranten werden getötet. Einige Demonstranten dringen in den Justizpalast ein, zerschlagen die Büroeinrichtung, werfen Akten auf die Straße und zünden sie an. Der Justizpalast brennt. Die Menge verhindert die Löscharbeiten der Feuerwehr. Der Polizeipräsident Schober läßt mehrere hundert Wachleute und Polizeischüler mit Bundesheer-Karabinern ausrüsten und befiehlt, scharf zu schießen. Die Polizei schießt auf Mädchen, Frauen, Kinder, Verwundete, die am Boden liegen, auf Unbeteiligte. Sie schießt durch das Gittertor auf den Verbandsplatz im Rathaus. Einem Werkmeister wird die Schädeldecke weggerissen und das Gehirn buchstäblich aus dem Kopf geschleudert, andere brechen verletzt zusammen und wälzen sich schreiend auf dem Boden. Die Polizei aber setzt das Feuer fort. Sie verhaftet, wen sie erwischt, sie schleppt Schwerverletzte in die Wachstube und schlägt sie ins Gesicht und tritt sie mit den Füßen, sie stößt in den Rücken, schlägt mit Fäusten ins Gesicht, versetzt Hiebe mit dem Säbel. Die Polizisten schreien: Halt die Goschen, sonst hau ich dir eine auf den Schädel, daß du hin bist. Hände hoch! Der Arbeiter gehorcht, bleibt stehen und streckt die Arme empor. Ein zweiter Polizist tritt hinzu und streckt ihn mit einem Schuß in den Bauch nieder. Ein Sanitäter kommt zu Hilfe, die Wache verjagt ihn mit Kolbenschlägen.

Sigmund macht in Payerbach Urlaub. Er bekommt ein Telegramm: Nach Demonstration Hunderte Schwerverletzte in der Poliklinik. Bitte kommen. Sigmund fährt sofort nach Wien und operiert die ganze Nacht durch. Die Verwundungen sind entsetzlich. Einigen wurde der Kopf fast vollständig zertrümmert. Bei anderen sind die Knochenteile des Kopfes ganz deformiert. Der größte Teil der Kopfverletzten hat Einschüsse an der Wangen- und Stirnseite. Sie müssen in dem Moment getroffen worden sein, als sie sich vor der schießenden Wache zum Fliehen wendeten. Sigmund hat so schreckliche Wunden noch nie gesehen, auch nicht im Krieg. Nur Dumdumgeschoße können solche Verletzungen herbeiführen. Schreckliche Verletzungen wurden durch Nahschüsse erzeugt, die knapp vor oder hinter den Opfern abgefeuert worden sein müssen, höchstens in einer Entfernung von einem halben Meter. Sie haben ungewöhnlich große Einschußöffnungen, wie Sigmund sie auch noch nie gesehen hat.

Das Telefon funktioniert nicht. Schon den zweiten Tag nach den Ereignissen. Sie haben von Eduard noch gar nichts gehört. Er war sicher im chemischen Laboratorium. Er ist jeden Tag dort. Hoffentlich ist ihm auf dem Heimweg nichts passiert. Tea will zu ihm gehen. Man kann ja nicht telefonieren.

– Das kommt überhaupt nicht in Frage. In die Laudongasse gehst du nicht. Eduard wird schon kommen, sobald es wieder ruhig ist. Die Polizei schießt. Das weißt du doch. Es würde schon genügen, wenn du verhaftest würdest. Um Gottes willen, Tea, ich beschwöre dich, bleib hier.

Tea muß wissen, was los ist. Die Mutter will sie überhaupt nicht weggehen lassen. Am liebsten möchte Tea ins Stadlmann gehen. Dort sind sicher Kollegen, die etwas wissen. Die Mutter schlägt die Hände über dem Kopf zusammen. In die Stadt gehst du nicht! Wenigstens zur Sopherl will sie gehen. Sie muß mit jemandem reden. Die wohnt auf der Gersthofer Straße, das sind nur fünf Minuten von zu Hause. Die Mutter will nicht. Tea soll zu Hause bleiben. Aber sie will ja nur zur Sopherl um die Ecke. Die Mutter beschwört sie, auf keinen Fall in die Stadt zu gehen. Es gibt keine Zeitungen, nur Mitteilungsblätter der Arbeiter-Zeitung. Sie werden von der Partei gratis verteilt und kosten nur 4 Groschen für den Kolporteur. Vier Mitteilungsblätter gibt es. Sopherl hat sie von einem Nachbarn aus einem Parteilokal. Sie lesen sie zusammen, obwohl Sopherl sie ohnedies schon gelesen hat. Sie reißen sie sich gegenseitig aus den Händen und lesen laut vor.

Mehr als 50 Tote – mehr als 400 Verletzte.
– Hast du das gelesen?
Ein Wachmann legt an, zielt und schießt den Karl Franze, der schutzlos oben auf dem Brett steht, herunter. Junge Mädchen werden niedergesäbelt. Ärger als die Kosaken.

– Wir haben von Eduard noch nichts gehört.
– Ich hab von Franz auch noch nichts gehört. Mein Vater war gestern in der Stadt. Überall Polizei, aber es war ganz ruhig.
– Ob der Paul und der Ludwig auch demonstriert haben, was glaubst du?
– Die Minna war gestern bei mir, obwohl ihr Vater es ihr verboten hat. Die Polizei verhaftet einfach Leute, die beisammenstehen und über die Ereignisse sprechen. Hast du das gelesen? Jeder kann verhaftet werden. Ganz harmlose Bürger. Sogar im Kaffeehaus werden Leute verhaftet. Und dann werden sie geschlagen und beschimpft. „Du roter Hund, halt die Goschen."
– Der Bürgermeister hat ein Alkoholverbot erlassen, steht hier. Wenigstens einmal etwas Vernünftiges.
– Vielleicht geht das Telefon wieder.
– Aber Eduard hat kein Telefon.
– Auf der Währinger Straße ist sicher nicht geschossen worden.

– Das wissen wir nicht.
– Ich geh jetzt zu Franz, da können meine Eltern Kopf stehen, ich muß wissen, was los ist.

Tea und Sopherl singen auf der Straße, wenn sie sich nach Hause begleiten, ganz laut:

Schober, Schuft, Polizeipräsident,
wie wird's dir ergehen,
sieht man schon am Schottenring
die Roten Garden stehen.

Und jetzt das Lied vom Seipel.

Wer gehört auf d'Gaslatern,
wer gehört auf d'Gaslatern,
der erste von die Herrn,
des wird der Herr von Seipel wern,
der zweite von die Herrn,
des wird der Herr von Schober wern.

2

Tea ist in Anatomie durchgefallen.
– Erzählen Sie etwas über den Unterschied der Schwellkörper beim Manne und beim Weibe.
– Es gibt zwei Schwellkörper als Friktionsorgane. Der eine ist der vom Mann vererbte, rudimentäre Phallus, die Clitoris. Der andere stellt zu beiden Seiten des Introitus vaginae im Bereich der Labia minora liegende, weiche schwellbare Polster dar, die Bulbi vestibuli.
– Ja, weiter.
– Die Clitoris besteht aus zwei, den Corpora cavernosa penis entsprechenden Schwellkörpern. Sie sind mit dem größeren

Teil ihrer Länge an den unteren Schambeinästen angewachsen, Crura clitoridis.

Tea schweigt. Der Tandler schweigt auch. Tea sagt immer noch nichts.

– Was heißt denn Clitoris, woher kommt denn der Name?

Tea schweigt.

– Κλειτορίζειν, Fräulein! Das heißt klopfen, aber Griechisch haben Sie ja nicht gelernt.

Tandler lacht, Tea errötet.

– Es ist besser, wenn wir uns noch einmal wiedersehen.

Der Tandler läßt fast alle das erste Mal durchfallen. Insbesondere Mädchen. Während der Prüfung macht er immer laszive Bemerkungen, die die Mädchen in Verlegenheit bringen, und stellt gerne Fragen über das männliche Genitale. Wie lang ist der Penis? hat er einmal gefragt. Die Kandidatin errötete und antwortete: So lang wie die Scheide. Der Tandler hat sich gekugelt, aber er hat sie durch lassen. Wehe, ein Mädchen sagt etwas Falsches, dann überschüttet er sie mit Hohn. Hübsche Mädchen haben es ein bißchen leichter bei ihm. Wenn man schnell antwortet, steigt die Chance durchzukommen. Er sagt zu den Studentinnen immer Fräulein und nicht Frau Doktor wie die anderen. Beim Tandler sind die jüdischen Studenten und beim Hochstätter die Antisemiten und die Nationalsozialisten. Mit ihrer Schönheit kommt Tea nicht durch. Dazu reicht sie nicht aus. Das haben wir ja schon gesehen. Muß sie halt weiter stucken. Zur Entspannung hört sie sich immer am Dienstag nachmittag den Esparantokurs im Radio an. In der Radiowelt schaut sie dann die Vokabeln und die Grammatik an und macht die Übungssätze. Nach dem Esparantokurs stuckt sie weiter. Und wenn sie gar keine Lust mehr zum Lernen hat, besucht sie die Sopherl auf einen Tratsch. Sie hat immer ein neues Gedicht, das sie Tea vorliest. Die einzige von allen ihre Freundinnen, die wirklich Talent hat. Oder sie geht ins Stadlmann, da trifft man immer jemanden, mit dem man tratschen kann. Ihr ganzes Semester sitzt dort und tratscht oder lernt. Sie kann nicht so gut im Kaffeehaus lernen. Am besten lernt sie mit Alice zusammen, zu Hause auf der Veranda. Sind Sie mit dem Professor Erdheim verwandt? hat der Tandler gleich gefragt. Immer wird sie nach dem Onkel Jakob gefragt. Das ist ihr schon zu blöd. Der berühmte Onkel. Er ist sowieso der Meinung, daß Mädchen nicht studieren sollen. Und die Jugendbewegung und den Sozialismus hält er für eine Spinnerei. Tea ist meschugge. Tea mag ihn nicht. Die Krankenschwestern sind bei ihm alle Trampeln. Und überhaupt ist er nicht nett so wie Onkel Sigmund. Über Teas kurze Hosen und die Herrenjacke hat er sich schrecklich aufgeregt. Er hat sowieso nur das Foto gesehen. Mama hat es ihm gezeigt, obwohl Tea nicht wollte. Gott sei Dank wohnt er jetzt nicht mehr in der Höhnegasse. Er ist Leiter der Pathologie in Lainz und hat dort ein Zimmer. Früher hat er oft bei ihnen Nachtmahl gegessen und hat von seinen Reisen erzählt. Überall war er, sogar in Konstantinopel. Er versteht sicher nichts von Kunst. Er erzählt immer nur, ob das Hotel gut war und ob er das Essen vertragen hat und wieviel es gekostet hat. Von Literatur versteht er gar nichts. Das kann ja auch nicht sein. Jemand, der immer nur mit Leichen zu tun hat. Alle sagen, daß Tea ihm ähnlich schaut. Das ist überhaupt nicht wahr. Das bilden sich die Leute nur ein.

3

Eduard hat promoviert. Nach acht Semestern. In kürzestmöglicher Zeit und mit Auszeichnung hat er es geschafft. Das wird Tea sicher nicht. Weder in kürzestmöglicher Zeit noch mit Auszeichnung. Sie hat noch nie eine Auszeichnung gekriegt. Er hat auch immer nur gearbeitet. Kaum Freunde und schon gar keine Freundin. Tea hat er oft besucht. Einmal waren sie sogar zusammen in Jugoslawien an der Adria. Tea hat es gar nicht gefallen. Es war heiß und schwimmen kann sie nicht. Und das Essen war viel zu scharf. Eduard hat sich rührend um sie gekümmert. Er wollte ihr unbedingt Schwimmen beibringen. Aber das hat sie schon mit 10 mit einem Schwimmlehrer nicht erlernt. Ob er einmal heiraten wird? Tea will ihn nicht heiraten. Das weiß sie ganz bestimmt. Er fährt nach Drohobycz zu seinen Eltern. Am nächsten Tag fährt er gleich nach Stryj zu Rena. Sie hat gerade Matura gemacht. Er lädt sie ein, mit ihm in die Karpaten zu fahren, ein bißchen Ferien machen. Matura und Doktorat feiern. Sie fahren nach Jaremcze, die schönste Sommerfrische in ganz Galizien. Eduard wollte immer schon die berühmte Eisenbahnbrücke über den Pruth sehen. Das ist nicht weit von Kolomea und sie besuchen Onkel Peter und Tante Tony und Kamilla und Pauline. Kamilla will gleich mit Eduard nach Kolomea fahren, tanzen gehen. Eduard denkt nicht daran. Kamilla lächelt und schlägt die Augen auf. Eduard reagiert nicht. Kamilla schlägt weiter die Augen auf und lächelt und stopft sich mit Himbeeren und Kuchen voll. Ich zeig dir Charleston und Black Bottom. Sie nimmt Eduards Hand und zieht daran. Er entzieht sie ihr. Sie beginnt allein Charleston vorzuführen. Eduard schaut nicht hin, aber Peter lacht.

Eduard hat in Rumänien, in Baia-Mare, eine Stelle bekommen. In einer Fabrik, die Schwefelsäure herstellt.

Liebe Tea,

Baia-Mare ist eine schöne Stadt, etwas kleiner als Drohobycz. Die Lage ist herrlich, ringsherum sind Berge und das Klima ist angenehm. Es ist so mild, daß sogar Kastanienbäume gedeihen. Es gibt ein Schloß aus dem 13. Jahrhundert. Ich habe ein Zimmer bei einer deutschen Familie gefunden, obwohl hier nicht sehr viele Deutsche leben. Die Siebenbürgen-Sachsen, wie die Deutschen hier heißen, leben etwas südlicher. Es sind aber gar keine Sachsen. Die meisten Einwohner sind Ungarn und Rumänen. Ich lerne schon fleißig Rumänisch. Die Leute essen hier vorwiegend Lammfleisch und Schafskäse. Aber meine Zimmerwirtin macht immer Schweinsflecken. Ein Schlangenfraß. Die Deutschen können auch hier nicht kochen. Die Arbeit ist sehr interessant.

Wann hast Du das nächste Rigorosum? Hast Du noch immer Streit mit Deinem Vater?

Schreib bald und komm mich einmal besuchen.

Viele herzliche Grüße und laß die holde Familie schön grüßen

Eduard

4

– Wollen Sie mit mir nach Budapest fahren?
– Oh ja.
– Waren Sie schon einmal in Budapest?
– Nein, nur in Wien.
– Dann fahren wir. Schlafwagen erster Klasse.
– Ich bin noch nie erster Klasse gefahren.
– Dann wird es Zeit. Es gibt herrliche Konditoreien in Budapest und Varietés und Tanzcafés. Budapest ist eine Weltstadt, viel interessanter als Wien.
– Aber ich muß doch in die Schule gehen.
– Sie gehen doch gar nicht gerne in die Schule.
– Nein, gar nicht. Aber was sag ich meiner Tante?
– Daß Sie nach Hause fahren zu den Eltern.
– Das glaubt sie mir nicht. Es ist doch Schule.
– Sie fliehen!
– Fliehen?
– Ja, wie in einem Roman.
– Wie im Märchen.
– Und dann heiraten wir.
– Dann muß ich nicht mehr in die Schule gehen.
– Nein. Aber jetzt fahren wir nach Budapest. Wir übernachten im Hotel Gellert. Das ist das schönste Hotel der Welt. Und wenn wir die Nacht durchgetanzt haben, essen wir um 4 in der Früh im New York Krautsuppe. Im New York verkehrt das eleganteste und interessanteste Publikum von Budapest. Es hat die ganze Nacht offen. Budapest hat mehr Kaffeehäuser als Paris und sie sind gemütlicher und wienerischer als in Wien.
– Wie herrlich!
– Und die Zigeunermusik. Und die Konditorei Gerbaud. Die ist unvergleichlich besser als der Demel in Wien.
– Das gibt es nicht.
– Dort verkehrt die exklusivste Gesellschaft. Lauter Erzherzöge.
– Da können wir doch nicht hingehen.
– Doch. Sie werden sehen. Es wird die schönste Reise Ihres Lebens.

– Das wäre herrlich. Aber ich habe Angst.
– Wovor denn?
– Vor meinen Eltern und vor der Tante und vor meiner Schwester.
– Wir fahren gleich morgen.
– Morgen?
– Kamilla, szeretlek!
– Was heißt das?
– Was wird es schon heißen.
– Ich weiß nicht.
– Dreimal dürfen Sie raten!

Peter und Tony fahren in den Ferien mit den Mädchen nach Wien. Kamilla ist begeistert. Jetzt kann sie den Demel mit dem Gerbau in Budapest vergleichen. Sie will im Herbst heiraten. Dann muß sie nicht mehr in die Schule gehen. Vielleicht kann sie als Modistin arbeiten. Wenn sie verheiratet ist, muß sie überhaupt nicht arbeiten. Das wird ein schönes Leben. Sie wohnen in der Höhnegasse. In Jakobs Zimmer. Vor dem Frühstück geht Oskar auf Kamilla zu und legt seinen Arm um ihre Taille. Tea schaut zornig. Pauline errötet.
– Du tanzt gerne, hab ich gehört.
– Oh ja!
– Gehen wir heute abend zusammen tanzen?
Kamilla schlägt die Augen auf und Oskar drückt sie fest an sich.
– Papa!
– Ich werd doch meine Nichte noch zum Tanzen einladen dürfen, ohne daß du gleich eifersüchtig wirst.
– Ich bin nicht eifersüchtig.
– Weil du nicht tanzen kannst.
– Nein!
– Nur diese Volkstänze. Das möchte ich sowieso sehen, wie du die tanzt mit deinen zwei linken Füßen.

Tea schaut zornig. Immer will Papa mit jungen Mädchen tanzen gehen oder weiß der Teufel wohin. Ihre Freundinnen versucht er auch immer zu umarmen oder anzüglich zu berühren. Und Mama schaut zu und läßt es sich gefallen. Wenn Tea gerade nicht dabei ist, lädt er ihre Freundinnen immer ein, mit ihm tanzen zu gehen und ins Restaurant. Alice hat es ihr erzählt und Sopherl auch. So einen Vater hat sie.

So ein unanständiger Mensch. So ein mieser Baldower. Nur mit der Gretl hat er noch nie angebandelt. Die hält er für meschugge. Für noch meschuggener als Tea. Weil sie Vegetarierin ist. Er lacht sich immer bucklig, wenn sie die Wurst nicht anrührt. Aber jedes Mal macht er sich den Spaß und bietet ihr den Schinken an. Heute wieder kein Schinken? Oder: immer noch kein Schinken? Und Gretl will immer mit ihm diskutieren, warum man kein Fleisch essen soll. Fleisch ist ungesund. Und außerdem soll man keine Tiere töten. Oskar lacht laut auf. Früchte, grüne Blätter und Wurzelorgane sind die ideale Nahrung. Oskar schüttelt sich vor Lachen. Vielleicht ein Bircher Müesli gefällig. Tea und Sofie essen das auch. Sofie hat das in Wörishofen kennengelernt. Sie schwört darauf. Und Tea findet es köstlich. Aber Oskar hat nur Spott und Widerwillen gegen dieses neumodische gesunde Essen. Er betrügt die Mutter sicher. Tea haßt ihn dafür. Und die Mutter weiß es und weint sich vielleicht in der Nacht die Augen aus. Und jetzt auch noch Kamilla. Die leibhaftige Nichte. Vor allen Leuten flirtet er mit ihr. Er geht sicher mit ihr tanzen. Kamilla ist ohnedies so eine blöde Kuh. Sie will heiraten, mit 17! Und Onkel Peter und Tante Tony sitzen da wie Ölgötzen. Und Pauline ist knallrot im Gesicht. Die ist auch ein fades Hascherl. Lauter Einser hat sie. Eduard lernt ja auch so gut. Tea ist halt das schwarze Schaf in der Familie. Nein, Kamilla ist das schwarze Schaf.

– Ich muß heute in die Stadt. Dann um 6 im Domcafé, da gibt es Tanz.

4. Kapitel

1

Das erste Rigorosum ist überstanden. Patho, Pharma und Interne hat Tea auch bestanden, in Kinder ist sie durchgefallen. In Psychiatrie muß sie eine Auszeichnung bekommen. Sie hat den Steppenwolf gelesen. Ein phantastisches Buch. Harry Hallers Aufzeichnungen. Nur für Verrückte! Und dann der Traktat vom Steppenwolf. Sie will Psychiaterin werden. Das weiß sie schon. Wahrscheinlich zumindest. Was soll sie sonst werden? Vielleicht Kinderärztin? Nein, sicher nicht. Oder am Ende Chirurgin wie Onkel Sigmund. Auch sicher nicht. Hermann Hesse hat eine Psychoanalyse gemacht, eine Jungsche. Sie will vielleicht auch einmal eine Psychoanalyse machen. Onkel Jakob hält nichts von der Psychoanalyse. Alles Unfug. Er hat sogar Freud persönlich kennengelernt. Er hat bei ihm den Kieferkrebs diagnostiziert. Alles auf Sexualität zurückführen. So ein Unfug. Onkel Jakob hat keine Ahnung. Woher soll er es auch wissen. Der Eunuch, der immer nur Leichen seziert. Die ganze Familie ist stolz auf ihn. Nichts darf man gegen ihn sagen. Sofort heißt es: er ist doch so gescheit, er ist doch Professor, sogar ein Tumor ist schon nach ihm benannt. Sogar Mama erlaubt nicht, daß Tea etwas gegen ihn sagt. Obwohl sie ihn erkennbar auch nicht mag. Tea, Onkel Jakob ist ein bedeutender Arzt. Auch schon ein Arzt, immer nur Leichen. Tea lernt emsig Psychiatrie. Die Neurologie darf sie aber auch nicht vernachlässigen. Boris sitzt auch immer in den Vorlesungen vom Pötzl und vor allem vom Schilder über psychoanalytische Krankenvorstellungen Samstag abend. Danach gehen sie meistens ins Café Klinik. Boris ist aus Kiew. Die Eltern sind dort geblieben. Als Kind mußte er immer beten und in die Synagoge gehen. Jetzt gehen sogar die Eltern nicht mehr in die Synagoge, sie sind jetzt Kommunisten. Boris will aber in Wien bleiben. Er ist Demonstrator auf der Patho. Er muß Geld verdienen. Die Eltern können ihm das Studium nicht bezahlen. Er verdient auch Geld als Minjan-Mann. Tea weiß gar nicht, was das ist. Das Quorum für einen Gottesdienst, erklärt ihr Boris. Es müssen mindestens zehn Männer über 13 beisammen sein. Tea findet das interessant. Juden, die in die Synagoge gehen und beten, hat sie noch gar nicht kennengelernt. Der Großvater ist in die Synagoge gegangen, aber die anderen kennen eine Synagoge nicht einmal von außen. Nur einmal hatte ein Kollege plötzlich einen Bart, und sie hat ihn lustig witzelnd gefragt, warum er jetzt einen Bart trägt. Sein Vater ist gestorben. Er darf sich nicht rasieren. Tea war es dann peinlich. Boris ist also doch fromm. Nein, nein, beteuert er. Er macht das nur, um Geld zu verdienen. Sein Interesse gilt so wie Teas der Psychiatrie. Er erzählt ihr von den Brüdern Karamasow. Sie sind viel besser als Schuld und Sühne. Der großartigste Roman, der je geschrieben wurde, hat Freud gesagt. Er erzählt ihr von Dimitrij, Iwan und Aljoscha. Und vor allem vom Poem vom Großinquisitor. Es geht um die letzten Dinge. Um Religion, Ethik, Gewissen, um den Glauben an die Unsterblichkeit der Seele, um die uneingeschränkte Freiheit, die nur schadet. Es geht nicht darum, ob Gott existiert, sondern ob der Mensch ein Gewissen hat. Jeder ist vor jedem anderen für alles schuldig; nur die Menschen wissen es nicht; wenn sie es nur wüßten – dann hätten wir das Paradies.

– Sie müssen den Roman unbedingt lesen! Er ist einfach großartig. Hesse hat gesagt, daß ein einzelner Mensch die Karamasows schreiben konnte, ist ein Wunder.
– Schade, daß ich nicht Russisch kann.
– Sie lesen ihn auf Deutsch.
– Schon, aber im Original wäre es doch besser. Wollen Sie mir nicht Russischstunden geben?
– Lernen Sie lieber fürs Rigorosum, das ist wichtiger.

Tea erzählt Boris vom Steppenwolf. So im Gespräch begleitet Boris sie jeden Tag vom Café Klinik zur Währinger Straße. Boris ist ganz anders als Paul. Romantischer, vielleicht sogar ein bißchen sentimental, und verschlossener. Tea hat Paul ganz aus den Augen verloren. Schon nach der Begegnung auf der Alm hat sie ihn nur mehr selten gesehen. Jetzt hat er glücklich die Marie Jahoda geheiratet. Und Tea dachte immer, er wird die Minna oder die Martha heiraten. Und Tea wartet immer noch auf den Märchenprinzen. Sie nimmt Boris zu den Karl-Kraus-Vorlesungen mit.

Nach Noten, nach Offenbachs Noten,
Treib ich meinen Hohn:
Das ist gegen alle Despoten
Die wahre Revolution.

Boris ist begeistert. Und dann die Psychoanalen. Boris will vielleicht auch eine Analyse machen.

Der dort und die do
Haben eine Libido,
wir wissen es wohl.
Er reicht ihr ein Messer,
wir wissen es besser,
es war ein Symbol.

Sie lachen sich bucklig. Sie können alles auswendig. Immer sagt einer eine Strophe und der andere die nächste. Boris begleitet Tea nach Hause. Er erzählt von Kiew, den Eltern, der orthodoxen Kirche. Er deklamiert Lermontow auf Russisch und übersetzt für Tea Majakowski. Vor Teas Haus angekommen, sagt er: Wenn ich ein normaler Mann wäre, würde ich Sie jetzt verführen, und dreht sich um und geht.

Die Heimwehr schwört:
Wir wollen Österreich von Grund aus erneuern!
Wir wollen nach der Macht im Staate greifen und zum Wohle des gesamten Volkes Staat und Wirtschaft neu ordnen.
Wir verwerfen den westlichen demokratischen Parlamentarismus und Parteienstaat!
Wir wollen an seine Stelle die Selbstverwaltung der Stände setzen und eine starke Staatsführung, die nicht aus Parteienvertretern, sondern aus den führenden Personen der großen Stände und aus den fähigsten und den bewährtesten Männern unserer Volksbewegung gebildet wird.
Wir kämpfen gegen Zersetzung unseres Volkes durch den marxistischen Klassenkampf und liberalkapitalistische Wirtschaftsgestaltung.
Jeder Kamerad fühle und bekenne sich als Träger der neuen deutschen Staatsgesinnung: er sei bereit, Gut und Blut einzusetzen, er erkenne die

drei Gewalten: den Gottesglauben, seinen eigenen harten Willen, das Wort seiner Führer!

Oskar nimmt Tea zur Messe nach Leipzig mit. Obwohl sie in Kinder durchgefallen ist. Tea wollte es ihm gar nicht erzählen. Wenn sie immer durchfällt, hat er kein Geld mehr für ihr Studium. Das hat er gesagt. Onkel Sigmund wird sie schon unterstützen. Der ist zwar nie durchgefallen, aber er ist davon überzeugt, daß Tea es schon schaffen wird. Er hat sie auch in Schutz genommen, als Tea in Anatomie durchgefallen ist und hat mit Oskar geredet. Die besten Ärzte können einmal durchfallen. Sigmund ist der einzige, auf den Oskar hört. Er bewundert ihn grenzenlos, zumal er jetzt auch Chef der chirurgischen Abteilung der Poliklinik geworden ist. Jakob bewundert er auch, aber der versteht doch nicht so viel vom Leben. Papa hat diesmal gar nicht getobt. Sie kommt ja schließlich auch weiter mit dem Studium, sie ist ja nicht bei jeder Prüfung durchgefallen. Sie fahren Schlafwagen erster Klasse. So vornehm ist Tea noch nie gefahren. Und dann das Hotel. Die Pensionen, in denen sie mit Mama immer war, waren immer sehr anständig, aber in so einem Hotel hat sie noch nie übernachtet. Dafür also gibt Papa das Geld aus. Aber für einen Badeofen hat er kein Geld. Und Mama möchte so gern einen Gasofen haben. Wo sie doch jetzt gar nicht mehr so schrecklich teuer sind. Damit endlich dieses Heizen mit Holz aufhört. Oskar geht mit Tea in eines der vornehmsten Kleidergeschäfte der Stadt und kauft ihr ein teures Kleid. Wie spendabel er plötzlich ist. Im Geschäft tut er so, als ob Tea seine Geliebte sei. In Leipzig gibt es über tausend Buchhandlungen. Tea darf sich kaufen, was sie will. Beim Nachtmahl mit Geschäftsfreunden dasselbe Theater wie im Kleidergeschäft. Er stellt sie immer nur als Fräulein Tea vor. In ihrem neuen Kleid mit der Bernsteinkette schaut sie auch wirklich gut aus. Die Wimmerln sind auch alle abgeheilt. Aber kleine Narben sind geblieben. Das schaut nicht so schön aus. Sie sagt nichts. Wenn sie die Leute aufklärt, platzen am Ende die Geschäfte, und Papa wird ihr das nie verzeihen. Es gibt Ente. Das ist etwas Besonderes. Zu Hause gibt es das nie. Nur zu ganz besonderen Anlässen im Gasthaus. Papa ißt einen Hasen! Dafür gibt er also das Geld aus. Wild kann Tea nicht essen, davor graust ihr.

Sofie ist nach wie vor leidend und fährt drei-, viermal im Jahr auf Kur, nach Küb, nach Knappenhof, nach Wörishofen. Sie hat Asthma, etwas mit der Leber und dem Herzen und ist schrecklich blaß. Der Arzt in Küb hat ihr geraten, eine Flasche Malaga zu kaufen und öfter davon ein wenig zu trinken, das ist besser als jedes Medikament. Sie hat wenig Gesellschaft, badet, trinkt Brunnenwasser, liegt, geht spazieren, geht in die Meierei jausnen, liest im Kaffeehaus Zeitungen, geht zum Arzt und schreibt lange Briefe an Tea. Ob sie mit dem neuen Dienstmädel zufrieden ist, ob das Mädel auch gut kocht, daß Tea sich erholen soll, weil sie so abgearbeitet ist, wann sie sich zur nächsten Prüfung anmeldet, daß der Arzt ihr noch eine Woche Kur verordnet hat, daß sie mit dem Essen zufrieden ist, daß sie abgenommen hat, daß alles teurer geworden ist und daß sie deshalb nicht in München übernachten wird, ob Tea sie in Küb besuchen kommt. Sie beklagt sich, daß Tea so selten schreibt und daß Papa immer dasselbe schreibt, als ob er auf Vorrat schreibe, und jeden zweiten Tag dieselbe Karte in den Postkasten werfe.

2

Kamilla hat sich taufen lassen und ihren Duśko, den polnischen Major, geheiratet. Sie besucht eine Hauswirtschaftsschule, um kochen zu lernen, spielt Tennis und geht Schwimmen. Sie tut jetzt so, als ob sie keine Jüdin wäre. Sie ist katholisch und basta. Tony sieht das gar nicht gern. Und Pauline ist entsetzt. Das Judentum verleugnen. Das ist unmöglich. Kamilla ist einfach eine blöde Gans. Das war sie immer schon. Aber jetzt das auch noch. Das geht zu weit. Taufen lassen sich nur Opportunisten. Von dem polnischen Major ist Tony auch nicht begeistert. Ein Hallodri. Und noch dazu ein Goj. Aber Oskar hat auch eine Gojte geheiratet und die Lebensgefährtin von Sigmund ist auch keine Jüdin. Tony findet das ohnedies nicht gut. Aber der Seelendoktor in der Ewa schreibt: „Verzichten Sie weder auf das Leben noch auf die Liebe: Jeder von uns hat ein Recht darauf." Sogar die jüdischen Frauenzeitschriften sind nicht gegen interkonfessionelle Ehen. Wer weiß, wie lang diese Ehe hält. Der hat doch sicher bald eine andere.

Pauline studiert Jus in Lemberg und wohnt immer noch bei ihrer Tante. Sie geht nicht tanzen und nur selten ins Kaffeehaus. Sie hat wenige Freundinnen und lernt die ganze Zeit. Nur nicht so sein wie die kleine Schwester. Neuerdings geht sie auch zu den zionistischen Studenten und lernt Hebräisch. Vielleicht ist Palästina gar nicht so schlecht. Sie singen jiddische Lieder, die sie über alles liebt und die ihr die Mutter immer vorgesungen hat, und lesen jiddische Erzählungen und Romane. Schalom Asch und Scholem Alejchem, die ihr schon die Mutter vorgelesen hat. Mottke, Ganev, Mottke, der Dieb, ist ihr Lieblingsroman. Sie schreibt der Mutter lange Briefe über Schalom Asch und den Zionismus. Die Eltern sind nicht für den Zionismus, sie soll nach dem Studium die Anwaltsprüfung machen und am besten dem Vater in Zabłotów helfen. Da gibt es genug Arbeit. Palästina ist nichts für sie. Da muß sie in der Landwirtschaft arbeiten. Sie soll in Polen bleiben. Sie sind Polen.

3

Tea hat promoviert. Nicht mit Glanz. In Chirurgie ist sie durchgefallen, in Gyn und in gerichtlicher Medizin auch. Gerichtliche Medizin war schrecklich. Aber sie hat's dann doch geschafft. Manchmal war sie schon ganz verzagt und hat an ihrer Intelligenz gezweifelt. Aber alle haben ihr immer gut zugeredet. Vor allem Fräulein Kalkhoff, ihre Englischlehrerin, hat ihr immer wieder beteuert, daß sie eine gute Ärztin werden wird trotz Flügen, und daß sie sehr begabt ist und daß es keinen Grund zur Verzweiflung gibt oder gar zu Minderwertigkeitsgefühlen. Nach der Promotion hat Papa gesagt: Ich hab nicht gedacht, daß du das schaffst. Tea ist schwer gekränkt. Das am Tag der Promotion! So ist der Vater. Immer hat er sie unterschätzt. Weil er nicht gelernt hat, hat er geglaubt, sie schafft es auch nicht. Aber es gibt ein großes Familienfest. Fanny, das neue Dienstmädel, kocht, und die Mutter überwacht sie. Lungenbraten, Fisolen, Kohlsprosserln, Bramburi, Apfelkren, Punschtorte, Teas Lieblingsspeisen. Mama ist extra am Naschmarkt gefahren, um für dich das beste und feinste Stück zu besorgen. Papa kann es nicht lassen. Sogar an ihrem Festtag reibt er ihr unter die Nase, daß das Essen teuer und schwer zu bekommen ist. Onkel Jakob gratuliert auch. Aber höhnisch. Jetzt kann sie ja auf der Psychiatrie anfangen. Die Psychiater sind selbst die Verrücktesten. Tea macht ein trotziges Gesicht. Er hat ja keine Ahnung mit seinen Leichen. Er verdirbt ihr den Tag. Onkel Sigmund ist reizend. Er hat es immer gut mit ihr gemeint, auch wenn er über ihre Zahnarztangst gespottet hat. Sogar Eduard hat sich freigenommen und ist nach Wien gekommen. Tea freut sich riesig.

– Tea, ich möchte Rena heiraten.
– Bist du verrückt?
– Nein, wieso?
– Sie ist deine Cousine.
– No und? Es ist ja nicht Kamilla, und auch nicht Pauline.
– Du bist mit ihr verwandt!
– Ja, und.
– Die Kinder werden debil oder sonst irgendwie krank, degeneriert.
– Bei den Juden heiraten oft Vettern untereinander.
– Man sieht ja, was dabei herauskommt.
– Wieso? Sind die Juden kein intelligentes Volk?
– Ich warn dich. Ich sag's dir nur. Heirat sie nicht.
– Unser Urgroßvater hat auch eine Cousine geheiratet.
– Woher weißt du das?
– Das hat mir mein Vater erzählt. Und sind die Erdheims nicht intelligent? Wir sind doch eine prächtige Familie. Gesund und gescheit.
– Heirat sie nicht! Das geht nicht gut! Ich warn dich.

Sopherl schreibt Gedichte für Tea, für Hedi, für Alice und vor allem für Franz. Sie studiert schon viele Jahre Philosophie. Aber in Wirklichkeit ist sie Dichterin. So sieht sie das. Und ihre Freunde sehen das auch so. Die Eltern sind reich. Sie ist schon fast dreißig und wohnt bei den Eltern. Franz, die große Liebe. Oder vielleicht doch nicht die große Liebe. Da gibt es noch den Professor für Philosophie, der immer Kant liest. Und damals im Sommer in Frankreich, wie sie kein Geld mehr hatte, um nach Wien zu fahren. Dieser Schönling, der sie unentwegt bezirzt hat und der ihr dann die Fahrt nach Wien bezahlt hat. Tea hört ihr immer neugierig zu. Gegen Geld, das tät sie nie. Aber die Sopherl ist eben Dichterin. Was hätte sie machen sollen. Sie wär ja sonst nicht nach Wien gekommen. Sopherls Vater ist auch nicht besser als Teas. Nur kein Kind. Am Ende weiß man nicht, von wem es ist. Sopherl war beim Gynäkologen. Sie hat sich ein Pessar anpassen lassen. Aber wohin mit dem Pessar? Ihre Mutter stiert überall herum. Die Eltern dürfen davon nichts wissen. Nicht um die Burg. Sie bringt Tea das Pessar in einem Schächtelchen. Tea hat eine Lade, die sie immer absperrt, in der auch ihre Tagebücher sind. Dort versteckt sie Sopherls Pessar. Zumindest vorläufig einmal.

Dollfuß ist Bundeskanzler geworden.

Nazis sprengen christlichsoziale Versammlungen, überfallen Gemeindebauten und Arbeiterheime, überfallen die Judengasse und jüdische Bethäuser, überfallen Arbeitslose und Jugendliche und treiben sozialistische und jüdische Studenten aus den Hörsälen und prügeln sie mit Stöcken, Stahlruten und Ochsenziemern oft bis zur Bewußtlosigkeit blutig. „Der Tag der Abrechnung für die marxistischen Verbrecher kommt. Wir halten es da mit einem Wort Bismarcks: Wir sind höflich bis zur letzten Galgensprosse, aber gehenkt wird doch. Wir sagen es ganz offen und ehrlich. Wir werden ganz gesetzlich und ganz legal hängen." Ein älterer Herr, der aus der Straßenbahn stieg, wurde von einem Trupp uniformierter Nazis überfallen, niedergeschlagen und getreten. Ein zeitunglesender Mann wurde von einem Rudel Nazibuben umringt und mit Peitschen geschlagen. Kolporteure der Arbeiter-Zeitung werden niedergeschlagen. 120 SA-Männer überfielen den Country Club in Lainz, ein Nobellokal, verprügelten die Gäste und verletzten sie mit Stahlruten und Knüppeln. Während des Gautags griffen die Nationalsozialisten jüdische Mitbürger an, beschädigten eine Synagoge und verwüsteten jüdische Cafés. Mit Gummiknüppeln bewaffnete SA-Leute fuhren durch Arbeiterviertel und wurden von Sozialdemokraten angehalten und in eine Rauferei verwickelt. Während eines Bezirksumzugs der Nazis in Simmering marschierte ein Trupp Nazis zum sozialdemokratischen Parteiheim, bewarf es mit Steinen, beschoß es auf das Kommando „Sturm!" mit Hurra und alle schrien: „Pülcher, rotes Hurengesindel, ihr wird's umbracht!" Die

Arbeiter schossen zurück. Die Polizei ließ die Nazis gewähren. Danach erläßt der zum Staatssekretär ernannte Heimwehrmajor Fey bis auf weiteres ausnahmslos in Wien ein Verbot aller Kundgebungen, Aufmärsche und Versammlungen der Sozialdemokraten, Kommunisten und Nationalsozialisten.

Linz, 28/VI 932

Meine liebste Sofie!

Das schlechte Wetter hat mich veranlaßt, schon heute nacht abzureisen. Ich habe eine Nacht in Göstling, was man mir auf der Bahn angelegentlich empfohlen hat – in einem sehr sehr vornehmen Hotel genachtet. Die zwei Nächte wohne ich in einem Gasthof in Linz. Dieses Linz will ich nie mehr sehen: antisemitisch und Plakate an den Straßen: Sonnwendfeier, es wird gebeten nur arische Gäste zu erscheinen. Am Abend gehe ich in den Zirkus und morgen möchte ich am Pöstlingberg zu Mittag essen.

In gewohnter Herzlichkeit drücke ich Dich an mein Herz und bitte Dich einen Teil jener Küsse, die ich Dir im Geiste gebe, unserer l. Tea angedeihen zu lassen. Dein Oskar

4

Pauline ist Magister der Rechte geworden. In kürzestmöglicher Zeit wie Eduard. Doktor will sie nicht werden. Sie will am liebsten eine Stelle als Konzipientin. Aber darauf muß man lange warten. Sie wird nach Zabłotów gehen und beim Vater in der Kanzlei arbeiten. Heimlich hat sie immer die jungen Männer angeschaut. Von der Seite, nur kurz und dann hat sie wieder ins Heft geschaut oder nach vorne zum Professor. Die Kollegen reden nicht mit ihr. Wahrscheinlich, weil sie so brav ausschaut. Sie trägt auch keine so schicken Kleider wie Kamilla. Oder weil sie Jüdin ist. Sie schaut aber nicht besonders jüdisch aus. Nur, wenn man es weiß. Aber eine Vermutung allein genügt ja schon, um nicht mit ihr zu reden. Die meisten Studenten sind Antisemiten. Sie wollen einen numerus nullus für jüdische Studenten. Und Ghettobänke. Darüber sind aber auch die Professoren empört. Das wird es niemals geben, sagen sie. Pauline nimmt an der jüdischen Protestversammlung teil. Mehrere tausend Leute haben sich am Plac Maryacki versammelt, um gegen den zunehmenden Antisemitismus zu protestieren. Zionisten, Handelsleute, Vertreter der Industrie, Junge, Alte. Pauline ist mit den zionistischen Studenten gekommen. Ein junger Mann hält eine Rede gegen die Einführung von Ghettobänken. Milek, den Pauline von den zionistischen Studenten her kennt, steht neben ihr und applaudiert. Sie singen Hava nagila hava. Milek ist auch Magister der Rechte und auch schon Doktor und wartet auf eine Konzipientenstelle. Etwas anderes ist für einen Juden nicht möglich. Die Versammlung verläuft ruhig. Wenigstens gibt es hier keine Krawalle wie in Deutschland und in Österreich. Milek begleitet Pauline nach Hause. Sie sprechen über Deutschland und Österreich. Pauline möchte nach Palästina gehen. Milek möchte nicht weg. Eigentlich ist er doch Pole. Vor Paulines Haus gehen sie auf und ab und diskutieren.

– Polnisch ist meine Muttersprache.
– Wir lernen doch Hebräisch.
– Aber ich werde es nie so gut können wie Polnisch.
– Wenn du dort lebst, wirst du es so gut können wie Polnisch.
– Und die Dichter? Was ist mit denen? Die schreiben alle Polnisch.
– Die kannst du ja auch in Palästina lesen.
– Aber es gibt keine hebräische Literatur.
– Das wird schon kommen. Und außerdem ist das kein Grund, nicht nach Palästina zu gehen. Und außerdem stimmt es nicht. Du kennst die Literatur nur nicht.
– Ich kann sie nicht lesen.
– Schäm dich, ein Jude, der nicht Hebräisch kann.
– Ich bin doch nicht religiös.
– Trotzdem.
– Aber ich bin Pole.
– In erster Linie bist du Jude.

Es brennen die jüdischen Bücher, und die Seele steht in Flammen. Die Deutschen töten die jüdische Seele, sie bringen alle jüdischen Bücher auf öffentliche Plätze und verbrennen sie. Die ganze jüdische Elite Lembergs hat sich im Gemeindesaal versammelt. Der Rabbiner Dr. Sommerstein vergleicht die Hunnen mit den heutigen Hitleranhängern.

Das jüdische Volk muß Hitler antworten, indem das geistige jüdische Leben noch stärker aktiviert wird. Die Wissenschaftler, die von Hitler vertrieben wurden, sollen in Palästina einen Platz bekommen. Die Juden müssen zusammenhalten. Das Gewissen der ganzen Welt muß geweckt werden. Wir waren Gedankenträger für andere Völker, wir haben für diese Völker die Kultur gebildet, wir Juden wurden nie verstanden, darauf beruht die Tragödie unseres Volkes. Dafür haben wir Juden diese wunderbare Feder, die Kraft des Wortes, Werte zu schaffen, die nicht zu vernichten sind. Man muß das Gute, was noch unter Hitler geblieben ist, retten. Wir appellieren an alle Kulturvölker der Welt und bitten um Hilfe für die Flüchtlinge aus Deutschland.

5

Eduard hat Rena ganz förmlich einen Heiratsantrag gemacht. Ganz altmodisch. Renas Vater ist dagegen. Sie sind zu nah verwandt. Eduard argumentiert wieder. Sein Urgroßvater hat auch eine Cousine geheiratet. Und Juden heiraten oft Vettern. Renas Vater ist aber trotzdem dagegen. Wenn er Rena nicht bekommt, bringt er sich um. Er weint. Wen soll er denn sonst heiraten? Allein will er nicht leben. Er ist längst im heiratsfähigen Alter. Beim Studium waren fast keine Mädchen. Und die wenigen waren arrogant und haben mit ihm nicht gesprochen. Und in Baia Mare ist es auch nicht besser. In der ganzen Fabrik keine Frau zum Verlieben. Die Kollegen sind alle Männer. Er hat immer nur gelernt und gearbeitet. Nicht so wie Tea, die ständig auf Lepschi geht. Er muß Rena heiraten. Er wird sie auch heiraten. Papa soll mit Renas Vater sprechen. Rena muß auch mit ihrem Vater sprechen. Überhaupt ist sie alt genug. Sie ist schließlich schon volljährig. Sie kann das selbst entscheiden. Ihr Vater hat da gar nichts mitzureden. Sie werden heiraten. Schluß, basta. Die Alten können Kopf stehen.

6

Dollfuß hat das Parlament ausgeschaltet.

Tea hat ein Stelle als Hospitantin auf der Universitätsklinik für Neurologie und Psychiatrie bei Professor Pötzl. Die Stelle ist zwar unbezahlt, aber etwas anderes gibt es nicht. Sie wohnt sowieso noch bei den Eltern. Und der Vater muß sie eben noch erhalten. Tea ist begeistert. Sie interessiert sich vor allem für die psychiatrischen Fälle. Sie liest emsig den Bleuler. Es interessiert sie schier alles. Besonders die Epilepsie. Die heilige Krankheit. Wegen Dostojewski. Ist Smerdjakow der geborene Verbrecher? Führt seine hereditäre Disposition zum Mord? Ist der Mord die Folge seiner Krankheit? Als Patienten sind die Epileptiker aber eher mühsam. Die Klebrigkeit und das Hängen an Kleinigkeiten und das Perseverieren. Am interessantesten ist doch die Schizophrenie. Die Patientin, die immer zugleich lacht und weint und behauptet, daß sie mit glühenden Nadeln gestochen wird und daß ihr die Beine kleiner gemacht werden. Und erst der Wortsalat. Guwesim ellsi bäschi was wie emschi wüsel. Ein Patient spricht nur so und glaubt, alle verstehen ihn. Und manche zeichnen und malen ganz phantastisch. Der Onkel Jakob spottet nur über Tea und die Psychiatrie. Immer spottet er nur. An einem Wortsalat ist schier gar nichts interessant. Man kann ihn ja nicht verstehen. Tea versteht ihn schon. Irgendwie versteht sie ihn. Irgendwie versteht sie schon die Patienten. Man kann ihnen sowieso nicht helfen, man kann sie nur einsperren und bewachen, sagt Jakob. Zwangsjackerl und Schluß. Der Sigmund versteht die Narren auch nicht. Aber er lacht Tea nicht aus, er lächelt höchstens ein bißchen. So ist sie halt. Die moderne Literatur und die Schizophrenie. Tea will Psychoanalytikerin werden. Sie hat sich schon erkundigt, wie man Psychoanalytikerin wird. Sie muß eine Lehranalyse machen. Das kann aber nicht jeder machen. Da muß man geeignet sein. Ob sie geeignet ist? Sie muß sich bei drei Lehranalytikern vorstellen, um zu einer Lehranalyse zugelassen zu werden. Sie hat schon zwei Termine für ein Vorstellungsgespräch. Bei der Helene Deutsch und beim Hitschmann. Sie ist schon sehr aufgeregt. Helene Deutsch ist die Leiterin des Lehrausschusses. Sie ist eine ganz wichtige Person. Eine berühmte Frau. Sie stellt angeblich sehr hohe Anforderungen an künftige Psychoanalytiker. Tea liest emsig Freud. Die Vorlesungen, die Krankengeschichten. Zu jeder Gelegenheit wünscht sie sich einen Band Freud. Die Gretl, die Hedi und die Alice wollen auch eine Analyse machen. Die Hedi hat das Medizinstudium aufgegeben. So ein Blödsinn. Nur weil sie ein paarmal geflogen ist. Jetzt will sie Kindergärtnerin werden. Psychoanalytikerin kann sie trotzdem werden. Vielleicht mit Kindern. Die Tochter von Freud hält angeblich Kurse darüber.

Nazi-Revolverattentat auf Landesrat Steidle. Heimwehrler überfallen das Wilhelmsburger Arbeiterheim. Zwei Tote bei einem Bombenattentat der Nazi auf das Juweliergeschäft des Norbert Futterweit. Eine Höllenmaschine in einem Leopoldstädter Kaffeehaus. Nazikrawalle in der ganzen Stadt. Kanonenschläge in der Stadiongasse. Im Delikatessengeschäft Deutsch auf dem Elterleinplatz warfen einige braune Buben eine Phiole mit Reizgas ab. In die Konditorei Gerstner in der Kärntner Straße warfen sie faule Eier, in der Schulerstraße zerschlugen sie die Fensterscheiben mehrerer Zeitungsexpeditionen. In der Felix-Mottl-Straße schlugen sie mit Steinen die Fenster mehrerer Häuser ein. An der Grazer Universität verlangten die Nazistudenten, daß die angesetzte Vereidigung der Professoren unterbleibe. Auf dem Dach hißten sie eine Hakenkreuzfahne. Die Eingänge zur Universität wurden von den braunen Studenten mit Tischen und Bänken, die sie aus den Lehrsälen geholt hatten, verbarrikadiert. Die Theologiestudenten wurden von den Nazistudenten in Schutzhaft genommen und in einen Hörsaal gesperrt. Ein Warenhaus auf der Wieden in die Luft gesprengt. Eine Granate gegen das katholische St.-Georgs-Pfadfinderheim. Eine Bombe auf der Schönbrunner Allee. Nazi haben die Tabaktrafik der Frau Galantai im Währinger Cottage in Brand gesteckt. Die Trafikantin ist eine Jüdin und die Nazi hatten schon oft vorher die Wände des Kiosk mit großen Hakenkreuzen beschmiert. Nazistrolche zertrümmerten die Auslagenfenster einer Gemüsehandlung, zerstörten zahlreiche Telephonzellen und zündeten die Telephonbücher an.
Razzia bei den Nazibonzen. Hundert Verhaftete in Wien. Massenverhaftungen von Naziführern in der Provinz.
Zwei Nationalsozialisten warfen bei Krems Handgranaten auf eine Gruppe christlichdeutscher Turner. Ein Toter, 29 Verletzte. Die Regierung verbietet die NSDAP.

1.I.1934

Liebe Tea!

Ich werde bald Rena heiraten, auch wenn Du dagegen bist. Renas Vater war auch dagegen. Aber jetzt heiraten wir trotzdem. Vermutlich im Feber. Wir werden in Drohobycz nach jüdischem Ritus heiraten. Rena möchte das unbedingt. Sie wird dann zu mir nach Baia-Mare ziehen und ich bin dann nicht mehr allein. Sie wird hier als Volksschullehrerin nicht arbeiten können. Aber vielleicht findet sie etwas anderes. Zuerst muß sie sowieso Rumänisch lernen.

Wahrscheinlich hast Du gehört, daß drei Leute von der Eisernen Garde den Ministerpräsidenten von Rumänien, Duca, erschossen haben. Die Eiserne Garde sind die Nazi von Rumänien. Es sind, glaube ich, nicht ganz so viele wie in Österreich. Sie sind schrecklich antisemitisch und wollen für Juden einen numerus clausus einführen. Rumänien nur den Rumänen, sagen sie. Sie krawallisieren auch sehr. Sie schreien „Nieder mit den Juden", „Nieder mit der Demokratie". Den Verlag und die Druckerei von jüdischen Zeitungen haben sie demoliert. Jetzt ist die Eiserne Garde verboten worden.

Wann fängst Du mit Deiner neuen Stelle an? Genieße die Ferien und schreib bald. Eduard

Es herrscht vollkommene Ruhe. Die Regierung ist überall Herrin der Lage.

Es wird der Radetzkymarsch gespielt.

– Tea, gut daß du endlich da bist. Wo warst du denn? Weißt du, was passiert ist?
– Was denn? Ich war im Stadlmann und bin zu Fuß nach Hause gegangen. Es fährt keine Straßenbahn.
– Horch, was sie im Radio sagen.

Es muß ganz besonders betont werden, daß nur ein verschwindend kleiner Bruchteil der Arbeiterschaft sich den verbrecherischen marxistischen Elementen angeschlossen hat. Komm mit nach Varasdin, solange noch die Rosen blühn, dort werden wir glücklich sein, wir beide ganz allein.

– Was ist denn los?
– Sie sagen im Radio immer dasselbe, schon den ganzen Tag. Jede Viertelstunde. Das ist ein Putsch. Sie sagen, es wird geschossen.
– Das ist der Bürgerkrieg.
– Ich hab die Fanny schon einkaufen geschickt. 5 Kilo Mehl, 5 Kilo Zucker und 5 Kilo Reis. Damit etwas zu Hause ist.
– Geht das Telefon?
– Ja, Papa hat gerade telefoniert.
– Ist Papa zu Hause. Ich muß die Sopherl anrufen.
– Papa weiß auch nichts Genaues. Niemand weiß, was wirklich passiert ist.
– In der Stadt war alles ganz ruhig.
– Es wird in den Gemeindebauten gekämpft.
– Pst, sie sagen wieder etwas.

Die Tapferkeit unserer braven Exekutive war umso bemerkenswerter, als wir uns überall einer vielfachen Übermacht gegenüber befanden.

Es wird der Radetzkymarsch gespielt.

– Vorhin haben sie gesagt, es sind nur ganz wenige. Jetzt sind sie in der Übermacht.

Es herrscht vollkommene Ruhe. Die Regierung ist überall Herrin der Lage. Was machst du mit dem Knie, lieber Hans, beim Tanz.

– Immer dasselbe. Ich ruf die Sopherl an.
– Aber geh um Gottes willen nicht weg!
– Oja, ich geh jetzt zur Sopherl.
– Bitte, bleib da.
– Nein!

Die Sopherl ist gar nicht zu Hause. Tea ruft die Hedi an. Sie weiß auch nicht mehr als Tea.
– Zur Hedi kannst du nicht fahren. Die wohnt doch in Unter St. Veit. Es fährt doch gar keine Straßenbahn.

– Aber die Vorortelinie fährt.
– Bleib, um Gottes willen, da. Es ist Krieg!

Tea ruft die Alice an. Alice weiß auch nichts. Die Gretl ist nicht zu Hause. Vielleicht die Lotte. Sie weiß gar nichts. Sie hat nicht einmal Radio gehört. Die Minna weiß auch nichts. Irgend jemand muß doch etwas wissen. Vielleicht gibt es eine Extraausgabe der Arbeiter-Zeitung. Aber wenn Krieg ist. Bleibt nur abzuwarten und Radio zu hören.

Arbeiter! Eure jüdisch-marxistischen Führer sind geflohen!

Was heißt das? Was ist passiert? Wer ist geflohen? Tea hält es nicht mehr aus. Sopherl ist immer noch nicht zu Hause. Hedi, Alice und Lotte wissen auch nicht mehr. Es ist sicher eine falsche Meldung.

Es ist alles vorbei. Es hat nur kurz gedauert. Auf beiden Seiten einige hundert Tote. Die sozialdemokratische Partei ist verboten worden. Otto Bauer und Julius Deutsch sind nach Prag geflohen. Wie wird das weitergehen? Der Bürgermeister ist verhaftet worden. Tea ist sehr aufgeregt. Bis 12 in der Nacht ist sie immer beim Radio gesessen. Und gleich um 9 wieder die ersten Berichte. Zwischendurch immer telefoniert. Sie erzählen sich gegenseitig, was sie im Radio gehört haben. Die roten Verbrecher. Jahrelange schändlichste marxistische Verhetzung und Volksverrat. Die roten Horden. Die Verhängung des Standrechts. Sie sind sehr aufgeregt. Immer zwischen Telefon und Radio. Mama hat Tea nicht weggehen lassen. Zum Glück fängt sie erst am 1. März mit ihrer neuen Stelle an, und auf der Klinik hat sie schon aufgehört. Aber sie hatte selbst Angst, wegzugehen. Der ganze Bürgerkrieg war ein einziger großer Pallawatsch, sagt Jakob. Nichts hat geklappt, aber auch schon gar nichts. Nur die Straßenbahnen sind still gestanden, sonst hat niemand gestreikt. Das soll eine Organisation sein. Und das Ganze war unnötig wie ein Kropf. Die Sozialdemokratie ist kläglichst zusammengebrochen. Tea bekommt einen roten Kopf. Onkel Jakob hält schon wieder reaktionäre Reden. Er hält Dollfuß für gar nicht so schlecht. Er ist katholisch, aber kein Antisemit. In Österreich ist es doch besser als in Deutschland. Die Vorzensur der Arbeiter-Zeitung ist keine Tragödie. Vorzensur hat es unterm Kaiser auch gegeben. Das hat niemandem geschadet. Dollfuß ist gegen die Nazi und gegen die Bolschewiken. Das ist doch gut. Onkel Sigmund hat wenigstens ein Herz für die verwundeten Schutzbündler. Über die standrechtliche Hinrichtung ist er auch entsetzt. Die Hinrichtung des schwer verletzten Münichreiter war eine noch nie dagewesene Brutalität. Auf der Bahre mußte er zum Galgen gebracht werden.

Die Arbeiter-Zeitung ist verboten worden.

7

Eduard hat Rena geheiratet. Er wollte, daß Tea kommt. Wenn sie ihn schon nicht heiraten wollte, so soll sie wenigstens zu seiner Hochzeit kommen. Eduard kennt Rena auch schon von ganz klein auf. Sie ist ein liebes Mädchen. Ein bißchen fromm. Sie werden den Sabbat feiern. Aber nicht sehr streng. Ohne Kiddusch. Kerzen und gefillte Fisch. Das gefällt Eduard auch. Tea ist konfessionslos. Sie ist sowieso zu rebellisch für Eduard. Rena will eigentlich die Arbeit nicht aufgeben. Es wird schwer werden, so ganz allein in Rumänien. Tea ist nicht zur Hochzeit gefahren, obwohl sie noch nie bei einer jüdischen Hochzeit war. Sie wollte nicht im Winter in das kalte Drohobycz fahren. Sie ist auch froh, daß sie nicht gefahren ist. All die Ereignisse, und sie wäre nicht in Wien gewesen.

Pauline hat Milek geheiratet. Auch nach jüdischem Ritus. Im Lemberger Tempel. Sie wohnen in Zabłotów im Haus von Paulines Eltern. Beide arbeiten bei Peter in der Kanzlei. Pauline möchte nach Palästina. Milek möchte, wenn er Advokat ist, zurück nach Lemberg und dort eine Anwaltskanzlei eröffnen.

8

Sigmund und Paula haben geheiratet. Paula ist überglücklich. Sie wollte immer schon heiraten. Jetzt kann sie endlich zu Sigmund am

Schwedenplatz ziehen. Sie hat den Dispens vom Pfarrer bekommen, daß die Ehe auch von der katholischen Kirche anerkannt wird. Sigmund mußte versichern, von Paula die Gefahr des Glaubensabfalls fernzuhalten, ihr für die Ausübung ihres Glaubens kein Hindernis in den Weg zu legen und die Kinder katholisch taufen zu lassen und im katholischen Glauben zu erziehen. Kinder kann Sigmund sowieso keine bekommen. Und wenn Paula in die Kirche gehen will, dann soll sie das doch in Gottes Namen tun. Bei der Trauung war ein katholischer Geistlicher dabei. Er hat ohne kirchlichen Ritus vor zwei Zeugen den Konsens der Brautleute entgegengenommen. Sigmund bleibt mosaisch, und Paula ist grenzenlos glücklich. Verheiratet und von der Kirche anerkannt. Sofie und Oskar haben ihre Ehe auch konvalidieren lassen. Seit dem Ende des Krieges ist das möglich. Sofie wollte das unbedingt. Oskar ist aber auch nicht aus der Kultusgemeinde ausgetreten. Alles macht er mit, nur aus der Kultusgemeinde kann er nicht austreten. Niemals. Jakob spottet über seine Brüder mit den katholischen Frauen. Er ist ja gar nicht fromm. Aber er fühlt sich als Jude. So wie schon als Student. Er liebäugelt immer noch mit dem Zionismus. Unlängst hat er eine größere Summe für ein Spital in Haifa gespendet. Mit Katholen gibt er sich nicht ab, wenn es nicht sein muß. Ein Jude soll keine katholische Frau heiraten.

Die Sozialdemokraten geben per Mundfunk Parolen aus: das politische Schicksal Österreichs ist durch den Sieg Dollfuß' noch lange nicht entschieden. Wir können morgen wieder vor große Entscheidungen gestellt werden. Verbindung mit verläßlichen Genossen halten! Überall Fünfergruppen bilden!

Die Wiener Ärztekammer gibt ihren Standpunkt bekannt: Es ist die Pflicht jedes österreichischen Arztes, die Regierung in ihrem Aufbauwerk und der Schaffung einer ständischen Verfassung zu unterstützen und dies durch den Eintritt in die Vaterländische Front zum Ausdruck zu bringen. Die Vaterländische Front ist keine Partei, sondern der Zusammenschluß aller jener, die sich zum Vaterland, zu einem selbständigen Österreich bekennen. In dieser schicksalsschweren Zeit ist es oberstes Gebot, einmütig im Bekenntnis zur Heimat dem vaterländischen Gedanken zu dienen.

1. Mai 1934. Dollfuß verkündet über Radio die neue Verfassung. Im Namen Gottes, des Allmächtigen, von dem alles Recht ausgeht, erhält das österreichische Volk für seinen christlichen deutschen Bundesstaat auf ständischer Grundlage diese Verfassung.

Tea hat eine Stelle als Sekundarärztin im neurologischen Krankenhaus Maria-Theresien-Schlössel. In der Hofzeile, in Döbling, nicht weit. Die erste bezahlte Stelle. Jetzt ist sie eine richtige Ärztin. Die Psychiatrie ist zwar interessanter, aber Neurologie braucht sie auch für den Facharzt. Sie ist zu einer Lehranalyse zugelassen worden und hat bei Eduard Hitschmann mit der Analyse begonnen. Sie ist mächtig stolz darauf, daß sie jetzt Kandidatin ist. Geeignet zur Psychoanalytikerin. Obwohl, die Helene Deutsch war ihr nicht sympathisch. So eine Funzen.

Im Hausflur der fürsterzbischöflichen Residenz explodierte ein Sprengkörper. Anschlag auf das Haus des Landeshauptmanns Reiter. Sprenganschlag auf das Gebäude des christlichdeutschen Turnvereins in Salzburg. Im Turmzimmer der Hochschule für Bodenkultur explodierte eine mit brisantem Sprengstoff gefüllte Metallflasche. In Hilbern wurde auf den Kommandanten der Starhembergjägerkompanie aus dem Hinterhalt geschossen. In Kapfenberg wurden vier Anschläge auf das Wohnhaus eines Medizinalrates, der Ortsgruppenleiter der Vaterländischen Front und des Österreichischen Heimatschutzes ist, verübt. Sprengstoffanschläge auf der Aspangbahn in der Nähe von Wiener Neustadt, auf der Westbahn zwischen Anzbach und Unter-Oberndorf, zwischen Rekawinkel und Eichgraben, auf der Franz-Josefs-Bahn zwischen Klosterneuburg und Kahlenbergerdorf, auf der Südbahn bei Sollenau, auf der Preßburger Lokalbahn bei Fischamend, auf der Ostbahn bei Stadlau. In der Umgebung Wiens wurde eine große Zahl von Telegraphen- und Telefondrähten abgezwickt. Vor dem Eingang des Tempels in der Neudeggergasse explodierte ein Sprengkörper. Anschlag auf das Postamt in der Gymnasiumstraße. Anschlag auf die Bahnstrecke Steinhaus-Semmering, auf die Bahnstrecke Amstetten-Linz, auf die elektrische Bahn Wien-Preßburg und auf die Bahnstrecke St. Pölten-Herzogenburg. In der Schönbrunner Allee explodierte ein Sprengkörper in einer öffentlichen Fernsprechstelle. In einem Magazin wurden 80 Kilogramm Kaliumchlorat, dreißig Kilogramm Paraffinöl, zwanzig Kilogramm Pikrinsäure und zwei Flaschen Bromazeton gefunden.

Die Nationalsozialisten haben geputscht. Dollfuß wurde erschossen.

Ins Maria-Theresien-Schlössel wird ein 40-jähriger Mann eingeliefert. Suizidversuch. Schwindel, Kopfweh und Erbrechen. Tea macht die Anamnese. Laurenz Genner, 1894 in Irnfritz im Waldviertel geboren. Am 12. Februar in Groß-Siegharts verhaftet, auf dem Weg zum Gefängnis von Heimwehrlern mit Knüppeln zusammengeschlagen. Kopfverletzungen, Gleichgewichtsstörungen, einige Monate halbseitig gelähmt. Schwere Tuberkulose. Arbeitslos. Vorher Hilfsarbeiter in den Lagerhäusern am Handelskai. Während der Arbeit zusammengebrochen. Daraufhin arbeitslos. Vor dem 12. Februar Nationalrat der sozialdemokratischen Partei und Journalist. Eine Arbeit als Journalist im Ständestaat hat er abgelehnt. Suizidversuch, weil er unter Polizeiaufsicht steht. Leidet unter Schlaflosigkeit. Ein wirklicher Revolutionär, ein Februarkämpfer. Nicht einer, der nur große Worte macht. Nicht einer, der nur Marx liest und sonst nichts tut. Tea ist hingerissen. Ein großer Mann. Schon als ganz junges Mädchen hat sie immer von einem großen Mann phantasiert. Ein großer Mann und dann auch noch Revolutionär. Tea bemüht sich sehr um ihn. Nach Dienstschluß schaut sie immer noch einen Sprung bei ihm vorbei, wie es ihm geht. Genaugenommen nach dem Mittagessen, das sie im Spital einnimmt, obwohl es ein Schlangenfraß ist und die Mutter gesagt hat, sie soll zu Hause essen. Aber sie will sich von den Kollegen nicht absondern, und außerdem zahlt sie das Mittagessen selbst. Genner ist sehr schlecht beisammen. Die Schädelverletzung und dann auch noch die Tuberkulose. Er ist stark abgemagert. Wer weiß, ob alle diese Zustände von den Schlägen auf den Kopf kommen. Es kann eine Erkrankung des Kleinhirns sein. Es kann aber auch eine Lues cerebri sein, eine Progressive Paralyse. Der Wassermann ist negativ. Das kann aber bei einer Paralyse durchaus sein. Tea nimmt Blut ab, gibt Injektionen – sie spritzt sehr gut –, untersucht die Pupillenreflexe und mißt jeden Tag den Blutdruck. Der Oberarzt fragt jeden Tag, ob sie schon Blutdruck gemessen hat. Einmal hat der Oberarzt einen Patienten gefragt, ob die Frau Doktor schon Blutdruck gemessen hat. Tea hatte vergessen. Aber der Patient hat gesagt: Sie hat schon gemossen. Ein alter Jude aus Galizien, der stark jiddelt. Gemossen und immer Bluddruck mit zwei „d". Tea hat ihn gern, findet aber seine Aussprache zum Brüllen komisch und macht ihn gerne nach. Laurenz Genner bekommt eine Elektrotherapie wegen der Lähmungen. Es gibt jetzt einen neuen Apparat, den Tonisator. Er ist leicht zu bedienen. Trotzdem hat Tea Angst vor dem Apparat. Sie hat vor allen elektrischen Geräten schreckliche Angst. Während der Untersuchungen erzählt Laurenz Genner ein bißchen. Sie untersucht ihn extra gründlich und langsam. Sechs Klassen Mittelschule hat er, dann mußte er aufhören wegen der Tuberkulose. Die Mutter hatte auch überhaupt kein Geld. Er sollte Pfarrer werden. Er erzählt gern. Von der Kindheit, der Armut, der Tuberkulose. Aber auch vom Waldviertel, von den Kleinhäuslern, von der Not. Tea war noch nie im Waldviertel. Sie hat keine Ahnung vom Leben der Kleinhäusler. Eigentlich war sie noch nie in einem Dorf. Immer nur in einem Kurort, in Wörishofen, in Franzensbad, in Küb. Von Drohobycz hat sie einmal mit dem Eduard einen Abstecher in die Karpaten gemacht, aber da haben sie in einer Villa übernachtet. Tea macht sich Gedanken, wie das werden wird, wenn ihr Lieblingspatient entlassen wird. Arbeitslos, arbeitsunfähig, krank. Die Lähmung wird wahrscheinlich vergehen. Sie wird von Tag zu Tag besser. Aber der Schwindel und das Kopfweh werden vielleicht für immer bleiben.

Laurenz Genner ist entlassen worden. Er kann gehen und auch den Arm wieder bewegen. Tea hat ihn gefragt, was er jetzt vorhat. Ob er zu seiner Frau ins Waldviertel gehen wird. Zu seiner Frau will er eigentlich nicht. Die Ehe ist zerrüttet. Seine Frau versteht ihn nicht. Sie versteht seine politische Arbeit nicht. Er will versuchen, in Wien Arbeit zu finden. Er wird keine Arbeit finden. Körperliche Arbeit kommt überhaupt nicht in Frage. Und eine andere gibt es nicht. Vielleicht kann er als Vertreter gehen. Tea gibt ihm 10 Schilling, damit er für den Anfang wenigstens ein bißchen etwas hat.

Tea bekommt einen Blumenstrauß mit einem Brieferl.

7. Juli 1934

Liebe Frau Doktor!

Ich möchte Ihnen für Ihre reizende und gute Behandlung ganz herzlich danken. Und auch für Ihre kleine Unterstützung, mit der ich mich ein paar Tage über Wasser halten konnte. Arbeit habe ich noch keine gefunden.

Auch noch kein Zimmer. Ich wohne bei verschiedenen Freunden. Aber ich werde schon nicht umkommen.

Seien Sie ganz herzlich gegrüßt Ihr Laurenz Genner

Absender: Café Swatosch, XXI/I Wien, Prager Straße 13. Ein Kaffeehaus in Floridsdorf also. Wieso denn in Floridsdorf? Vielleicht haben sie dort ihre Treffs. Es ist ja ein Arbeiterbezirk. Er arbeitet sicher illegal. Hoffentlich passiert ihm nichts.

8. Juli 1934

Lieber Herr Genner!

Über die Blumen und Ihre l. Zeilen hab ich mich sehr gefreut! Wenn Sie Hilfe brauchen, lassen Sie es mich wissen.

Viele herzliche Grüße Ihre Dr. Erdheim

Baia-Mare, den 15. Oktober 1934

Liebe Tea,

vorgestern haben wir Deinen mit Maschine geschriebenen Brief bekommen, welchen Du nach einwöchentlichem Brüten weggeschickt hast. Der Brief hat mir wegen der verschmierten Maschine heftiges Entsetzen eingejagt. Ich liefer Dir also hiermit ein Muster, wie eine Maschinenschrift aussehen soll. Jetzt mache ich aber Schluß damit, denn ich schreibe während der heiligen Dienststunden. Rena wird zuschreiben.

Viele herzliche Grüße Eduard

Liebe Tea,

ich freue mich, daß Dir Deine Arbeit so gut gefällt. Von mir gibt es nicht viel zu berichten. Ich bin hier sehr einsam. Eduard hat hier auch keine wirklichen Freunde. Nur ein paar Kollegen, die wir auch nur selten treffen. Mein Leben ist sehr monoton. Die rumänische Sprache ist nicht sehr schwer. Ich lese schon rumänische Zeitungen und versuche auch Romane auf Rumänisch zu lesen. Ich hab aber keine große Lust dazu.

Schreib, bitte, wieder bald, wie es Dir geht. Dein Leben ist viel interessanter als meines.

Herzliche Grüße Rena

Laurenz Genner ist wieder ins Schlössel eingeliefert worden. Tea freut sich sehr über das Wiedersehen. Sie hat seit dem Dankesbrief nichts mehr von ihm gehört. Er freut sich auch sichtlich, obwohl es ihm sehr schlecht geht. Er hat Gleichgewichtsstörungen und rasende Kopfschmerzen. Tea untersucht ihn wieder und spricht lange mit ihm. Er hat natürlich weder Arbeit noch ein Zimmer gefunden. Er braucht ja gar kein Zimmer. Ein kleines Kabinett genügt schon. Aber auch das läßt sich nicht finden. Entweder ist es ein Loch oder zu teuer oder die Vermieter wollen ihn nicht, weil er nicht festangestellt ist. Er hat bei seinen sozialistischen Freunden gewohnt. Einmal bei dem, einmal bei jenem. Die Freunde helfen immer. Jetzt muß er einmal etwas länger im Spital bleiben. Da ist er einmal versorgt. Aber er wird nicht ewig im Schlössel bleiben können. Was dann? Er schreibt kurze Geschichten, die will er im Kaffeehaus verkaufen. Das ist doch eine Schnapsidee, sagt Tea. Wer kauft schon im Kaffeehaus Geschichten. Doch, doch. Überall werden Hefte, kleine Romane, Witze verkauft. Da hat er Recht. Das stimmt schon, aber davon kann man doch nicht leben. In Floridsdorf kennt man ihn. Die Arbeiter kaufen die Geschichten schon. Es sind Geschichten, die vom Leben erzählen. Vom Leben der Armen. Tea kümmert sich wieder sehr um den Patienten Genner. Sie untersucht ihn immer länger als die anderen Patienten. Und sie spricht viel länger mit ihm als mit den anderen. Dagegen kann niemand etwas haben. Das gehört eben zur Behandlung. Alle haben es schon bemerkt. Der Primarius, der Oberarzt, die Schwestern. Frau Doktor Revolutionärin, spotten sie. Sollen sie spotten. Einmal hat er ihr zugeflüstert, daß er die Arbeiter-Zeitung bekommen hat. Der Patient neben ihm hat sicher nichts gehört, der liegt im Koma. Ob sie sie lesen will? Tea ist das zu gefährlich. Wenn es jemand merkt und sie verrät, ist sie mit Sicherheit ihre Stelle los. Und mit großer Wahrscheinlichkeit würde es auch eine Verhaftung nach sich ziehen. Sicher sogar. Genners Freunde haben sie ihm gebracht. Von Brünn nach Wien geschmuggelt. Genner hat einen Freund in Znaim, der alles, was die Emigranten in der Tschechoslowakei drucken, nach Österreich bringt. Hoffentlich bemerkt niemand, daß Genner die Arbeiter-Zeitung hat. Man wird es sowieso vermuten. Man weiß ja, wer er ist, und der Primarius ist ja auch nicht auf den Kopf gefallen. Von den Ärzten wird ihn sicher niemand verraten. Bei den Schwestern ist sich Tea nicht so ganz sicher. Aber die Patienten sind wirklich gefährlich. Da ist jeder ein potentieller Denunziant. Wozu man ihm die Zeitung gebracht hat? Er kann jetzt sowieso nichts lesen, er ist viel zu schwindlig. Er soll auch nichts lesen. Nur ruhig liegen. Laurenz Genner wird entlassen. Vier Wochen war er im Schlössel. Das Kopfweh und der Schwindel sind besser, nicht weg, aber wesentlich besser. Tea gibt ihm Nautisan mit gegen den Schwindel.

– Was werden Sie jetzt machen?
– Ich weiß es noch nicht. Ich werde schauen, wie ich in Wien zurechtkomme. Vielleicht geh ich nach Japons zu meiner Frau.
– Zu Ihrer Frau? Ich dachte, da wollen Sie auf keinen Fall hin.
– Ja, ich will ja nicht zu meiner Frau. Wir werden uns scheiden lassen. Im Waldviertel gibt es Arbeit für mich.
– Was denn?
– Das erzähl ich Ihnen, wenn wir uns treffen. Wir treffen uns doch?
– Oh ja gerne.

Tea gibt ihm 20 Schilling für den Start.

– Ich schreib ein Brieferl.
– Sie können mich auch anrufen. A 29 3 96.

6. März 1935

Liebe Frau Doktor!

Wenn Sie Zeit und Lust haben, schlage ich Mittwoch 6 Uhr im Café Bastei vor. Schicken Sie mir, bitte, Nachricht ins Café Swatosch.

Herzliche Grüße Ihr Laurenz Genner

– Wie geht es Ihnen? Ist das Kopfweh besser? Und der Schwindel? Was macht das Beuschel?
– Danke, es geht schon. Es geht mir nicht gut, aber auch nicht schlecht.
– Was machen Sie? Wo wohnen Sie? Gehen Sie ins Waldviertel?
– Ja, nach Japons.
– Was werden Sie dort machen?
– Ich werde alles Material, das aus der Tschechoslowakei kommt, vertreiben. Zeitschriften, Flugblätter. Ich werde wieder im Landproletarier schreiben und ihn vertreiben. Ich hab Ihnen doch von meinem Freund in Znaim erzählt. Wir werden zusammen den Landproletarier verfassen.

– Ist das nicht gefährlich?
– Schon, aber ich bin sehr vorsichtig. Ich arbeite doch schon die ganze Zeit in der Illegalität.
– Wann wollen Sie fahren?
– Bald. Aber wir sehen uns vorher noch. Morgen um 6, wieder im Bastei, so wie heute?
– Ja.

Laurenz Genner. Der Held, der Revolutionär. Wenn ihm nur nichts passiert. Er ist doch krank. Tea macht sich Sorgen. In Wien könnte sie auf ihn schauen. Er raucht auch so viel, obwohl er Tuberkulose hat. Aber da kann sie wahrscheinlich reden, so viel sie will. Jetzt fährt er zu seiner Frau. Ob die Ehe wirklich schon zerbrochen ist? Er will sich scheiden lassen. Wenn's wahr ist. Vielleicht fährt er gar nicht nach Japons, um im Waldviertel zu agitieren, vielleicht fährt er nur hin, um bei seiner Frau zu sein. Er hat versprochen zu schreiben. Er fährt erst in ein paar Tagen. Sie treffen sich noch einmal im Bastei. Er erzählt viel von seiner politischen Arbeit. Er ist ein Freund von Otto Bauer. Er hat am sozialdemokratischen Agrarprogramm mitgearbeitet. Er hatte die praktische Erfahrung. Er kennt die Bauern und die Verhältnisse im Dorf. Tea hört zu, sie versteht aber nicht viel. Trotzdem. Sie ist fasziniert von ihm. Mit welcher Leidenschaft er erzählt. Er ist ganz anders als die Judenbuben aus der Jugendbewegung. Ständig denkt sie an ihn. Alles kreist um ihn und um seine Gesundheit. Sie hat schon Sopherl von ihm erzählt und Alice und Hedi. Einmal treffen sie sich noch, bevor er wegfährt, vielleicht zweimal oder auch dreimal. Sie hat ihm erzählt, daß sie Psychoanalytikerin werden will und eine Lehranalyse macht. Er findet das interessant. Er hat zwar noch nichts von Freud gelesen, aber Tea kann ihm ja etwas borgen. Er nimmt es mit nach Japons.

Tea trifft Laurenz Genner noch einmal. Sie plaudern ein bißchen. Tea erzählt, daß sie hofft, zu den psychoanalytischen Kursen zugelassen zu werden. Genner erzählt von den Revolutionären Sozialisten.
– Brechen wir auf? Darf ich Sie begleiten? Wir können ein Stück zu Fuß gehen.
– Sie gehen eine Weile die Währinger Straße entlang.
– Haben Sie heute noch etwas vor?

– Nein.
– Dann gehen wir noch ein Stück. Einverstanden?
– Ja, natürlich.
Sie kommen bei einem Hotel vorbei.
– Tea, gehen wir da hinein?
Tea stutzt ein bißchen, begreift nicht.
– Wir kommen wieder bei einem Hotel vorbei. Das ist nicht das einzige.

Jetzt hat sie ein Verhältnis mit einem richtigen Revolutionär, mit einem Illegalen. Wenn das der Vater wüßte. Irgend etwas ahnt er sicher. Aber er hat keine Ahnung, wer es ist. Der Lenz ist zwar verheiratet, aber vielleicht läßt er sich ja wirklich scheiden. Tea sagt jetzt auch Lenz, so wie man ihn im Waldviertel ruft. Ihr gefällt das. So wie der Dichter Jakob Reinhold Lenz. Er hat gesagt, er wird bald wiederkommen. Wenn ihm nur nichts passiert, wenn er nur nicht auffliegt. Es sind so viele verhaftet worden oder gleich in das Anhaltelager Wöllersdorf gekommen. In Wöllersdorf hat man keine Chance, da wird man festgehalten ohne gerichtliches Urteil und ohne Verfahren. Er ist auch so krank. Er hat ja nicht nur die Schädelverletzung, er hat ja auch noch die Tuberkulose. Tea hat ihm viel von Freud erzählt. Er will „Massenpsychologie und Ich-Analyse" lesen. Das will er als erstes lesen. Als Politiker reizt ihn natürlich die Massenpsychologie. Tea hat es ihm geschenkt. Er kann es im Waldviertel lesen, wenn er überhaupt Zeit hat.

9

Piłsudski ist gestorben. Die Endecja will, daß die Juden aus Polen emigrieren. Aber nicht nach Palästina. Da können nicht die Massen der jüdischen Bevölkerung hinziehen. Man braucht ein großes Territorium für die Massenemigration der Juden aus Polen. Sie müssen massenweise emigrieren. Großbritannien soll eine seiner Kolonien zur Verfügung stellen. Uganda oder Neuguinea oder Kenia oder Australien.

Kamilla lebt mit ihrem Offizier zusammen in Lemberg, geht immer noch liebend gerne tanzen, kocht und näht und liest Groschenromane. Am liebsten Liebesromane. Dann weint sie und erzählt Duśko, was für eine tragische Liebesgeschichte sie wieder gelesen hat. Ein schöner Jüngling hat sich aus Verzweiflung in die Weichsel gestürzt. Am Sonntag geht sie mit Duśko in die Kirche. Sie hat beim Pfarrer Unterricht bekommen. Und einmal in der Woche beichtet sie. Pauline ist entsetzt. Wenn Kamilla nur dumm wäre. Aber katholisch und beichten gehen. Das geht zu weit. Sie spricht fast gar nicht mehr mit Kamilla. Am liebsten würde sie gar nichts mehr mit ihr zu tun haben. Aber dann wären die Eltern böse. Pauline wohnt mit Milek zusammen immer noch bei den Eltern in Zabłotów. Sie hat ein Kind. Ryszard. Tony kümmert sich sehr um ihn, während Pauline und Milek bei Peter in der Kanzlei arbeiten. In Zabłotów ist es langweilig. Nicht so wie in Lemberg. Es gibt nicht einmal ein richtiges Kaffeehaus. Pauline will immer noch nach Palästina. Aber Milek will nicht um die Burg. Er will nicht in der Landwirtschaft arbeiten. Er will in Lemberg Advokat werden.

10

Lenz ist zurückgekommen. Endlich. Zwei Monate war er weg. Lange genug. Aber es geht ihm sehr schlecht. Tea hat von ihm einen Brief bekommen. Er liegt mit offener Tuberkulose im Wilheminenspital. Tea weiß, was das bedeutet. Sie besucht ihn sofort. Am selben Tag noch, Nachmittag nach dem Dienst. Außerhalb der Besuchszeit. Das darf sie, weil sie Ärztin ist. Er muß in die Lungenheilanstalt Alland. Mindestens vier Wochen. Er hat ihr gleich erzählt, daß er mit seiner Frau ein für alle Mal Schluß gemacht hat. Er kann sich nicht scheiden lassen. Sie will es partout nicht. Da ist nichts zu machen. Und wenn sie nicht will, gibt es keine Möglichkeit. Außer, sie hätte Ehebruch begangen oder ein Verbrechen. Aber die Ehe bricht ja er und nicht sie. Oder sie würde einen unordentlichen Lebenswandel führen, wie das im Gesetz so schön heißt. Tea weiß schon. Es geht nun einmal nicht. Tea soll sich keine Gedanken machen. Er gehört jetzt ganz ihr. Er will seine Frau nie mehr sehen. Das wird zwar nicht gehen. Aber sehen will er sie wirklich nicht. Tea glaubt ihm. Sie vertraut ihm. Er gehört jetzt ganz ihr. Hoffentlich macht sie keine Szenen. Aber sie ist ja im Waldviertel, und Lenz bleibt ja jetzt in Wien. Tea will wissen, wie die Arbeit im Waldviertel war. Er erzählt nicht viel. Tea soll das alles nicht so genau wissen. Er will sie in nichts hineinziehen.

Tea besucht Lenz in Alland. Gleich am ersten Wochenende. Sie will dort übernachten. Obwohl es nicht weit ist und sie Sonntag hin und zurück fahren könnte. Aber übernachten ist besser. Dann können sie länger beisammen sein. Lenz besorgt ihr ein Zimmer im Gasthof. Den Eltern sagt sie, daß sie mit Hedi und Sopherl auf den Semmering fährt. Sie glauben es sicher nicht. Sie war schon lange nicht mehr ein ganzes Wochenende weg. Sie werden etwas ahnen. Sollen sie. Aber erzählen tut sie nichts. Papa bekommt sicher einen Wutanfall, wenn er erfährt, wer Lenz ist. Und Mama fällt in Ohnmacht. Sie wird es schon erzählen. Später, nicht jetzt.

Lenz hat „Massenpsychologie und Ich-Analyse“ gelesen. Tea freut sich sehr, daß er Freud liest. Er hat es gründlich studiert. Aber nicht kritiklos. Daß das großartige Instrument des deutschen Heeres im Weltkrieg den deutschen Kriegskünstlern nicht in der Hand zerbrochen wäre, wenn diese die Libidoansprüche des gemeinen Mannes besser gewürdigt hätten, kann er nicht teilen. Wenn das deutsche Heer nicht aus politischen und ökonomischen Gründen besiegt worden wäre, wäre es beisammengeblieben, auch wenn die Libidoansprüche der Heeresmasse noch viel weniger befriedigt worden wären. Trotzdem hat er das Buch mit viel Gewinn gelesen. Manches, was er aus der Arbeit wußte, wurde ihm bestätigt. Und manche neue Erkenntnis konnte er daraus gewinnen. Jetzt will er „Totem und Tabu“ lesen und „Das Unbehagen in der Kultur“. Er hat ja Zeit in Alland. Tea erzählt von ihrer Analyse. Irgendwie geht es nicht so gut. Sie weint so viel. Sie glaubt, daß ihr Analytiker sie quält. Er ist genauso wie ihr Vater. Er sagt immer: Der Narzißmus muß gebrochen werden. Mit Zwang geht gar nichts. Wie soll denn der gebrochen werden? Lenz lacht und tröstet sie. Deine Sorgen möchte ich haben und dem Rothschild sein Geld. Er ist sehr deprimiert. Immer wieder fragt er sich, wie es weitergehen soll. Arbeit findet er keine. In der Illegalität kann er, so krank wie er ist, auch nicht arbeiten. Wovon soll er leben? Vielleicht soll er in die Tschechoslowakei emigrieren. Wie man über die Grenze kommt, weiß er genau. Irgendwie könnte er in der Tschechoslowakei schon leben. Er würde schon Unterstützung bekommen. Zumindest könnte er leben. Da sind aber schon so viele, die nichts zu tun haben. Otto Bauer schreibt die Arbeiter-Zeitung praktisch allein. Der mußte ja fliehen, sonst hätten sie ihn gehenkt. Was soll er in Brünn tun? Daumendrehen? Das will er nicht. Tea meint, er wird schon Arbeit finden. Lenz lacht. Tepperl. Tea ist naiv.

Lenz ist aus der Lungenheilanstalt entlassen worden. Er bekommt jetzt eine kleine Invalidenrente. Er will zu Freunden in Floridsdorf gehen. Tea gibt ihm ein bißchen Geld. Viel hat sie nicht. Das Gehalt ist gering und sie muß ja die Analyse bezahlen, das ist teuer. Er verspricht ihr zu schreiben.

Tea und Lenz treffen sich. Lenz ist sehr deprimiert. Keine Aussicht auf Arbeit. Keine Wohnung, kein Zimmer. Er wohnt manchmal in Floridsdorf, manchmal in Kaisermühlen, manchmal in Favoriten. So geht das nicht weiter. Außerdem wohnen die Genossen alle beengt. Die meisten haben auch keine Arbeit. Sie essen Erdäpfel, Kraut und Bohnen. Er muß anständig essen, er hat doch Tuberkulose. Wenigstens hat Tea daran gedacht, ihm Orangen zu bringen. Lenz' Lage ist aussichtslos. Kein Geld, keine Wohnung, keine Arbeit. Seine Geschichten kauft auch niemand. Manchmal kauft einer eine um ein paar Groschen. Wenn er sie drucken könnte, könnte er sie leichter verkaufen. Ein kleines Büchlein. Aber er hat ja kein Geld.

– Was sind denn das für Geschichten? Zeig mir doch einmal eine.
– Das nächste Mal.
– Worum geht es denn in den Geschichten?
– Um die armen Leute. Was ich so auf der Straße sehe und höre. Ich hab noch nicht viele. Wie soll ich denn in diesem Zustand schreiben?

Tea versucht ihn zu trösten. Er muß halt Geduld haben. Ein bißchen Geld kann sie ihm schon geben. Und die Genossen helfen doch auch. Lenz lacht. Tea hat keine Ahnung vom wirklichen Leben.

12. Jänner 1936

Liebe Tea!

Ich liege auf der Psychiatrischen Klinik in der Lazarettgasse. Komm, bitte, sofort.

Viele herzliche Grüße Dein Lenz

Was ist passiert? Tea geht nicht Mittagessen. Sie läßt alles liegen und stehen und fährt auf die Klinik. Lenz hat einen Selbstmordversuch gemacht. Veronal. Woher er das hatte? Wer hat ihm das gegeben? Die Genossen haben ihn bewußtlos gefunden und einen Arzt gerufen. Die Rettungsgesellschaft hat ihn auf die Psychiatrie gebracht.

Genner.12.1.36. pal
Vollkommen orientiert, ruhig. Tut sehr überheblich und überlegen, beginnt sofort, daß er hier nicht bleiben könne, er leide seelisch zu sehr. Man möge sofort seine Freundin Dr. E. verständigen, dass sie ihn herausnehme. Er leide seit den Februarunruhen 34 an Schlaflosigkeit. Heute habe er noch geschlafen „wegen des Dreckes, den er zu sich genommen habe", aber morgen sei es nicht mehr möglich, er werde zugrunde gehen. Verstimmt sei er seit Feb. 34, er sei damals in Haft gewesen, sei aber dann wegen Ischias als haftunfähig erklärt worden. Invaliditätsrente wegen Lungenkrankheit. Im Feber 35 sei er 1 Monat im M. Ther. Schlössel gewesen „wegen irgendeiner cerebralen Sache". (?) Kopfschmerzen li. vorn und rückw., zeitweise auftretend, und Erbrechen. Von Mai – Juni 34 ebenfalls im MT-Schlössel wegen Suizidversuch mit einem Gift, das er gerade erwischt habe, als Folge passagerer Augenlähmung, und eine „rechtsseitige Sache". Eigentlich habe er den Suizidversuch nur gemacht, um vom Waldviertel, wo er unter Polizeiaufsicht stand, wieder nach Wien zu kommen. Jetzt gehe es ihm schlecht, er habe keine Lust, dieses „verpfuschte Leben weiterzuführen". Er habe vorgestern 8 Tabl. Veronal und 5 Adenol zu sich genommen, habe geschlafen und sei erst gestern nach einer Inj. wieder

zu sich gekommen. Was den unmittelbaren Anlass zum letzten Suizidversuch gab, will er nicht sagen. Er bittet noch, daß man „der Uxor"* den Besuch sperren möge; er lebe von ihr getrennt, wolle sie nicht sehen.
30-50 Zigaretten tgl., Alkohol, Venerea negiert.
Somatisch:
Pupillen reag. Ruf L. u. K. Beim Blick nach li leichter Nystagmus. PSR ASR bds gleich + Gang leicht taumelnd. Lid-Fuß-Schluß: Starkes Schwanken.

Tea möchte mit dem Oberarzt sprechen. Sie kennt ihn ja, sie hat ja gerade hier hospitiert. Tea sagt ihm, daß Genner im Mai 34 und Feber 35 wegen Depressionszuständen, Nikotinabusus und Schlaflosigkeit im Maria-Theresien-Schlössel war. Im Sommer hatte er eine Magenblutung. Es ist schon früher ein Ulcus festgestellt worden. Außerdem hat er eine Tbc, aber es ist ein abgelaufener Prozeß. In letzter Zeit war er zunehmend verstimmt und hat vage Selbstmorddrohungen gemacht. Der Wassermann war im Maria-Theresien-Schlössel negativ. Tea will wissen, was jetzt weiter geschieht. Er will unbedingt raus. Sie könnte ihn auf Revers rausnehmen. Schließlich ist sie ja Ärztin.

– Sie können ihn natürlich mitnehmen. Aber Suizidgefahr besteht. Wenn etwas passiert, haben Sie die Verantwortung. Das wissen Sie ja.

Sie will noch einmal mit Lenz sprechen. Sie ist schrecklich aufgeregt. Warum hat er das getan? Natürlich ist er depressiv. Aber deshalb bringt man sich doch nicht gleich um. Sie hat auch schon depressive Phasen in ihrem Leben gehabt, war schon oft verzweifelt. Tea versteht ihn nicht. Er ist in einer völlig aussichtslosen Situation. Das hat nichts mit Depression zu tun. Das ist objektiv. Tea hat keine Ahnung vom Leben. Er will so schnell wie möglich raus aus der Psychiatrie. Tea muß ihn hier rausbringen. Tea soll den Revers unterschreiben. Hier kann er unmöglich bleiben. Tea unterschreibt. Sie wird ihm helfen. Sie werden eine kleine Wohnung für ihn suchen. Tea wird sie für ihn bezahlen. Das muß machbar sein. Sie wohnt ja sowieso noch bei den Eltern.

* Uxor: lat. Die Gattin.

Nach der Entlassung trifft Tea Lenz täglich. Er wohnt jetzt bei seinem Freund Altmann. Altmanns Frau paßt ein bißchen auf Lenz auf. Sie ist sehr mütterlich, hat keine Arbeit und zwei Kinder. Tea spricht viel mit Lenz. Versucht ihn zu beruhigen. Als allererstes suchen sie eine Wohnung. Möglichst in Teas Nähe. In der Messerschmidtgasse gibt es eine. Gleich um die Ecke. Zimmer, Küche mit Gas und elektrischem Licht. 700 Schilling Ablöse. 47 Schilling Miete. Das geht. Tea hat gespart. Sie verdient 325 Schilling. Davon kann sie schon die Miete für Lenz zahlen. Ein paar alte Möbel besorgen ihm die Genossen. Ein Tisch, zwei Sessel und ein Bett. Das genügt. Die Sozialdemokraten unterstützen ihn auch ein bißchen. Es gibt internationale Hilfsaktionen. Die Gewerkschaftsinternationale hat 50.000 Schilling gespendet. Außerdem will er jetzt intensiv Geschichten schreiben. Er hat sogar eine Schreibmaschine. Die hat er sich noch in guten Zeiten gekauft. Auch in der Illegalität arbeitet er weiter. Die Grenzkontrollen sind stärker geworden. Das Material soll über einen neuen Schleichweg durchs Waldviertel nach Wien gebracht werden. Den Waldviertler Weg zu aktivieren, ist Laurenz Genner betraut worden.

Es ist Zeit, Lenz den Eltern vorzustellen. Ewig kann sie dieses Verhältnis vor den Eltern natürlich nicht geheim halten. Die Mutter fragt schon die ganze Zeit, ob sie einen G'schamsterer hat. Und jetzt will sie ihn endlich kennenlernen. Daß er kein Geld hat, darf man den Eltern nicht sagen. Tea hat den Eltern gesagt, daß er Journalist ist. Er schreibt im Waldviertler Bauernblatt, hat sie gesagt. Das gibt es gar nicht. Das haben sich Tea und Lenz ausgedacht. Daß er sozialdemokratischer Nationalrat war, hat sie schon erzählt. Natürlich kein Wort von der Illegalität. Papa hat sowieso schon der Schlag getroffen. Ein Waldviertler Bauer. Und ein bürgerliches Mädchen. Der Lazarsfeld war wenigstens aus gutbürgerlichem Haus. Aber ein Kleinhäusler aus dem Waldviertel. Ein Hungerleider. Und außerdem noch ein Revolutionär. Ich wünsch dir, daß du mit deinen Kindern das mitmachst, was ich mit dir mitmach, hat Papa gesagt. Das sagt er schon seit zehn Jahren, wenn ihm etwas nicht paßt. Er soll kopfstehen. Tea ist 30 Jahre alt und macht, was sie will. Wenn er Lenz nicht akzeptiert, kann man auch nichts machen. Der erste Zorn ist sowieso schon verflogen. Lenz wird Sonntag Nachmittag zur Jause eingeladen. Sofie unterhält sich königlich mit ihm. Lenz erzählt vom strengen Winter im Waldviertel. Österreichs Sibirien. Sofie erzählt von Wörishofen und ihrem Asthma. Lenz hört ihr aufmerksam zu und bedauert sie wegen ihres Asthmas. Er war noch nie in Wörishofen, nur in Alland in der Lungenheilstätte. Das ist sicher nicht so schön wie Wörishofen. Sofie erzählt von der Stunde der Frau, die sie immer im Radio hört. Ob der Herr Genner auch gerne Radio hört? Er würde schon gerne Radio hören, aber er hat leider keines. Er kann sich jetzt auch keines leisten. Sofie ist ganz hingerissen. So ein charmanter Mann. Und fesch ist er auch. Oskar fragt, wie das jetzt mit den Sozialdemokraten ist. Die sind ja jetzt verboten.

– Ja, leider.
– Es gibt so viele Illegale.
– Ja.
– Und viele Verhaftungen.
– Ja, leider.
– Und Sie? Arbeiten Sie auch illegal?
– Nein, um Gottes willen. Das ist viel zu gefährlich.
– Was schreiben Sie denn in dem Waldviertler Bauernblatt?

Oskar hat einen höhnischen Ton.

– Kleine Geschichten und Berichte über Wien.
– Kann man denn davon leben? Das ist doch ein ganz kleines Lokalblatt. Ich hab noch nie davon gehört.
– Man kann schon davon leben, aber nicht gut. Ich bin bescheiden. Ich brauch nicht viel. Es kommen gewiß wieder bessere Zeiten.

Baia-Mare, den 5. März 1936

Liebe Tea,

endlich haben wir wieder einmal Post von Dir. Es freut mich sehr, daß Du einen Lebensgefährten gefunden hast. Dann wirst Du ja sicher bald heiraten. Es ist auch schon höchste Zeit, Du bist ja schon alt genug. Ich hab schon gedacht, Du bleibst über. Es freut mich auch, daß Du im Herbst mit den Kursen beginnen kannst und Deine Ausbildung betreiben kannst. Ich halte ja gar nichts von der Psychoanalyse, wie Du weißt. Du wirst sicher sagen, ich verstehe nichts davon.

Von mir kann ich nicht viel berichten. Ich habe viel zu tun, oft recht interessante Dinge. Man wird älter und findet selten das, was man sich vom Leben vorgestellt und erwartet hat. Scheinbar kann es nicht anders sein.

Wir haben vor, nächstens nach Wien zu kommen. Hoffentlich stellst Du uns Deinen Lenz dann auch vor.

Viele herzliche Grüße Eduard

Liebe Tea,

wir denken oft an Dich. Du schreibst aber so selten. Von mir kann ich nicht viel berichten. Ich führe nach wie vor ein sehr monotones Leben und habe oft Lust von hier wegzulaufen.

Hoffentlich können wir bald nach Wien kommen und uns wieder sehen.

Herzliche Grüße Rena

Lenz hat eine ganze Reihe von Kurzgeschichten geschrieben und druckt sie im Selbstverlag. Tea hat das Drucken bezahlt. Jetzt kann er sie als gebundenes Heftchen verkaufen. Ein, zwei Schilling für ein Heftl kann er schon bekommen. Dafür kann er sich schon Zigaretten kaufen. Tea schimpft sehr, wenn er raucht. Er hat ja Tuberkulose. Aber sie denkt, Männer rauchen eben. Einem Mann darf man das Rauchen nicht verbieten. Wegen der Oralität. Das hat sie aus ihren psychoanalytischen Studien gelernt. Tea ist von Lenz' Geschichten nicht begeistert. Aber wenn er ein paar Schilling damit verdient, soll sein. „Neben dem Gleis" nennt der das Heftchen. Gleich die erste Geschichte heißt „Neben dem Gleis".

„Warum sind Sie denn gar so grantig, lieber Freund?" frage ich einen alten Bekannten.

„Ach was, da soll man nicht grantig sein?"

„Was ist denn geschehen?"

„Geschehen? Nichts ist geschehen. Aber täglich gehe ich neben dem Gleis. Täglich. Verstehen Sie?"

„Das ist doch noch kein Grund sooo grantig zu sein."

„Kein Grund? Und da fahren die Züge vorbei! Und die Herrschaften sitzen drin!"

„Na ja, aber –"

„Was heißt: aber? Fragen Sie nicht so dalkert! Wissen Sie denn nicht, daß ich zwölf Jahre in der Waggonfabrik gearbeitet habe? Und jetzt gehe ich neben dem Gleis …"
Ah so! Vor einiger Zeit ist er abgebaut worden. Jetzt geht er täglich zu seiner Fischerhütte an der Donau. Neben dem Gleis.

Der Philosoph Moritz Schlick wurde in der Universität an der Philosophenstiege ermordet. Das „Linzer Volksblatt" schreibt nach dem Mord: Schlick ist der gehätschelte Hausphilosoph des Austromarxismus, der den Positivismus in Reinkultur als Lustlehre verkündete, ein Mephisto des Geistes. Vierzehn volle Jahre tranken junge Menschenblüten den Giftfusel des Positivismus als Wasser des Lebens in sich hinein. Schüttet man in diese aufnahmsfähigen Naturen eine Lehre wie den Positivismus, dann hat das eine Wirkung, wie wenn man jemandem Salzsäure oder Schwefelsäure in den Mund schütten würde, seelischer Tod und schweres Siechtum sind die Folge. In einer solchen Lage befand sich wohl Nelböck, als er seinen einstigen Lehrer Schlick erschoß.
Das olympische Feuer wird nach Wien gebracht. Dichtes Spalier am Rennweg, eine unübersehbare Menge auf der Ringstraße. Festzug aller Sportdisziplinen zum Heldenplatz. Darunter auch eine Gruppe der Hakoah. Pfiffe. Juden raus. Heil Hitler. Ostmark erwache. Sieg heil. Ein Volk ein Reich. Deutschland, Deutschland über alles. Die Fahne hoch.

Oskar schreibt Tea aus Graz ins Maria-Theresien-Schlössel.

17.9.1936

Liebe Tea!
Ich lege Dir ans Herz und bitte Dich, die Abende bei der Mama zu verbringen. Wenn sie allein durch so viele Tage die Abende zubringen muß, weint sie sich die Augen wund. Ich glaube, daß Dir das ebenso nicht gleichgültig sein kann, wie es mir nicht gleichgültig ist.
Herzlich küßt Dich Dein Papa

Tea kann mit der theoretischen Ausbildung beginnen. Jetzt kann sie endlich die Kurse, Seminare, Vorlesungen und Arbeitsgemeinschaften besuchen, die sie für die psychoanalytische Ausbildung braucht. Die Analyse beim Hitschmann läuft nicht besonders gut. Er ist zwar manchmal ganz witzig, aber unheimlich zynisch. Wie ihr Vater. Gebildet ist er zwar auch sehr. Zu jeder passenden Gelegenheit hat er ein Goethezitat parat. Trotzdem. Immer noch heißt es: Der Narzißmus muß gebrochen werden. Als ob sie nicht genug weint. Er versteht sie genauso wenig wie ihr Vater. Es gibt ja noch andere Psychoanalytiker. Sie ist ja nicht mit ihm verheiratet. Sie wird vielleicht mit der Anna Freud reden, vielleicht kann sie zu jemand anderem gehen. Wenigstens hat sie der Hitschmann zu den Kursen zugelassen. Sie hat sich schon angemeldet. Trieblehre, Theorie der Traumdeutung, Einführung in die allgemeine Neurosenlehre, Psychologie des Ichs. Gott sei Dank muß sie nur bis Mittag im Spital sein. Dann ist es nicht so anstrengend noch mit den Kursen und sie hat noch Zeit zu lesen. Lenz möchte auch in die Kurse gehen. Nicht in alle, aber in einige. Er hat einen Brief an Freud persönlich geschrieben. Leider ist es nicht möglich. Die Kurse sind nur für die Kandidaten.

Baia-Mare, den 5. Jänner 1937

Liebe Tea,

inzwischen hat sich bei uns vieles verändert. In der Nacht vom 1. auf den 2. hat Rena heftige Schmerzen bekommen und gestern gegen Mittag konstatierte der Arzt Wehen. Um 21 Uhr hat Bimbo als 43 cm langer Mann den ersten Schrei getan, was er auch die ganze Nacht fortgesetzt hat. Allerdings hat es sich knapp nach der Geburt herausgestellt, daß der Bimbo seine Ankunft einem Bruder verdankte, den er scheinbar abgemurxt hat. Aber auch dies ging schnell und gut vorbei und um 22 Uhr war alles beendet. Wir waren völlig überrascht und auf eine Geburt zu Hause überhaupt nicht vorbereitet. Der Arzt ist nicht Gynäkologe, er ist unser Hausarzt. Er wollte uns eine Hebamme schicken. Wir wußten nicht, ob die Hebamme Rumänisch versteht, von Deutsch nicht zu sprechen – hier sprechen die Leute meistens Ungarisch. Aber der Arzt kam mit der Hebamme wieder. Renas Befinden ist nicht schlecht, ich mache mir aber Sorgen, da sie noch etwas Fieber hat. Sie hatte heute früh 37,3, dann gegen 9 Uhr 37,2, gegen 10 Uhr 37,1. Hoffentlich geht alles gut.

Bimbo hat hellblonde Haare und einen Backenbart. Er hat, obwohl etwas vorschnell auf die Welt gekommen, ziemlich dichtes Haar und Nägel. Wäre Bimbo später gekommen, wäre die Geburt sehr schwer gewesen. Niemand kann sich „derwundern“, wo so ein Bimbo bei Rena Platz gefunden hat.

Der lieben Mischpoche kannst Du von dem Ereignis mitteilen, aber ohne nähere Umstände natürlich!

Alle anderen Informationen nächstens!

Viele herzliche Grüße Eduard

Tea hat eine schwere Lungenentzündung mit sehr hohem Fieber. Sie muß ins Spital. Sie kommt auf die Klinik. Die Schwester empfängt sie mit den Worten: Des is a schens Betterl. Grad ist heut Nacht unser seliger Herr Pfarrer drin g'storbn. Schöner Empfang. Sie soll sich nur keine Hoffnungen machen. Tea wird nicht sterben. Lenz und Mama kommen jeden Tag. Es geht ihr ziemlich schlecht, fast 40 Grad Fieber, und es sinkt nicht. Obwohl das Fieber auch ein ganz angenehmer Zustand ist. Es macht sie sogar ein bißchen euphorisch. Lenz will zwei Tage ins Waldviertel fahren. Aber erst, wenn es Tea besser geht. Warum will er denn fahren? Am Ende fährt er zu seiner Frau. Er ist ja noch immer nicht geschieden. Seine Frau will sich nicht scheiden lassen. Lenz beschwört Tea, nicht eifersüchtig zu sein. Er hat seine Frau schon ein Jahr nicht mehr gesehen. Aber er *muß* fahren. Warum muß er fahren? Tea hat Angst. Wer weiß, was er da macht. Vielleicht schmuggelt er etwas über die Grenze. Und wenn sie ihn erwischen, kommt er am Ende noch nach Wöllersdorf. Davor hat Tea die meiste Angst. Das ist zwar nicht wie Dachau, aber schlimm genug. Lenz will auch noch nach Brünn fahren, Otto Bauer besuchen. Aber natürlich fährt er erst, wenn Tea über dem Berg ist.

Zwei Wochen Spital. Vier Wochen zu Hause liegen und dann auf Erholung. Nach St. Christophen bei Neulengbach. Zu lesen hat sie genug. Vorwiegend psychoanalytische Literatur. Aber sie liest auch Thomas Mann, Hesse und Dostojewski. Der Zauberberg ist ein phantastisches Buch. Lenz muß ihn auch lesen. Aber er liest nicht gern Romane. Sie bekommt viel Besuch. Und Mama schreibt fast jeden Tag.

Dienstag

Liebste Tea!

Danke für Deinen Brief. Gestern bekam ich Deine Karte. Es geht Dir gut, das ist die Hauptsache. Angerufen hat niemand. Brief liegt bei.

Was mit Papas Abreise ist, weiß ich nicht – – – seit Deiner Abreise hat Papa mit mir nur wenige Worte gesprochen. Aber absolut nicht *deinetwegen.*

Jetzt nehme mir kein Mädchen. Er ißt weder Mittag noch Abends zuhause. Vielleicht schreibt er Dir?

Lebe wohl, mein Schatz, sei herzlichst geküßt von deiner Mutter

Jakob ist gestorben. Ganz plötzlich. An einem Herzinfarkt.

1. September 1937

Liebe Tea,

bei uns gibt es immer dasselbe: Bimbo, Bimbo und nochmals Bimbo. Ich wollte Dir schon lange von der Geburt unseres Stammhalters berichten. Inzwischen ist schon so viel Zeit vergangen. Das wichtigste hast Du ohnedies schon von Eduard erfahren. Es kam alles ganz unerwartet. Ich habe geglaubt, ich hab eine Magenverstimmung. Der Arzt hat aber gesagt, daß in zwei Stunden das Kind da sein wird. Eduard begann zu weinen, weil ihn diese Nachricht etwas überrumpelte. Nachdem Bimbo gekommen war, kam noch ein totes Kind heraus. Es tut mir heute noch leid, daß das 2. Kind tot war, obwohl ich weiß, daß ich mir keinen Rat mit zwei solchen Fratzen schaffen könnte.

Ich plage mich in unserer Wohnung furchtbar und leide auch an Mangel an Gesellschaft. Bis jetzt war meine Mutter hier, jetzt ist sie weggefahren. Mit dem Kinde kann ich auch nicht ausfahren, weil der Weg so schlecht ist. So raunzen wir uns gegenseitig an. Gibt es überhaupt glückliche Menschen? Bis jetzt ist mir noch niemand von der Sorte in die Quere gekommen. Mir graut hier vor dem Winter. Vorläufig werden uns aber bald die Schwiegereltern besuchen und dann bleiben wir aber endgültig zu dritt.

Schreib uns wieder recht bald. Viele herzliche Grüße Rena

Lenz fährt nach wie vor gelegentlich ins Waldviertel, um Material nach Österreich zu schmuggeln. In Wien leistet er Hilfsdienst. Er packt die Zeitungen und Broschüren in Koffer und kleine Säcke um. Inzwischen hat er einen Roman geschrieben: Der Landdoktor. Roman kann man das eigentlich nicht nennen. Ein Heftchen von knapp 50 Seiten. Tea hat es gelesen. Eine rührselige Dorfgeschichte. Der Arzt, der sich aufopfert, selbst schwer krank wird und schließlich seine alte Liebe aus der Stadt heiratet und ins Dorf mitnimmt. Tea sagt nichts dazu. Schließlich ist er Revolutionär und nicht Dichter. Wenn er das verkaufen kann, ist es ja gut. Tea hat das Zimmer von Onkel Jakob bekommen, das neben ihrem Kabinett ist. Ein großes Zimmer, das jetzt ihr Arbeitszimmer ist, und das Kabinett ist ihr Schlafzimmer. Jetzt hat sie es ganz gemütlich. Sie ist zu den praktisch-technischen und klinischen Kursen und Seminaren zugelassen. Sie hört über Probleme der Technik und Probleme der Traumdeutung und Analysekontrolle. Am meisten imponiert ihr der Heinz Hartmann. Er ist ein ganz großer Theoretiker. Seine Vorlesungen sind sehr schwierig. Er ist ganz distanziert und trägt so vor, daß man den Eindruck hat, daß ihm das Publikum völlig gleichgültig ist. Er spricht frei. Tea könnte das nie. Während er spricht, geht er auf und ab und wendet sogar manchmal dem Publikum den Rücken zu. So vertieft ist er in seine Überlegungen. Er ist einfach eine eindrucksvolle Persönlichkeit. Obwohl Tea das nicht mehr braucht, geht sie trotzdem in seinen Kurs über Ichpsychologie. Eine Behandlung darf sie auch schon selbständig durchführen, aber unter Kontrolle von Dr. Isakower. Der Isakower erzählt ihr, daß die Helene Deutsch nicht dafür war, daß sie Kandidatin wird. Ihr wallendes Kleid hat ihr nicht gefallen. Sie war Tea ja gleich unsympathisch. Zum Hitschmann geht sie nicht mehr. Sie ist keine Masochistin. Das war ja nur mehr eine Quälerei. Sie war bei der Anna Freud und die hat gesagt, dann sagen wir halt, daß es vielleicht bei einer Frau besser geht. Jetzt kann sie im Februar bei der Lampl-de Groot anfangen. Sie ist schon sehr gespannt.

Es wird ein böses Ende nehmen

1. Kapitel

1

Tea, Sopherl und Hedi sitzen im Stadelmann.

– Es wird ein böses Ende nehmen.
– So schlimm wird es nicht werden.
– Wenn die Nazis die Macht ergreifen, wander' ich aus.
– Sie kommen sicher nicht an die Macht.
– So sicher bin ich da gar nicht.
– Alle sind für Schuschnigg, auch die Sozialdemokraten.
– Ja, ja, rot-weiß-rot bis in den Tod. Wenn's wahr ist.
– Sicher, die Mehrheit ist sicher für Österreich.
– Da bin ich nicht so sicher. Schau doch, wie sich die Nazis aufführen. Die Straßen sind voll von ihnen.
– Aber es gibt doch so viele Kundgebungen für Schuschnigg.
– In Floridsdorf war sogar eine Veranstaltung von Genossen. Sie haben gesagt, wir müssen mit allen zusammengehen, die gegen die Nazis sind. Und dann haben sie „Wir sind die Arbeiter von Wien" gesungen. Und niemand ist verhaftet worden.
– Aber alle Nazis sind freigelassen worden.
– Und jetzt schreien sie „Heil Hitler".
– Hakenkreuzfahnen werden auch gehißt, obwohl das verboten ist.
– Und mit dem Hakenkreuzabzeichen rennen sie herum, obwohl es verboten ist.
– An allen Straßenecken verkaufen sie Hakenkreuze.
– Die Nazis dürfen doch schon alles. Schuschnigg gibt doch in allem nach. Jetzt ist Seyß-Inquart Innenminister und am Schluß sind alle Minister Nazi. Dann haben wir den Hitler-Faschismus in Österreich. Dann ist es auch schon wurscht, ob Österreich unabhängig ist.
– Ich wander' aus.
– Habt ihr das Hitler-Bild in der Kärntner Straße gesehen? Ganz mit Blumen geschmückt.

– Am Sonntag gab es eine Filmmatinee: „Deutschland marschiert".
– Und im Ufaton-Kino spielen sie einen Film über den Parteitag der NSDAP.

Lenz kommt. Er will Tea abholen, er ist mit ihr verabredet.

– Die Stadt gleicht einem Hexenkessel. Überall grölende Nazis. Sie verprügeln Juden und schlagen Fensterscheiben ein. Es bahnt sich eine Katastrophe an.
– Und die Schuschnigg-Anhänger?
– Ja, die gibt es schon. Sogar viele. Auf die Trottoirs sind Kruckenkreuze gemalt. Viele haben rot-weiß-rote Bändchen angehängt. Aber auf fast alle Schuschnigg-Bilder sind Riesen-Hakenkreuze aufgemalt. Ja, es stimmt schon. Viele rufen „Front Heil, Österreich!" und „Wir brauchen keine braune Pest". Aber die Nazi versuchen, sie mit dem Horst-Wessel-Lied zu überschreien. Die Leute raufen und balgen sich. Es wird ein böses Ende nehmen.
– Nein. Die ganze Stadt ist doch voll mit den „JA"-Zetteln. Die meisten sind doch gegen die Nazis.
– Hoffentlich.

Die Volksbefragung ist abgesagt. Schuschnigg ist zurückgetreten. Seyß-Inquart ist Bundeskanzler. Das Radio sendet ohne Unterlaß nur noch das Horst-Wessel-Lied.

Gerade haben sie es im Radio gemeldet. Sofie läuft schnell zum Greißler um Mehl und Zucker und zur Sicherheit auch Brot. Es ist zwar genug zu Hause, aber trotzdem. Sie hat kein Mädel mehr. So muß sie selbst gehen. Aber sie kann nicht viel tragen. Oskar ist nicht zu Hause und Tea im Kaffeehaus. Hoffentlich kommt Oskar bald oder wenigstens Tea. Nie sind sie zu Hause. Noch dazu jetzt, wo es so gefährlich ist auf der Straße. Die vielen Menschen. Es kann so leicht etwas passieren. Die Nazis schlagen Juden einfach nieder. Oskar erkennt man zwar nicht als Juden, aber trotzdem. Tea ist auch vorsichtig. Aber Lenz. Lenz ist doch Sozialist. Wenn er Tea in was hineinzieht. Wenn sie nur schon da wären.

Das nationalsozialistische Deutschland grüßt sein nationalsozialistisches Österreich und die neue nationalsozialistische Regierung in treuer unlösbarer Verbundenheit! Heil Hitler!

Am 13. März wird der Vorstand der psychoanalytischen Vereinigung von Anna Freud für den Nachmittag in die Berggasse 19 einberufen. Alle Vorstandsmitglieder bis auf Aichhorn kommen zur Versammlung. Anna Freud führt den Vorsitz. Nach einer kurzen Diskussion fragt sie jeden, was er zu tun gedenke. Alle wollen nach England oder in die Vereinigten Staaten auswandern.

Auf der Straße wird gerufen: „Juda verrecke!" und „Juden heraus!". Juden müssen mit Handbürste und Lauge, im Schmutz kniend, die Straße reinigen. „Wir danken unsrem Führer, er hat Arbeit für die Juden geschaffen!" schreien die Zuschauer. SA und SS holen Juden aus den Wohnungen und lassen sie die eigenen und requirierten Autos waschen und in ihren Unterkünften die Klosettanlagen putzen. Vierzehnjährige, sechzehnjährige Burschen, angeführt von SA-Männern, stürmen jüdische Geschäfte und requirieren Lebensmittel, Schuhe, Anzüge, Stoffe, Pelze, Schmuck, Geld, Kunstwerke, Mobiliar. Die Beute wird mit Lastkraftwagen abtransportiert. Sämtliche Geschäfte der Innenstadt werden heimgesucht. Das Kleiderhaus Gerstl, das Teppichhaus Schein, das Juweliergeschäft Scherr, das Herrenkleidergeschäft Katz. Drei Tage lang wird das Warenhaus Schiffmann in der Taborstraße ausgeräumt. Alle jüdischen Warenhausbesitzer, Fabrikanten, Bankiers werden verhaftet.

Die Lampl-de Groot emigriert nach Holland. Das heißt, daß Tea keine Analyse mehr machen kann. Und es läuft so gut bei der Lampl. Sie ist zwar erst ein bißchen mehr als einen Monat bei ihr. Trotzdem. Das ist alles ganz anders als beim Hitschmann. Der Hitschmann hat auch solche Probleme mit seiner Tochter wie ihr Vater. Deshalb hat es zwischen ihnen nicht geklappt. Die Lampl hat das vorsichtig angedeutet. Die Lampl versteht sie. Und jetzt soll plötzlich alles aus sein. Sie fährt sobald als möglich, in ein, zwei Monaten. Tea ist verzweifelt. Alle gehen weg. Da ist es mit der Ausbildung vorbei. Das Maria-Theresien-Schlössel hat ihre Stelle auch nicht mehr verlängert. Es fehlt ihr noch ein Jahr Psychiatrie für den Facharzt. Eine Stelle bekommt sie unter den jetzigen Umständen sicher nicht. Vielleicht kann sie auch emigrieren. Es soll auch den Kandidaten geholfen werden. Nach Amerika. Sie will gar nicht daran denken.

Am 20. März verkauft Oskar sein Flaschenbierdepot an die Brauerei Liesing und bekommt dafür wegen des hohen ideellen Wertes eine Leibrente von jährlich 4000 Schilling. Er ist zwar noch nicht so alt, daß er in Pension gehen muß. Aber später bekommt er als Jude gar nichts mehr. Besser gleich verkaufen. Von der Volksabstimmung ist er schon ausgeschlossen. Und dann kommen die anderen Restriktionen. Er kann sicher nicht mehr arbeiten. Tea darf wählen. Sie muß wählen. Mischlinge, die nicht mit einem Juden verheiratet sind und nicht der jüdischen Religionsgemeinschaft angehören, dürfen wählen. Es ist praktisch Wahlpflicht. Fernbleiben ist überhaupt nicht möglich. Es sind sicher überall Spitzel.

Lenz bekommt Besuch. Von den Nazis aus dem Waldviertel, von alten Bekannten. Nette Bekannte, gegen die Lenz immer gekämpft hat. Sie wissen genau, wie beliebt Lenz bei den Bauern ist. Sie schmeicheln ihm. Wie gut er schreibt. Er schreibt doch so schöne Dorfgeschichten. Er muß gar nicht der NSDAP beitreten. Sie wissen schon, daß ihm das zuwider ist. Er soll nur schreiben. Er muß sich um gar nichts kümmern. Das Propagandahauptamt kümmert sich schon um alles. Dann muß er seine Geschichten nicht mehr im Kaffeehaus verkaufen. Er soll über das Waldviertel schreiben. Er ist doch so begabt. Eine Schande, daß er im Ständestaat fast verhungert ist. Er wird ein zweiter Peter Rosegger werden. Man wird alles für ihn tun. Man wird ihn aufbauen. Lenz' alte Bekannte. So ist das also. Er soll ein Nazi werden und öffentlich seine Genossen auffordern, am 10. April mit JA zu stimmen. Dann ist er ein gemachter Mann. Dann hat er auch nichts zu befürchten. Keine Verhaftung, kein KZ. Aber mit Lenz geht das nicht. Da kennen sie ihn schlecht. Niemals! Er kriecht nicht zu Kreuz, auch nicht zu Hakenkreuz.

Lenz muß sofort untertauchen, wenn er nicht ins KZ kommen will. In der Messerschmidtgasse kann er nicht mehr wohnen. Zunächst jedenfalls nicht. Er geht zu seinem Freund Altmann. Und dann wird er weitersehen. Er schreibt Tea eine Karte, daß es ihm gut geht und daß er genug zu essen hat und daß er bald wieder schreiben wird.

Fast alle in den Spitälern arbeitenden Ärzte haben ihre Anstellung schon verloren. Sigmund ist fast 70 und hatte vor einem halben Jahr einen Schenkelhalsbruch und kann sowieso nicht mehr arbeiten. Er reicht um die Pension ein, will aber seine Ordination noch nicht aufgeben.

Ernest Jones, der Präsident der internationalen psychoanalytischen Vereinigung, hilft allen Analytikern bei der Emigration. Anna Freud hat ihm auch wegen der Kandidaten geschrieben. Jones wird sich bemühen, für Tea ein Affidavit nach Amerika zu bekommen.

Auswandern. Tea will gar nicht daran denken. Was wird aus den Eltern? Die Mutter hatte vor zwei Jahren einen Schlaganfall. Nicht sehr schwer. Aber trotzdem. Sie braucht ständige Betreuung. Und wer weiß, was mit Papa noch alles passiert. Wenn sie auswandert, sieht sie die Eltern nie mehr wieder. Amerika. Völlig unvorstellbar. Und Lenz. Ob er mit ihr geht? Und woher soll er ein Affidavit bekommen? Und die Schiffahrt nach Amerika. Wenn sie nur daran denkt, wird ihr schwarz vor den Augen. Sie muß schauen, daß sie eine Arbeit bekommt. In Wien ist es aussichtslos. Onkel Sigmund hat gesagt, sie soll sich an den Freund von Onkel Jakob in Bologna wenden. Der ist zwar Orthopäde. Aber das ist jetzt auch egal. Sie muß arbeiten. Sie soll Briefe schreiben. Vielleicht gibt es in der Schweiz eine Möglichkeit. Onkel Jakob war doch ziemlich bekannt. Vielleicht hilft das. Bologna wäre schön. Obwohl sie die Stadt nicht mag. Diese Arkaden haben etwas Erdrückendes. Nach der Promotion war sie dort und war schrecklich depressiv. Italienisch kann sie nicht, aber das lernt sie sicher schnell. Das soll kein Problem sein. Die Schweiz wär natürlich schön. Weg von Wien, weg von den Eltern. Italien und die Schweiz sind nicht so weit. Weg von Lenz. Aber sie muß ja arbeiten. Alle reden von Auswandern. Die Gretl, die Hedi, die Sopherl. Alle wollen weg.

Die Sozialdemokraten haben den Beschluß gefaßt, den Widerstand einzustellen. Aber Lenz kann nicht leben, ohne gegen den Faschismus zu kämpfen. Da gibt es nur eine Möglichkeit: Kommunist zu werden. Die KPÖ hat zum aktiven Widerstand aufgerufen. Lenz war nie ein Freund der Kommunisten. Sie haben immer seine Veranstaltungen im Waldviertel gestört. Und dann Stalin. Die Schauprozesse und die Verfolgungen. Aber jetzt geht es nicht um die Sowjetunion, jetzt geht es um Österreich. Jetzt gibt es nur einen Gegner. So treten Lenz und einige seiner besten Freunde der KPÖ bei.

2

Jüdische Synagogen, Wohnungen, Läden werden überfallen. Juden werden ermordet, Frauen mit Schwefelsäure übergossen. Die Endecja wütet in Polen. Die Juden sollen aus Polen emigrieren. Nur so kann die Not der einheimischen Bevölkerung gemildert werden. Sie fordern keinen numerus clausus, sondern einen numerus nullus. Dreieinhalb Millionen Juden gibt es in Polen zu viel.

Kamilla will sich scheiden lassen. Sie will einen Ungarn heiraten und nach Budapest ziehen. Sie war einmal mit Duśko bei einem Freund in Budapest und da hat sie sich gleich in seinen Freund verliebt. Ein ungarischer Adeliger. Ein Ritter. Duśko ist stinklangweilig. Aber János ist ein richtiger Mann. Er hat so ein hübsches Gesicht und blonde Haare. Er ist fünf Jahre jünger als Kamilla und schaut fast noch aus wie ein Kind. Er ist ganz schlank und groß und sanft und lacht immer so lieb. Er schaut aus wie ein Engel. Er ist einfach ein Goldschatz. Nicht so grobschlächtig wie Duśko. Eben ein Adeliger. János ist protestantisch. Das macht nichts. Kamilla kann ja zum protestantischen Glauben übertreten. János spricht perfekt Deutsch. Da muß sie gar nicht Ungarisch lernen. Einkaufen geht ohnedies das Dienstmädel. Und in Budapest sprechen sowieso alle Leute Deutsch. Ungarisch ist eine blöde Sprache, das lernt sie nicht. Sie will so bald wie möglich nach Budapest ziehen. Lieber heute als morgen. Duśko ist aus allen Wolken gefallen. Er hat Kamilla geschlagen, geohrfeigt, an den Haaren gezogen. Kamilla hat geschrien. Aber sie will trotzdem János heiraten. Sobald wie möglich.

So schnell als möglich weg aus diesem langweiligen Lemberg. Nach Budapest, wo es schicke Bars gibt, in denen man bis in die Früh feiert. Duśko muß das einsehen. Er kann sie nicht halten. Sie will um keinen Preis bei ihm bleiben. Lieber bringt sie sich um.

3

Es gelten jetzt auch in Österreich die Nürnberger Rassengesetze. Tea ist Mischling 1. Grades, Sofie Mischling 2. Grades. Sofie hat gar nicht gewußt, daß sie einen jüdischen Großvater hat. Josef Kreitl, Wund- und Geburtsarzt, aus Neusandetz in Galizien, Sohn des Moses Kreitl, des mosaischen Schulleiters allda. Getauft am 22. März 1825. Alle staunen. Deshalb schaut sie so jüdisch aus. Immer haben alle geglaubt, Sofie ist die Jüdin und nicht Oskar der Jude. Sofie freut sich sogar. Obwohl es nichts zu freuen gibt. Vierteljuden gelten sowieso als Arier. Die Nazis machen Propaganda dafür, daß sich der nichtjüdische Ehepartner einer gemischten Ehe vom jüdischen Partner scheiden lassen soll. Sofie denkt sowieso keine Sekunde daran. Aber auch Paula denkt nicht daran, sich von Sigmund scheiden zu lassen.

10. VI. 1938
Haag, Belvedereweg 11

Liebe Frau Doktor,

Ich weiß selbst noch nicht, ob ich mit meiner Familie hier bleiben kann; es läuft ein Gesuch, aber es ist ganz unsicher, wie es beantwortet werden wird. Unter diesen Umständen sehe ich gar keine Möglichkeit, Sie auch hierher zu bekommen, wie gerne ich auch Ihre Ausbildung fertig machen möchte. Ich habe das auch schon vor mehreren Tagen Dr. Jones geschrieben und ihn sehr darum gebeten, Ihnen eine Einwanderung nach Amerika zu ermöglichen. Ich hoffe, daß es gelingen wird und glaube es eigentlich auch. Es scheint mir sehr gut zu sein, wenn Sie zunächst nach Italien reisen und dort das Visum für U.S.A. abwarten. Nehmen Sie im Anfang alles, was sich Ihnen bietet, sogar Orthopädie oder andere Gebiete. Für den Fall, daß ich nicht hier bleiben kann, sind auch meine Pläne sehr unsicher.

Der alte Meister ist in bester Ordnung in seiner neuen Heimat angekommen. Es geht ihm ausgezeichnet in London, er ist wohlauf, obwohl er schreibt, daß alles sehr fremd ist und ungewohnt.

Schreiben Sie bald wieder und seien Sie herzlich gegrüßt von

Ihrer Jeanne Lampl

Die Chance, in Bologna eine Stelle zu bekommen, ist nicht sehr groß. Tea müßte das italienische Doktorat ablegen. Der Orthopäde, der Freund von Onkel Jakob, hat versprochen, Tea zu helfen. In einem Sanatorium für neurologische Privatpatienten könnte sie eventuell unterkommen. Mit freier Station, aber ohne Gehalt. Der Leiter des Sanatoriums legt größten Wert auf das Äußere seiner Ärzte. Wegen der Privatpatienten. Tea soll eine Photographie schicken. Ob das etwas wird? Tea hat größte Zweifel. Und wie soll denn das gehen ganz ohne Bezahlung. Da müßte sie vom Vater ein Taschengeld bekommen. Sie hat nach Münsingen, in die Schweiz geschrieben. Dort behandelt man Psychosen, vor allem Schizophrenie, mit Insulin. Eine neue Methode. Das wäre interessant. Die Schweizer sind überhaupt die besten Psychiater. Weil sie selbst alle am Rande der Schizophrenie sind.

Baia-Mare, 7. Juni 1938

Liebe Tea,

wir haben uns über Deinen Brief sehr gefreut, aber wie Du siehst, geht es mit dem Antworten auch bei uns nicht so schnell wie sonst. Bimbo nimmt alle Zeit in Anspruch. Wir machen uns große Sorgen wegen seiner Krankheit. Die Ärzte sagen, es ist die Littlesche Krankheit. Weißt Du darüber Näheres? Wir bemühen uns sehr um eine Behandlung. Ich weiß aber nicht, ob die Ärzte hier wirklich gut genug sind. Sie sagen, daß es durchaus möglich ist, daß er bis zur Pubertät halbwegs normal gehen wird können. Bis jetzt kann er noch nicht einmal stehen.

Von Deinen amerikanischen Plänen habe ich mit Freude vernommen, schreibe uns etwas genauer darüber, da, wie Du weißt, auch wir daran interessiert sind. Leider geht unsere Sache im Schneckentempo, wenn auch die Aussichten nicht ganz 0 sind. Auf jeden Fall rate ich Dir, die Sache mit dem Orthopäden nicht zu vernachlässigen.

Schreib uns also genau und bald über Dich. Rena möchte noch zuschreiben.

Recht herzliche Grüße Eduard

Aus Italien wird nichts. Der Orthopäde hat geschrieben, daß auch in Italien bald Gesetze erlassen werden, die die Einwanderung und die Arbeitsmöglichkeiten ausländischer Juden verbieten. Er rät Tea ab, nach Italien zu kommen. Aber nach Münsingen kann sie kommen. Allerdings ohne Bezahlung und sie braucht eine Aufenthaltsbewilligung. Wie soll das gehen ohne Geld? Man darf nur 20 RM mitnehmen. Schön wär es schon. Es soll auch so schön liegen. In den Bergen, nicht weit von Bern. Aber die Natur ist ihr ja wurscht. Soll sie die Eltern und Lenz allein lassen? Lenz will nicht um die Burg emigrieren. Er muß hier bleiben und gegen Hitler kämpfen. Emigration kommt nicht in Frage. Tea soll nur in die Schweiz gehen, wenn das gut für sie ist. Das ist ja nur für drei Monate. Sie kommt ja wieder. Die Eltern sind ja zu zweit. Und er hat die Genossen. Wenn es geht, soll sie arbeiten und etwas lernen. Mit der Analyse ist es jetzt ohnedies aus.

Juden ist der Aufenthalt in öffentlichen Gärten und Parkanlagen und das Betreten von Sportplätzen verboten. Jüdische Geschäfte müssen eine Aufschrift in hebräischen Buchstaben haben. Juden müssen den Vornamen Sara oder Israel annehmen. Die jüdischen Reisepässe werden auf der ersten Seite durch ein großes rotes „J" gekennzeichnet.

8. August 1938

Liebe Frau Doktor!

Ich schreibe Ihnen vom Gebirge, wo wir noch 6 Tage zubringen, um uns von der mörderischen Hitze in Paris während des Kongresses zu erholen. Ich habe in Paris von 2 Seiten her versucht, eine Intervention bei der Schweizer Fremdenpolizei für Ihren Aufenthalt in Münsingen zu erreichen. Ich hoffe, daß das Erfolg haben wird und Sie die dreimonatige Aufenthaltsbewilligung dort bekommen werden. Was das Finanzielle dieser Angelegenheit betrifft, darüber brauchen Sie sich keine Sorgen zu machen. Es gibt ein Fonds, das Ihnen das zur Verfügung stellen wird ohne die geringste Schwierigkeit. Sie brauchen nur an Dr. Jones zu schreiben und sich auf mich berufen. Ich habe mit ihm bereits darüber gesprochen. Es ist von Amerika

ein Affidavit für Sie unterwegs, das hat man mir mit Bestimmtheit gesagt. Ich hoffe, es wird das alles wirklich klappen. Wie geht es? Was gibt es Neues? Am 14ten bin ich wieder in Haag, bitte schreiben Sie mir dorthin.
Mit lauter guten Wünschen und herzlichsten Grüßen
Ihre Jeanne Lampl

Lenz wohnt einmal da, einmal dort und schreibt Tea Karten, wo sie sich treffen können. Meistens treffen sie sich im Bastei und gehen dann spazieren. Lenz hat immer Angst, daß er beobachtet wird. Man hat beschlossen, mit dem aktiven Widerstand noch zu warten. Die Aktionen müssen vorbereitet werden. Tea raunzt und klagt. Wie soll sie jetzt Lenz' Wohnung bezahlen, wenn sie keine Arbeit hat? Aber Lenz macht sich keine Sorgen. Er bekommt Geld von den Genossen. Er ist ganz guter Dinge. Nur der Magen tut ihm weh. Auch hat er immer noch Kopfweh und Schwindelanfälle. Trotzdem ist er guter Dinge. Bald geht der Kampf gegen Hitler los. Die Frauen der sozialistischen Straßenbahner sorgen für seine Verpflegung. Die Straßenbahner sind besonders gut organisiert. Es ging ihnen immer besser als den Arbeitslosen. Und sie haben immer den verfolgten Freiheitskämpfern geholfen, die gar nichts hatten. In allen Wiener Straßenbahnhöfen wird Geld gesammelt. Die Nahrungsmittel werden im Straßenbahnerhaus im 19. Bezirk in der Sommergasse gesammelt. Dort holt sie Stefanie Dufek ab und bringt das Essen im Menagereindl mit dem Fahrrad in Lenz' Untergrundquartier. Lenz ist viel im Café Swatosch und trifft dort seine alten Freunde. Sie beschließen, den illegalen Kampf zu erneuern. Lenz soll mit der KP verhandeln. Er trifft einige Male Bruno Dubber. Sie einigen sich auf eine gemeinsame Organisation, die auch die Bundesländer erfassen soll. Lenz soll die Organisation in Niederösterreich und im Burgenland mit Verbindung zur tschechischen Grenze leiten. Er soll möglichst viele Sozialdemokraten für den aktiven Widerstand gewinnen, einen Aufruf an die Bauern schreiben und den Widerstand auf dem Land organisieren.

Tea hat eine Aufenthaltsgenehmigung für die Schweiz bekommen. Und das Affidavit ist auch gekommen. Allerdings ist die Quote für dieses Jahr schon erfüllt. Die Lampl schreibt, sie soll so schnell wie möglich nach Münsingen fahren. Das Finanzielle soll sie nicht bedrücken. Sie hat ein gutes Recht, die Hilfe anzunehmen, auch wenn es mehr als 300 Fr. sind, und auch wenn sie es nicht zurückzahlen kann. Es ist genug Geld da. Tea freut sich sehr. Aber soll sie auch fahren? Die Mutter ist krank, Lenz ist krank, und wer weiß, was noch mit dem Vater alles passiert. Wer weiß, was den Nazis noch alles einfällt. Lenz macht ihr große Sorgen. Es geht ihm schlecht. Er müßte wieder in eine Lungenheilanstalt. Ständig klagt er über Magenschmerzen, und dann noch das ewige Kopfweh. Alle raten Tea zu fahren. Und wenn das mit dem Geld nicht klappt? Amerika hat ja noch Zeit. Das wird erst nächstes Jahr aktuell. Wie wird es in Amerika sein? Ganz allein. Es helfen ja alle, aber trotzdem. Was wird sie dort arbeiten können? Sie wird sicher nicht gleich als Ärztin arbeiten können. Wahrscheinlich muß sie alle Prüfungen nachmachen. Schrecklich. Und Englisch, diese schiache Sprache. Analyse auf Englisch. Ob das geht? Das ist aber das wenigste. Aber die Überfahrt. Vier Wochen mit dem Schiff. Allein beim Gedanken stirbt sie schon vor Angst. Es ist ja noch Zeit. Jetzt soll sie erst einmal nach Münsingen fahren. Sogar Mama und Papa haben gesagt, sie soll fahren. Mama wird sich die Augen ausweinen, wenn sie weggeht. Andererseits ... Endlich wieder arbeiten. Das wär schon schön.

Baia-Mare, den 16. September 1938

Liebe Tea,

wenn Du auf meinen Rat hören möchtest, so würde ich Dir unbedingt raten, auf den Berner Kurs nicht zu verzichten und ihn unbedingt durchzumachen! Andererseits darfst Du aber auch absolut nicht Deine Möglichkeiten in USA aufgeben und mußt Dich bemühen, so schnell wie nur möglich hinüberzukommen. Ich verstehe es sehr gut, daß Dir vor USA schwummerig ist, aber diese Gelegenheit darfst Du nicht auslassen. Du weißt, daß ich einen guten Freund in Los Angeles habe, der nächsten Monat hier sein wird, bei dem könnte ich Dir etwas erledigen. Andererseits ist ja in derselben Stadt auch Onkel Jakobs Freund, den Du ja selbst kennst und der Dir sicher auch helfen wird. Auch rate ich Dir unbedingt, wenn es auch auf noch so viele Schwierigkeiten stößt, Eure Heirat durchzusetzen, so daß Ihr zusammen über den großen Teich fahren könnt. Es wird für Euch so sicherlich am besten sein.

Jetzt noch etwas, was Dich sicherlich interessieren wird. Ich meinte schon fast, daß mein amerikanischer Kontakt abgebrochen sei, als ich gestern einen einfachen und kurzen Brief mit der Mitteilung bekam, daß mein Freund im Oktober in Europa sein wird und mich zwecks Besprechung um ein Rendezdevous ersucht. Na was sagst Du dazu? Hoffentlich kommt es auch dazu und wir finden uns hold vereint in USA. Es wäre schon Zeit!

Jetzt bist Du aber dran, uns einen langen Brief zu schreiben.

Viele herzliche Grüße Eduard

Wir stehen mit dem Mikrophon in dem großen Leopoldstädter Judentempel. Ihn heute noch so zu bezeichnen ist eigentlich schon etwas geschmeichelt, denn die erbitterten Einwohner – arische Einwohner – dieses Bezirkes haben nach dieser ruchlosen Tat von Paris es sich nicht nehmen lassen, um auch hier ihren abgrundtiefen Haß gegen das Judentum zu bezeigen.

– Tea, Tea, komm schnell! Schnell! Horch, was sie im Radio sagen.
– Was ist denn?
– Komm schon!

Der Judentempel war in wenigen Minuten ein Raub der Flammen. Und wenn wir uns jetzt hier in diesem orientalischen Kuppelbau umsehen, dann ist von dem eigentlichen Tempel, von diesem prunkvollen und mit viel Geld erbauten Gebäude nur mehr das Gerippe, das alte Gerüst übrig geblieben. Und dieses Gerüst ist schon so baufällig, daß das Wahrzeichen des Judentums, auf das sie besonders in Wien stolz waren, hoffentlich in wenigen Tagen zur Gänze mit dem Erdboden gleichgemacht wird und zur Gänze hier in Wien verschwinden wird. Die Wiener Bevölkerung, die immer mit erbittertem Grimm in der Tempelgasse an diesem Prunkbau vorbeigegangen ist, steht jetzt auf der Straße und jeder möchte gerne hereinsehen, möchte sich überzeugen, wie es hier aussieht und ob tatsächlich alles so ist, wie's im Herz ist: Nämlich so, daß man es nicht wieder aufbauen kann.

Fast alle Synagogen und Bethäuser Wiens sind zerstört. Rollkommandos der SS zertrümmerten die Einrichtungs- und Kultgegenstände der Bethäuser und steckten die Synagogen mit Handgranaten in Brand. Tausende jüdische Wohnungen wurden beschlagnahmt, demoliert, geplündert, ohne Unterschied junge und alte Juden mißhandelt und aus ihren Wohnungen vertrieben. Tausende Juden wurden willkürlich in Wohnungen, Geschäften, auf der Straße in abfahrbereiten Zügen festgenommen, Tausende ohne Rücksicht auf Alter und Gesundheit in das KZ Dachau überstellt. Oft mußten die Häftlinge stundenlang strammstehen, turnen und sich gegenseitig schlagen. Viele wurden verletzt, einige ermordet, einige begingen Selbstmord.

Juden ist von nun an der Besuch von Theatern, Kinos, Tanzlokalen, Ausstellungen, Erholungs- und Vergnügungsstätten verboten. Sie sind von der Universität ausgeschlossen. Der Mieterschutz für Juden ist aufgehoben. Sie werden in Gemeinschaftswohnungen mit mehreren Familien umgesiedelt.

Alle fahren weg. Hedi, Gretl, Sopherl, Alice. Ende des Jahres ist niemand mehr da. Die Hedi und die Gretl fahren nach England, sie haben eine Stelle als Dienstmädchen bekommen und haben so eine Einreisegenehmigung erhalten. Sopherl hat durch einen Freund ganz schnell ein Affidavit bekommen und kann Ende des Jahres nach Amerika fahren. Alice hat zwar auch schon ein Affidavit, ist aber noch nicht in der Quote. Um ausreisen zu können, braucht man eine Steuerunbedenklichkeitsbescheinigung, eine Ausreisebewilligung, ein Sittenzeugnis und einen Wohnungsnachweis. Überall muß man sich stundenlang anstellen. Manchmal kommt die SS und peitscht die Leute auseinander, so daß dann oft die ersten die letzten sind. Tea fürchtet sich schon vorm Abschiednehmen. Wer weiß, ob sie sich jemals wiedersehen werden? Und dann ist sie allein in Wien. Mit wem wird sie dann im Kaffeehaus sitzen? Wenn sie wenigstens Arbeit hätte. Immer warten, warten, warten. Wie das die Hedi und die Gretl machen werden? Als Hausgehilfin könnte sie nie arbeiten. Aber das muß sie ja nicht. Das ist auch nur in England so. Als Ärztin findet sich schon was Besseres.

Amsterdam, 21. XI 1938

Liebe Frau Doktor,

Sie haben recht damit, daß ich Ihnen nur raten kann, so schnell wie möglich nach Münsingen zu gehen. Ich verstehe, wie schwer es ist, die anderen zu verlassen, aber Sie können doch nichts helfen, d.h. wahrscheinlich können Sie von dort viel eher etwas tun als von zu Hause. Auch eventuell für L. Es ist alles schrecklich schwer und furchtbar zu ertragen, vor allem wenn die alten Eltern so krank sind. Aber trotz allem hoffe ich, bald von Ihnen aus Münsingen zu hören. Lassen Sie die Chancen nicht alle vergehen. Mir geht es eigentlich recht gut. Wenn nur die Sorgen um die anderen nicht wären, könnte ich wirklich zufrieden sein.

Ich wünsche Ihnen neuen Mut für alles Schwierige und hoffe wirklich, bald aus Münsingen zu hören. Mit einem herzlichen Gruß

Ihre Jeanne Lampl

Immer dasselbe. Tea soll endlich fahren. Sie sollte wirklich fahren. Die Lampl hat ja recht und alle anderen auch. Aber wenn etwas passiert, würde sie sich schreckliche Vorwürfe machen. Sie macht einen Graphologiekurs. Irgend etwas muß sie ja machen. Sie kann doch nicht den ganzen Tag Daumendrehen und sich mit den Eltern streiten. Vielleicht kann sie die Graphologie einmal brauchen. Vielleicht sollte sie einen Hebammenkurs machen. Das könnte sie für die Emigration brauchen. Wenn sie nicht gleich als Ärztin arbeiten kann. Tea muß bei dem Gedanken, als Hebamme zu arbeiten, lachen. Das kann sie sich schwer vorstellen. Aber besser als Hebamme als als Hausgehilfin. Sie hat schon über eine Woche nichts mehr von Lenz gehört. Sie weiß nicht, wo er ist. In seiner Wohnung ist er nicht. Tea war die letzten Tage jeden Tag dort, immer zu verschiedenen Zeiten. Niemand öffnet. Vielleicht ist er bei irgendwelchen Genossen. Aber bei wem? Soll sie ins Café Swatosch gehen? Vielleicht weiß man dort etwas. Ins Swatosch mag sie nicht gehen. Das ist so ein richtiges Proletarierkaffeehaus. In Floridsdorf! Manchmal, wenn sie Streit hatten, hat er sich schon einmal eine Woche nicht gemeldet. Aber jetzt sind es schon fast zwei Wochen und er ist spurlos verschwunden. Wenn ihm nur nichts passiert ist. Er hat einen guten Freund, den Franz. Sie weiß gar nicht, wo der wohnt.

Irgendwo in Floridsdorf. Und die Genossen kennt sie alle nicht. Lenz will sie in nichts hineinziehen.

20. November 1938

Sehr geehrte Frau Doktor!

Lenz ist verhaftet worden. Er ist im Hauptquartier der Gestapo am Morzinplatz. Schreiben Sie ihm und schicken Sie ihm Briefmarken. Er wird Ihnen bald schreiben.

Mit vorzüglicher Hochachtung

Franz Kraftl

Vielleicht kommt er bald frei. Wenn er nur nicht nach Dachau kommt. Das überlebt er sicher nicht. Er ist ja so krank. Sie weiß gar nicht, warum Lenz verhaftet worden ist. Der Kraftl hat kein Telefon. Vielleicht kann sie sich wenigstens mit ihm treffen. Vielleicht weiß er Näheres. Tea ruft die Sopherl an. Die hat aber genug eigene Sorgen. Sie ist schwer krank, und dann soll sie bald nach Amerika fahren. Sie ruft die Hedi an. Die hat auch keine Ruhe. Sie fährt in zwei Wochen weg und packt und verabschiedet sich jeden Tag von jemand anderem. Gretl fährt eine Woche nach der Hedi. Mit niemandem kann man reden. Alle fahren weg. Alle haben eigene Sorgen. Niemand hat mehr Zeit, niemand mehr, bei dem sich Tea ausweinen kann. Es rinnen ihr ohnedies ununterbrochen die Tränen runter. Die Mutter versucht Tea zu trösten. Sie hilft ihr, das Packerl machen. Sie gibt Wäsche für Lenz dazu. Papa brüllt. Was hat sich Tea auch mit einem Revolutionär einlassen müssen. Jetzt hat sie den Scherben auf. Das auch noch. Als ob nicht alles schon schwer genug ist. Seit dem Pogrom besucht Oskar fast täglich Sigmund. Sigmund kann nicht mehr ausgehen, wegen des Schenkelhalsbruches. Oskar spricht mit ihm viel über Tea und Lenz. Aber Sigmund ist auf Teas Seite. Wenn Tea wenigstens die Genossen kennen würde.

8. Dezember 38

Laurenz Genner
VIII. Inquisitenspital,
II/9 Gestapo

Liebe Tea!

Herzlichen Dank für die Karte, den Brief vom 29. und die Karte vom 1. Dez., die ich gestern erhielt. Dank auch für die Wäsche, die sehr praktisch war. Ich war froh, daß ich sie so rasch erhielt. Warum fragst Du erst, ob Du mir Geld schicken darfst? So dumm kann, glaube ich, nur eine Frau sein. Natürlich braucht man auch hier Geld für Zubuttern, und ich warte schon so darauf. Am Freitag kam ich in ziemlich schlechtem Zustand ins Inquisitenspital. Gesundheitsbericht: Magen schmerzt, Lunge weiß ich nicht, Kopf (Kleinhirnerkrankung) am schlechtesten. Ich kann nicht einmal gut schreiben - Solange ich hier bin, brauche ich keine Wäsche. Einmal in der Woche schreiben ist Theorie. Auf der Promenade übersiedelte ich einmal von einer Zelle in die andere; anderer Schreibtag; Übersiedlung hierher; anderer Schreibtag. Hingegen hättest Du *viel öfter schreiben können; wenigstens Karten.*

Schicke, bitte, etwas Geld, wenn Du kannst, und kümmere Dich, ob Du zu Weihnachten etwas schicken kannst, wenn ich noch da bin und lebe. Wo ich bin, das mußt Du *erfragen; ich kann Dir dort nicht so oft schreiben, wie Du es Dir dummerweise vorstellst.*

Hoffentlich bist Du gesund. Viele herzliche Grüße Dein Lenz

Vielleicht könntest Du, bitte, eine große, warme Wolldecke und Hose (wegen der Ischias) schicken.

Gott sei Dank ist er wenigstens im Spital. Das ist sicher besser als im gewöhnlichen Gefängnis. Hoffentlich ist das Essen nicht allzu schlecht. Hoffentlich bekommt er auch genug. Tea trifft den Kraftl im Bastei, wo sie sich immer mit Lenz getroffen hat. Die ganze Gruppe ist aufgeflogen. Lenz ist zwölf Tage und zwölf Nächte lang verhört worden. Sie kann sich ja vorstellen, wie das war. Tea will wissen, woher er das weiß. Er weiß es halt. Es wird ein Hochverratsprozeß. Er ist wegen Verdachts des Hochverrates ins Landesgericht gekommen. Woher weiß Kraftl das alles? Er weiß es halt. Da wird er ja nie rauskommen. Tea ist verzweifelt. Wegen Hochverrats wird man zum Tod verurteilt. Es besteht ja nur der Verdacht. Natürlich ist es gut, daß er jetzt im Inquisitenspital ist. Aber er bekommt dort nicht die nötige Behandlung. Tea macht sich schreckliche Sorgen. Er ist so krank. Die zwölf Tage Verhör werden ihn ja kaputtgemacht haben. Dafür ist er ja jetzt auch im Spital. Aber sie soll sich das nicht wie ein normales Spital vorstellen. Sie kann jetzt gar nichts tun. Sie soll ihm nur regelmäßig schreiben und immer ein bißchen Geld schicken. Natürlich kann er nicht jeden Tag Post bekommen. Tea weint ein bißchen. Warten Sie ab. Es kann alles noch gut werden. Sie müssen Geduld haben. Vergessen Sie nicht, die Post wird zensiert. Aber das wissen Sie ja.

Amsterdam, 15. XII 1938

Liebe Frau Doktor!

*Ich kann mir nach Ihren letzten Schilderungen kein rechtes Bild von der Situation machen. Was hat L. eigentlich? Eine p. p.**? *Und was sonst? Und wollen Sie sich für den kranken Mann ganz zugrunde richten? Ich verstehe nicht recht und sehe auch nicht den Sinn Ihres Verhaltens. Haben Sie Lust mir Genaueres darüber zu schreiben? Wo ist er jetzt? Wie geht es den Eltern und was für Arbeit haben Sie? Versuchen Sie, einen klaren Kopf zu behalten und berichten Sie mir etwas deutlicher, was alles vorliegt. Ich wünsche Ihnen inzwischen möglichst Gutes und grüße Sie herzlich*

Ihre Jeanne Lampl

Wie steht es mit Schweizer Visum und wie mit dem amerikanischen?

Lenz hat der Uxor geschrieben. Sie hat Tea angerufen. Sie hat ihr vorgeworfen, daß er so krank ist. Als ob Tea schuld daran ist. So ein Trampel. Sie will mit der überhaupt nicht reden. Was bildet die sich ein, Tea anzurufen. Hysterisches Frauenzimmer. Sie will Lenz helfen. Sie spricht mit den alten Freunden im Waldviertel. Alle haben Lenz geliebt und bewundert. Sie wird ihm schon helfen. Tea kann sowieso nichts tun. Sie kann ihm ja nicht einmal gesundheitlich helfen. Dabei

---

* Progressive Paralyse.

ist sie Neurologin, und Lenz hat doch dieses schreckliche Kopfweh. So ein Trampel. Sie ist bloß eifersüchtig. Tea will mit ihr nicht reden und schon gar nicht, will sie sich Vorwürfe von diesem Trampel machen lassen. Tea brüllt in den Hörer: Lassen Sie mich in Ruh, und legt auf.

17. Dezember 1938

Lieber Lenz!

Die Uxor hat mich angerufen. Du hast ihr geschrieben. Warum hast Du ihr geschrieben? Warum? Jetzt hab ich sie am Hals. Nur weil Du eingesperrt bist. Früher hat sie mich ja auch nicht angerufen. Du willst doch mit ihr nichts zu tun haben. Aber wenn Du eingesperrt bist, schreibst Du ihr gleich. Sie will Dir helfen, hat sie gesagt. Ich könne Dir nicht einmal gesundheitlich helfen. Das soll ich mir gefallen lassen? Alles nur, weil Du eingesperrt bist. Einen Tanz hat sie mir gemacht. Wie komm ich dazu? Ich hab einfach den Hörer aufgelegt. Wenn Du ihr noch einmal schreibst, dann schreib ihr, daß sie mich gefälligst nicht mehr anrufen soll. Ich will mit deiner Uxor nichts zu tun haben. Das hab ich Dir immer gesagt. Bis jetzt hat es ja auch geklappt. Aber kaum bist Du eingesperrt, belästigt sie mich. Wieso schreibst Du ihr überhaupt? Du hast doch immer gesagt, daß Du mit ihr nichts mehr zu tun haben willst.

Was macht die Gesundheit? Das Beuschel, der Magen, der Kopf. Schreib mir, bitte, ausführlich und ganz genau und denk doch nicht die ganze Zeit ans Sterben. Du wirst sicher wieder gesund werden. Du hast keine lebensbedrohende Krankheit.

Herzliche Grüße Tea

5. Jänner 1939

Laurenz Genner
Inquisitenspital
Gestapo

Liebe Tea!

Samstag habe ich deine Karten und Briefe vom 14. bis 17. Dez. erhalten, gestern Deine Karte vom 19. Sonst nichts. Vierzehn Tage war ich überhaupt ohne jede Post. Ich danke Dir für die Geldsendungen, besonders vor Weihnachten. Soeben habe ich wieder eine Sendung (5 M) erhalten. In der vorigen Woche nichts. Jede Geldsendung ist auch ein Lebenszeichen. Und das bedeutet in der Haft ungeheuer viel.

Bitte, Tea, schreib mir doch nicht so gereizte Briefe! Ich bedauere Dich ja sehr deswegen, weil ich eingesperrt bin, aber ich kann es nicht ändern; daß ich ihr schreibe, solltest Du, vernünftig wie Du schon bist, verstehen.

Die Gesundheit interessiert Dich natürlich am meisten. Mich nicht. Mir ist sie ganz Wurst geworden. Aber bitte! Kürzlich hat der Arzt neuerdings mein Beuschel untersucht, und aus einer lakonischen Bemerkung war zu entnehmen, daß rechts ein frischer Tbc-Prozeß ist. Es sind auch alle Symptome da. Schwäche, Nachtschweiß, Husten. Magenblutung habe ich keine, wenigstens meines Wissens nicht. Stuhl wurde nicht untersucht. Schmerzen habe ich im Kopf: Kein Doppeltsehen, etwas Schmerzen und Brechreiz; Bauchschmerzen; noch eine Frage? Meistens liege ich ziemlich apathisch im Bett. Auf der Promenade bin ich unter entsetzlichen Qualen herumgelaufen. Übrigens weiß ich nicht, ob man sich nicht beim Arzt „rein" nach dem Gesundheitszustand erkundigen kann. Aber auf solche Gedanken könntest Du ja auch kommen. Es wurde hier auch gesprochen, daß Pakete mit Bewilligung des Arztes nach Weihnachten erlaubt wären. Das müßtest auch Du erforschen. Wenn es erlaubt ist, dann, bitte: Marmelade, Schokolade, Obst (Vitamin hat mir ja schon draußen gefehlt), Zucker.

Du schreibst, ich soll nicht ans Sterben denken. Na, wenn man so trostlos dahinsiecht. Schnell wäre doch besser.

Solltest Du nicht die Wohnung aufgeben? Das Geld ist ja hinausgeschmissen. Ich brauche keine Wohnung mehr.

Ich liege hier unter lauter ziemlich schweren Tuberkulösen.

Wie geht es Deinen Eltern? Was ist mit Deiner Gesundheit? Was ist mit der Praxis? Bitte schreibe ganz kurze Karten! Vielleicht krieg ich sie da doch schneller.

Mit vielen herzlichen Grüßen   Dein Lenz

Tea hat die Praxisbewilligung bekommen, sie kann als praktische Ärztin arbeiten, aber ohne Kassen. Zum Facharzt werden ihr ihre Jahre im Spital nicht anerkannt. Sie hat zwei Patienten, mit denen sie eine Psychotherapie macht, aber heimlich. Auf die Karteikarte schreibt sie Kopfweh. Sie ordiniert im Büro des Vaters. Wenigstens kann sie ein bißchen arbeiten. Ein mehr psychiatrischer Fall. Ein achtundzwanzigjähriger Mann, der nach einem Selbstmordversuch sechs Wochen am Steinhof war. Er grimassiert ziemlich und hat einen Augentick. Sofie fürchtet sich vor ihm. Sie ist schon ein paar Mal mit ihm am Gang zusammengetroffen. Dieser Tick. Und wie er Gesichter schneidet. Tea hat Mama beruhigt. Er tut niemandem etwas. Viel kann sie ihm nicht helfen. Eine schizoide Persönlichkeit, keine richtige Schizophrenie. Da kann man eigentlich nichts machen. Die andere Patientin ist eine junge Frau, ziemlich neurotisch. Eine klassische Hysterie. Analyse macht sie keine mit ihr. Das traut sie sich nicht. Ohne Kontrolle. Wenn ihr die Übertragung entgleitet, was dann? Davon abgesehen ist die Psychoanalyse ja verboten. Eine angehende Mittelschullehrerin für Französisch. Ein nettes Mädchen. Aber Radfahren muß sie. Sie hat sich sogar schon einmal den Arm gebrochen, weil sie vom Rad gestürzt ist. Recht geschieht ihr. Was steigt sie auch auf ein Fahrrad. Mehr Patienten hat Tea leider nicht. Woher auch. Sie hat ja auch keinen Facharzt, und Psychotherapeutin kann sie als Mischling auch nicht werden. Manchmal ist sie sehr verzweifelt. Und die unglücklichen Briefe von der Sopherl aus New York. Sie hat ein Lymphogranulom und wird bald sterben. Sie kann zeitweise schon nicht mehr gehen und hat schreckliche Schmerzen. Und sie hat Sehnsucht nach Wien. Weihnachten in Wien. Der Weihnachtsbaum in Teas kleinem Zimmerl. Ein einziges Mal möchte sie wieder von ihrem Haus zum Hartäckerpark gehen. Und mit Tea auf ihrem Diwan sitzen und tratschen. Und die Briefe von der Hedi und der Gretl sind auch nicht lustig. Die Hedi arbeitet in einem Kindergarten als Pflegerin und muß Topferln ausleeren, die Gretl arbeitet als Hausgehilfin und hofft inständig auf etwas Besseres. Und mit dem Englisch geht es auch gar nicht gut.

Baia-Mare, den 3. März 1939

Liebe Tea,

da wie Du schreibst, Du in der Quote in einigen Monaten drankommen sollst, rate ich Dir unbedingt, die Gelegenheit beim Schopfe zu packen und übers große Wasser zu gehen. So eine Sache kommt ja nicht oft im Leben, also zugreifen, unbedingt zugreifen! Ist L. im Lande?

Unsere Amerikasache ist ganz in der Schwebe, die Verständigung mit meinem Freund ist recht schwer, er sollte nach Europa kommen, ich weiß aber nicht, wann das geschehen wird. Wäre es Dir nicht möglich, uns durch Deine Freunde ein Affidavit zu besorgen?

Bimbo wächst, obwohl er nicht sehr groß ist. Er ist in der Entwicklung doch ziemlich zurück und spricht auch noch nicht. In Amerika soll es Spezialisten geben, die diese Krankheit behandeln können. Ich hoffe schon sehr, daß wir bald auswandern können.

Herzliche Grüße Eduard

Liebe Tea,

Dein Brief ist ziemlich traurig. Man liest ja heutzutage so selten frohe und lustige Briefe. Ich würde mich freuen, wenn Du herkämest, da Du ja die Absicht hast, nach U.S.A. zu fahren.

Viele herzliche Grüße Rena

Sollen wir Dir nicht Butter, Wurst u.a. schicken?!

Oskar muß 11.250 RM Judenvermögenssteuer und 11.761 RM 69 Rpf Sühneabgabe zahlen. Sein bescheidenes Vermögen kommt auf ein Sicherungskonto, von dem nur auf Ansuchen geringe Beträge freigegeben werden. Zahlungen darf er nur auf das Sicherungskonto entgegennehmen. Barzahlungen, an ihn oder zu seinen Gunsten an Dritte, sind nicht zulässig. Er hat einen grauen Star, der unbedingt operiert werden muß. Zumindest an einem Auge. In ein normales Spital darf er nicht. Er läßt sich im Rothschildspital operieren. Tea ist sehr besorgt. Aber es ist alles gutgegangen.

6. Juli 1939

Laurenz Genner
Inquisitenspital
Gestapo

Liebe Tea!

Ich dank Dir schön für die zwei l. Briefe und die kleinen Geldsendungen, besonders für die außertourlichen drei Mark. Daß Du viele Briefe schreibst, hat freilich wenig Sinn, weil ich nur einmal in der Woche Post erhalten darf. Wie es Dir geht, schreibst Du nie. Und das wäre mir wichtiger als die Tröstungen, mit denen ich doch nichts anzufangen weiß. Warum sagst Du mir eigentlich immer vor: „Du wirst schon wieder gesund werden"? Diesen billigen Trost, so gut Du ihn auch meinst, solltest Du Dir eigentlich bei mir ersparen. Zumal die Aussicht auf Gesundwerden – sagen wir – einigermaßen gering ist. Außerdem sprechen die Symptome eine etwas zu deutliche Sprache. Ich hab schon viele Tuberkulöse in einem ähnlichen Zustand gesehen und war immer überzeugt, daß sie nur noch eine Weile Zeit haben, und es hat immer gestimmt. Warum sollte es gerade bei mir anders sein? Außerdem hat auch der Arzt keine gute Prognose gestellt. Und einem Gefängnisarzt darf man das glauben. Deinen Rat zu fressen, habe ich befolgt, Folge (Diät gibt es doch hier nicht, so wie Du Dir das vorstellst, Tepperl) Rebellion des alten Magengeschwürs. Und bei der gestrigen Waage waren wieder 1kg70 futsch. Ist mir so *wurscht. „Öfter kleinere Mengen essen" schreibst Du. Tepp. Das geht doch hier gar nicht. Ich schreib das nur, weil Du so merkwürdige Vorstellungen hast. Die Temperatur ist vor einiger Zeit etwas gesunken. Aber der körperliche Verfall schreitet langsam weiter. Z.B. ein Gang zu diesem herrlichen W.C., das zehn Schritte entfernt ist, verursacht schon Atembeschwerden. Medikamente gibt es schon hier, nebenbei bemerkt manchmal eigens. Das ist ja kein Spital wie ein anderes, Tepperl. Hab ich Dir eh schon hundertmal geschrieben. Aber Du warst schon immer etwas schwer von Begriff. Aber es ist mir* so *gleichgültig, ob ich irgendein Medikament hab oder nicht. Nur gegen die Kopfschmerzen hätt ich halt gern etwas gehabt. Aber auch das ist ganz wurscht. Es ist ein langsames Siechtum, dessen Ende ganz unfehlbar vorauszusehen ist, weil ich nichts, absolut nichts dagegen tun kann, und wenn ich es wollte. Verstehst Du denn das nicht? Die Zwangshandlungen blühen und sind ganz idiotisch, so sehr ich auch dagegen ankämpfe. Aber verrückt bin ich bestimmt noch lange nicht. Pfiat Di God Bauxl!*

Viele herzliche Grüße Dein Lenz

2. Kapitel

I

1. September 1939. Sirenen, Bomben, Flugzeuge. Die Erdölraffinerie Polmin in Drohobycz ist getroffen und brennt. Die Deutschen sind da. Mit Motorrädern und in Ledermänteln. Sie haben die Stadt besetzt.

> An die jüdische Gemeinschaft:
> Der Name des Ewigen sei gelobt! Brüder in Israel, Bürger der durchlauchtesten Volksrepublik Polens. Der Feind hat unsere so heiß von uns geliebte Heimat unverschämt und niederträchtig überfallen. Im wahrsten Sinne des Wortes bringt er Mord, Raub und Brandstiftung. Wir Juden, Kinder dieser Erde seit ewigen Zeiten, stellen uns alle in eine Schlachtordnung, geschlossen und beherrscht in Erwartung des Aufrufs des Präsidenten der Republik Polen, um unsere geliebte Heimat zu beschützen. Wir werden, wenn es nötig ist, unser Leben und unser Hab und Gut auf dem Altar der Heimat lassen. Das ist unsere erhabenste bürgerliche und religiöse Pflicht, wie uns das unser heiliger Glaube vorschreibt. Wir werden diese Pflicht mit der größten Freude erfüllen. So helfe uns und Polen Gott! Wir erheben unsere Gebete an den Schöpfer, um zu siegen und sind sicher, daß er uns erhört. Amen!

Die Deutschen haben sich in Schulen, in der Kinoverwaltung und bei Juden einquartiert. Die Ukrainer freuen sich. Sie denken, jetzt gibt es eine freie Ukraine. Sie sagen den Deutschen, daß gerade Rosch Haschana ist. Daraufhin lassen die Deutschen den Rabbiner den Ringplatz und die Ulica Stryjska reinigen.

Ein ukrainischer Dieb ist erschossen worden. In Przemyśl haben die Deutschen jüdische Geschäfte und Wohnungen demoliert, Juden aus ihren Wohnungen gezerrt und ihnen die Pejes abgeschnitten. Sechs- bis siebenhundert prominente jüdische Bürger, Ärzte, Rechtsanwälte,

Rabbiner, haben sich im Kreis aufstellen müssen und sind erschossen worden. Es gibt keine Zeitungen. Radio nur auf einer Welle. Sechsmal täglich Informationssendungen. Die Lebensmittelgeschäfte werden kontrolliert. Wer trotz eines vollen Warenlagers nichts verkauft, wird verhaftet. Es sind genug Lebensmittel vorhanden. Niemand soll Lebensmittel horten. Aus Lemberg kommen viele Flüchtlinge, Frauen, Kinder und alte Männer. Die Polen hoffen auf französische Hilfe. Ein Gerücht kursiert, daß die Rote Armee bald kommen wird.

17. September. Die Rote Armee hat die polnische Grenze überschritten. Die Deutschen wollen nicht aus Drohobycz abziehen. Sie pumpen in der Raffinerie „Galicia" Benzin und beladen ihre Autos. Sie wollen so viel Benzin wie möglich mitnehmen. Tag und Nacht fahren Lastwagen weg, beladen mit Petroleumfässern, Maschinen, Werkzeugen und Lebensmitteln. Alles, was sie in der Eile noch stehlen können. Der deutsche Kommandant steht am Balkon der Villa des Bürgermeisters, in der er sich einquartiert hat. Der russische Oberst geht hinauf. Nach zehn Minuten kommt er wieder. Eine halbe Stunde später verlassen die Deutschen mit ihren Motorrädern die Stadt. Die letzten Motorradfahrer winken. Am Abend ziehen die Russen mit Panzern, gigantischen Tanks, Panzerspähwagen, Kavallerie und Infanterie in Drohobycz ein.

In Adolfs Haus haben sich Russen einquartiert. Sie haben Adolf und Minna nur ein Zimmer gelassen. Und das kleine für das Dienstmädel. Sie hausen wie die Schweine. Der Abort ist nach einem Tag total verdreckt. Sie wollen Salzgurken und Speck. Minna gibt ihnen, was sie hat. Sie essen mit Heißhunger, eigentlich fressen sie wie die Tiere. Sie schmatzen und essen ohne Messer und Gabel. Und ihre schmutzigen Finger wischen sie an der Uniform ab, obwohl ihnen Minna Servietten gegeben hat. Minna graust vor ihnen. Solche Schweine. Asiatische Analphabeten. Unter den Soldaten sind viele Mongolen. Breitschultrige Lackeln. Aber man muß sie ja füttern. Wenn sie gut zu essen bekommen, sind sie sicher friedlich. Sie sind eben ausgehungert und arm. Das sieht man an der Uniform. Schlechter Stoff, die Hemden reichen bis zu den Knien. Statt Socken tragen sie Lappen. Und sie stinken penetrant. Besonders die Füße. Das Schuhwerk imprägnieren sie mit Teer. Die Stiefel waschen sie in Pfützen ab, und die Zigaretten drehen sie mit Papierfetzen, die sie auf der Straße auflesen. Minna verständigt sich auf Ruthenisch. Es geht halbwegs. Obwohl die Russen nicht viel verstehen. Das Dienstmädel hat sich mit einem sowjetischen Soldaten zusammengetan. Jeden Tag verschwindet etwas. Ein Spiegel, ein Kandelaber, ein Bild. Sie stehlen ganz ungeniert. Adolf und Minna haben Angst, es ist besser, nichts zu sagen. Die Rotarmisten kaufen alles auf. Es gibt hier alles, was es in der Sowjetunion nicht gibt. Sie kaufen Kleider, Juwelen, Schuhe, Stoffe, Uhren, Fotoapparate, Möbel, Knöpfe, Garn, Fahrräder, Semmeln, Wurst. Manche kaufen einfach alles, was es in einem Geschäft gibt. Bis es leer ist. Zwanzig Uhren, ganze Rollen von Kleiderstoffen, hundert Semmeln. Sie fragen, ob sie 10 dkg Wurst haben können. Sie können auch mehr haben, sagt der Verkäufer, Sie können 5 kg haben, und sie kaufen 10 kg und hängen sich die Würste um den Hals. Die Geschäfte sind leer. Vor den Geschäften gibt es große Schlangen. Es gibt keinen Zucker, kaum Mehl. Brot, Fleisch, Butter, Milch fehlen. Von einem Tag auf den anderen gibt es kein Papier mehr. Das Brot wird in Zeitungspapier eingepackt. Minna findet das unhygienisch und versucht immer, das Brot zu putzen. Aber Adolf meint, sie werden an der Druckerschwärze nicht sterben. Es gibt nur mehr gelbliche Hefte mit dem Lenin darauf, nur lila Tinte, keine blaue, keine schwarze, keine rote. Überall hängen große Porträts von Lenin und Stalin, rote Transparente mit Hammer und Sichel, rotem Stern und „Proletarier aller Länder vereinigt euch“ und „es lebe die Stalinverfassung“. Es gibt nur mehr zwei Zeitungen, eine auf Ukrainisch und eine auf Polnisch. Czerwony Sztandar, die Rote Fahne. Alles fängt zwei Stunden früher an. Es gilt die Moskauer Zeit. In tiefer Nacht muß man aufstehen. Am Ringplatz gibt es Versammlungen. *Die Herrschaft der Parasiten, der Erdölmagnaten, ist für immer zu Ende. Die unerschöpflichen Quellen gingen in die Hände der Arbeiter über. Die Erdölfelder und ihre unbegrenzten Reichtümer gehören jetzt dem ganzen Volk. Schande der verfluchten kapitalistischen Vergangenheit, Schande Piłsudski, es lebe Stalin.* Und die Zuhörer müssen klatschen. Danach singt ein Soldat russische Romanzen. Adolf und Minna gehen hin. Sie klatschen auch. Man weiß nicht, was passiert, wenn man nicht hingeht. Viele Polen sind schon nach Sibirien deportiert worden. Adolf und Minna denken aber, so wie viele Juden, immer noch besser die Sowjets als die Deutschen. Viele Juden haben die Rote Armee mit Freudengeschrei als Befreier empfangen. Viele Juden sind jetzt in der sowjetischen Verwaltung und bei der

Miliz beschäftigt. Und es gibt keinen numerus clausus mehr. Trotzdem gibt es in den Stettln manchmal kleine Pogrome. Die Soldaten schnappen sich Chassidim, schlagen sie zusammen und schneiden ihnen die Pejes ab. Wenigstens gibt es keine Rassengesetze. Aber Adolfs Gruben sind enteignet worden. Er muß jetzt in der Paraffinfabrik arbeiten. Sein ganzes Vermögen hat man ihm weggenommen. Das hätten die Deutschen auch gemacht. So können sie aber wenigstens leben. Dabei haben sie noch Glück gehabt. Sie haben auch Juden, die viele Häuser haben, deportiert. Aber so reich ist Adolf nicht. Viele jüdische Flüchtlinge aus dem von den Deutschen besetzten Teil Polens sind in Drohobycz. Die meisten werden gleich nach Sibirien oder Kasachstan deportiert. Die Tschekisten halten sie für Spione und Konterrevolutionäre. Manche verstecken sich, werden dann aber meistens denunziert. Es gibt viele Denunzianten. Man muß nur mit dem Finger auf jemanden zeigen, und schon ist er weg. Auch Juden denunzieren.

Borysław feiert den 22. Jahrestag der großen sowjetischen, sozialistischen Oktoberrevolution. Die Stadt ist feierlich geschmückt. Von den Balkonen hängen Teppiche, bunte Blumengirlanden, ukrainische Motive, die Porträts von Stalin, Molotow, Woroschilow, Chruschtschow und von den Schriftstellern Schwetschenko, Franko und Scholem Alejchem. Es werden viele Reden gehalten. Danach singen die Schüler der Ersten ukrainischen Schule sowjetische Lieder. Arbeiter tragen einen schwarzen Sarg mit der Aufschrift: Ewige Ruhe dem Kapitalismus.

Peter und Tony wissen schon, daß die Russen bald da sein werden. Sie sind schon in Lemberg. Die Deutschen sind schon abgezogen. Gerüchte aus Kolomea. In Kolomea hat eine Bombe eingeschlagen. Aus Kolomea sind die Deutschen noch nicht abgezogen. Aber wenn die Russen da sind, müssen sie abziehen. Sie lassen sich Zeit mit dem Abziehen, hört man aus Kolomea. Das hat ein Pole erzählt, der von Lemberg gekommen ist und auf der Flucht nach Rumänien ist. In Zabłotów hat man gar nichts vom Krieg gemerkt. Keine Flieger, keine Bomben. Nur ein paar deutsche Soldaten sind noch im Bürgermeisteramt. Peter und Tony haben das größte Haus in Zabłotów. Die Russen werden sich sicher bei ihnen einquartieren. Sie werden ihnen alles wegnehmen.

Alles enteignen. Man erzählt sich, daß sie stehlen wie die Raben. Peter packt Uhren, Ketten, Ringe, Ohrringe, Kandelaber, Geld in eine silberne Kassette und vergräbt sie vor dem Haus. Den Fotoapparat versteckt er unter der Matratze. Das Radio dürfen sie ihm nicht wegnehmen. Sie sind da. In ihren langen Militärhemden, den weiten Hosen und spitzen Mützen. Manche überschütten sie mit Blumen, umarmen und küssen sie. Sogar Panzer werden geküßt. Die Bauern feiern sie als Befreier von den Deutschen. Nachdem die Russen das Dorf inspiziert haben, poltern sie ohne anzuklopfen bei den Erdheims herein. Das ganze untere Stockwerk nehmen sie in Beschlag. Tony kommt ganz gut mit ihnen aus. Dawaij, kuschat, sagen sie immer. Komm, wir wollen essen. Tony kocht Kraut, Schweinsbraten und Wareniki. Und serviert Wodka vom Apotheker. In Zabłotów gibt es alles. Tony weiß schon, wo sie immer noch etwas zu essen bekommt, auch wenn es gar nichts mehr gibt. Die Russen sind zufrieden. Sie wohnen jetzt unten und dafür dürfen die Erdheims im oberen Stock bleiben. Ein Soldat will immer mit Peter Schach spielen und einer mit Tony Domino. Tony spielt sogar gern Domino. Aber Peter ist ein schlechter Schachspieler und verliert immer. Trotzdem fügt er sich gottergeben in sein Schicksal, spielt Schach und verliert. Ein Soldat hat eine Gitarre, und dann singen sie russische Romanzen bis tief in die Nacht. Pauline macht sich Sorgen wegen Ryszard. Das ewige Gepolter. Bei dem Lärm kann das Kind doch nicht schlafen. Aber die Soldaten sind nett zum Kleinen und spielen mit ihm. Sie sagen immer: Wenn ich Schokolade hätte, würde ich dir eine schenken. Aber sie haben keine. Ryszard versteht die Soldaten sowieso nicht. Sie haben gar nichts. Nicht einmal eine Zahnbürste. Tony glaubt, sie wissen gar nicht, was eine Zahnbürste ist. Sie sitzen immer da mit den Füßen auf dem Tisch und sagen: Bei uns in der Sowjetunion gibt es Kultur. Ein Soldat hat Ryszard sogar eine Flöte geschnitzt. Trotzdem, Milek möchte weg. Nur nicht in der Sowjetunion leben. Viele Polen sind nach Rumänien geflüchtet, um dann weiter nach Frankreich zu fahren. Sie könnten auch nach Rumänien gehen. Rumänien ist neutral. Nach Czernowitz. Das ist nicht weit. Und man spricht alle Sprachen. Mit Deutsch kommen sie problemlos aus. Auch wenn die offizielle Sprache jetzt Rumänisch ist. Alle sprechen immer noch Deutsch. Außerdem wohnt ein Vetter von Milek dort. Vielleicht können sie vorerst bei dem wohnen, vielleicht kann er helfen, Arbeit zu finden. Milek will vorausfahren. Pauline soll so bald wie möglich mit dem Kind nachkommen. Czernowitz ist sowieso nicht weit. Wer weiß, wie lange man noch ein Visum bekommt. Vielleicht werden die Grenzen geschlossen, wenn so viele Flüchtlinge kommen. Peter und Tony bleiben natürlich. Peter kann nicht als Advokat arbeiten. Nur wenn er eine Schulung macht und als zuverlässig eingestuft wird, könnte er als staatlicher Verteidiger arbeiten. Peter ist 62. In dem Alter noch eine Schulung. Vorläufig kann er bei einem Notar arbeiten. Die polnischen Dokumente müssen ins Ukrainische übersetzt werden. Die beglaubigt er. Das ist jetzt seine Arbeit.

Milek fährt sofort nach Czernowitz. Zusammen mit den fliehenden Polen. Er nimmt Geld und Schmuck mit. Der Vetter nimmt ihn auf, er hat eine große Wohnung. Er kann ein Zimmer bekommen. Hier kann er auch fürs erste mit Pauline und dem Kind wohnen. Milek telegrafiert sofort an Pauline, daß sie kommen soll. Er kann kleine Hilfstätigkeiten bei einem Anwalt machen. Von den Ersparnissen können sie auch eine Weile leben. Vielleicht findet ja Pauline auch Arbeit. Die Frau des Vetters hat sich bereit erklärt, auf Ryszard aufzupassen. Sie kann ja zunächst Schreibarbeiten übernehmen, bis sich etwas Besseres findet. Pauline packt so viel wie möglich ein, bevor die Russen alles wegnehmen. Nur schnell weg.

Überall finden Versammlungen statt. Polen wird es nicht mehr geben. Es lebe die Sowjetunion. Am 22. Oktober finden Wahlen statt. Wer nicht zu den Versammlungen geht, wird bestraft. Zwei Wochen Ausgehverbot. Einem Bauern wurde eine Kuh abgeholt. Manche mußten Kartoffeln, Fleisch oder Heu abliefern. Ein Bauer mußte in fünf Tagesraten einen Rubel Bußgeld zahlen, wofür er jeden Tag sieben Kilometer zum Sitz der Verwaltung zu Fuß gehen mußte. Zwei Versammlungsteilnehmer wurden fünfzehn Tage lang eingesperrt, weil sie nach der Propagandarede nicht applaudiert hatten. Peter und Tony gehen zu jeder Versammlung und applaudieren. Sie wissen, daß das sein muß. Es gab schon Verhaftungen. Man sagt, daß Verdächtige nach Sibirien deportiert werden.

Kamilla ist bei Duśko geblieben. Sie hat eingesehen, daß es dumm wäre, Hals über Kopf zu János zu ziehen. So ein junger Bursch, der sie an der nächsten Ecke wieder stehen läßt. Bei Duśko ist sie gut aufgehoben. Lemberg wird bombardiert. Duśko wird sofort eingezogen. Kamilla weint und schreit. Er soll sie nicht allein lassen, sie hat Angst. Jeden Tag ist Bombenalarm. Flieger. Sirenen. Bombenexplosionen. Kamilla rennt mit den anderen in den Keller. Es gibt Tote. Die Leute haben aus Gaze Masken genäht und sie mit Ammoniak getränkt. Eine Empfehlung der Stadtverwaltung. Es gibt kein Wasser mehr aus der Wasserleitung. Es heißt, die Polen sind in der Offensive und die Deutschen vertrieben. Aber die Front rückt näher, Lemberg ist schon umzingelt. Die Stadt wird mit Schrapnells bombardiert. Flugblätter werden abgeworfen, sie sollen die Stadt übergeben, anderenfalls wird sie mit Gewalt erobert. Es gibt keine Zeitungen mehr, Radio nur mehr auf einer Welle. Die Polen haben keine Chance. Sie fliehen in Massen. Nach Rumänien und nach Ungarn. Zivilisten, aber auch Hals über Kopf massenweise ganze Militäreinheiten der polnischen Armee mit der vollen Ausrüstung. Duśko will auch weg. Schnell, bevor er verletzt oder gar getötet oder in Kriegsgefangenschaft kommt. Nichts wie weg. Über die Karpaten nach Ungarn. János kann vielleicht helfen. Kamilla ist ja schon von ihm geheilt. Packen, Geld und Schmuck mitnehmen und weg. Der Bahnhof ist überfüllt mit Flüchtlingen. Alle wollen vor den Bomben aufs Land fliehen. Es fahren keine Züge. Sie müssen aber schleunigst weg. Sie verhandeln mit einem Taxifahrer. Er soll sie nach Stryj bringen. Vielleicht können sie von dort mit dem Zug weiterfahren.

2

Tea war in der Quote. Sie hätte ein Visum nach Amerika bekommen können. Sie ist nicht aufs Konsulat gegangen. Sie kann die Eltern nicht allein lassen. Beide sind alt und krank. Und Lenz ist eingesperrt. Und krank. Wer weiß, wie lange er noch eingesperrt ist. Er hat auch gar kein Affidavit. Hat sich auch nie um eines gekümmert. Er geht sowieso nicht von Österreich weg. Niemals und nirgendwohin. Der

Kampf gegen den Faschismus ist ihm wichtiger als die Liebe zu Tea. Wenn sie nach Amerika geht, ist alles aus. Lenz und die Eltern. Es ist wie der Tod. Abschied für immer. Allein vier Wochen mit dem Schiff übers Meer. Schon bei dem Gedanken wird sie seekrank. Trennung für immer. Und sie wäre mutterseelenallein in Amerika. Die Mädels sind alle in England. Die Sopherl ist in Amerika. In New York. Und sie ist doch so krank und wird nicht mehr lange leben. Nach New York könnte Tea gar nicht. Aber in Amerika könnte sie arbeiten und würde ihrem Vater nicht zur Last fallen. Es wird auch bald Krieg geben. Es waren schon zweimal Luftschutzübungen und immer wieder Verdunklungsübungen. Sie kann doch die Eltern nicht im Krieg zurücklassen. Und wer würde Lenz jede Woche eine Mark schicken? Die Uxor vielleicht oder der Kraftl oder die Genossen. Lenz hat letzte Woche nicht geschrieben. Er hat eine Eingabe gemacht, in der er wegen seines schlechten Gesundheitszustandes um Haftentlassung ansucht. Vor einem Monat hat seine Frau schon ein Gesuch geschrieben.

Mein Mann ist vollkommen deutschblütig; er entstammt einem alten Bauerngeschlecht aus dem Waldviertel; der Vater war Bauarbeiter, die Mutter Taglöhnerin.

Mein Gatte war nicht nur ein unversöhnlicher Gegner der Systemregierung, sondern auch des Kommunismus; er hat als Nationalrat die Kommunistische Partei nachweisbar aufs heftigste bekämpft.

Daß mein Gatte den Juden gegenüber nicht freundlich eingestellt war, ergibt sich schon allein aus der Tatsache, daß er zu den ganz wenigen deutschblütigen Mitarbeitern der „Arbeiter-Zeitung“ gehörte und seitens der erdrückenden Mehrzahl der vorhandenen und an den leitenden Stellen sitzenden jüdischen Mitarbeiter dieses Blattes Mißgunst und geradezu Verfolgung zu erdulden hatte.

Mein Mann hat, nicht bloß als Sozialdemokrat, sondern weil er die Richtigkeit des nationalsozialistischen Programms einsah, die Wiedervereinigung der Ostmark mit dem Deutschen Reiche freudigst begrüßt. Es liegen bei ihm sämtliche Voraussetzungen vor, um annehmen zu können, daß er sich in den Dienst der deutschen Volksgemeinschaft stellen wird.

Mein Mann ist schwer lungenkrank und hat ein kleines Gehirnleiden. Er wiegt bei einer Größe von 1,89 nur mehr 60 kg. Ich befürchte, daß man ihn nunmehr in ein KZ bringt, zumal mir von dritter Seite gesagt worden ist, daß nach der Ausstellung eines Schutzhaftbefehls regelmäßig die Überführung in ein KZ erfolgt. Es ist mir unfaßlich, daß mein schwerkranker Mann nun noch in ein Lager kommen soll.

Mein Ehegatte empfindet die Haft ganz besonders schwer, weil er ein kranker Mann ist, weil er als meine einzige Stütze um mein Schicksal bangt und schließlich, weil er die Kraft und den Willen in sich spürt, unter den neu geordneten Verhältnissen Ersprießliches zu leisten – in der Haft aber zu quälender Untätigkeit gezwungen ist. Ich bitte daher um eheste Freilassung meines Mannes.

Der Gefängnisarzt hat zwar die Lungenkrankheit bestätigt, hält aber den Häftling Genner noch für haftfähig. Tea weiß von der Eingabe der Uxor. Sie hat sie wieder angerufen. Wer weiß, vielleicht ist es gar nicht so schlecht, eine Eingabe zu machen. Tea kann ja überhaupt nichts machen. Selbst wenn sie verheiratet wären. Sie ist ja Halbjüdin.

Fünf Monate ist schon Krieg. Gut, daß Tea nicht nach Amerika gefahren ist. Wenn die Eltern jetzt allein wären. Mit Amerika wird nichts mehr. Es wird ohnedies schon immer schwerer auszuwandern. Seit 1. September gibt es Lebensmittelkarten. Als Jude bekommt Oskar nur die Hälfte von dem, was die anderen bekommen. Aber sie haben genug. Sofie und Tea bekommen die volle Ration und Erdäpfel und Gemüse sind ohnedies nicht rationiert. Am Opfersonntag hat Tea fünf Mark gespendet. Das muß sein. Sie gehen von Tür zu Tür. Danach notieren sie natürlich, wer wieviel gespendet hat. Im Haus grüßen alle mit „Heil Hitler". Tea natürlich auch. Sofie und Oskar gehen fast gar nicht mehr aus. Sofie geht es sehr schlecht. Sie klagt über Herzklopfen und Atemnot. Und spricht nur mehr davon, daß sie sterben will. Oskar hat auch keine Lust mehr auszugehen, er darf ja sowieso nirgends hingehen. Nicht ins Theater, nicht ins Kino, nicht ins Kaffeehaus, nicht einmal in den Park. Außerdem wimmelt es auf der Straße von Nazis. Überall Uniformierte oder Leute mit irgendwelchen Armbinden, die irgendein Amt bekleiden und sich wichtig machen. Man kann gar nicht auf die Straße gehen, ohne um eine Spende angebettelt zu werden. Und wenn man gespendet hat, weil es sein muß, bekommt man ein Abzeichen in die Hand gedrückt. Da bleibt er lieber zu Hause und liest den Völkischen Beobachter, den Sofie abonniert hat, statt seiner geliebten Neuen Freien Presse, die es nicht mehr gibt. Obwohl ihm zu Hause langweilig ist. Arbeiten darf er nicht mehr, und mit dem Lesen geht es nicht so gut, weil er einen Star hat. Wenigstens darf er Radio hören. Weil er ja mit Sofie zusammenwohnt. Die Wohnung geht jetzt auf Sofies Namen. Aber das Radio ist auch langweilig. Immer Schlager, Marschmusik. Aus dem Zeitgeschehen. Das politische ABC. Und immer dieser blöde Schlager von der Lili Marleen. Den kann er schon nicht mehr hören. Manchmal besucht er den Sigmund. Sigmund kann wegen des Beines gar nicht mehr auf die Straße gehen. Paula pflegt ihn. Sie hält treu zu ihm. Trotz des Aufrufs an alle Eheleute mit einem jüdischen Partner, sich scheiden zu lassen. Paula denkt nicht daran, sich scheiden zu lassen. Sie liebt und bewundert Sigmund abgöttisch. Nie läßt sie ihn fallen. Tea geht auch selten weg. Freunde sind keine mehr da, Lenz ist im Gefängnis, Arbeit hat sie keine, und der Graphologiekurs ist auch zu Ende. Hebammenkurs macht sie nicht, das ist ihr zu blöd. Sie emigriert sowieso nicht. Sie schreibt vorwiegend Briefe, obwohl sie nie gern Briefe geschrieben hat. Aber jetzt ist das etwas anderes. Nachmittage lang sitzt sie an Jakobs Schreibtisch und schreibt Briefe. Vorwiegend an Lenz. Drei, vier Seiten. Dann zerreißt sie wieder alles und fängt von neuem an. Lenz hat sicher nicht alle Briefe bekommen, die sie ihm geschrieben hat. Er schreibt keine langen Briefe, vier kleine Seiten, nie mehr. Immer ein bißchen förmlich wegen der Zensur. Vielleicht darf er nicht mehr als vier Seiten schreiben. Oder er hält es für unklug, lange Briefe zu schreiben. Und jetzt darf er überhaupt nur alle zwei Wochen schreiben. Er ist nicht mehr Schutzhäftling, sondern Volksgerichtler. Weiß der Himmel, was das zu bedeuten hat.

15. Mai 1940. Lenz ist frei. Nach eineinhalb Jahren. Endlich. Nach drei Eingaben. Er ist haftunfähig. Er ist wirklich sehr krank. Dünn wie ein Zahnstocher. Er ist davon überzeugt, daß er bald sterben wird. Tea macht sich Sorgen. Nur gut, daß sie die Wohnung nicht aufgelöst hat. Dann wär er jetzt obdachlos. Sie pflegt ihn. Sie besorgt Cebion und klopft und horcht die Lunge ab, obwohl sie nichts hört. Das kann sie nicht. Das hat sie nicht gelernt. Er muß viel Milch trinken. Tea gibt ihm ihre Karten für Milch. Sie kann Milch nicht ausstehen, ihr graust vor Milch. Bei dem Gedanken, Milch trinken zu müssen, kriegt sie

schon Brechreiz. Milch ist auch gut für den Magen. Lenz hat die ganze Zeit Magenweh. Tea gibt ihm rohe Eier. Das beruhigt den Magen. Sie sollte für ihn kochen. Er muß Fleisch und Gemüse essen. Mama gibt ihr Ezzes. Ein Geselchtes gibt man in kochendes Wasser, läßt es kurz kochen, schüttet das Wasser weg, damit es nicht zu salzig ist, gibt es erneut in Wasser und läßt es eine Stunde kochen. Tea hat begriffen. Es ist gelungen. Das erste selbstgekochte Geselchte ihres Lebens. Ihr schmeckt es ausgezeichnet. Auch Lenz ist zufrieden. Er erzählt ein bißchen von der Haft. Nichts von den Verhören. Aber von den Mithäftlingen. Die meisten waren Kriminelle. Die Einbrecher waren besonders angesehen, weil man sie für besonders intelligent hielt. Die Zuhälter wurden verachtet, die haben sich meistens zu Spitzeldiensten für die Gestapo hergegeben. Lenz haben die Häftlinge zum Stubenältesten gewählt. Er hat ihre Wünsche und Beschwerden bei den Aufsehern vertreten. Sofie würde gerne für Lenz ein Biskuit backen, aber sie kann nicht mehr. Tea soll unter ihrer Anleitung eines backen. Einmal muß sie es ja lernen. Es ist leider sitzen geblieben. Tea weiß auch nicht, warum. Man kann es aber trotzdem essen. Sie macht mit Lenz kleine Spaziergänge, einmal um den Häuserblock. Er ist so schwach, daß ihn das schon anstrengt. Er sollte in eine Lungenheilstätte. Vielleicht kann er doch wenigstens vier Wochen nach Alland.

3

Adolfs Haus ist vom NKWD beschlagnahmt worden. Komplett mit der ganzen Einrichtung. Adolf und Minna haben jetzt ein Zimmer bei einer ruthenischen Familie. Ein paar Habseligkeiten durften sie mitnehmen. Minna hat den ganzen Schmuck und alle Wertgegenstände, die in die Koffer gingen, heimlich eingepackt. Niemand hat etwas bemerkt. Silberne Kandelaber, eine kleine Standuhr, eine goldene und silberne Taschenuhr, Adolfs Brillantring, den Fotoapparat, das silberne Besteck. Obwohl sie gesagt haben, daß sie nur das nötigste Geschirr und Besteck mitnehmen dürfen. Alles andere bleibt hier. Das Zimmer ist groß genug für zwei Leute, haben sie gesagt. Dienstmädel gibt es keines mehr. Minna muß alles selbst machen. Sie leidet wie ein Doppeltier, wie sie zu sagen pflegt. Früher hat sie nur gekocht, aber jetzt muß sie abwaschen, Wäsche waschen, einkaufen gehen. Und die Küche muß sie mit den Ruthenen teilen. Die hinterlassen immer so einen Dreck, daß Minna graust. Geschweige denn, daß sie kochen kann, wann sie will. Aber auf dem Schwarzmarkt besorgt sie Käse und Wurst, die es in keinem Geschäft gibt. Ungarische Salami und Schweizer Emmentaler, ohne den Adolf nicht leben zu können glaubt. In den Geschäften gibt es gar nichts mehr. Man muß sowieso zu den Bauern gehen, wenn man nicht gänzlich vom Fleisch fallen will. Wenigstens hat Adolf noch seine Arbeit in der Paraffinfabrik. Peter hat seine Arbeit als Notariatsgehilfe verloren. Er hat keine Ahnung, warum. Vielleicht hat ihn jemand denunziert. Er hat aber keine Feinde. Vielleicht jemand, dessen Prozeß er einmal verloren hat. Vielleicht der Janko Rudnicki oder der Dawid Ohrenstein. Aber ein Jude verrät doch keinen anderen Juden. Das stimmt natürlich nicht. Aber doch nicht in dem kleinen Zabłotów. In Drohobycz, ja, da wimmelt es von jüdischen Denunzianten. Das hat ihm Adolf erzählt. Und Adolf macht keine dummen Witze. Vielleicht Stanisław Leszczyński. Oder Simon Goldfinger. Er hat keine Ahnung. Er ist sich keiner Schuld bewußt. Er hat immer sein Bestes getan. Manche denunzieren einfach so, aus Lust am Denunzieren. Das soll es geben. Es hat sowieso keinen Sinn, darüber nachzudenken. Wenn er nur nicht deportiert wird. Im Februar und April sind massenweise Leute deportiert worden. Auch aus Zabłotów. Vorwiegend Flüchtlinge aus Polen. Aber nicht nur. Man weiß nicht, warum jemand deportiert wird. Sie werden in Viehwagen gedrängt. Viel zu viele in einem Waggon. Das weiß man. Sie kommen nach Sibirien oder nach Kasachstan. Das weiß man auch. Sibirien ist groß und weit. Und wo Kasachstan ist, weiß niemand. Sie können jeden Tag kommen und ihn holen. Dann geht alles sehr schnell. Fünf Minuten und Abmarsch. Tony hat zwei Koffer gepackt und Unmengen Zwieback gebacken, weil der nicht verdirbt. Wenn sie kommen, dann ist alles vorbereitet. Peter sitzt stumpfsinnig herum. Es gibt nur mehr den Czerwony Sztandar, den er nicht lesen will. In dem nur Briefe an den Genossen Stalin und an den Genossen Chruschtschow und an den Genossen Molotow abgedruckt sind. Und Russisch kann er nur schlecht. Er versteht es halbwegs, weil er Ruthenisch kann. Aber er hat keine Lust mehr, etwas zu lernen.

Dazu ist er einfach schon zu alt. Im Radio wird fast ausschließlich russisch gesprochen. Das Programm ist sowieso tödlich langweilig. Tony bemüht sich. Sie spricht schon ganz gut Russisch. Sie muß sich ja mit den Soldaten verständigen. Sie kocht ja für sie. Dafür gibt es mehr Fleisch und Eier. Peter haßt die Soldaten. Immer sind sie besoffen und grölen die halbe Nacht. Er kann zwar sowieso nicht schlafen, weil er jeden Moment wartet, daß es klopft und sie ihn holen. Trotzdem stört ihn der Lärm. Die ruthenischen Bauern sind auch immer besoffen, aber die wohnen nicht bei ihm im Haus. Majer Rappaport ist verhaftet worden. Ein ehemaliger Mandant von Peter. Niemand weiß, warum er verhaftet worden ist. Peter ist verhört worden. Was er über Majer Rappaport wisse? Peter konnte sich gar nicht mehr erinnern, weshalb Rappaport bei ihm war. Er soll die Akten übergeben. Es war eine einfache Sache. Kaufvertrag für ein Grundstück. Vor mehr als zehn Jahren. Wahrscheinlich hat Peter deshalb seine Arbeit verloren, weil Rappaport verhaftet worden ist. Jetzt müssen sie schauen, wie sie durchkommen. Tony hat nie gearbeitet. Sie ist auch schon zu alt. Was soll sie denn arbeiten? Sie kann ja nichts. Sie kommen schon durch. Zumindest eine Weile. Sie steht sich ja mit den Soldaten gut. Nicht nur, daß sie ihnen kocht und mit ihnen Domino spielt. Sie macht auch manchmal ein Plauscherl mit ihnen und läßt sich von Rußland erzählen. Der Offizier rezitiert gerne Gedichte. Puschkin, aber auch Majakowski und Jessenin. Tony hört gerne zu, auch wenn sie nicht alles versteht. Sie würde auch gerne Gedichte rezitieren. Aber Polnisch wollen die Soldaten partout nicht lernen. Tuwim, Słonimski, Alexander Wat. Sie kennt sie aus der Chwila und kann viele Gedichte auswendig. Manchmal läßt sie sich ein Gedicht vom Offizier aufschreiben und lernt es auswendig. Das freut den Offizier dann ganz besonders. Peter gibt sich nicht so viel mit ihnen ab, soll Tony das machen, sie ist auch charmanter als er. Hin und wieder tauscht sie ein Ketterl, einen Ring oder Manschettenknöpfe am Schwarzmarkt. Aber wer weiß, wie lange das so gehen kann. Zum Auswandern sind sie zu alt. Und wer weiß, ob man sie raus läßt. Und wovon sollen sie in einem anderen Land leben?

Pauline, Milek und Ryszard sind bei Mileks Vetter in Czernowitz untergekommen. An der Grenze sind sie gar nicht kontrolliert worden. Weder Milek noch Pauline mit dem Kind. Man hat alle Flüchtlinge einfach durchgelassen. Auch ohne Visum. Sie sind froh, daß sie bei Mileks Vetter wohnen können. Das ist besser als in einem Flüchtlingslager. Jeder Flüchtling bekommt vom rumänischen Staat 100 Lei und ein Kind 50. Das ist nicht viel. Aber für den Anfang sehr hilfreich. In Czernowitz gibt es seit kurzem eine Sprachenverordnung. Niemand darf auf der Straße deutsch sprechen. Alle öffentlichen Texte müssen zumindest zweisprachig sein. Sogar Todesanzeigen. Vor allem jüdische Passanten, Kaffeehausbesucher, Ladenbesitzer werden, wenn sie deutsch sprechen, festgenommen und auf dem nächsten Polizeikommissariat verhört, manchmal auch mißhandelt. Manchmal wird auch die Schließung des Geschäftslokals oder des Kaffeehauses verfügt. Milek und Pauline können natürlich nicht Rumänisch. Auf der Straße sprechen sie so wenig wie möglich, und wenn, dann polnisch, das ist weniger gefährlich. Obwohl Milek nicht Rumänisch kann, ist der befreundete Anwalt seines Vetters bereit, ihn anzustellen. Milek kann natürlich auf Deutsch mit den Klienten sprechen und auf Deutsch einen Akt anlegen. Aber die ganze Korrespondenz und die Verhandlungen mit Ämtern und Gerichten sind auf Rumänisch. Aber Dr. Blaustein ist nett und hat Verständnis für die Flüchtlinge aus Galizien. Und als Hilfskraft kann er ihn schon brauchen, auch wenn er das rumänische Recht nicht kennt. Pauline kann bei einem Freund von Dr. Blaustein Akten ordnen und Botengänge machen. Keine sehr unterhaltsame Beschäftigung. Aber Milek verdient sehr wenig. Sie lernen Rumänisch, und wenn sie Rumänisch können, können sie das rumänische Recht studieren. Das wird ihnen aber nicht viel nützen. Ohne Staatsbürgerschaft werden sie nicht als Anwälte arbeiten können. Und als Juden werden sie die nie bekommen. Juden, die schon ewig in Czernowitz leben, aber nicht beweisen können, daß sie mehr als 25 Jahre ortsansässig sind, bekommen keine Staatsbürgerschaft. Und die Richter sind alles andere als kulant und versuchen, wo es geht, die Verleihung der Staatsbürgerschaft an Juden zu verhindern. Pauline will nach Palästina auswandern. In ganz Europa gibt es nur Antisemitismus. Wie sollen sie hier leben, wie arbeiten? Milek will nicht, er will keine Landarbeit machen. Aber in Palästina braucht man auch Anwälte. Milek will nicht. Vielleicht später, wenn es hier nicht mehr geht.

– Es geht doch schon nicht mehr.

– Wieso?

– Rumänien ist eine Diktatur.
– Aber nicht so schlimm wie in Deutschland oder der Sowjetunion.
– Das wird noch kommen.
– Das glaube ich nicht.
– Du wirst sehen. So wie in Österreich.
– Dann können wir immer noch nach Palästina gehen.
– Jetzt. Jetzt müssen wir gehen.
– Nein. Ich bleibe hier.

Kamilla und Duśko sind von Stryj mit dem Zug bis Ławczne gefahren, dann zu Fuß über die Grenze nach Volovec. Dort weiß man schon von den Flüchtlingen. Der Bahnwärter setzt sie in einen Autobus nach Miskolc. In Miskolc gibt es schon viele Flüchtlinge. Es gibt ein ungarisch-polnisches Flüchtlingskomitee, das die Flüchtlinge in private Unterkünfte bringt. Auch Kamilla und Duśko werden bei einer Familie untergebracht. Endlich können sie sich waschen. Und sie bekommen zu essen und können sich endlich ausruhen. Die Bevölkerung ist reizend. Am nächsten Tag bekommen sie ungarische Ausweise, und am Sonntag hält ein Priester, der sich unter den Flüchtlingen befindet, eine Messe ab, und sie singen alle unter Tränen „Jeszcze Polska nie zginęła". Noch ist Polen nicht verloren. Kamilla und Duśko singen natürlich mit. Und Kamilla schluchzt bitterlich. Kamilla ist von der Gastfreundschaft beeindruckt. Wie großzügig sie sind. Sie bekommen Salami und Speck und Gulasch und Fischsuppe. Die feinsten ungarischen Spezialitäten. Später werden sie dann im Gasthaus verpflegt. Es gibt jeden Tag außer Freitag Fleisch und auch zum Nachtmahl ein warmes Essen. Kamilla ist begeistert, nur ein bißchen zu fett ist ihr das Essen. Überall so viel Schmalz. Und ein bißchen zu scharf. Aber sie wird sich schon daran gewöhnen. Am Sonntag gibt es sogar Wein. Und das Rote Kreuz hat Kleider und Geld gesammelt. Die Kleider gefallen Kamilla nicht. Aber sie braucht etwas, sie sind Hals über Kopf geflohen und haben fast nichts mitgenommen. Sie werden ja bald arbeiten, und dann kann sie sich ja selbst einkleiden. Sie bekommen sogar zwei Pengö Taschengeld pro Tag. Duśko hat alles Geld mitgenommen. Sie werden schon durchkommen. Die Flüchtlinge helfen alle bei der Weinlese. Duśko und Kamilla natürlich auch. Kamilla ist nicht sehr angetan davon. Aber sie tut so, als ob es ihr Spaß machen würde. Die Pfadfinder organisieren

Veranstaltungen und vor allem Tanzabende. Kamilla lernt Csárdás. Großartig. Endlich ein neuer Tanz. Obwohl sie in Wien schon einmal Csárdás getanzt hat. Aber jetzt kann sie ihn endlich richtig lernen. Kamilla tanzt mit allen Männern. Duśko ist schon ganz eifersüchtig. Abends macht er ihr Szenen. Es ist Krieg, und sie wird sich doch noch ein bißchen vergnügen dürfen. Alle sind so nett, und es ist so schön hier. Sie müssen ohnedies von hier weg. Militärangehörige müssen nach Selyp in ein Militärlager. Duśko ist kein Kriegsgefangener, sondern ein internierter Ausländer. Das Lager wird zwar von ungarischen Soldaten bewacht, aber die Lagerbewohner können spazierengehen, ins Kino gehen, am Gottesdienst teilnehmen oder nach Budapest fahren. Die Lagerbewohner sind vorwiegend hohe Militärs. Ärzte, Schauspieler, Priester. Es gibt Lesesäle, ungarische, polnische und internationale Zeitungen, sie können Radio hören, Gesellschaftsspiele spielen, sogar ein kleines Theater wird organisiert, in dem Kamilla unbedingt mitspielen will. Schließlich darf sie die Frau eines verwundeten Soldaten spielen, den sie gesund pflegt. Kamilla ist begeistert. Eine Rolle, die ihr auf den Leib geschrieben ist, sagt sie. Kamilla und Duśko fahren immer wieder nach Budapest, Arbeit suchen. Sie wollen in Ungarn bleiben. Aber sie können die Sprache nicht. In Budapest können zwar die meisten Leute Deutsch, aber Duśko kann nur schlecht Deutsch. Kamilla kann als Schneiderin arbeiten, dazu muß man nicht Ungarisch können. Für Duśko ist es schwer, Arbeit zu finden.

4

Tea ist schwanger. Lenz macht sich Sorgen. Er ist schwer krank und hat keine Verdienstmöglichkeiten. Tea verdient auch fast nichts. Dann muß Oskar noch von seiner Rente das Kind erhalten. Jetzt muß die Uxor aber in die Scheidung einwilligen. Aber Lenz kann Tea sowieso nicht heiraten wegen der Rassengesetze. Oskar tobt. Wie kann man in solchen Zeiten ein Kind bekommen! Es ist Krieg und überall Faschismus und Antisemitismus. Tea ist von allen guten Geistern verlassen. Sie war immer schon unvernünftig wie ein Tier. Zu den unmöglichsten

Zeiten die unmöglichsten Dinge. Tea macht ein trotziges Gesicht. Es ist ganz egal, was sie macht, der Vater ist immer dagegen.

– In Wien ist nicht Krieg.

– Bis jetzt. Und wovon willst du leben?

– Vielleicht bekomm ich eine Unterstützung.

– Ein BDM-Mädel für die Wirtschaft, was? So dumm kannst auch nur du sein.

Tea macht ein trotziges Gesicht.

– Als Mischling bekommst du gar nichts.

– Das Kind ist aber Arier.

– Dann kannst du ja in die Mütterschule gehen, damit du eine gute Mutter wirst. Ein Kochkurs könnte dir eh nicht schaden, da lernst du wenigstens Erdäpfelschälen.

Tea macht ein trotziges Gesicht.

– Und lies nur immer schön den Völkischen Beobachter, damit du lernst, wie man aus alten Sachen Säuglingswäsche macht.

Tea ist wütend, gleich rinnen ihr die Tränen runter. Es ist ganz egal, was sie macht, Papa ist es sowieso nicht recht. Sie freut sich auf das Kind. Und überhaupt. Eine Frau muß ein Kind haben. Das hat sie in ihrer psychoanalytischen Ausbildung gelernt. Damit kompensiert sie den Penisneid. Kind gleich Penis. Papa versteht das natürlich nicht. Aber Mama freut sich, Großmutter zu werden. Sie wird zwar Tea nicht mehr helfen können, weil es ihr so schlecht geht. Aber zumindest ein Hauberl will sie stricken und ein Hemdchen nähen.

Lenz' Prozeß hat stattgefunden. Er ist wegen Beihilfe zum Hochverrat zu einem Jahr Gefängnis verurteilt worden. Die Strafe ist durch die Untersuchungshaft schon verbüßt. Lenz braucht Arbeit. Keine Firma will ihn aufnehmen, weil er wegen kommunistischer Betätigung eingesperrt war. Er wendet sich an einen ehemaligen Genossen, Abteilungsvorstand der Ersten Allgemeinen Versicherung und Leiter der Organisationsabteilung Niederösterreich, um Hilfe. Der läßt ihn lange warten. Stelle hat er keine für ihn, und was soll diese ganze illegale Arbeit? Egal ob von den Kommunisten oder den Revolutionären Sozialisten. Unnötige Wichtigmacherei. Lenz soll sich an die Genossin Postranecky wenden.

– Da hast du fünf Mark.

Lenz steht auf, dreht sich um und geht ohne zu grüßen. Postranecky kann nicht helfen. Aber sie hat illegale Arbeit für ihn und gesammelte Tschicks. Tea gibt ihm gelegentlich ein, zwei Mark, und die Genossen sammeln für ihn. Tea verdient selbst fast nichts, und Oskar behauptet, daß die Rente hinten und vorne nicht reicht. Schließlich nimmt die Deutsche Krankenversicherung Lenz als Hilfsarbeiter. Er muß Botengänge machen, manchmal schwere Pakete austragen, wozu er eigentlich keine Kraft hat, manchmal Reklameprospekte austragen, die er einfach wegschmeißt, und dann ins Kaffeehaus geht. Er kann froh sein, daß er diese Arbeit hat. Etwas anderes findet er nicht. Tea kann ihn nicht erhalten. Und von den Sammlungen kann er auch nicht leben. Wenigstens ist sein Vorgesetzter ein anständiger Mann. Er weiß, daß er Kommunist ist und eingesperrt war. Lenz arbeitet wieder in der Illegalität. Er betreut U-Boote – Juden, Deserteure, politisch Verfolgte, die sich in Wien versteckt halten –, beschafft Wohnungen, Verpflegung, falsche Papiere, gibt „Die Rote Front" heraus und versucht Agenten, die die Gestapo in die illegale Arbeiterbewegung eingeschleust hat, auszuschalten.

5

Die Czernowitzer Allgemeine Zeitung berichtet über den Einmarsch sowjetischer Truppen in die Baltischen Staaten. Gerüchte über die Massierung sowjetischer Truppen an der rumänischen Grenze. Am 25. und 26. Juni überfliegen russische Militärflugzeuge Czernowitz, ziemlich niedrig und ohne Tarnung ihrer Nationalität. Am 27. Juni meldet Radio Bukarest, daß die Sowjetunion ultimativ die Rückgabe Bessarabiens und der Nordbukowina gefordert hat. Die rumänische Regierung hat gezwungenermaßen eingewilligt, binnen drei Tagen diese Gebiete zu räumen. Der Bevölkerung steht es frei, zu bleiben oder sich umsiedeln zu lassen.

Pauline und Milek beraten. Sie sind polnische Staatsbürger. Aber Polen gibt es ja nicht mehr. Es ist sicher nicht leicht für sie, ins rumänische

Altreich zu kommen. Sie können auch noch fast nicht Rumänisch. Die Eiserne Garde wird sicher Auftrieb bekommen, der Antisemitismus wird schlimmer werden, und jeder Rumäne ist sowieso ein potentieller Antisemit. Zurück nach Zabłotów hat auch keinen Sinn. Dort wird es nicht besser sein, zumal Peter seine Arbeit verloren hat. Dort sind sie Kapitalisten, hier ist Milek ein kleiner Angestellter. Nach einer schlaflosen Nacht sind sie sich immer noch unschlüssig, ob sie bleiben oder nach Rumänien fahren sollen. Am Vormittag rollen sowjetische Tanks und hinter ihnen Lastwagenkolonnen voll Rotarmisten in die Stadt. Sie haben die drei Evakuierungstage nicht eingehalten. Sie marschieren durch die Siebenbürgerstraße, die Russische Gasse auf die künftige neue Grenze zu. Um zwölf Uhr Mittag werden die Grenzen von den Rotarmisten abgeriegelt. Fuhrwerke und Fußgänger werden zurückgewiesen. Nelsja, heißt es. Verboten. Pauline und Milek müssen nicht mehr nachdenken, ihr Schicksal ist besiegelt. Dr. Blaustein darf nicht mehr als Anwalt arbeiten. In seiner Kanzlei haben sich Rotarmisten einquartiert und alles beschlagnahmt. Schreibmaschinen, Schreibtische, Bücher und Akten. So hat auch Milek seine Arbeit verloren. Er hat keine Ahnung, wie es weitergehen soll. Wenn alle Stricke reißen, kann Pauline nähen. Aber davon können sie nicht zu dritt leben. Er spricht mit seinem Vetter, der Arzt ist, zwar seine Privatpraxis verloren hat, aber die Stelle eines geflüchteten rumänischen Kollegen übernehmen mußte. Arzt sollte man halt sein. Oder Dentist. Die Russen wollen alle Goldplomben und Ersatzzähne. Milek geht in der Stadt spazieren, horcht, was so geredet wird, und beobachtet die Rotarmisten, die den Einheimischen erzählen, was es alles in der Sowjetunion gibt. Manche versichern, daß es in Sibirien Orangenfabriken gibt und daß jeder doppelt so viel zu essen bekommt, wie er aufessen kann. Pauline und Milek lachen sich bucklig. Inzwischen sind Ukrainer aus Kiew und Charkow in abgetragenen Uniformen auf flachen offenen Lastautos in die Stadt gekommen und krempeln die Verwaltung um. Sie ziehen in die von den geflüchteten rumänischen Czernowitzern verlassenen Wohnungen oder quartieren sich in zentral gelegene bewohnte Wohnungen ein, weil es keine freien mehr gibt. Der Rubel ist eingeführt worden und die Uhr am Rathausturm ist von einer großen Scheibe bedeckt, auf der die Profilbilder von Marx, Engels, Lenin und Stalin dargestellt sind. Milek muß eine Arbeit finden. Es kursieren Gerüchte, daß in der Sowjetunion Arbeitslose als arbeitsscheue Gesellschaftsschädlinge betrachtet werden und in sibirischen Arbeitslagern umerzogen werden. Nichts fürchten Milek und Pauline mehr als Sibirien. Und daß sie getrennt werden. Milek kommt allein nach Sibirien. Unvorstellbar. Es sind Berufskooperativen gegründet worden. Milek behauptet stur, daß sein Vater Fabriksarbeiter war. Sie werden nicht gleich in Lemberg Nachforschungen anstellen und feststellen, daß sein Vater Kapitalist war. Er trägt jetzt eine alte Hose, ein Sporthemd und Sandalen ohne Strümpfe. Dabei liebt er elegante Anzüge aus feinem Tuch. Aber in so einem Aufzug wäre er ein Kapitalist und hätte keine Chance mehr, eine Arbeit zu bekommen. Pauline geht auch in die Berufskooperative. Die Mutter von Mileks Vetter hat sich bereit erklärt, auf Ryszard aufzupassen. Pauline trägt einen alten Rock und eine alte Bluse, alte Schuhe ohne Strümpfe und ein Kopftuch. Die Zeit vergeht. Weder Milek noch Pauline haben Arbeit. Und auch bald kein Geld mehr. Milek ist nervös. Nachdem er in der Berufskooperative war, geht er in die Stadt, weil er es zu Hause nicht aushält. In den Läden gibt es schon fast nichts mehr. In der Auslage der ehemals größten Drogerie gibt es nur Zylinder und Schnurrbartbinden. Die Kaffeehäuser sind leer, und Zeitungen gibt es auch keine mehr. Vom Ringplatz geht Milek in den Volksgarten und den Botanischen Garten oder auf die Habsburgerhöhe, und zu Hause jammert er, daß er nach Sibirien kommen wird. Und dann sagt Pauline immer: In Palästina hättest du Arbeit. So verbringen sie die Abende. Milek jammert, und Pauline ist wütend. Milek ist den Tränen nahe, und Pauline hat einen roten Kopf. Sie streiten leise. Das Kind soll nicht merken, daß sie streiten, und schon gar nicht die Nachbarn. Sie wohnen immer noch alle zusammen in einem Zimmer bei Mileks Vetter. Eine eigene Wohnung haben sie sich bis jetzt nicht leisten können.

Endlich. Milek hat Arbeit als Schreibkraft gefunden. Nur weil er die kyrillischen Buchstaben kennt. Das können nicht viele Czernowitzer. Und Pauline kann in der Rayons-Bibliothek arbeiten. Fürs erste sind sie gerettet. Aber viele Leute sind schon verhaftet worden und nach Sibirien deportiert worden. Und man weiß nie, ob einen nicht auch dieses Schicksal ereilen wird. Die Stadt hat sich stark verändert. Es sind inzwischen mehr Zugewanderte als Einheimische in Czernowitz. Auf der Straße wird Ukrainisch und Russisch gesprochen. Man darf die

Stadt nicht verlassen. Überall gibt es Spitzel. In jedem kann man einen Spitzel vermuten. Pauline und Milek haben vereinbart, so wenig wie möglich in der Arbeit zu sprechen. Und Bekannte haben sie kaum. Nur eines läßt sich Pauline nicht entgehen. Aus Kiew ist ein jiddisches Theater gekommen mit hervorragenden Schauspielern. Sidy Thal und Adolf Teffner in der Dramatisierung von Israel Singers Roman „Yoshe Kalb". Die größte Schöpfung des jüdischen Theaters. Der einzige Genuß, den sie sich leistet. Sie sieht jedes neue Stück. „Der verzauberte Schneider" von Scholem Alejchem hat sie sogar dreimal gesehen.

Baia-Mare heißt jetzt Nagybánya und gehört zu Ungarn. Hitler hat Nordsiebenbürgen den Ungarn zurückgegeben. In Ungarn gibt es einen Numerus clausus für Juden. In den meisten Berufen dürfen nur 6 % Juden arbeiten. Ein Gesetz aus dem Jahr 1939. Eine Konzession an Hitler-Deutschland. Eduard kann jederzeit seine Stelle verlieren. Er ist zwar ein guter Mitarbeiter, aber in der Fabrik sind 20 % Juden, wenn nicht mehr. Es wäre eine Katastrophe. Sie haben das kranke Kind. Bimbo braucht teure Behandlungen. Und das Vermögen der Eltern ist enteignet. Nirgendwo sonst kann er Arbeit finden. In Polen sind die Deutschen, in Galizien die Russen, in Österreich die Deutschen. Sie müssen weg. Am besten nach Amerika. Aber ohne Affidavit ist nichts zu machen. Tea hat ein Affidavit und sitzt immer noch in Wien. Sie war sogar schon in der Quote. Vielleicht kann sie helfen, ein Affidavit zu bekommen. Er wird sich um ein Rockefellerstipendium bewerben. Rena möchte nicht nach Amerika. Sie kann nicht Englisch. Aber Rumänisch hat sie auch gelernt. Dann sieht sie ihre geliebten Eltern nicht mehr. Sie denkt, nie mehr. Die Eltern kann sie jetzt auch nicht sehen. Die leben in Lemberg. Und Eduard kann seine Eltern auch nicht sehen. Sie leben alle in der Sowjetunion, und da kann man jetzt nicht so ohne weiteres hinfahren. Noch hat er ja seine Stelle. Vielleicht wird es nicht so schlimm werden.

6

Lenz koordiniert die kommunistischen Betriebs- und Bezirksgruppen in Wien und trifft sich mit seinen Genossen in der Leihbücherei von Doris Brehm im 2. Bezirk. Vor '38 konnte man in dieser Bücherei jede Menge pornographischer Literatur bekommen. Jetzt werden dort die Verpflegung der U-Boote besprochen und die Artikel für die „Rote Front" werden zum Abschreiben weitergegeben. Er selbst wohnt immer noch in der Messerschmidtgasse und denkt nicht daran unterzutauchen. Andere haben es nötiger. Tea hat ein Mädchen zur Welt gebracht. Sie hat ein paar Tropfen Äther bekommen. Gleich war sie berauscht. Es war sehr angenehm. Geschrien hat sie trotzdem, aber bevor sie den Äther bekommen hat. Ein Bub wär ihr lieber gewesen, aber ein Mädchen ist auch gut. Das Kind soll nach Lenz' Mutter Maria heißen. Tea ist nicht begeistert. Ein guter christlicher Name ist aber vielleicht ganz opportun. Tea gefällt Ute. Lenz ist entschieden dagegen. Ein germanischer Name kommt überhaupt nicht in Frage. Tea sieht es ja ein. Lenz hat schon alles nötige besorgt, ein Gitterbett und eine Wiege aus dem Waldviertel und Babywäsche von Genossen. Daß er nur nicht das Kind ansteckt. Jetzt, wo er ein Kind hat, muß er doppelt und dreifach vorsichtig sein, daß die Gestapo ihn nicht erwischt. Die Wiege steht vorläufig bei Tea im Zimmer, wenn das Kind größer ist, kann es ja in ihrem Arbeitszimmer schlafen.

3. Kapitel

1

22. Juni 1941. Es ist Sonntag. In Drohobycz hat es eine Explosion gegeben. Niemand weiß, was das zu bedeuten hat. Vielleicht Sabotage. Vielleicht waren es Ukrainer. Am Montag fliegen deutsche Kampfflugzeuge über Drohobycz. Luftangriffe. Artilleriedonner. Deutschland hat die Sowjetunion überfallen. Wir werden die Faschisten zertreten, schreien die sowjetischen Soldaten. Deutsche Flugzeuge werfen Spreng- und Brandbomben ab. Ukrainische Heckenschützen schießen auf russische Soldaten. Tag und Nacht Artillerie. Die Russen ziehen sich zurück. Russische Panzer donnern durch die Straßen, Soldaten schießen auf offene Fenster und Zivilisten. Plötzlich Totenstille. Die Russen sind abgezogen. Die Ukrainer öffnen das Gefängnis Brygidki. Hunderte Tote. Vom NKWD ermordet. Das waren die jüdischen Bolschewisten, schreien die Ukrainer. Sie zerren jüdische Frauen und Männer aus ihren Wohnungen, prügeln und schlagen sie, reißen den Frauen die Kleider vom Leib und schlagen sie mit den Fäusten ins Gesicht. Hunderte Juden werden zum Gefängnis getrieben und müssen dort die Opfer der NKWD-Morde bergen. Es sind frische Leichen mit einer Dreckschicht bedeckt, verbrannte Gesichter, verschwollene Augen, verbrannte und zerschlagene Hände, schuppende Haut. Die Juden müssen die Leichen waschen und zur Beerdigung vorbereiten. Vor dem Gefängnis stehen Ukrainer mit Messern, Stöcken und Holzscheiten und schlagen auf sie ein. Nachdem sie die Leichen gewaschen haben, müssen sie das Gefängnis säubern und stundenlang in scharfen Desinfektionsmitteln sitzen. Danach werden sie erschossen. Am 7. Juli ziehen die Deutschen in Drohobycz ein. Auf Motorrädern in Tarnfarben mit eiförmigen Beiwagen. Auf jedem Motorrad sitzen zwei Soldaten mit Helmen und Schutzbrillen und umgeschnallten Waffen. In gleichmäßigen Abständen fahren sie zum Ringplatz.

Drei Tage später hält die Gestapo zehn Juden auf der Straße an. Sie müssen sich ausweisen und werden aufgefordert, sich am nächsten Tag im Gestapogebäude zu melden. Sie melden sich und kehren nicht mehr zurück. Die Frau eines Verschwundenen wendet sich an die Gestapo. Man gibt ihr die Papiere ihres Mannes zurück und sagt, daß er tot ist.

Adolf ist sofort entlassen worden. Alle sind entlassen worden. Die Radios sind konfisziert worden. Juden dürfen nicht telefonieren, keine Spitäler, Badehäuser, Kaffeehäuser, Theater und Kinos besuchen. Minna kauft Mehl, Zucker, Buchweizen, Grieß, so viel sie in ihrem Zimmer bei den Ukrainern verstecken kann. Ringe, Ketten, Uhren, Zigarettenetuis, Schnupftabakdosen hat Adolf schon vor den Russen unter einem Stück Holz im Boden versteckt. Unter dem Vorsitzenden Dr. Izak Rosenblatt wird ein Judenrat gebildet mit 500 Angestellten. Er muß die Juden registrieren, Arbeitskräfte bereitstellen, die Verpflegung der jüdischen Bevölkerung organisieren, Kontribution eintreiben und einen Ordnungsdienst aufstellen. Adolf muß Straßen kehren, Minna Kasernen und Wohnungen putzen. Sie werden geschlagen, angespuckt und verspottet. Bezahlung gibt es keine. Der Judenrat teilt Bezugsscheine für ein halbes Kilo Brot in der Woche aus. Eines nachts werden 50 Intelligenzler verhaftet, selektiert und die Hälfte davon im Wald von Bronica erschossen. Jeder Jude muß eine weiße Armbinde mit einem blauen Davidstern tragen. Die Armbinden müssen sie selbst nähen. Wohnungen von Juden und Häuser, in denen mehrheitlich Juden wohnen, müssen mit dem Davidstern gekennzeichnet werden, der von der Verwaltung gekauft werden muß. Für Juden ist die Brotmehl-, Zucker- und Milchration so hoch wie für nichtjüdische Kinder. Sie bekommen kein Kochmehl, kein Fleisch, keine Marmelade, kein Fett, keine Eier. Sie dürfen auch nur zwischen 12 und 14 Uhr einkaufen. Die Ukrainer, mit denen Minna und Adolf zusammen wohnen, bringen Minna Fleisch und Eier. Am liebsten würde sie selbst zu den Bauern gehen, bei denen sie immer die Gänse gekauft hat. Aber sie darf die Stadt nicht verlassen. Juden, die ihren Wohnort verlassen, werden auf der Stelle erschossen. Die Karpaten-Öl AG wird gegründet. Adolf und Minna bekommen dort Arbeit. Adolf arbeitet in der Verwaltung und Minna als Sekretärin. Sie hat einmal aus Langeweile einen Schreibmaschinen- und Stenographiekurs gemacht. Das kommt ihr jetzt zugute. Deutsche Stenographie kann in Drohobycz sonst niemand. Sie bekommen einen Ausweis und eine Armbinde mit einem R. Rüstung. Sie bekommen Lebensmittelkarten und können in der Werksküche essen. Sie müssen in den eben eingerichteten jüdischen Wohnbezirk ziehen. Der Arzt Dr. Bloch, ein Bekannter, nimmt sie auf in der Ulica Sobieskiego. Sie können zusammen mit seiner uralten Mutter in einem Zimmer wohnen. Es gibt aber nur ein Bett. Adolf und Minna müssen zusammen auf einem Strohsack am Boden schlafen. Die Ukrainer helfen, die Sachen zu übersiedeln. Adolf und Minna verstecken sofort wieder alle Wertgegenstände unter einer Diele. Die alte Mutter hat nichts bemerkt, sie hört und sieht fast nichts mehr. Das Ghetto hat keine Mauer und keinen Stacheldraht. Es ist offen. Aber wer es verläßt, wird erschossen. Minna hat Durchfall. In der Stadt ist Flecktyphus ausgebrochen. Es ist sicher kein Flecktyphus, sie haben ja keine Läuse. Vielleicht hat die Alte Läuse, aber sie ist ja nicht krank. Minna hat Fieber, nicht sehr hoch, aber trotzdem. Dr. Bloch sagt, es ist Bauchtyphus, vielleicht auch nur ein verdorbener Magen. Er hat keine Medikamente. Für Juden gibt es keine Medikamente, höchstens am Schwarzmarkt oder beim Judenrat. Wenn man am Schwarzmarkt erwischt wird, wird man erschossen. Beim Judenrat gibt es wegen der Flecktyphusepidemie zur Zeit keine Medikamente. Lidia, die Ukrainerin, bei der sie gewohnt haben, schaut vorbei. Sie bringt Kräuter, die bestimmt helfen. Sie kommt jeden Tag, und Minna erholt sich. Im Wald von Bronica sind 300 Juden erschossen worden. Lauterbach hat in der Früh die Schüsse gehört. Weinreb hat es auch gehört, und Alicia Schorr und Peisech Ruhrberg und Mila Blaustein haben es auch gehört. Dr. Bloch war beim Judenrat, weil er dringend Medikamente braucht. Rosenblatt hat ihm erzählt, die SS hat von ihm eine Liste von 400 arbeitslosen, invaliden und kranken Juden verlangt, sie sollen verschickt werden. Der jüdische Ordnungsdienst hat jedem persönlich die Vorladung, sich um 7 Uhr im arischen Arbeitsamt zu melden, zustellen müssen. 300 sind dem Befehl gefolgt. Sie sind in LKW verladen worden, unter Bewachung der schwarzen Miliz in den Wald von Bronica gefahren und dort erschossen worden. Sie haben sich ausziehen und nackt auf Bretter stellen müssen, die über die Grube gelegt waren. Dann hat die Gestapo nach und nach alle erschossen und sie sind in die Grube gefallen. Eine Frau, die sich in einem unbemerkten

Augenblick unter den Kleidern, die die Juden auf den LKW laden mußten, versteckt hatte, hat das Rosenblatt erzählt. Als die Gestapoleute sie bemerkt hatten, haben sie sie laufen lassen. Minna geht zu ihrer Freundin Alicia, um ihr von der Erschießung zu erzählen. Ein Deutscher in Uniform kommt ihr entgegen. Minna grüßt, weil Juden Deutsche grüßen müssen. Der Deutsche hält sie an.

– Zeig mir deine Hände.

Minna hält ihm die Hände hin.

– Gib den Ring her.

Minna gibt ihm den Ehering.

– Schau, daß du weiterkommst.

Minna geht mit Tränen in den Augen weiter. Bei Alicia angekommen, erzählt sie ihr tränenüberströmt, was passiert ist. Alicia erzählt, daß sie gehört hat, daß die Deutschen von den Erschießungen singend nach Hause gefahren sind und danach gefeiert haben. Vor den im Hof versammelten Juden hat ein Gestapomann aus Lemberg eine Ansprache gehalten: „Jetzt also seid ihr erschienen, ihr traurigen Hunde, und wollt sogar schon arbeiten. Aber jetzt ist es zu spät dazu. Ihr wißt, was euch erwartet." Das hat Alicias Bruder erzählt. Er hat es gehört, weil er ganz in der Nähe gearbeitet hat. Der Gestapomann Landau hat Alicias Onkel, der als Schneider arbeitet, grundlos mit der Faust ins Gesicht geschlagen. Er kann kaum aus den Augen schauen und weiß nicht, wie er in diesem Zustand arbeiten kann. Wenn er nicht arbeitet, wird er sicher erschossen. Minna kann nicht aufhören zu weinen. Mit Tränen in den Augen läuft sie nach Hause, um Adolf zu erzählen, was Alicia ihr erzählt hat. Plötzlich klopft es. Gestapo steht vor der Tür.

– Ringe, Schmuck, alles, was Sie aus Silber und Gold haben, abliefern.

Adolf gibt ihnen seinen Ehering. Auf dem Tisch steht ein versilberter Becher, den ihnen Minna gibt. Sie durchsuchen das Zimmer, finden nichts und gehen zu Dr. Bloch.

Die Russen sind abgezogen. Peter und Tony haben ihr Haus wieder für sich allein. Zabłotów ist von ungarischem Militär besetzt. Am 24. August ziehen die Ungarn ab. Die Deutschen kommen. Peters Haus ist eines der größten von Zabłotów. Sie müssen weg, die Deutschen wollen sofort einziehen. Es soll das Gestapohauptquartier werden. Persönliche

Dinge können sie mitnehmen. Alles andere muß bleiben. Man wird ein Verzeichnis des Inventars machen. Peter und Tony können vorläufig bei Halinas Eltern wohnen. Halina ist seit mehr als 20 Jahren ihr Dienstmädel. Sie haben sie immer gut bezahlt und gut behandelt. Sie gehört einfach zur Familie. Halinas Eltern wohnen in einem Holzhaus, das nur aus einer Stube besteht. Da müssen sie jetzt alle zusammen wohnen. Für Peter und Tony unvorstellbar. Natürlich gibt es kein fließendes Wasser und kein WC. Aber das kennen sie ja von ihrer Kindheit. Sie müssen sofort ihr Haus verlassen. Da können sie nicht lange suchen. Fürs erste muß es gehen, dann werden sie weitersehen. Der frühere Bürgermeister, der fast jeden Sonntag bei ihnen zum Nachtmahl war, hat ein großes Haus. Er will sie aber nicht aufnehmen. Er sagt, er hat keinen Platz. Und der Apotheker, der immer selbstgebrannten Wodka mitgebracht hat, hat auch keinen Platz. Sie packen, vor allem alle Wertgegenstände, die sie vor den Russen versteckt haben. Halina hat nie gestohlen. Ihre Eltern werden auch nicht stehlen. Die Möbel müssen sie zurücklassen. Vielleicht können sie noch das eine oder andere Stück schnell verkaufen, bevor die Deutschen die Inventarliste gemacht haben. Sie haben nur wenig Geld. Peter hat schon fast ein Jahr nichts mehr verdient. Ein paar hundert Złoty, die sie nicht in Rubel eintauschen konnten, haben sie noch. Was sie auf der Bank hatten, haben sie alles verloren. Sie haben schon zu Sowjetzeiten getauscht. Zu essen hatten sie immer genug von den Russen bekommen. Die Deutschen werden ihnen nichts geben. Es muß schnell gehen mit dem Verkaufen. In drei Tagen müssen sie draußen sein. Tony packt und Peter fährt nach Kolomea, Käufer suchen. Ein Deutscher kommt und schaut die Möbel an. Er nimmt die Kredenz und den Schreibtisch. Tony weint. Aber sie haben wenigstens ein bißchen Geld. Halinas Eltern sind nette Bauern, aber in der Stube ist es eng, und die, die Platz haben, wollen sie nicht haben. Auch nicht der ukrainische Lehrer, Pan Fedkowytsch, der genug Platz hat in seinem Haus und der Peter immer höflich gegrüßt hat. Er läßt keine Juden bei sich wohnen. Sie bleiben bei Halinas Eltern. Tony weint leise vor sich hin, und Peter schweigt und streichelt die Katze. Er geht zum Judenrat, ob sie für ihn eine Wohnmöglichkeit wissen. Er soll zu Dr. Kuhmärker, dem Zahnarzt, gehen. Dr. Kuhmärker erzählt, daß eine Razzia war. Die Gestapo hat Wertgegenstände eingesammelt. Auch Pferde, Kühe und Ziegen sind requiriert worden. Peter und Tony sind wahrscheinlich nur deshalb verschont geblieben, weil sie bei den Ukrainern wohnen. Er weiß auch keine Wohnmöglichkeit für sie. Aber er wird herumfragen. Sie sollen doch bei den Ukrainern bleiben. Das ist sicher nicht das Schlechteste. Tony bekommt Arbeit vom Judenrat. Bis morgen 12 Uhr müssen 60 Uniformen genäht sein. Andernfalls werden 20 Juden erschossen. Alle Juden, die nähen können, nähen. Um 12 Uhr werden die Uniformen abgeliefert. Gerüchte kommen in die Stadt, daß in Kolomea und Stanislau die jüdische Intelligenz erschossen worden ist. In Kosów sollen mit Hilfe der ukrainischen Hilfspolizei 2000 Menschen ermordet worden sein. Einer, der der Ermordung zufällig entgangen ist, hat erzählt, daß die Gestapo den Befehl hatte, nur 6 bis 700 Juden zu erschießen. Danach haben sie mit den Ukrainern ein Fest gefeiert, weil es so gut gegangen ist. Es ist wieder ruhiger, und der Judenrat sagt, daß solche Aktionen nicht noch einmal passieren werden. Viele Juden versuchen, nach Kosów zu kommen, weil sie glauben, daß es dort keine Aktion mehr geben wird, weil es dort schon eine gegeben hat. Die meisten werden von der ukrainischen Polizei gefangengenommen und arretiert, ihrer Barschaft beraubt, geschlagen und zurückgeschickt.

Der Winter ist früh hereingebrochen. Für Ende November ist es schon ungewöhnlich kalt. Tony und Peter können nicht mehr bei den Ukrainern bleiben. Sie müssen in das jüdische Wohnviertel ziehen gleich beim Pruth. Tony ist verzweifelt. Die Wohnungen sind völlig überfüllt. Zufällig hat der Schuster, der immer ihre Schuhe geflickt hat, eine winzige Dachkammer frei. Halinas Eltern geben ihnen die beiden Strohsäcke mit, auf denen sie geschlafen haben. Damit ist die Dachkammer voll. Aber es ist kalt und sie müssen immer in Decken gewikkelt sein. Essen bekommen sie weiterhin von Halinas Eltern gegen Bezahlung. Sie verlangen nicht viel. Trotzdem. Ewig kann das so nicht weitergehen. Das Geld reicht nicht ewig. Von der Brotration, die man vom Judenrat bekommt, kann man nicht leben. Im Dezember kommt eine spezielle Gestapomannschaft nach Zabłotów. Auf einer Anhöhe auf dem Weg nach Trojca ist eine große Grube gegraben worden. Das hat sich in der Stadt herumgesprochen, und die Juden sind in höchster Aufregung. Sie fliehen aus der Stadt. Auch Tony und Peter packen schnell ein bißchen Essen in einen kleinen Rucksack und laufen in den Wald. Vielleicht können sie nach Kolomea gehen. Das sind zwar

20 km. Aber besser sie gehen, als sie erfrieren im Wald. Das Ghetto in Kolomea schließt an den Stadtrand, da können sie unbemerkt hinein und zu Dr. Diamant gehen, einem befreundeten Advokaten. Sein Haus steht im Ghetto. Das wissen sie. Sie gehen durch den Wald. Es ist bitter kalt. Das Haus von Dr. Diamant ist voll. Es ist ihm aber ein Zimmer mit seiner Frau allein geblieben. Sie können vorläufig bei ihm bleiben. In Zabłotów gibt es keine Juden mehr. Fast alle sind geflohen. 1500 Juden sind geflohen. Nach Kolomea, nach Kuty, nach Kosów, nach Śniatyn. Zu Verwandten oder Bekannten. Manche haben sich einfach im Wald versteckt. Plötzlich heißt es, die Gruben sind zum Schutz gegen Luftangriffe da. Die Gestapo hat in den naheliegenden Orten Anschläge anbringen lassen. Die Juden werden aufgefordert, zurückzukehren. Und die Juden kehren zurück. Alle. Bis auf ganz wenige. Peter und Tony bleiben in Kolomea. Sie wollen mit ihren Freunden Chanukka feiern.

Am 22. Dezember um 7 Uhr Früh stürmt die Gestapo von Kolomea nach Zabłotów und umzingelt mit der ukrainischen Polizei, die mit Messern und Äxten bewaffnet ist, die Stadt. Sie holen alle Juden aus den Häusern, schlagen sie, zertrümmern ihnen den Schädel, stechen ihnen die Augen aus und schleifen sie halbtot zum Marktplatz. Von dort treiben sie die Menge mit Stecken und Schreien zu der Anhöhe, auf der die Grube gegraben wurde. Sie werden in Reihen aufgestellt und müssen Bretter über die Grube legen. Sie müssen über die Bretter laufen und werden erschossen. Tot oder verwundet fallen sie in die Grube. Fünf Männer müssen die Toten in der Grube schlichten, damit genügend Platz ist. Dann werden die nächsten erschossen. Um 6 Uhr abends ist die Aktion beendet. 900 Juden sind erschossen worden. Am nächsten Tag verlangt die Gestapo vom Judenrat 10.000 Złoty für die verschossenen Kugeln. Und sie verlangt, alle Habseligkeiten der Toten zu übergeben.

Peter und Tony sind zurückgekehrt. Das Städtchen ist wie ausgestorben. Halinas Eltern erzählen, daß eine Aktion war. Peter und Tony gehen zum Judenrat und fragen, was passiert ist. Weinend gehen sie nach Hause und beschließen, in Zabłotów zu bleiben. Noch einmal wird das nicht passieren.

2

22. Juni 1941. Czernowitz. Deutsche Flugzeuge bombardieren den Flugplatz. Schwarze Rauchschwaden steigen auf. Bombengeschwader kreisen über der Stadt. Die Bevölkerung muß alle Radioapparate am Hauptpostamt abliefern. Wer zuwiderhandelt, wird als Spion erschossen. LKW mit Sowjetern, wie die Russen genannt werden, beladen mit Nähmaschinen, Standuhren und Gipsfiguren, verlassen die Stadt. Die Miliz ist aus den Straßen verschwunden. Die abziehende Rote Armee steckt die Post, das Finanzamt und ganze Häuserblöcke im Zentrum in Brand. Das Elektrizitätswerk und die beiden Pruthbrücken fliegen in die Luft. Die Straßen sind verlassen, die Geschäfte geschlossen. Die Militärmagazine werden geplündert. Mehl, Zucker, Wodka. Gruppen mit Hakenkreuzfahnen ziehen durch die Straßen und schreien: „Nieder mit den Juden, nieder mit den Bolschewiken". Am 6. Juli kommt ein Einsatzkommando der SS in die Stadt. Am 8. Juli besetzen rumänische Einheiten Czernowitz. Wie ein Lauffeuer verbreitet sich das Gerücht, daß die rumänischen Truppen auf dem Marsch von der Grenze zur Stadt alle Juden aus ihren Häusern geholt und erschossen haben. Rumänisches Militär und deutsche SS-Abteilungen stecken den Tempel in Brand. Zusammen mit den Kantoren des Tempels wird der Oberrabbiner, Dr. Mark, aus dem Gemeindehaus geholt, in das Hotel Schwarze Adler gebracht, in den Aufzug gestoßen und unter Hohngelächter gezwungen, endlos auf und ab zu fahren. Dann zerrt man die Männer heraus und bringt sie zum rumänischen Kulturpalast, wo ungefähr hundert jüdische Männer stehen. Zusammen mit diesen Männern werden sie zum Pruth gebracht, zum ehemaligen Militärschießplatz, und dort erschossen. Die rumänischen Truppen durchkämmen alle Häuser und Wohnungen nach Waffen und versteckten Russen. Aus den jüdischen Wohnungen werden Wertgegenstände mitgenommen, Männer werden in das Lager Rosch interniert oder zu den Baustellen auf den Pruthbrücken gebracht. Juden und jüdisch aussehende Passanten werden auf der Straße angehalten und gezwungen, Böden und Aborte in den Kasernen zu scheuern, Straßen zu kehren, Müll wegzubringen oder die Brandruinen in der Postgasse zu entrümpeln. Rumänischen Damen werden Juden oder Jüdinnen zugeteilt, um

die Wohnungen vom Schmutz zu befreien, den die Bolschewiken hinterlassen haben. Dann kommen sie in die Wohnungen und holen die Juden zum Arbeiten ab. Pauline und Milek wohnen immer noch bei Mileks Vetter. Pauline versteckt sich mit Ryszard im Kasten und Milek unterm Bett. Pauline hat Ryszard eingeschärft, mucksmäuschen still zu sein. Ryszard ist erst fünf, aber er hat verstanden. Kaum, daß sie atmen. Niemand schaut in den Kasten, aber Milek ziehen sie unter dem Bett hervor. Er muß die Trümmer im Zentrum der Stadt wegräumen helfen. Nur Arier dürfen Rubel in Lei umtauschen. Dr. Blaustein kennt jemanden, bei dem Milek Rubel wechseln kann. Aber es ist sehr gefährlich. Milek kann nach Einbruch der Dunkelheit einen Mann auf der Habsburgerhöhe treffen. Er kann 240 Rubel wechseln. Er muß aber 80 Rubel für einen Lei zahlen statt vierzig wie die Arier. Es muß alles sehr schnell gehen. Die restlichen Rubel müssen sie verbrennen, wenn man nicht noch jemanden zum Wechseln findet. Sie haben ohnedies nicht sehr viele Rubel. Aber sie haben noch Złoty. Milek will den Mann fragen, ob er auch Złoty nimmt. Drei Lei ist so gut wie gar nichts. Ein Kilo Brot kostet fünfzig Bani. Sie müssen eine Arbeit suchen. Pauline wird sagen, sie ist Schneiderin und Milek, er ist Schuster. Schneider und Schuster braucht man immer. Alle Juden müssen sich registrieren lassen und den Judenstern tragen. Bei der Zuteilung von Lebensmittelkarten werden für Juden nur kleinere Rationen ausgegeben. Juden dürfen nur zwischen 10 Uhr vormittag und 12 Uhr mittag ausgehen. Auf der linken Brustseite müssen sie den Davidstern tragen. Pauline versucht, auf dem Schwarzmarkt Lebensmittel zu bekommen. Sie kann nur mehr tauschen, Geld haben sie fast keines mehr. Obwohl es Milek gelungen ist, 600 Rubel zu wechseln. Mileks Vetter kennt eine ukrainische Familie, die ein achtjähriges Mädchen hat. Er hat die Mutter früher behandelt. Er fängt das Mädchen ab und spricht mit ihr. Sie verspricht, Kräuter zu sammeln. Aber sie soll ihren Eltern nichts davon erzählen. Sie bringt Pauline wilden Sauerampfer, Brennesseln und Brunnenkresse. Daraus macht Pauline Suppe. Aber sie haben kein Brot und kein Fett. Mileks Vetter hat von einem anderen Patienten ein Kilo Mehl und ein viertel Kilo Butter bekommen, das er nach dem Abzug der Russen gestohlen hat. Pauline bäckt Brot. Sie fragt im Haus, ob jemand etwas zu nähen hat. Im obersten Stock wohnt eine Schneiderin. Sie sagt, sie will ihr helfen. So bekommt Pauline gelegentlich Näharbeiten.

Milek geht auch von Haus zu Haus und fragt, ob nicht jemand Schuhe zu reparieren hat. Aber Milek hat kein Geld, um Material zu kaufen. Er kann höchstens Löcher flicken. Es schaut schlecht aus. Er verdient fast gar nichts. Höchstens einmal so viel, um für Ryszard ein Ei am Schwarzmarkt kaufen zu können.

Samstag Früh, 11. Oktober. Die Juden sind aufgescheucht. Jeder sagt es einem anderen. Sie müssen bis spätestens 6 Uhr abend in das alte Judenviertel umziehen. Wer nach 7 Uhr außerhalb des angegebenen Ghettos angetroffen wird, wird erschossen. Massen mit Bündeln, Rucksäcken, Koffern, Handkarren, Schubkarren, Kinderwagen angefüllt mit Matratzen, Hausgerät und mancherlei Gerümpel bewegen sich in Richtung Ghetto. Milek und Pauline packen schnell das Nötigste. Sie haben noch einen alten Kinderwagen, den sie vollpacken. Mileks Vetter hat einen Bekannten im alten Judenviertel, wo er in einem Zimmer unterkommen kann, in dem schon sechs Leute wohnen. Milek und Pauline können nicht auch noch in das Zimmer ziehen. Sie haben kein Geld, um wenigstens ein kleines Kämmerchen zu bekommen. Die Wohnungen sind schon voll. Endlich finden sie Unterschlupf auf einem Dachboden. In eine Ecke können sie sich auf die Decken, die sie im Kinderwagen mitgenommen haben, setzen. Mehr als zwanzig Leute sind schon am Dachboden. Wenigstens ist der Dachboden nicht feucht. In den Kellern ist es sehr feucht. Am Abend ist das Ghetto komplett, umzäunt mit vier Meter hohen Holzbrettern und Stacheldraht darüber. Außerhalb des Ghettos Wache, innerhalb ein rumänischer Soldat, damit niemand das Ghetto verlassen kann. Viele sitzen in einem Stiegenhaus, in Kellern, in Waschküchen oder in einem Hof im Freien.

Aus der Steinstraße, der Dreifaltigkeitsstraße und den angrenzenden Gassen werden Hunderte von Menschen geholt. Niemand weiß, was das zu bedeuten hat. Am Abend weiß man es dann. Sie wurden zum Bahnhof getrieben und dort in Viehwaggons gesteckt. Über fünfzig in einen Waggon. Die rumänischen Soldaten sagen, sie kommen nach Transnistrien, wo sie Wohnungen bekommen. Pauline, Milek und Ryszard haben nichts mehr zu essen. Viele bekommen Essen von Bekannten durch den Zaun gereicht. Pauline und Milek kennen niemanden in Czernowitz, der ihnen etwas bringen könnte. Die Leute auf dem Dachboden neben ihnen haben Milch, Brot und Äpfel bekommen. Sie geben ihnen ein bißchen davon. Für Ryszard einen halben Apfel und ein paar Schlucke Milch. Schließlich ordnet der Bürgermeister Popovici an, Lebensmittel ins Ghetto zu lassen. Die Bauern kommen und verkaufen alles zu enorm überhöhten Preisen. Pauline verkauft ein goldenes Armband, das sie über die Sowjetzeit gerettet hat. Endlich haben sie ein bißchen etwas zu essen. Ryszard hustet. Wenn er nur nicht ernsthaft krank wird. Alle drei schlafen zusammen auf dem Fußboden in die zwei Decken gewickelt. Gut, daß Pauline für Ryszard warme Sachen eingepackt hat. Auf dem Dachboden ist es kalt. Die vielen Menschen wärmen zwar, aber überall sind Ritzen und der Wind bläst durch. Alle Ghettoinsassen müssen sich registrieren lassen. Die Registrierung hat nach bestimmten Berufsgruppen zu erfolgen: Ärzte, Advokaten, Architekten, Angestellte, Kaufleute, Handwerker. Wer für die Wirtschaft als notwendig befunden wird, soll eine Autorisation erhalten, die ihn zum Bleiben in der Stadt berechtigt, alle anderen werden deportiert. Mileks Vetter ist Arzt, er kann sicher bleiben. Pauline und Milek sind zwar Advokaten, aber polnische. Das zählt nicht. Sie werden sicher deportiert werden. Niemand weiß, was in Transnistrien passiert. Das Paradies wird sie nicht erwarten. Pauline wird sagen, daß sie Schneiderin ist, und Milek, daß er Schuster ist. Es wird nichts nützen, sie haben keine Papiere. Dokumente kann man vielleicht beschaffen. Pauline hat noch Ohrringe, die sie verkaufen könnten. Bei der Registrierung treffen sie einen jungen Mann aus Lublin. Er erzählt, daß es einen polnischen Konsul in der chilenischen Gesandtschaft gibt, der polnischen Juden chilenische Pässe ausstellt. Ein Mittelsmann kommt um 12 Uhr zusammen mit den Bauern ins Ghetto. Er verkauft Eier, nur Eier. Sie werden ihn sicher finden. Pauline und Milek finden ihn. Die Pässe kosten 50 Lei. Das ist ein Vermögen, aber so viel könnten sie für die Ohrringe bekommen. Es muß schnell gehen, damit sie nicht vorher deportiert werden. Straße um Straße wird geräumt. Zur Sicherheit wechseln sie das Quartier. In der Springbrunnengasse ist in einem Zimmer, in dem fünf Leute wohnen, noch Platz für sie. Man kann das Zimmer sogar heizen. Für Ryszard ist das ein Segen. Der Mann mit den Eiern hat versprochen, die Ohrringe zu verkaufen. Sie sollen am nächsten Tag um 12 Uhr wiederkommen. Am nächsten Tag sind die Pässe fertig. Sie können aus dem Ghetto heraus. Mileks Vetter hat eine Autorisation bekommen.

Sie treffen sich alle wieder in der Wohnung des Vetters. Die Wohnung ist ausgeräumt. Nur die Betten, Kästen und Bücher des Vetters sind noch da. Kein Tisch, keine Stühle, keine Wäsche, kein Geschirr, kein Teppich, keine Lampen, keine Decken, keine Pölster. Sie haben schier alles weggetragen. Hauptsache, sie haben ein Dach über dem Kopf. Pauline geht zu der Schneiderin im obersten Stock. Sie verspricht, ihr Arbeit zu geben. Sie haben noch eine goldene Uhr, die sie verkaufen können. Das ist aber das letzte Stück. Wenn sie dann kein Geld verdienen, verhungern sie. Ryszard hustet immer noch. Er braucht Vitamine. Mileks Vetter arbeitet in einem Spital. Er will versuchen, Cebion für ihn zu bekommen.

3

Eduard hat seine Stelle verloren. Er hat eine hohe Abfindung bekommen. Er wird als Jude keine andere Stelle bekommen. Eine Zeitlang können sie von der Abfindung leben. Gespart hat er auch. Sie ziehen in eine billigere Wohnung. Die Eltern machen sich Sorgen. Vielleicht findet er doch wieder etwas. Sicher nicht in Baia-Mare. Er hat das Rockefellerstipendium bekommen. Aber Amerika ist völlig aussichtslos. Ohne Affidavit geht gar nichts. Eduard ist langweilig. Er schreibt jede Woche den Eltern, Kamilla, Pauline, Onkel Sigmund und Onkel Oskar, in der Hoffnung, auch einmal von Tea Post zu bekommen. Aber Tea schreibt fast nie etwas dazu. Nicht einmal ein Foto von der kleinen Marietta hat sie geschickt. Wo er in jeder Karte darum bittet. Eduard hat jetzt mehr Zeit für Bimbo. Er macht sich große Sorgen. Er ist viel zu klein für sein Alter und spricht fast nicht. In Budapest gibt es eine spezielle Klinik. Sie wollen mit ihm hinfahren. Bimbo kann dort eine Kur machen. Er soll spezielle Bäder und Massagen bekommen. Es ist alles sehr teuer. Aber es muß sein. Noch haben sie ja Geld.

Kamilla und Duśko sind nach Budapest gezogen. Sie haben eine kleine Bassenawohnung. Zimmer, Küche. Einen Tisch, zwei Sesseln, zwei Betten und einen Kasten haben sie vom Roten Kreuz bekommen. Sonst besitzen sie nichts. Kamilla arbeitet als Schneiderin in einem Stricksalon, Duśko als Verkäufer in einer Papierhandlung. Etwas anderes hat er nicht gefunden. Mit dem Ungarisch geht es halbwegs. Sie verdienen sehr wenig. Im Lager in Selyp hat Duśko einen Anzug und einen Mantel bekommen. Kamilla hat für sich auf die Flucht zwei Kleider und ein bißchen Wäsche mitgenommen. Duśko hat gebrüllt und sie geschlagen, weil sie ja keine Zeit hatten und sofort wegmußten. Aber ihr schönstes Kleid konnte sie doch nicht zurücklassen. Und so sind sie völlig mittellos nach Selyp gekommen. Duśkos Anzug ist sehr abgetragen, und Kamilla geniert sich mit ihm auf der Straße. Er hat ständig Magenweh. Vermutlich ein Magengeschwür. Der Arzt hat gesagt, daß man operieren muß. Kamilla möchte, daß ihn ein Professor operiert. Aber das können sie sich natürlich nicht leisten.

4

Sofie ist gestorben. Nach zwei Schlaganfällen. Lenz hat gesagt, daß sie bald sterben wird. Aber Tea wollte es nicht glauben. Sie hat nicht mehr viel mitgekriegt. Das Kind hat sie kaum mehr interessiert. Oskar bekommt eine Vorladung vom Wohnungsamt. Er ahnt schon, was das bedeutet. Er wird ausziehen müssen. Er bekommt eine Zuweisung für die Körnergasse 7 im II. Bezirk. Er muß in eine jüdische Straße ziehen. Ohne arische Frau kann er nicht mehr im XVIII. Bezirk bleiben. Jetzt ist alles aus. Er muß ausziehen, das Haus werden sie ihm wegnehmen, und dann kommt er auf einen Transport nach Theresienstadt. Er ist schon so alt. Und außerdem sieht er fast nichts. So weit kann er nicht mehr reisen. Gott sei Dank ist Tea noch da. Gut, daß sie nicht emigriert ist. Sie ist ein Schutz für ihn. Wenigstens muß er keinen Judenstern tragen. *Der jüdische Ehegatte einer deutschen Frau gilt als privilegiert, sofern aus der Ehe ein oder mehrere Kinder hervorgegangen sind, welche als Mischlinge ersten Grades anzusehen sind.* Wer weiß, wie lange das gilt. Sie können es sich ja noch anders überlegen. Andauernd werden die Gesetze verschärft. Noch kommen privilegierte Juden auf keinen Transport. Wer weiß, wie lange noch. Wenn er nach Theresienstadt kommt, wird er sicher sterben. Eine so lange Bahnfahrt steht er nicht mehr durch. Sigmund muß einen Judenstern tragen. Er ist nicht privilegiert, weil er keine Kinder hat. Den Judenstern hat er bei der Kultusgemeinde um 8 Rpf. kaufen müssen. Er kann aber mit Paula zusammenbleiben. Er geht sowieso nicht mehr aus. Oskar zieht in die Körnergasse. Es ist ein elegantes Haus. Alle Wohnungen sind überfüllt. Auf Tür 17 im zweiten Stock ist noch ein Kabinett frei. Das kann er ganz für sich allein haben. Zweiter Stock ist für ihn schon ein bißchen hoch. Aber weiter unten könnte er nur mit jemandem anderen ein Zimmer haben. Er schafft es schon. Er muß ja nicht dreimal am Tag hin und her rennen. Besser im zweiten Stock als mit einem fremden Menschen in einem Zimmer. Es ist eine große Wohnung. Drei große Zimmer, ein Kabinett und ein Dienstbotenkammerl. Klo, Badezimmer, Küche, alles da. In jedem Zimmer wohnt eine Familie. Und im Dienstbotenkammerl schläft ein Kind. Eine Familie in Mischehe mit einem Kind. Die haben immer schon in dieser Wohnung gewohnt. Das war ihre Wohnung. Der Mann war Universitätsprofessor. Wie wird das werden? So viele Leute in einer Wohnung. Fremde Leute. Daheim geht Oskar in der Unterhose herum. Worauf Tea immer einen Tobsuchtsanfall bekommt. In der Unterhose kann er jedenfalls hier nicht herumgehen. Hier hat er kein Radio. Juden dürfen kein Radio besitzen. Niemand, der ihm die Zeitung vorliest. Sofie und Tea haben ihm immer die Zeitung vorgelesen, weil er auch mit der Starbrille sehr schlecht sieht. Zwar den Völkischen Beobachter. Aber man muß ja auch wissen, was die schreiben. Juden dürfen keine Zeitung beziehen. Er wird sich in seinem Zimmer einschließen. Er wird ein bißchen spazieren gehen. In den Wienerwald darf er nicht. Der ist ohnehin zu weit. In den Prater darf er auch nicht, aber in den nahen Park.

Lenz zieht in der Höhnegasse ein. Oskar hat jetzt auch nichts mehr dagegen. Schließlich können sie ja nicht heiraten. Außerdem bekommt dann Tea nicht zu viele Untermieter. Einen haben sie schon vor einem halben Jahr bekommen. Einen Nazi. Er wohnt in Oskars Büro. Tea haßt das. Ein fremder Mensch in der Wohnung. Er hat zwar einen eigenen Eingang, aber trotzdem. Lenz geht regelmäßig zu den Treffs in die Leihbücherei von der Doris Brehm. Tea stirbt vor Angst. Wenn sie ihn wieder verhaften. Jetzt, wo sie das Kind hat. Ständig ruft diese komische Doris an und will den Lenz sprechen. Was die nur immer will. Lenz gefällt ihr sicher. Der gefallen alle Männer. Die muß alle haben. Ein Riesenweib. Die Mutter ist Engländerin. Dumm ist sie, aber anständig. Sie versteckt Juden. Auch solche, die schon die Vorladung zur Sammelstelle haben, um auf einen Transport zu kommen. Lenz hilft ihr dabei, sucht Verstecke und sorgt für Lebensmittel. Deshalb muß sie trotzdem nicht ständig anrufen. Oskar schreibt Postkarten, besucht Sigmund und manchmal auch Tea. Tea geht nicht ins Ghetto. Das ist zu gefährlich. Manchmal sperrt die Gestapo ganze Straßen ab, und die Ausheber holen die Juden aus den Wohnungen. Sie ist zwar Mischling ersten Grades. Aber wer weiß, vielleicht scheren sie sich nicht darum, und sie kommt in ein Arbeitslager oder auf einen Transport. Durch einen Boten schickt sie Oskar Lebensmittel.

5

Es ist ein eisiger Winter. Die Juden müssen alle Pelze und Skisachen abliefern. Auch Pelzkragen müssen abgeliefert werden. Mitglieder des Judenrats werden zehn Tage als Geiseln festgehalten. Zuwiderhandeln wird mit dem Tod bestraft. Adolf hat einen Mantel, in den der Pelz hineingehängt werden kann. Den Mantel kann er behalten, aber den Pelz muß er abgeben. Bei 20 Grad unter null und der fettlosen Ernährung. Minna hat wieder Durchfall, aber es gibt nicht einmal Kohletabletten. Lidia bringt ihr wieder Kräuter. Viele sind krank, die meisten sind krank. Es herrscht immer noch Fleckfieber in der Stadt. Dr. Blochs Mutter ist gestorben. Das Herz hat versagt. Dr. Bloch hat kein Medikament für sie bekommen. Viele sterben an Hunger. Minna denkt auch ans Sterben. Wie lange kann sie das noch so machen? Trotzdem arbeitet sie. Obwohl sie glaubt, daß sie jeden Moment zusammenbrechen wird. In der Karpaten-Öl AG werden die Arbeiter wenigstens nicht geschlagen. Der SS-Hauptscharführer Felix Landau, der Judengeneral von Drohobycz, hat einmal alle Schneider der Stadt verhaften lassen, weil die Arbeit nicht termingerecht fertig war. Man holte sie nachts nackt aus den Betten, und sie mußten drei Tage ohne Verpflegung und ohne Kleidung arbeiten. Minna und Adolf sind sehr vorsichtig. Nie darf die Armbinde mit dem Davidstern verrutschen. Nie darf man sie vergessen. Ist man nur für einen Augenblick im Hof ohne Armbinde, wird man erschossen. Sie gehen so wenig wie möglich weg. Manchmal gibt es auf der Straße Judenhatzen, und es werden Leute eingesammelt und erschossen. Adolf und Minna sollten 2,50 Złoty am Tag Lohn bekommen. Das sollen die deutschen Firmen bezahlen. In Wirklichkeit bekommen sie nicht einmal 2 Złoty. Sie haben noch ein bißchen Schmuck und können am Schwarzmarkt gelegentlich Brot kaufen. Das Brot, das man auf Lebensmittelkarten bekommt, ist ungenießbar. Eine Mischung aus Mehl und Sand. 1 kg Schwarzbrot kostet am Schwarzmarkt 22 Złoty. Noch haben sie Geld, noch leben sie. Lidia bringt gelegentlich ein Ei. Aber Minna verträgt das Essen sowieso so schlecht. Sie sollte nur Weißbrot essen, aber das ist noch teurer. 1 kg 35 Złoty. Minna ist schon sehr mager. Sie war immer sehr dick. Und jetzt. Butter können sie sich fast nie leisten. Ein Viertelkilo kostet 45 Złoty. Wie soll man da leben? Sie essen vorwiegend Kartoffeln und trinken Milch. Das ist am ehesten erschwinglich. Sie werden eben so lange leben, als sie etwas haben, das sie verkaufen können. Es hat keinen Sinn, an die Zukunft zu denken. Eduard ist wenigstens in Ungarn. Er hat zwar keine Arbeit, aber es ist immer noch besser als hier. Dort werden die Juden nicht zu schwerer Arbeit gezwungen oder gleich erschossen. Das wissen sie. Sie schreiben ihm jede Woche eine Postkarte. Sie schreiben, daß es ihnen gut geht und daß sie gesund sind.

März 1942. Die Gestapo befiehlt dem Judenrat in Drohobycz, eine Liste von 3000 älteren Juden zu erstellen, die nach Pinsk umgesiedelt werden sollen. Dr. Ruhrberg gelingt es, die Zahl auf 1500 herunterzuhandeln. Die Juden werden zur Turnhalle Sokol bestellt. Lebensmittel, Geld und Wertsachen für zwei Wochen sind mitzubringen. Von Handwerkern auch die Arbeitsgeräte. Alle Juden erscheinen an der Sammelstelle und werden in die Turnhalle eingesperrt. Die Sicherheitspolizisten, die aufpassen, trinken Schnaps. Am nächsten Tag werden die Juden zum Bahnhof gebracht und in Güterwaggons verladen. Der Eisenbahner, der den Zug geführt hatte, hat erzählt, daß die Juden nach Rawa Ruska gebracht worden sind. Niemand weiß, wo die Juden sind. Niemand hat Post bekommen. Auch aus Konzentrationslagern gibt es Post. Das weiß man. Dr. Bloch sagt, sie sind umgebracht worden. Alicia sagt auch, daß sie umgebracht worden sind. Minna will es nicht glauben. Der junge Gottesmann sagt, sie sind umgebracht worden. Der Alte will es nicht glauben. Und die Kornhabers wissen, daß sie umgebracht worden sind. Das hat ihnen Lauterbach erzählt. Dem Lauterbach hat es die Frau vom Pfarrer erzählt.

Peter und Tony wollen nach Drohobycz zu Adolf und Minna ziehen. Sie können in Zabłotów nicht arbeiten. Sie können in Zabłotów gar nichts machen. Es gibt kaum etwas zu essen. Der Schwarzmarkt ist unerschwinglich. Halina bringt ihnen gelegentlich Pirogen. Sie haben auch keinen Pelz mehr und frieren ganz schrecklich. Der Schuster, bei dem sie in der Dachkammer gewohnt haben, ist tot. Die ganze Familie ist erschossen worden. Tony und Peter sind in die Stube gezogen. Aber sie haben nichts zum Heizen. Kinder bringen gelegentlich Holz aus dem Wald, das sie verkaufen. Aber es ist zu wenig, meistens nur feuchtes Reisig. Gerade, daß sie Wasser heiß machen können. In Drohobycz könnten sie vielleicht auch in der Raffinerie arbeiten. Sie müßten mit Adolf und Minna das Zimmer teilen. Das ginge schon. Sie gehen zum Judenrat. Sie wollen nach Drohobycz ziehen. Dr. Nusenblat gibt es der Gestapo weiter. Die Gestapo lehnt ab. Sie sind in Zabłotów registriert. Da müssen sie auch bleiben.

Die Tür wird eingetreten. Gestapo und ukrainische Polizei mit Äxten und Beilen stürmen in die Stube. Peter und Tony feiern gerade den ersten Sederabend. Jede Familie hat vom Judenrat drei Stück Mazzes bekommen.

– Alle Juden raus!
– Was wollen Sie?
– Sie müssen mitkommen.
– Warum?
– Mitkommen.
– Wir haben nichts getan.
– Wo sind die anderen?
– Wir sind allein hier.

Sie durchwühlen die Stube. Der Schuster war arm und das meiste, was da war, haben Tony und Peter schon am Schwarzmarkt verkauft. Sie gehen in die Dachkammer, wo Tony und Peter alles unter dem

Boden unter einem Stück Holz versteckt haben. Auf dem Boden liegen die Strohsäcke. Sie schmeißen die Strohsäcke die Stiege hinunter und reißen den Boden auf. Sie finden nichts.

– Mitkommen.
– Wir haben Schmuck.
– Was denn?
– Einen Brillantring.
– Und was noch?
– Eine goldene Uhr.
– Und was noch?
– Einen silbernen Becher.
– Und was noch?
– Ein Collier aus Edelsteinen.
– Her damit.

Tony und Peter atmen auf. Sie schauen aus dem Fenster. Immer mehr Juden versammeln sich auf der Straße. Hundert, zweihundert, vielleicht noch mehr. Der jüdische Ordnungsdienst stellt sie in Reih und Glied auf und treibt sie voran. Tony und Peter sind noch einmal davongekommen. Das nächste Mal wird es nicht mehr so gehen. Sie müssen weg aus Zabłotów. Sie gehen zu Halina. Sie kennt jemanden, der falsche Papiere verschaffen kann. Das wird aber kosten. Sie haben noch Silbersachen und Schmuck. Nicht übermäßig viel. Aber eine Zeitlang können sie noch davon leben. Es muß schnell gehen. Wer weiß, wann sie wieder kommen.

Isidor Eisenkraft ist nach Zabłotów zurückgekehrt. Er ist aus dem Güterwaggon gesprungen. Sie sind alle in eine Gefängniszelle gekommen. Fünfzig Leute in einer Zelle, Männer und Frauen. In der Zelle war höchstens für zwanzig Leute Platz. Es gab nur Strohsäcke, aber nicht für jeden einen. Es gab nichts zu essen, kein Wasser. Ein Kübel für die Notdurft für alle. Viele mußten sich übergeben. Manche fielen in Ohnmacht. Man hat ihnen gesagt, sie müssen warten, bis die Juden aus Ilnice, Rudniki, Popielniki und Kielichów da sind. Schließlich sind sie in Güterwaggons gepfercht worden. Es gab ein kleines Fenster mit Gitterstäben im Waggon. Es ist gelungen, die Stäbe zu entfernen. Das Fenster war sehr klein. Isidor hat gebeten, ihn aus dem Fenster zu werfen. Es ging alles sehr schnell. Man hat ihm nachgeschossen. Er hatte Glück und ist in einem Gebüsch gelandet. Er hatte nur Abschürfungen und blaue Flecken, keine ernsthafte Verletzung.

Tony und Peter haben Kennkarten mit echten Fotos und katholische Taufscheine bekommen. Damit können sie sich anmelden und Lebensmittelkarten bekommen. Jan Krzeminski und Jósefa Krzeminska. Beide verstorben. Ungefähr im Alter von Peter und Tony. Sie haben beide graue Haare. Peter schaut nicht sehr jüdisch aus, Tony schon eher, aber wenn man es nicht weiß, geht sie auch als Polin durch. Sie sprechen beide ein einwandfreies Polnisch ohne Akzent. Aber wie kommen sie aus Zabłotów hinaus? Jeder kennt sie. Jeder kann sie denunzieren. Auch in Kolomea können sie keine Fahrkarte kaufen. Da kennt sie nicht jeder, aber es gibt genug Leute, die sie kennen. Sie können von Kolomea unmöglich mit der Bahn fahren. Das ist viel zu gefährlich. Am Bahnhof kann sie jemand erkennen. Sie müssen nach Lwów, nach Lemberg. Sie müssen irgendwie nach Stanislau kommen, dort kennt sie niemand. Dort können sie eine Fahrkarte nach Lemberg kaufen. Aber wie kommen sie nach Stanislau? Am besten mit dem Auto. Aber wer fährt sie? Gibt es überhaupt jemanden, der verläßlich ist? Jeder kann sie denunzieren. Selbst Halina. Sehr unwahrscheinlich. Aber alle sind Denunzianten. Man zahlt ein Vermögen, und dann wird man verraten. Es wimmelt nur so von Erpressern. Sie müssen ihre neue Identität einüben. Niemals dürfen sie sich irren. Wie heißt du? Jan Krzeminski. Wie heißt du? Jósefa Krzeminska. Es muß im Schlaf klappen. Sie sagen zueinander nur mehr Jan und Jósefa. Halina will von Kolomea nach Stanislau ein Auto besorgen. Nach Kolomea bringt sie nach Einbruch der Dämmerung ihr Vater in der Kutsche. Niemand darf sie sehen, auch die jüdischen Nachbarn nicht. Sie können nicht viel mitnehmen. Einen kleinen Handkoffer und allen Schmuck, den sie noch haben. Halina bringt den Koffer schon tagsüber zu ihren Eltern. Um acht sollen sie dann Halinas Vater am Waldrand treffen. Um acht ist für Juden Ausgangssperre. Aber bei Tag können sie unmöglich fahren. Das Ghetto wird von der jüdischen Miliz bewacht. Dennoch müssen sie es wagen. Es ist ihre einzige Chance. Halinas Vater wird nicht direkt durch die Stadt fahren. Am Stadtrand von Kolomea wartet dann das Taxi mit dem Chauffeur. Ein Ukrainer. Wenn das nur gut geht. Aber die Polen sind genau solche Denunzianten. Tony weint vor Aufregung.

Nur jetzt nicht. Peter schnauzt sie an, sie muß sich jetzt zusammennehmen. Wenn das nicht klappt, werden sie erschossen. Zehn Minuten vor acht verlassen sie das Haus durch die Hintertür. Peter hat nur einen Rucksack mit den Silbersachen. Besteck, Becher und Kännchen. Den Schmuck und die Goldmünzen hat Tony in die Kleider genäht. Er nimmt Tony bei der Hand. Vorsichtig gehen sie über die Felder. Wenn sie jetzt jemand bemerkt, sind sie auf der Stelle tot. Punkt acht sind sie am Waldrand. Niemand hat sie gesehen. Halinas Vater wartet schon. Sie streifen die Armbinden mit dem Davidstern ab. Schweigend fahren sie nach Kolomea. In Kolomea wartet auch schon das Taxi. Es muß alles sehr schnell gehen. Sie fahren los. Wieder hat sie niemand gesehen. Die erste Hürde haben sie genommen. Um 12 sind sie in Stanislau. Der Chauffeur bringt sie zu einem Hotel. Sie legen ihre Ausweise vor. Niemand schaut sie an. Sie wollen so früh wie möglich weiter nach Lemberg fahren. In den Zügen gibt es Gepäckkontrollen. Den Schmuck und die Goldmünzen wird man nicht finden, die sind in die Kleider genäht. Die Entdeckung der anderen Sachen müssen sie riskieren. Das Besteck und die Becher sind in Wäsche gewickelt. Wenn sie Glück haben, wird bei einer Kontrolle niemand bemerken, daß darunter Silberstücke sind. Sie sind müde, können aber nicht schlafen. Plötzlich hören sie am Gang laute Stimmen. Eine Polizeikontrolle. Sie halten sich fest an den Händen und horchen. Auch in den Hotels wird kontrolliert. Alles vorbei. Ihre Papiere waren in Ordnung. Am nächsten Tag in der Früh gleich zum Bahnhof. Fahrkarten kaufen. Alles verläuft planmäßig. Niemand beachtet sie. Im Zug gibt es keine Polizeikontrolle und keine Gepäckkontrolle. Sie gehen in eine Pension, und dann können sie in Ruhe Wohnung suchen. Im polnischen Viertel finden sie eine kleine Wohnung, Zimmer, Kabinett, in einem Haus mit Pawlatschen. Klo draußen auf der Galerie. Die Nachbarn versuchen ständig, mit ihnen in Kontakt zu kommen. Peter und Tony sind sehr reserviert. Sie gehen auch nur selten aus. Vorwiegend Lebensmittel kaufen, die inzwischen rar geworden sind. Ganz können sie sich aber nicht entziehen. Das weckt höchstens Verdacht. Sie fragen, was Peter arbeitet. Er sagt, er ist schon in Pension. Das Geburtsjahr seiner falschen Dokumente stimmt mit seinem tatsächlichen überein. Er ist 65 Jahre alt, und somit gibt es kein Problem. Sie fragen, was er gearbeitet hat. Er sagt, er war Buchhalter. Sie fragen, warum sie umgezogen sind. Die Wohnung war zu teuer. Sie haben jetzt weniger Geld. Sie fragen, wo sie früher gewohnt haben. In der Ulica Sienkiewicza. Alles wollen sie wissen. Nur nicht zu engen Kontakt. Es fällt sicher auf, daß sie keinen Besuch bekommen. Manchmal zwingen sie sich wegzugehen. Dann gehen sie in den Park Kilinskiego. Leute, die niemals weggehen, sind verdächtig. Sie gehen nicht gerne weg. Überall sind Polizeikontrollen und Straßensperren. Peter fällt auf, daß einer der Nachbarn immer versucht, durch die Vorhänge in ihre Wohnung zu schauen. Eines Tages treffen sie auf der Galerie mit ihm zusammen.

– Man sieht Sie ja nie am Sonntag in der Kirche.

– Wir gehen in den Dom.

Tony war schlagfertig. Aber das nützt nichts. Sie müssen sofort weg. Schnell packen. Sie haben ohnedies nur einen kleinen Koffer und den Rucksack. Nichts ist zu hören. Tony schaut vorsichtig beim Fenster raus. Der Nachbar ist gerade weggegangen. Die anderen dürften auch nicht zu Hause sein. Die sind auch nicht so gefährlich. Besser sie gehen jetzt gleich. In der Nacht könnte sie jemand hören. Peter nimmt den Koffer, Tony den Rucksack. Vorsichtig schleichen sie aus dem Haus. Dann schnell um die Ecke. Sie hetzen zur Straßenbahn. Niemand hat sie gesehen. Der nächste Zug geht nach Przemyśl. Mit dem fahren sie. In Przemyśl können sie nicht bleiben. Peter hat dort einmal längere Zeit gearbeitet. Das ist zwar schon dreißig Jahre her. Aber trotzdem. Eine Nacht bleiben sie. Dann fahren sie weiter nach Jasło. Diesmal müssen sie klüger sein. In Przemyśl haben sie gleich eine Bibel und ein Gebetbuch gekauft. In Jasło werden sie öfter in die Kirche gehen, und die Leute beobachten und lernen, sie nachzuahmen. Das darf nie wieder passieren. Sie werden sagen, daß sie aus Lemberg kommen. Dann wundert sich niemand, wieso sie keinen Besuch bekommen. Und wenn man sie fragt, warum sie nicht in Lemberg geblieben sind, werden sie sagen, daß das Leben in Jasło billiger ist. Außerdem ist ihre Tochter gerade an Lungenentzündung gestorben. In Lemberg werden sie ständig daran erinnert. Und wenn man sie fragt, warum sie gerade nach Jasło gezogen sind, werden sie sagen, daß Tonys Tante hier gelebt hat und Tony so schöne Kindheitserinnerungen an Jasło hat. Und was werden sie sagen, warum sie keine Post bekommen? Weil die Tochter gestorben ist. Aber das genügt ja nicht. Darüber müssen sie noch nachdenken. Sie gehen in eine Pension und üben ihre Geschichten ein.

Schließlich finden sie eine kleine Wohnung am Stadtrand in einem kleinen Haus, in dem es nur zwei Wohnungen gibt. Das ist sicher ein Vorteil. Nicht so viele Nachbarn in unmittelbarer Nähe. Obwohl die Leute im Nebenhaus genauso gefährlich sind.

6

Bin ich mir a Freijlaches,
Gej in knak ech Nissalach.
Her ech auf die Trepn springen
Ire dribne Fissalach
Schojn arup es letzte Trepl.
Ech nem si stil arim,
Gib ir schnel a Kisch im Kepl,
Kim, kim, kim ...

– Hör auf zu singen!
– Warum denn?
– Es macht mich wahnsinnig.
– Warum denn? Ich sing für Ryszard und für mich. Und außerdem näh ich leichter beim Singen.
– Du kannst doch nicht jiddische Lieder singen, wenn Juden in Viehwagen weiß der Himmel wohin gebracht werden.
– Gerade deshalb sing ich.
– Und die Nachbarn müssen nicht wissen, daß wir Juden sind.
– Ich sing so leise, daß es niemand hören kann.
– Die Nachbarn haben Ohren wie ein Luchs.
– Die Nachbarn sind auch Juden. Die haben eine Autorisation. Das weißt du doch.
– Vielleicht können wir doch von hier weg. Schließlich haben wir chilenische Pässe.
– Wo sollen wir denn hin? Die chilenische Regierung läßt uns doch nicht einreisen.
– Vielleicht doch.

– Nein. Das weißt du doch. Aber mit den chilenischen Pässe kann uns nichts passieren.
– Und wenn ihnen das nicht mehr genügt und sie uns trotzdem deportieren?
– Das werden sie nicht tun.
– Das weiß man nie. Wir sollten doch versuchen in ein sicheres Land zu kommen.
– Das ist zu gefährlich.
– Hier ist es auch gefährlich. Vielleicht können wir doch nach Chile auswandern.
– Sei doch vernünftig! Du weißt, daß das nicht geht. Und wenn schon, dann lieber Palästina.
– Da kommen wir schon gar nicht hin.

7

Sigmund und Paula müssen aus ihrer Wohnung in der Iglaseegasse ausziehen. Der Hausbesitzer will keine Juden in seinem Haus haben. Sigmund muß die Wohnung mit einem schwarzen Judenstern kennzeichnen, weil er nicht privilegiert ist. So etwas will der Hausbesitzer nicht in seinem Haus haben. Sie finden eine Wohnung in der Liechtensteinstraße. Tea und Lenz sollen auch die Wohnung räumen. Ein Nazibonze will die Wohnung haben. Tea ist verzweifelt. Wo sollen sie denn hin? Mit dem Kind. Zu fremden Leuten, alle drei in einem Zimmer. Sie kann sich gar nicht mehr beherrschen. Sie flennt wie ein Schloßhund. Lenz gibt ihr eine leichte Ohrfeige. Mit dem Flennen wird es auch nicht besser. Flennen nützt gar nichts. Sofort hört sie auf. Es muß etwas geschehen. Lenz geht aufs Wohnungsamt und schlägt Krach. Er ist Vollarier, aus einem alten Waldviertler Bauerngeschlecht. Sein Kind hat als arisch zu gelten. Man kann ihm die Wohnung nicht wegnehmen. Der Beamte ist beeindruckt. Sie können die Wohnung behalten. Tea ist erleichtert. Lenz hat wieder einmal Courage bewiesen. Dafür bewundert sie ihn. In jeder freien Minute beschäftigt sich Lenz mit dem Kind, dem Mädi, wie er sagt. Tea ist froh darüber. So sehr sie das

Kind liebt, das ewige Hutschen ist ihr fad. Es läuft schon. Da muß man immer hinter ihm her sein und aufpassen. Aber es ist Gott sei Dank ein vorsichtiges Kind. Über die Stufe zwischen Teas Zimmer und dem Kabinett traut sie sich nicht. Ein kluges Kind. Bevor sie hinfällt, bleibt sie eben lieber stehen. Sprechen kann sie noch nicht. Tea macht sich schon Sorgen. Eigentlich ist es schon Zeit. Vielleicht ist sie faul. Lenz beruhigt sie. Das kommt schon. Manche sind schneller, manche langsamer. Tea muß sich immer irgendwelche Sorgen machen. Es gibt gar keinen Grund dazu. Oskar kommt manchmal auf Besuch. Er erzählt, daß eine Familie abtransportiert worden ist. Sie hat eine Vorladung von der Kultusgemeinde bekommen, sich in das Sammellager in der Kleinen Sperlgasse zu begeben. Sie wußte gar nicht, wohin sie kommen wird. Ein alter Mann war dabei. Er war sehr verzweifelt. Alle waren verzweifelt. Am Abend, bevor sie zur Sammelstelle mußten, sind wir alle in der Küche gesessen. Alle haben geweint. Jetzt gibt es fast keine Juden mehr in Wien. Oskar wird auch noch drankommen. Und Sigmund auch. Oskar erzählt, daß Eduard schreibt, daß es ihnen gut geht. Ein Glück, daß sie in Ungarn sind. Er hat zwar keine Arbeit, aber niemand muß im Ghetto leben und niemand wird irgendwohin transportiert. Nur Bimbo macht ihnen Sorgen. Er ist in der Entwicklung zurück. Wahrscheinlich wird er nie in eine normale Schule gehen können. Tea hat es ja gesagt. Er hätte die Cousine nicht heiraten sollen.

Lenz muß zur Musterung. Aber er hat ja Tuberkulose. Sie werden ihn nicht nehmen. Er bringt ein ärztliches Attest. Der Militärarzt untersucht ihn. Untauglich.

8

In Sambor hat die Hilfspolizei zusammen mit dem jüdischen Ordnungsdienst tausende Juden zusammengetrieben, tausende aus der Umgebung in die Stadt getrieben, zum Bahnhof gebracht und in Güterwagen gepfercht. Über hundert haben sie erschossen. In Borysław haben sich die Juden im Wald versteckt. Die Polizisten haben das Ghetto von Wolanka umstellt, einige hundert Juden verhaftet und im Kino Graszyna eingesperrt. Ein Ukrainer hat es gesehen und einer Bäuerin erzählt, die sich gerade auf den Weg nach Drohobycz machte. Wie ein Lauffeuer verbreitet es sich in Drohobycz. Von Sambor weiß man hier auch schon. Sie müssen jeden Augenblick nach Drohobycz kommen. Viele haben Verstecke gebaut. Eine zweite Decke im Klo, ein Loch in die Erde unter dem Boden des Zimmers, eine Art Bunker, eine Wand aus Ziegeln am Dachboden. Ein Ingenieur der Karpaten-Öl warnt Adolf und Minna. Sie sollen in der Firma bleiben und in einem Lagerraum übernachten. Mit zehn anderen verbringen sie zwei Tage und zwei Nächte in dem Lagerraum. Ohne Decken, ohne Matratzen, ohne Licht auf dem harten Steinboden. Zwischen Ölfässern, die stinken. Zu essen haben sie nichts, nur ein bißchen Wasser konnten sie noch schnell mitnehmen. Eine Frau weint. Dann schreit sie plötzlich: Ich will hier raus. Alle stürzen sich auf sie und halten ihr den Mund zu. Ein junger Bursche ist ohnmächtig geworden. Sie dürfen erst hinaus, wenn der Ingenieur kommt. Im Lagerraum ist es kalt. Alle sind nur leicht bekleidet, weil Sommer ist. Minna sitzt apathisch am Boden und spricht kein Wort. Adolf sagt ununterbrochen: Es kann nicht mehr lange dauern, sie müssen schon alle Juden von Drohobycz gefangen haben. Wenn wir jetzt nicht sterben, das nächste Mal erwischen sie uns bestimmt. Ein junger Bursch protestiert.

– Mich nicht. Ich versteck mich im Wald.
– Sie werden dich finden.
– Nein, ich geh zu den Partisanen.
– Die werden dich umbringen.
– Nein, wieso denn?
– Weil sie Antisemiten sind.
– Aber sie brauchen uns doch für den Kampf gegen die Deutschen.
– Du bist naiv.

Die Aktion ist vorbei. Viele wurden einfach in ihren Wohnungen erschossen. Der Gestapomann Hager hat im jüdischen Spital alle Kranken, die Infektionskrankheiten hatten, erschossen. Tausende sind zum Bahnhof gebracht und nach Rawa Ruska transportiert worden. Die Frau des Advokaten Lustig erhängte sich im Zug, erzählte einer, dem es gelang, aus dem Waggon zu entkommen. In Rawa Ruska hat man sie erschossen, nachdem sie sich vorher entkleiden mußten.

9

Vier Uhr früh. Es klopft. Es wird stärker. Man rüttelt an der Tür. Aufmachen! Mileks Vetter geht zur Tür.

– Wohnt hier die Familie Lifsches?

– Ja.

– Ich muß zu ihnen.

Ein Gendarm, zwei Zivilpersonen und der Leiter des Polizeirayons stehen vor der Tür. Der Vetter läßt sie herein.

– Sie sind Maximilian, Pauline und Ryszard Lifsches?

– Ja.

– Zeigen Sie mir Ihre Dokumente.

Milek gibt dem Polizisten die chilenischen Pässe. Der Polizist steckt die Pässe ein.

– Sie müssen mitkommen.

– Aber wir sind doch chilenische Staatsbürger.

– Nein, sie haben jetzt keine Dokumente mehr. Mitkommen. Sie haben 15 Minuten Zeit. Packen Sie, so viel Sie tragen können.

Ryszard ist völlig verschlafen. Er muß unbedingt ganz wach werden. Er muß unbedingt selbst gehen. Sie müssen soviel wie möglich mitnehmen. Milek kann ihn unmöglich auch noch tragen. Pauline sucht schnell die Rucksäcke. Sie werfen wahllos Sachen in zwei Rucksäcke. Brot, Käse, Äpfel in einen kleinen Rucksack. Den muß Ryszard nehmen. Ryszard weint ein bißchen.

– Du mußt jetzt tapfer sein, wir müssen uns beeilen.

Der letzte Schmuck muß auch mit. Ein Ring, eine Kette und eine Uhr. Sie werden zu einem Sportplatz gebracht. Dort sind schon viele Menschen versammelt. Ryszard macht keinen Muckser. Milek hat den Rucksack abgenommen und Ryszard auf den Arm genommen. Jedes Gepäckstück wird kontrolliert. Gold, Edelsteine und Valuten müssen abgegeben werden. Jede Person darf 2000 Lei mitnehmen. Pauline verkauft den Schmuck samt den Eheringen. Sie haben nicht einmal 2000 Lei jeder. Die meisten Leute hocken auf ihren Rucksäcken. Einige weinen leise. Die Kinder sind alle ruhig. Nur die Säuglinge schreien.

Um 10 Uhr erscheint ein Major, der Adjutant des Gouverneurs Calotescu, mit dem polnischen Konsul der chilenischen Gesandtschaft. Die polnischen Juden stehen unter der Obhut der chilenischen Gesandtschaft. Der Konsul verliest eine Liste aller Juden, die chilenische Pässe bekommen hatten. Sie bekommen ihre Dokumente zurück und sind frei.

10

Peter und Tony gehen jeden Sonntag in die Kirche. Aber nicht zur Kommunion und nicht zur Beichte. Sie studieren genau, was die Leute machen, wie sie sich bekreuzigen und hinknien. Das Vaterunser können sie schon. Beim Singen tun sie so, als ob sie singen. Aber da gibt es immer wieder Leute, die nicht mitsingen. Tony ist musikalisch und lernt die Lieder schnell und singt fleißig mit. Peter ist hoffnungslos unmusikalisch. Aber das ist das geringste Problem. Was ist, wenn es auffällt, daß sie nicht zur Kommunion und nicht zur Beichte gehen? Überall sind Spitzel, jeder kann ein Spitzel sein. Was ist, wenn sie der Pfarrer eines Tages anspricht? Das könnte ja sein, wenn er sie in der Kirche sieht, aber nie bei der Kommunion. Der Pfarrer kann etwas wittern. Er kann sie denunzieren. Aber wenn sie nicht in die Kirche gehen, fällt es erst recht auf. Nach der Messe verlassen sie fluchtartig die Kirche. Vielleicht hält man sie für ein eigenartiges älteres Ehepaar. Das würde nichts machen. Ganz dürfen sie sich aber nicht ausschließen. Das würde auffallen. Das Geld wird auch nicht ewig reichen. Peter kann auf keinen Fall arbeiten. Das ist viel zu gefährlich. Tony könnte stricken. Es ist die einzige Möglichkeit, ein bißchen zu Geld zu kommen. Sie strickt Socken, Pullover, Schals, kauft ein Klappstokkerl, bindet sich ein Kopftuch um und verkauft ihre Strickwaren am Markt. Viel verdient sie nicht. Sie müssen sich eine billigere Unterkunft suchen. Untermietzimmer sind billiger, aber auch gefährlicher. Es ist sicher gut, in einen anderen Stadtteil zu ziehen. Die Nachbarn sind schon sehr neugierig. In der Wohnung unter ihnen wohnt eine Offizierswitwe, die sie regelmäßig zum Tee einlädt. Dann schimpft sie über die Juden. Viele verstecken sich und treiben Schwarzhandel. Wenn man diese Lumpen nur erwischte. Bis jetzt hat sie sicher noch keinen Verdacht gegen Tony und Peter geschöpft. Aber wenn sie draufkommt, denunziert sie sie sicher. Es ist besser wegzuziehen.

II

Die ukrainische Hilfspolizei und der jüdische Ordnungsdienst, bewaffnet mit Gummiknüppeln, durchkämmen das Ghetto. Dr. Bloch, seine Frau und seine Tochter sind bei der letzten Aktion abtransportiert worden. Nur sein Sohn Bolek ist noch hier. Er hat auch eine Armbinde mit einem R. Adolf und Minna wohnen jetzt mit ihm zusammen. Bolek hat am Dachboden in einer Dachschräge eine Wand aus Ziegelsteinen gebaut. So ist ein kleiner dreieckiger Raum entstanden. Ein Versteck. Auf der Seite kann man hineinkriechen und das Loch von innen mit den Ziegeln schnell verschließen. Das R ist kein Schutz mehr. Bei der letzten Aktion sind über hundert Arbeiter der Karpaten-Öl AG gefangen genommen worden. Adolf, Minna und Bolek waren in dem Versteck am Dachboden. Dort haben sie drei Flaschen mit Wasser deponiert. Das Versteck ist klein. Es haben gerade drei Leute Platz. Aber es gibt nur wenig Luft. Minna war schlecht. Sie hatten Angst, daß sie ohnmächtig wird. Dann haben sie sie gehört. Unten in der Wohnung. Lange. Sie haben nach Schmuck und Geld gesucht. Dann sind auf den Dachboden gekommen. Sie haben den Boden und die Wände abgeklopft. Und weg waren sie. Bolek, Adolf und Minna waren gerettet. Aber sie mußten in ihrem Versteck bleiben, bis die Aktion vorbei war.

12

– Iß schön dein Ovotschi.

Lenz füttert mit einer Engelsgeduld das Mädi. Tea schaut zu und lacht. Lenz ist ein ausgezeichnetes Kindermädel. Das Mädi mag auch keine Milch, genauso wie Tea. Ein kluges Kind. Sie spricht immer noch nicht. Jetzt ist sie schon fast zwei. Vielleicht ist sie schwachsinnig. Lenz brüllt Tea an. Wie sie so etwas überhaupt nur eine Sekunde denken kann. Ja, ja. Aber Bimbo ist auch zurückgeblieben. Aber das Mädi nicht. Sie wird schon sprechen. Manche Kinder sind eben langsamer. Tea soll aufhören, so einen Unfug zusammenzuschwätzen. Oskar kommt zu Besuch. Er klagt über seine Mitbewohner. In das leer gewordene Zimmer ist eine alte Frau gezogen, deren Mann gestorben ist. Sie ist unerträglich. Keine Minute kann sie den Mund halten. Ihr Sohn ist in Amerika und hat seine Eltern allein zurückgelassen. Oskar will das gar nicht hören. Wenigstens ist kein Kind mehr in der Wohnung. Das Mädi liebt er aber, das ist etwas anderes. Auf dem anderen Auge sieht er gar nichts mehr. Es muß auch operiert werden. Das Rothschildspital ist aufgelöst worden. Er muß in das Spital in der Malzgasse. Tea macht sich Sorgen. Lenz wird ihn besuchen. Tea traut sich nicht. Lenz will Oskar überreden, das Haus dem Kind zu schenken. Dann ist es arisiert. Oskar will nicht. Das ist sein Haus. Er hat immer noch Einnahmen aus dem Haus.

– Du wirst das Haus verlieren und einen Pappenstiel dafür bekommen.
– Nein, ich hab eine halbjüdische Tochter. Da wird das Haus nicht arisiert.
– Du weißt ganz genau, daß das nicht stimmt. Wenn du das Haus dem Kind schenkst, bleibt es wenigstens in der Familie.
– Ich will nicht. Schluß damit.

13

Eduard schreibt Oskar jede Woche eine Postkarte.

Ich habe gestern Deine l. Karte vom 7. d.M. erhalten und freue mich aus dieser zu entnehmen, daß es Euch allen gut geht und daß ihr alle gesund seid. – Diese Woche erhielt ich eine Karte von meinen Eltern. Sie schreiben, daß sie zufrieden sind. – Von Kamilla hab ich schon länger keine Nachricht. – Pauline hat geschrieben. – Leider muß ich mich bei Dir wieder beschweren, daß Du uns vernachlässigst und uns nicht schreibst. Bitte schreib uns recht bald wieder. – Über uns kann ich auch diesmal nichts von Belang berichten. – Bitte schreib uns auch weiterhin regelmäßig. – Kamilla ist krank. Sie hat Fieber. Sie soll eine Liegekur machen. Ihr Mann ist nach der Magenoperation in einem Rekonvaleszentenheim. – Sonst kann ich Dir nichts berichten. Ich bitte Dich sehr, uns weiterhin regelmäßig zu schreiben. – Von Kamilla bin ich jetzt ca. drei Wochen ohne Nachricht und befürchte, daß sie wieder krank ist. – Über uns kann ich nichts Wesentliches mitteilen. Beschäftigt bin ich nicht. – Weder vergangene noch diese Woche habe ich von Dir Nachricht erhalten. Ich bin deshalb bereits ungeduldig, da ich wieder gerne von Euch hören möchte.

14

Tony und Peter sind in einen anderen Stadtteil gezogen. Sie haben ein Zimmer in einer Wohnung bei einer Witwe. Es ist billiger als die Wohnung in dem Zweifamilienhaus. In Polen gibt es viele Witwen, die Zimmer vermieten, weil sie von der Pension nicht leben können. Sie müssen die Küche mitbenützen und müssen sich unweigerlich mit Pani Zofia unterhalten. Sie erzählen ihre Geschichte. Daß sie aus Lemberg sind und daß ihre Tochter gestorben ist. Pani Zofia hat großes Mitgefühl. Tony zerdrückt sogar ein paar Tränen. Und Peter macht ein trauriges Gesicht. Zofias Mann ist gleich zu Beginn des Krieges gefallen, und ihr Sohn ist nach Rumänien geflohen. Jetzt ist er in

Frankreich und schreibt ihr ab und an einen Brief. Zofia weint bitterlich. So haben wir alle unser schweres Los zu tragen, sagt Peter. Sie sagen, daß Tony stricken muß, weil die Pension zu klein ist, um davon leben zu können. Peter ist kränklich, aber er will sich auch um eine Arbeit umsehen. Es ist sehr kalt. Sie haben kaum Wintersachen mitgenommen. Tony strickt für sie selbst Jacken und Socken und kauft sich ein dickes Wolltuch, um am Markt nicht zu erfrieren. Peter muß tatsächlich Arbeit suchen. Am Schwarzmarkt zu handeln ist zu gefährlich. Zofia sagt, der Sohn von Bekannten geht in die vierte Klasse Volksschule und hat Schwierigkeiten mit dem Rechnen. Er soll ins Gymnasium kommen. Vielleicht kann ihm Peter helfen. Er war ja Buchhalter. Peter war zwar ein guter Schüler, aber es ist schon sehr lange her. Er will es probieren. Das wird er schon können. So viel Kontakt ist nicht gut, aber sie müssen ja ein normales Leben führen, und vor allem brauchen sie Geld. Nachhilfestunden wären gut. Peter war gut in Latein. Das kann er sicher noch. Aber ein Buchhalter kann nicht Latein. Er könnte eine Anzeige aufgeben und sagen, daß er ein pensionierter Lateinlehrer ist. Pani Zofia würde das nie erfahren. Aber wenn es der Zufall will und sie erfährt es doch, sind sie verloren. Er will es trotzdem probieren. Sie brauchen dringend Geld. Sie gehen nach wie vor jeden Sonntag in die Kirche. Tony meint, sie sollen zur Kommunion gehen. Alle gehen zur Kommunion. Wenn sie nicht gehen, fällt das auf. Es ist nicht so schwer, man muß ja nur den Mund aufmachen. Pani Zofia will sie mit dem Pfarrer bekannt machen. Peter stirbt vor Angst. In Zabłotów kam zwar immer der katholische Pfarrer zu Besuch. Aber das ist jetzt eine andere Situation. Der Pfarrer ist sicher nicht dumm, der läßt sich nicht so leicht täuschen.

15

Bolek kommt gelaufen. Schnell, schnell, eine Aktion. Ins Versteck. Adolf, Minna und Bolek laufen ins Versteck. Sie sind atemlos. Nicht atmen. Sie kommen. Adolf, Minna und Bolek horchen. Deutsche und jüdische Ordnungspolizei. Es müssen viele sein. Sehr viele. Juden raus! Raus, ihr Schweine! Raus mit euch! Raus, ihr verdammten Juden! Raus aus dem Haus! Sie klopfen alles ab. Es kracht. Irgend etwas ist umgefallen. Es hört sich an, als ob sie die Möbel zertrümmern würden. Jetzt reißen sie den Fußboden heraus und suchen nach einem Bunker. Vielleicht sind sie betrunken. Sie kommen auf den Dachboden. Man hört die Nagelstiefel auf der Holztreppe. Raus mit euch! Wir erwischen euch ja doch! Abklopfen. Gegröle. Weg sind sie.

22. Mai 1943. Hunderte Juden werden mit Peitschen, Stöcken und Gewehrkolben in den Wald von Bronica getrieben. Auf die, die zu langsam gehen, dreschen Deutsche und Ukrainer ein. Auf den Kopf, auf den Rücken, ins Gesicht. Die meisten bleiben blutüberströmt liegen. Wer nicht weiter kann, wird auf der Stelle erschossen. Der Straßenrand ist übersät mit Toten. Im Wald ist eine große Grube. Nackt müssen die Juden an die Grube treten. Die SS schießt mit sowjetischen Beutegewehren. Schwer verletzt fallen sie in die Grube. Manche lassen sich noch nicht getroffen in die Grube fallen. Nach jedem Schuß trinken die SS-Leute einen Schluck Schnaps.

6. Juni 1943. Das Ghetto von Drohobycz ist umzingelt. SS-Männer und Ukrainer marschieren mit Äxten, Beilen, Brechstangen und Benzinkanistern ein. Die Leute verstecken sich. In Bunkern, Kellern, am Dachboden. Wer auf die Straße läuft, wird erschossen. Adolf, Minna und Bolek sind in ihrem Versteck am Dachboden. SS-Männer dringen in die Wohnungen ein und verwüsten sie. Nehmen alle Wertgegenstände an sich, schütten Benzin in die Häuser und zünden sie an. Bolek will fliehen. Ob er im Haus verbrennt oder erschossen wird, ist egal. Er will es versuchen. Minna und Adolf schweigen. Bolek öffnet das Versteck und läuft davon. Minna und Adolf bleiben sitzen. Das Ghetto steht in Flammen.

16

Eduard schreibt an Oskar, daß er schon zwei Wochen keine Post von seinen Eltern hat. Oskar schreibt an Eduard, daß die letzte Karte, die er von Minna bekommen hat, vom 2. Juni ist. *Bitte schreibe Minna und Adolf, daß es uns gut geht. Wenn sie Dir wieder schreiben, so bitte, schreibe es mir. – Minna schweigt sich, wie ich Dir letztens schrieb, weiterhin aus, worüber ich sehr betrübt bin. Hat sie Dir nach ihrer Karte vom 2. 6. wieder geschrieben? – 9. 7. Von Minna habe ich leider, trotzdem ich regelmäßig schreibe, auch weiterhin keinerlei Nachricht. – 20. 7. Auch Minna schweigt sich aus. Hat sie Dir geschrieben? – 1. 8. Von Minna fehlt auch weiterhin jede Nachricht und dies macht mir große Sorgen.*

Achtung, Achtung, hier Luftschutzsender Wien. Wir bringen in Kürze Luftlagemeldungen.

Gleich gibt es Fliegeralarm. Tea sollte schon beginnen, alles vorzubereiten.

Achtung, Achtung! Feindliche Kampfverbände im Anflug auf Stein am Anger.

Die Sirene ertönt. Jetzt muß es schnell gehen. Das Mädi anziehen. Lenz ist nicht da. Er druckt die „Rote Front". Hoffentlich geht er rechtzeitig in einen Luftschutzkeller. Tea braucht so lang, bis sie das Kind angezogen hat. Ohne Hilfe dauert alles ewig. Sie müssen ins Tunell der Vorortelinie im Türkenschanzpark. Im Haus gibt es keinen Luftschutzkeller. Nur kleine Kohlenkeller. Strümpfe, damit sich das Mädi nicht verkühlt. Es ist zwar noch warm, aber im Tunell ist es sicher kalt. Ein Jackerl und einen Mantel. Sie zieht ihre Haferlschuhe an. Man soll feste Schuhe anziehen, ist in der Zeitung gestanden. Ein Baumwollkopftuch und eine Decke. Ein bißchen was zu essen und zu trinken. Sie hat keinen Tee fürs Mädi vorbereitet. Zum Teekochen ist jetzt keine Zeit mehr. Warmes Wasser tut's auch. Das Klappstockerl. Und die Dokumente. Geld. Nicht zu viel, wenn es einem gestohlen wird. Gas abdrehen. Fenster schließen. Licht abdrehen. Die Sicherungen kann sie nicht ausschrauben, da kommt sie nicht hinauf. Die Wohnungstür darf nicht zugesperrt werden, damit man im Fall eines Feuers Zugang hat. Daran hält sich Tea nicht. Sicher treibt sich Gesindel herum und raubt die Wohnung aus. Die äußere Tür läßt sie offen, aber die eigentliche Wohnungstür sperrt sie zu. Der Nachbar, der Nazi, ist schon weg. Seine Tür ist offen. Aber die Tür von Teas Wohnung zu seiner ist abgesperrt. Das darf auch nicht sein. Aber Tea ist doch nicht verrückt. Selbst wenn er nichts stiehlt. Es genügt, wenn er in die Wohnung geht. Das geht ihn nichts an. Das Schlimmste ist das Kinderwagerl. Rucksack, Tasche, in der einen Hand das Kinderwagerl, in der anderen das Mädi. Sie kommt kaum die Stiegen hinunter. Diese gewundene Stiege, wo die Stufen auf der einen Seite so schmal sind. Sie geht voraus, das Mädi hinter ihr. So, und jetzt schnell in den Türkenschanzpark. Das Tunell ist immer gesteckt voll. Der ganze Pofel von der Gegend. Die meisten haben Angst und reden nicht viel. Aber manche können keine Sekunde ihr Mundwerk halten.

Oskar schreibt an einen Freund in Sambor:

Lieber Max!

Schon fast drei Monate höre ich von meinem Bruder in Drohobycz, obwohl ich sehr oft geschrieben habe, nichts. Meine Briefe kommen wohl nicht zurück, aber sie blieben unbeantwortet. Ich nehme mit Sicherheit an, dass Du in der Lage bist, mir mitzuteilen, warum er nicht schreibt. Er hat keinen Grund über mich böse zu sein. Wir haben nichts miteinander gehabt. Dich und Deine Familie und Deinen Bruder grüßt herzlich

Oskar

Deine l. Karten vom 18. und 25/8 haben wir heute beide gleichzeitig erhalten, und ich freue mich herzlich, daß es Euch allen gut geht und daß Ihr gesund seid. Auch ich bin über das Schweigen von Minna sehr betrübt und bin Dir dankbar, daß Du unserem Bekannten geschrieben hast. Du wirst mir sicherlich schreiben, wenn er Dir antwortet. – Von Minna bin auch ich weiterhin ohne Nachricht. Besten Dank für Deine Anfrage bei Deinem Freund. – Ich würde Dir dankbar sein, wenn Du Deinem Freund nochmals, event. eingeschrieben, schreiben würdest.

Oskar schreibt noch einmal an Max eingeschrieben.

15/10 1943 Ich freue mich über diese Nachricht, aus der ich ersehe, daß es Euch allen recht gut geht. Ich bin nun schon sehr ungeduldig auf die Antwort Deines Freundes und hoffe nun, daß er tatsächlich schreiben wird, ob er von Minna und Adolf etwas weiß. – Es beunruhigt mich sehr, daß Dein Freund noch nicht geantwortet hat, da er ja sicherlich alle Deine Karten erhalten haben muß. Vielleicht wirst Du von ihm doch bald eine Antwort bekommen.

Oskar hat die Karte an Max mit dem Vermerk „unbekannt" zurückbekommen. Er schreibt an einen Bekannten in Lemberg, ob er etwas über seinen Bruder weiß.

17

Nach dem Gottesdienst macht Pani Zofia Peter und Tony mit dem Pfarrer bekannt. Er kommt am Dienstag vorbei, dann können sie sich ein bißchen unterhalten. Peter stirbt vor Angst. Jetzt ist es aus, jetzt müssen sie wieder weg. Er wird nichts bemerken, beruhigt ihn Tony.

– Wir werden sagen, daß wir in Lemberg in Łyczakowskie gewohnt haben.
– Und in welcher Straße? Kennst du eine Straße?
– Doch, die Piekarska. Kennst du die nicht? Die kennt doch jeder.
– Deshalb ist es eine schlechte Straße.
– Kennst du keine andere? Eine kleine Straße.
– Piekarska geht schon.
– Und in welche Schule sind wir gegangen?
– In die Bürgerschule.
– Wo? Und wie hat sie geheißen?
– Das wird er nicht fragen. Wir werden sagen, wir sind aus Siechów.
– Wo ist das?
– Ein Dorf gleich bei Lemberg. Das kennt er sicher nicht. Du kennst es ja auch nicht.
– Wenn das nur gut geht.
– Mach dir keine Sorgen. Das wichtigste ist, so zu tun, als ob alles

selbstverständlich ist. Nicht zu schnell reden, kein verlegenes Gesicht machen. Wenn du sprichst, mußt du selbst glauben, daß du die Wahrheit sagst.

Peter hat am Schwarzmarkt Tee besorgt. Dazu gibt es Schwarzbrot mit Topfen. Gebäck war nicht aufzutreiben. Und Mehl gibt es nicht genug, daß Tony etwas hätte backen können. Pater Korolewicz ist ein netter Mann Mitte 50. Er hat ein kleines Fläschchen Wodka mitgebracht. Selbstgebrannter von seinem Bruder, der auf dem Dorf lebt. Zur Begrüßung, nur zum Anstoßen. Wodka kann man überhaupt nur mehr am Schwarzmarkt kaufen und das nur zu unerschwinglichen Preisen. Er schimpft auf die Deutschen und den Krieg. Sein Neffe ist bei den Partisanen im Wald. Ob das das Wahre ist, weiß er nicht. Die haben ja doch keine Chance. Und wenn sie erwischt werden, werden sie sofort erschossen. Aber sie sind Helden, wahre Patrioten. Das Leben im Wald ist gefährlich und schwer. Im Winter überhaupt, sagt Peter. Natürlich fragt er, wo sie herkommen und warum sie hier sind. Peter und Tony erzählen alles, wie sie es vorher noch eingeübt haben. Natürlich erzählen sie auch die Geschichte ihrer verstorbenen Tochter. Siechów kennt er nicht. Er will wissen, wann sie geheiratet haben und in welcher Kirche. In der Nikolai-Kirche in Siechów, antwortet Tony geschwind. Wenn er Siechów nicht kennt, wird er auch nicht wissen, ob es dort eine Nikolai-Kirche gibt oder nicht. Er will wissen, in welche Kirche sie in Lemberg immer gegangen sind. Wir sind immer in den Dom gegangen, sagt Tony schnell. Mhm. Warum nicht in die Klara-Kirche? Die ist doch viel näher, wenn Sie in der Piekarska gewohnt haben. Weil der Dom schöner ist. Und weil es immer ein netter Spaziergang war, schaltet sich endlich Peter ein. Peter scharrt mit dem Fuß unterm Tisch. Die rechte Hand zittert ein bißchen. Tony stößt ihn mit dem Fuß an.

– Kennen Sie den Pfarrer Przestaszewski?
– Nein.
– Den kennen Sie nicht? Das ist doch der Dompfarrer.
– Wir sind nicht immer in den Dom gegangen, manchmal auch in die Bernhardinerkirche.
– Dort ist der Pfarrer Budziński. Kennen Sie den auch nicht?

Peter versteckt die Hände unter dem Tisch, drückt die Finger und beißt die Zähne zusammen. Tony reagiert schnell.

– Eigentlich sind wir meistens in die Dominikanerkirche gegangen.

– Ach so.

– Ja, je nachdem, ob wir spazieren gehen wollten.

Tony spricht so, als ob es das normalste in der Welt wäre, einmal in den Dom zu gehen, einmal in die Bernhardinerkirche und einmal in die Dominikanerkirche. Mehr Kirchen kennt sie aber nicht in Lemberg. Peter sagt gar nichts mehr, drückt nur seine Finger und beißt die Zähne zusammen. Tony macht sich Sorgen. Das fällt auf. Wenn er endlich aufhören würde, mit dem Fuß zu scharren. Sie sind sowieso schon verloren. Sie hätte sagen sollen, daß sie natürlich den Pfarrer Budziński kennen. Was hätte schon passieren können.

– Dann sehen wir uns am Sonntag wieder bei der Messe.

– Ja, natürlich.

– Wir müssen sofort weg. Morgen, wenn Pani Zofia weggeht, müssen wir hier weg. Wir müssen packen, damit wir morgen gleich weggehen können. Er weiß sicher, daß wir Juden sind. Wir haben die beiden Pfarrer nicht gekannt.

– Glaubst du, ist das so schlimm, daß wir die nicht gekannt haben?

– Natürlich! Wir müssen sofort weg.

– Wohin denn?

– Wir fahren mit dem nächsten Zug, egal wohin er fährt.

– Am besten nach Krakau. In einer größeren Stadt ist es leichter.

18

Auf Grund des Erlasses des Reichsministers vom 2. 9. 1939 verpflichte ich Sie hiermit im Auftrage der Reichsärztekammer zur Teilnahme an der RVO – Kassenpraxis, Ersatzkassenpraxis, Knappschaftskassenpraxis, Bundes-Gemeinde-Kassenpraxis, öffentlichen Fürsorge und gegebenenfalls noch anderen zu benennenden Aufgaben in Wien 15, Rauchfangkehrergasse 20. Die Verpflichtung wird ab 1. Jänner 1944 wirksam. Sie kann jederzeit aufgehoben werden. Während ihrer Dauer haben Sie im übrigen die gleichen Rechte und Pflichten wie ein ordnungsgemäß zugelassener Kassenarzt. Sie führen die Praxis auf eigene Rechnung und sind die anfallenden Praxisunkosten Frau Michl zu ersetzen. Gegen diesen Bescheid steht Ihnen ein Rechtsmittel nicht zu.

No Mahlzeit. Tea muß als praktische Ärztin arbeiten. Es ist die Praxis eines eingezogenen Arztes. Und dann noch im 15. Bezirk. Das ist wahnsinnig weit. Außerdem hat sie doch keine Ahnung. Zwei Jahre Psychiatrie, vier Jahre Neurologie. Wie soll sie da als praktische Ärztin arbeiten. Was wird sie da alles behandeln müssen? Wunden, Verbrennungen, Herzleiden, Tuberkulose. Wie soll sie eine Blinddarmentzündung erkennen, eine Meningitis, ein Ulcus? Weiß der Teufel, was die Leute für Krankheiten haben. Sie muß die Instrumente übernehmen. Sie kennt gar nicht alle Instrumente. Geschweige denn, daß sie sie bedienen kann. Ein Otoskop. Ob sie mit dem etwas sehen kann? Sie ist doch so kurzsichtig. Eine Nageltrennzange. Hoffentlich muß sie die nie verwenden. Schienen kann sie, das ist leicht. Vor dem elektrischen Kocher zur Sterilisation fürchtet sie sich jetzt schon. Mit dem Impfbesteck kennt sie sich halbwegs aus. Der Kehlkopfspiegel bereitet ihr Sorgen. Dann gibt es noch eine Zungenzange. Wohl, um den Kehlkopf zu spiegeln. Ob sie das können wird? Onkel Sigmund will ihr alles erklären. Er rät ihr, ein Verzeichnis der Instrumente anzulegen. Lenz soll ihr beim Anlegen des Verzeichnisses helfen. Er ist an die dabei notwendige Ordnung mehr gewöhnt als Tea. Mit den Instrumenten, mit denen sie sich nicht auskennt, soll sie zu ihm kommen. Er wird sie ihr erklären.

Tea muß die Frau des eingerückten Arztes mit „Heil Hitler" begrüßen. Sie grüßt auch so. Tea hat keine Ahnung, ob die Frau eine scharfe Nazisse ist. Das kann man nie wissen. Vorsichtig sein. Sie hat keine Ahnung, was die Frau von ihr denkt. Ob sie weiß, daß sie Halbjüdin ist? Sie bindet sich immer ein Kopftuch um. Dann hält man sie für eine brave Katholin. Ein Arzt muß schnell sein. Lange nachdenken kann sie also nicht. Es geht schon irgendwie. Interessant ist es ja nicht gerade. Die Leute haben Plattfüße, Kreuzschmerzen, Hühneraugen, Menstruationsbeschwerden. Bei Menstruationsbeschwerden und

Magenschmerzen gibt sie Belladonna. Bei Vulvitis und Fluor verordnet sie Sitzbäder in Kamillen- und Salbeitee. Wenn sie nicht mehr weiterweiß, schickt sie zum Facharzt. Wenn sie sich nur nicht mit etwas ansteckt. Sie hat doch das Kind. Manche Patienten sind unglaublich. Da kommt einer mit einem Batzen Primäraffekt am Penis und verlangt von ihr, daß sie ihn nicht anzeigt. Was glaubt der eigentlich?

Lenz muß wieder zur Musterung. Das letzte Aufgebot. Die Alten und Kranken müssen einrücken. Lenz' Arzt ist verläßlich. Er schreibt, daß er eine offene Tuberkulose hat. Der Militärarzt untersucht Lenz erneut. Untauglich.

4. Kapitel

1

Sonntag, 19. März 1944. Deutsche Truppen marschieren in Ungarn ein. Fallschirmjägereinheiten springen ab und besetzen den Flugplatz und strategisch wichtige Einheiten. Um Budapest wird ein Ring gebildet. Kleine Mercedes-Autos der Gestapo sausen durch die Stadt. Die Straßenbahnen und Autobusse verkehren, die Kaffeehäuser sind geöffnet, Kinos und Theater bereiten sich auf die Vorstellungen vor. Die Geschäfte sind offen, die Fabriken arbeiten, Vergnügungslokale sind geschlossen, Versammlungen sind untersagt. Juden dürfen die Stadt nicht verlassen. Der Rundfunk spielt „Die Fahne hoch". „Wenn die SA und die SS marschieren". Marschmusik. „Soldat, Kamerad, faß Tritt, Kamerad". Marschmusik. „Auf hebt unsere Fahnen in den frischen Morgenwind!"

20. März. Aufmachen, Gestapo! Aufmachen. Kamilla und Duśko fahren aus dem Schlaf. Aufmachen, Gestapo! Duśko weiß, was das bedeutet. Er ist polnischer Major. Er küßt Kamilla auf die Stirn und öffnet. Sie sind verhaftet, machen Sie sich fertig.

Juden müssen den gelben Stern tragen, dürfen keine Gasthäuser, keine Theater, Kinos, Kaffeehäuser besuchen, dürfen nicht mit der Bahn fahren und müssen ihre Radioapparate abgeben. Ihre Post wird nicht ausgehändigt, und die Telefonapparate werden ausgeschaltet. Sämtliche jüdischen Geschäfte und Betriebe werden geschlossen. Sie können 300g Zucker, 300 g Speiseöl monatlich und 100 g Fleisch wöchentlich kaufen.

Nagybánya. 3. Mai. Fünf Uhr früh. Aufmachen, Polizei! Sie haben zehn Minuten Zeit. Sie werden umgesiedelt. Nehmen Sie Essen, Kleider und was Sie sonst noch brauchen mit. Aber schnell. Eduard und Rena ziehen sich schnell an. Sie sind plötzlich hellwach. Eduard packt in einen Rucksack alles, was er gerade an Eßbarem in der Küche findet. Rena zieht Bimbo an. Sie weint. Für Bimbo die Milch. Warme Sachen, feste Schuhe. Wir haben keine Zeit. Die Polizei durchwühlt die Wohnung. Die Schreibmaschine und die Kamera kommen in einen Sack. Wo ist der Schmuck? Wir haben keinen. Wir werden ihn schon finden. Eduard packt in einen anderen Rucksack wahllos alles, was ihm gerade an Kleidern in die Hände kommt. Er rennt durch die Wohnung. Los, marsch, jüdisches Gesindel. Eduard bricht in Tränen aus. Schnell, nimm Bimbo! Er ist schon so schwer. Rena nimmt die beiden Taschen. Los, los, jüdisches Gesindel. Sie können nicht so schnell. Es ist alles so schwer. Bimbo kommt in den Wagen. Die Straße ist schon voller Menschen. Gendarmen mit aufgepflanztem Bajonett treiben sie zur Synagoge. Im Hof werden sie untersucht. Sie müssen sich bis auf die Unterwäsche ausziehen. Die Polizei sucht nach Geld, Gold, Silber, Schmuck. Sie treibt sie weiter, Kilometer um Kilometer, auf ein freies Landgut. Hier ist jetzt das Ghetto. In Ställen und Scheunen werden sie einquartiert. Die nicht mehr in den Ställen und Scheunen untergebracht werden können, müssen im Freien bleiben. Eduard, Rena und Bimbo haben gerade noch einen Platz im Stall bekommen. Wenigstens haben sie ein Dach über dem Kopf und ein bißchen Stroh. Bimbo muß im Wagen bleiben. Sie nehmen sowieso schon zu viel Platz ein. 50 Leute sind im Stall, dicht gedrängt. Zu essen bekommen sie nichts. Sie haben nur das, was sie in der Eile eingepackt haben. Wasser gibt es vom Brunnen. Kochen ist nicht möglich. Vier Gruben als Latrinen gibt es für alle, für 3000 Leute. Rund um das Ghetto wird ein Stacheldraht aufgezogen. Die Alten stöhnen, viele weinen. Es wird nicht lange dauern, die Rote Armee ist nicht weit, sagen die einen. Wir werden bis zum Ende des Krieges in der Landwirtschaft arbeiten, sagen die anderen. Es ist alles bald vorbei. Männer und Frauen werden geschlagen, ins Gesicht, mit Gummiknüppeln an den Sohlen ihrer Füße, getreten, bis sie bewußtlos sind. Die Polizei will wissen, wo sie das Gold, das Geld, den Schmuck versteckt haben. Wem sie ihre Wertgegenstände zum Verstecken gegeben haben. Sie schlagen die Männer in die Hoden, weibliche Freiwillige und Hebammen untersuchen die Frauen vaginal. Sie befestigen elektrische Kabel an den Hoden, legen ein Ende des elektrischen Apparats in den Mund, das andere in die Vagina. Sie stechen durch die Nägel, schlagen auf die Ohren und treten. Eduard und Rena ist noch nichts passiert. Sie sitzen eng beieinander und weinen. Sie hören das Schreien der Gequälten. Sie beten, obwohl sie nicht fromm sind. Alle beten. Und nicht auf immer zürnest du, und dein Unwille, er ist nicht von Dauer. Der Rabbiner hat eine Herzattacke erlitten, eine Frau rennt wahnsinnig geworden in der Scheune zwischen den Leuten hin und her und gibt unverständliche Laute von sich. Der Uhrmacher hat sich erhängt, nachdem er mit ansehen mußte, wie seine Frau gequält wurde.

– Durchhalten, Rena, es wird nicht lange dauern. Der Krieg ist bald vorbei.
– Und was wird aus Bimbo? Hier in diesem Stall.
– Wir werden hier nicht lange bleiben.
– Woher weißt du das?
– Wir kommen nach Kenyérmezö in Transdanubien, weil die Front schon so nahe gerückt ist.
– Woher weißt du das?
– Wir werden dort in der Landwirtschaft arbeiten.
– Wann denn? Wie sollen wir durchhalten? Nicht einmal eine Decke haben wir hier.

Rena schluchzt, Eduard weint. Viele weinen, jammern, wimmern, manche sitzen starr und regungslos da, die Kinder sind still, nur die Säuglinge schreien.

2

Seit vier Wochen keine Post von Eduard. Oskar ist sehr besorgt. Eduard hat jede Woche geschrieben. Wer weiß, wo sie sind. Vielleicht sind sie gar nicht mehr in Nagybánya. Vielleicht sind sie in einem Lager, in einem KZ. Im KZ kann man Briefe schreiben. Es kann noch Post kommen. Im Lager darf man nicht so oft schreiben. Was geschieht mit Bimbo in einem Lager? Vielleicht leben sie nicht mehr. Lenz hat gesagt, daß die Juden getötet werden. Er hat es gehört. Oskar hat es auch gehört. Der entlassene Universitätsprofessor bei ihm in der

Wohnung hat es erzählt. Von Kamilla haben sie auch keine Nachricht. Aber Kamilla hat nur selten geschrieben.

Tea ist als Lagerärztin bestellt worden. Im Kriegsgefangenenlager in der Engerthstraße im 20. Bezirk. Das ist auch sehr weit von der Höhnegasse entfernt. Die Gefangenen arbeiten in einer Papierfabrik, wo sie auch untergebracht sind. Zweimal in der Woche muß sie dorthin. Sie ist gehetzt, vom 20. Bezirk in den 15., und im 15. muß sie auch noch Hausbesuche machen, es ist ihr alles ein bißchen viel. Lenz kümmert sich um das Kind, vormittag kommt jemand für die Wirtschaft. Frau Helm, eine anständige Frau, ein Segen, daß sie die haben. Tea darf sich auf keinen Fall anstecken. Die hygienischen Verhältnisse im Lager sind nicht besonders. Es gibt ein Krankenzimmer mit zwanzig Eisenbetten mit Decken und Strohsäcken. Es gibt Wanzen und Flöhe, weil die Gasdesinfektion nicht richtig funktioniert. Daß sie nur nichts erwischt. Daß sie nur keine Krankheit nach Hause bringt und das Kind ansteckt. Flöhe wären auch schon schlimm genug. Wenn es nur keine Kleiderflöhe gibt. Fleckfieber wäre ein Katastrophe. Die jungen Burschen im Lager rühren sie. Besonders die Franzosen hat sie in ihr Herz geschlossen. Wie sie sich alle nach der Mutter sehnen. Andeutungen verstehen sie immer gleich. Was sie machen sollen, um ein bißchen länger krank zu sein oder um ins Spital zu kommen. Ist der Durchfall schon gut? Tea macht ein entsprechendes Gesicht. Nein, nein, noch nicht. Die Tschechen verstehen gar nichts. Die sind stur und blöd.

Fliegeralarm. Lenz ist zu Hause. Lenz geht nicht ins Tunell. Das ist zu gefährlich. Da wimmelt es von Denunzianten und Spitzeln. Sie bleiben zu Hause und setzen sich alle drei unter einen Türstock der tragenden Wand. Wenn das Haus getroffen wird, sind sie alle drei tot. Tea und Lenz sitzen auf einem Stockerl, das Mädi auf Lenz' Schoß, sie ist ganz still und macht keinen Muckser. Es dauert nicht lange, sie greifen wieder Wiener Neustadt an. Das Mädi muß brechen und hat Schüttelfrost. Sie können ohnedies den Türstock verlassen. Sie ist ganz heiß. Tea mißt sie, fast 40 Grad. Rasender Puls, 140. Sie klagt über Bauchschmerzen. Hoffentlich ist es keine Appendicitis oder eine Pneumonie. Wadenwickel, Tee, sonst nichts, kein Pyramidon, um die Symptome nicht zu verdecken. Sie klagt über Halsweh, schaut nach Angina aus. Tea spült ihr den Mund mit Wasserstoffsuperoxyd aus. Gurgeln kann sie noch nicht. Lenz meint, man soll einen Kinderarzt rufen. Aber Tea meint, Kinder fiebern immer so hoch. Man muß warten, was sie ausbadet. Am Körper breitet sich ein roter Ausschlag aus. Vielleicht ist sind es Röteln. Ein Kinderarzt muß her. Tea kennt niemanden. Sie ruft Sigmund an. Sie haben das Telefon behalten dürfen, es geht auf Paulas Namen. Sigmund kennt keinen Kinderarzt mehr, alle sind emigriert, Tea soll mit dem Kind auf die Klinik fahren. Sie packen das Kind ein, es ist ganz apathisch. Taxi fährt jetzt keines, aber die Straßenbahn geht wieder. Der Kinderarzt will das Mädi gleich im Spital lassen. Es ist Scharlach. Das kommt überhaupt nicht in Frage. Lenz kann das Kind pflegen. Aber der Kinderarzt muß die Anzeige erstatten. Er nennt ihr eine Kinderärztin, die Hausbesuche macht. Sie muß unbedingt jeden zweiten Tag kommen. Ansonsten 0,5 g Aspirin dreimal täglich, Prießnitzumschläge um den Hals, die Haut mit Jodkalisalbe bestreichen, dünnbreiige Kost, Fruchtgelees, Milchdiät ist überflüssig. Tea ist nervös. Scharlach ist schrecklich gefährlich. Es kann zu einer Mittelohrentzündung kommen, zu einer Myokarditis, zu einer Nephritis. Tea hat keine Ahnung, wie sie das bekommen hat. Vielleicht das letzte Mal im Tunell, oder Tea hat es nach Hause gebracht. Tea muß arbeiten, sie bekommt keine Freistellung. Lenz muß sich um das Kind kümmern. Er hat selbst Fieber. Er muß ganz vorsichtig sein. Strenge Hygiene hat Tea angeordnet. Hände waschen. Alles desinfizieren. Besteck, Häferln, Teller. Waschmuschel und Badewanne mit Lysol. Das Kind darf jetzt nicht auch noch Tuberkulose bekommen.

3

30. März 1944. Sowjetische Truppen rücken in Czernowitz ein. Pauline, Milek und Ryszard kann nichts mehr passieren. Alle Männer zwischen 18 und 55 werden in die Rote Armee einberufen. Wenn nur Milek nicht einberufen wird. Sie haben ja noch die chilenischen Pässe. Aber die Russen wissen natürlich, daß sie Polen sind. Sie haben sich noch nicht gemeldet. Sie haben gehört, daß die Polen nach dem Krieg zurück nach Polen können. Es finden Razzien statt. Ausweiskontrollen.

Sonderabteilungen sind unterwegs, um die, die nicht gemeldet sind, aufzuspüren. Es klopft. Milek öffnet. Soldaten stehen vor der Tür. Ausweiskontrolle. Milek zeigt seinen chilenischen Paß her. Er tut so, als ob er Russisch nicht verstünde. Die Soldaten sind zufrieden, salutieren und gehen. Sie müssen Geld verdienen. Vom Schneidern und Schustern können sie nicht mehr leben. Schließlich findet Milek in einem Spital eine Stelle als Pfleger.

4

Juden müssen in Budapest in Judenhäuser übersiedeln. Vier Personen dürfen nicht mehr als 25 m² bewohnen. Unter keinen Umständen darf eine Familie mehr als zwei Räume bewohnen. Die Häuser müssen mit einem gelben Stern gekennzeichnet sein. 30 cm im Durchmesser auf schwarzem Hintergrund. Um den Erwerb und die Instandhaltung muß sich der Hauseigentümer kümmern. Für die vor dem 1. August 1941 getauften Juden gibt es separierte Judenhäuser, die zusätzlich mit einem Kreuz gekennzeichnet sind.

Kamilla muß in ein separiertes Judenhaus ziehen. Sie muß mit einer fremden Frau das Zimmer teilen. Im Stricksalon kann sie auch nicht mehr arbeiten. Ohne Arbeit kann sie nicht leben. Sie hat keine Ersparnisse. Sie haben beide sehr wenig verdient. Sie geht zu János. János, mein Liebster, ich hab dich nicht vergessen. Du Schöner, du Guter. Duśko ist weg. Ich bin ganz allein. Du mußt mir helfen. Liebster, Schöner, Guter. Du kannst mich jetzt nicht im Stich lassen. Kamilla umarmt und küßt János. Ich lieb dich, ich hab dich nie vergessen. Sie haben Duśko verhaftet. Er ist in Straßhof, er hat mir geschrieben, in einem Kriegsgefangenenlager. János, du mußt mir helfen, ich hab sonst niemanden. János hat selbst Angst vor den Deutschen. Es sind auch schon Adelige verschleppt worden. Aber er will ihr helfen. Er geht zu Kamillas Chefin. Vielleicht kann sie inoffiziell weiter stricken. Er ist bereit, die Strickwaren hin und her zu bringen. Kamilla kann das natürlich nicht machen, das würde auffallen. Er bringt ihr auch

Lebensmittel, weil Kamilla viel weniger bekommt. Er hat Verwandte auf einem Landgut. Von dort bringt er ihr Eier, Huhn und Milch. Kamilla darf nicht mitfahren, sie darf die Stadt nicht verlassen.

5

Peter und Tony sind in Tarnów. Der erste Zug von Jasło ging nach Tarnów. Tarnów ist wenigstens ein bißchen größer als Jasło. Sie steigen in einer billigen Pension ab. Auf keinen Fall dürfen sie wieder in Untermiete wohnen. Am besten eine billige kleine Wohnung. Vielleicht sollten sie nicht so lange in einer Gasse wohnen, damit nicht wieder etwas mit dem Pfarrer passiert. In einer separaten Wohnung kann nicht so viel passieren. Aber Nachbarn gibt es auch. Peter muß unbedingt Geld verdienen. Sie haben bald nichts mehr zum Leben, geschweige denn Geld, um Kleidung zu kaufen. Sie bräuchten dringend ein bißchen Wäsche, Schuhe, etwas Warmes für den Winter. Die Schuhe sind schon ganz zerschlissen. Peter repariert sie selbst, so gut er kann. Tony flickt, aber sie haben kein Geld, um Stoff zu kaufen, damit Tony etwas nähen kann. Schwere Arbeit kann Peter keine mehr machen. In einer Firma oder in einem Geschäft oder gar bei einem Anwalt kann er natürlich nicht arbeiten, da könnten sie jederzeit auffliegen. Die Schieber am Schwarzmarkt verdienen gut. Das ist zu gefährlich. Er könnte Latein- und Deutschstunden geben. Er wird sagen, er war Prokurist. Es war eben nach der Matura nicht genügend Geld da, um zu studieren. Wenn sie jünger wären, wäre es leichter, Geld zu verdienen. Tony könnte vielleicht in einem Gasthaus in der Küche arbeiten. Aber da kann man leicht draufkommen, wer sie ist. Sie hätten nach Osten fahren sollen. Die Rote Armee rückt näher, hat die Besitzerin der Pension gesagt. Sie weiß aber nichts Genaueres. Die Pension ist schrecklich. Sie müssen unbedingt so schnell wie möglich eine Wohnung finden. Ganz verwanzt. Wenn sie nur keine Läuse bekommen, die Bettwäsche ist auch nicht sauber.

Endlich, sie haben ein möbliertes Zimmer mit einem separaten Eingang gefunden. Tony arbeitet in einem Gasthaus als Küchenhilfe, sie schält Erdäpfel und putzt Gemüse. Sie bekommt dort auch immer ein bißchen was zu essen, manchmal kann sie sogar Peter etwas mitbringen. Peter hat eine Anzeige aufgegeben. Jetzt gibt er einem zwölfjährigen und einem vierzehnjährigen Buben Lateinstunden.

6

Vier Uhr früh. Los, los! Aufstehen, los, los, alles mitnehmen. Mit Peitschen, Maschinengewehren und Knüppeln treiben die Gendarmen die Leute aus dem Ghetto von Nagybánya zu einer Ziegelei. Gepäck abgeben, ausziehen! Zurücktreten! Nackt stehen Männer, Frauen und Kinder auf dem Platz vor der Ziegelei. Gestapomänner und Gendarmen durchsuchen das Gepäck und das Gewand. Alles wird aufgetrennt, ob nicht irgendwo etwas versteckt ist. Wer sich nicht ausgezogen hat oder nicht zurückgetreten ist, wird geschlagen. Viele bluten, die meisten stehen still, nackt und starr. Niemand spricht, niemand weint. Eduard hat Bimbo am Arm. Auch Bimbo ist ganz still. Nachdem alles untersucht worden ist, können sich die Leute wieder anziehen. Die Dokumente werden zerrissen. Los, los, schneller anziehen. Mit Gummiknüppeln schlagen die Gendarmen zu. Eduard hält seine Arme schützend über Bimbo. Bimbo muß angezogen werden, das geht alles nicht so schnell. Er bekommt einen Schlag auf den Arm. Wenigstens ist Bimbo nicht getroffen. Mit Schlägen werden sie weiter zum Bahnhof getrieben. Dort werden sie in Viehwaggons gestopft. 90 Personen in einem Waggon. Ein Kübel mit Wasser, einer für die Notdurft. Eine kleine Luke mit Stacheldraht versehen. Rena und Eduard sitzen auf ihrem Gepäck. Es können nicht alle gleichzeitig sitzen. Man wechselt sich ab. Man sitzt und steht eng aneinander gedrängt. Bimbo darf immer sitzen. Sonst müßten ihn Eduard oder Rena am Arm haben. Es ist heiß. Alle haben rasenden Durst. Wenn Bimbo nur durchhält. Neben Rena ist eine Frau in Ohnmacht gefallen. Ein Mann schreit ohrenbetäubend. Am anderen Ende des Waggons ist eine alte Frau gestorben, erstickt. In den Stationen steht der Zug stundenlang. Aber die Türen werden nicht geöffnet. Jemand wollte einen Apfel durch das Fenster reichen. Die Gendarmen haben ihn sofort verprügelt. Nach zwei Tagen sind fünfzehn Leute gestorben. Alte und Säuglinge. Erstickt, verdurstet. Die Leichen werden nicht weggebracht. Es stinkt nach Verwesung. Die Leute stöhnen, weinen, zetern, schreien. Bimbo stöhnt leise vor sich hin. Eduard und Rena schweigen. Sie denken an Wasser, dösen, wachen wieder auf, denken wieder an Wasser, schlafen ein, werden wach und denken wieder an Wasser. Am vierten Morgen kommen sie in Auschwitz an. Niemand weiß, wo das ist. Niemand hat je etwas von diesem Ort gehört. Schnell, schnell. Gepäck liegen lassen, in einer Reihe aufstellen. Männer links raus! Frauen rechts raus! Eduard muß Bimbo Rena geben. Sie werden getrennt. Die Kapos treiben sie mit Gummiknüppeln an. Los, vorwärts. Eduard schaut sich nach Rena um. Weg ist sie. Mit Tränen in den Augen läuft er weiter.

Rena hat Bimbo auf dem Arm. Bimbos Wagen konnten sie schon in Nagybánya nicht mit in den Zug nehmen. Ein Mann in SS-Uniform steht vor den aufgereihten Frauen. Links, rechts, links, rechts. Die Frauen werden in Gruppen geteilt. Rena steht in der Gruppe der Schwächeren, Alten, Kranken und Kinder. Sie kommen in ein anderes Lager, sagt man ihnen. In ein Erholungsheim, in ein Sanatorium.

Sie bekommen eine gräßliche Suppe. Eine braune Brühe. Eduard kostet. Er kann das nicht essen. Vielleicht sollte er sie aber doch essen. Wer weiß, wie das hier mit der Verpflegung ist. Sie werden bald zum Arbeiten eingeteilt, sagt man ihnen. Schnell, schnell. Eduard muß wieder in einen Viehwagen. 70 Leute in einem Waggon. Ein Kübel mit Wasser, einer für die Notdurft. Hitze, Durst, Dösen, Durst. Eduard denkt an Rena und Bimbo. Drei Tage war er in Auschwitz. Er hat sie nicht mehr gesehen. Ein Mithäftling hat ihm gesagt, daß sie sicher nicht mehr leben und daß sie auch bald drankommen werden. Mauthausen. Registrierung. Jeder Häftling bekommt eine Blechmarke mit seiner eingestanzten Nummer, die er entweder um den Hals oder am Handgelenk tragen muß. Sie bekommen leichte Drillichanzüge, eine Mütze und Holzpantoffeln. Nur den Gürtel können sie behalten. Wieder schnell, schnell. Es geht zum Bahnhof. Weiterfahrt in Dritte-Klasse-Waggons. Melk. Es geht in die Kaserne unweit vom Stift. Eduard wird in Baracke Nr. 5, der Baracke für die Juden, einquartiert.

Um vier Uhr früh werden die Häftlinge durch einen Gongschlag geweckt. Der Capo treibt sie mit Schlägen an. Anstellen zum Waschen und bei den Toiletten. Nachzügler werden mit Faustschlägen traktiert. Zum Frühstück gibt es einen schwarzen Saft, ein dünnes Eichelpulver ohne Zucker und ein Viertelkilo Brot für den ganzen Tag. Danach Antritt zum Appell. Mütze auf, Mütze ab, Mütze auf, Mütze ab. Vier, fünf, sechs fallen um. Ein SS-Mann tritt sie in die Nieren. Viele bleiben tot liegen. Der Appell dauert eine Stunde. Danach Abmarsch der Morgenschicht zur Arbeit. Eingehängt müssen sie in Fünferreihen durch Melk zur Bahnstation laufen, zu einer Rampe außerhalb von Melk, von wo aus sie in Viehwaggons zu den Stollen, ihren Arbeitsplätzen, gebracht werden. Kranke, die sich kaum mehr aufrecht halten können, werden hinaus geprügelt. Viele von ihnen bleiben tot liegen. Eduard muß Sprengungen vornehmen. Mit einem Preßlufthammer Löcher machen und Dynamit hineinlegen. Täglich gibt es dabei zwei, drei Tote und Verwundete. Man kann nicht in den Holzpantoffeln gehen, sie gehen barfuß und verletzen sich die Füße. Viele leiden an Phlegmone. Zu Mittag wird im Stollen gegessen. Bei der Essensausgabe schlagen die Kapos die Häftlinge. Es gibt Suppe aus Spinat, Brennesseln oder Kohl. Die meisten bekommen davon Durchfall. Um vier Uhr ist die Morgenschicht zurück im Lager, manchmal auch später, weil sie oft zwei, drei Stunden auf den Zug warten müssen. Um sechs Uhr ist Abendappell. Der Abendappell dauert manchmal zwei Stunden. Zwei Stunden strammstehen, ohne aufs Klo gehen zu dürfen. Obersturmführer Ludolph, Lagerführer, schlägt mit einem Schemel auf Häftlinge ein und schreit „Kommunist, Kommunist". Mit dem Ballen der Hand schlägt er von unten nach oben auf den Kiefer, der herunterfällt, und lacht. Der Häftling fällt um, ein Offizier hebt ihn auf, und Ludolph schlägt wieder lachend zu. Am Abend gibt es eine Portion Kunsthonig und denselben schwarzen Saft wie in der Früh. Um neun Uhr ist Nachtruhe. Die Häftlinge schlafen zu zweit in Stockbetten auf einem Strohsack ohne Bettwäsche. Sie müssen nackt schlafen. In ein und demselben Bett schläft immer eine andere Schicht. In den Strohsäcken sind Flöhe und Läuse. Sie bekommen keine frische Wäsche und keine Seife zum Waschen. Wer nachts aufs Klo geht, wird von den Kapos geschlagen, einfach so, ohne Grund. Die meisten haben von dem Dauerdurchfall kotige Unterhosen und stinken wie die Pest. Wenn der

Blockchef gerade findet, daß die Betten nicht ordentlich gemacht sind, läßt er unter Prügeln eine Stunde Gymnastik machen: im Gleichschritt hoch, hinlegen, hoch, hinlegen, kriechen, springen wie ein Frosch, auf allen vieren laufen, hoch, hinlegen, hoch, hinlegen!

7

Lenz ist in Alland. Die Krankenkasse hat einen Aufenthalt in der Lungenheilstätte bewilligt. Tea hat eine Nierenbeckenentzündung und hat sich krankgemeldet. So kann sie wenigstens Lenz besuchen.

Mittwoch abend

Liebe Tea! Jetzt habe ich erst Deinen Brief vom Montag erhalten. Insgeheim habe ich gehofft, daß ich schon einen Brief vom Dienstag nach dem Angriff erhalten würde. Und telefonieren konnte man wieder nicht. Das macht mich entsetzlich nervös. Ich hoffe, daß Ihr wieder im Tunell wart. Ich habe nämlich Sorge, daß Du, weil am Montag nix war, diesmal nicht in den Tunell gegangen bist. Aber hoffentlich hat der Verstand gesiegt. (Bei mir ist er zwar da, aber er siegt nie.) Übrigens hat da einer ein Telegramm gekriegt von seinen Angehörigen. Vielleicht kannst Du das doch nach einem Angriff auch machen. Frau Helm wird auf der Post fragen. Ich glaub', ich werde bald ausreißen. Nur der Gedanke, daß Ihr bald kommt und Mädi auch auf das Land kommt und einige Zeit weniger bombengefährdet ist, hält mich zurück. – Natürlich vergißt das Mädi bald wie alle kleinen und großen Kinder. Aber das ist doch nur scheinbar und es ist doch scheußlich, daß sie jetzt schon alle Erschütterungen dieses schrecklichen Daseins mitmachen muß. Das hab' ich mir eh gedacht, daß sie sich im Tunell fürchtet, aber das und die Mühe sind das geringste Übel. Nur hinüberbringen sollen wir sie über diese Zeit. Das ist meine Hauptsorge. Und das ist auch das Wichtigste von allen unsren persönlichen Angelegenheiten. Verstehst Du das? Ich kann Dir das nicht so erklären, weil ich von den Dingen, die mich persönlich am meisten bewegen, am schwersten reden kann. Hoffentlich kommt Ihr nächste Woche, und hoffentlich kommt Ihr gut heraus. Das wird sehr beschwerlich werden. Du mußt schauen, daß Du wegen Deiner

Erkrankung länger bleiben kannst. Ob Du das alles machen kannst? Ein ärztliches Zeugnis brauchst Du jedenfalls mit. Sonst kannst Du am Ende nicht mit dem Omnibus fahren. –

Mach Dir nix draus, daß Doris wieder angerufen hat. Eifersucht ist eine Leidenschaft, die mit Eifer Telefongespräche sucht. Schau, Du hast vor allen anderen alles voraus: Mädi! Deine *Sorgen und Deinen Ärger möchte ich haben. Hoffentlich raunzt Du mich nicht da heraußen auch mit all' dem Dreck an! Wenn Du das tust, rede ich nur mit dem Mädi. Ich brauche Dich so notwendig für das Kind. Das sollst Du aber nicht mißbrauchen durch die blöden Aggressionen, die nichts anderes sind als die Fortsetzungen der Aggressionen gegen Deinen Vater, was Du, trotz Analyse, nie zugeben wirst. –*

Nimm etwas fürs Nachtmahl mit, bis man weiß, wie man das hier macht. Und für die Reise Thermosflasche mit Milch fürs Mädi. Gute Nacht! Jetzt gehe ich in das vertraute Massenquartier schlafen.

Zeitungen brauchst Du nur Das Reich und den Grenzboten mitzunehmen.

Viele Grüße Dein Lenz

Liebes Mädi! Ich danke Dir für Deinen lieben Brief. Schreibe mir wieder, wie es Dir geht und was Du machst. Ich denke oft an Dich. Den ganzen Tag und Abend und immer. Hoffentlich sehen wir uns bald wieder.

Viele Grüße und Bussi Dein Vater

Frau Helm muß packen. Bettwäsche, ein Reindl zum Rasieren für Lenz, Lenz' Halbschuhe, Wäsche, Essen, Thermosflasche. Der Koffer ist schwer. Hoffentlich bekommt man ein Auto. Notfalls muß Frau Helm den Koffer tragen, und sie müssen mit der Straßenbahn fahren. Frau Helm macht schon alles, was Tea ihr anschafft.

Lenz ist wieder in Wien. Er geht fast jeden Tag zu Oskar. Oskar soll endlich einer Schenkung des Hauses an das Mädi zustimmen. Dann ist das Haus arisiert. Oskar will nicht. Das ist *sein* Haus, und Tea wird es erben. Aber jetzt ist es noch *sein* Haus. Lenz läßt nicht locker. Endlich willigt Oskar ein. Lenz schreibt ein Gesuch an die Gestapo. Die Gestapo lehnt das Gesuch ohne Begründung ab.

8

– Wir müssen sofort weg. Der Chef hat mich gefragt, warum ich Erdäpfel schäle und Gemüse putze. Sie sind doch eine Dame, hat er gesagt. Wenn er es nicht weiß, so ahnt er es.
– Was machen wir jetzt?
– Wegfahren.
– Am besten nach Osten.
– Wenn Züge fahren.
– Der Vater von Grzegorz hat gesagt, die Rote Armee ist nicht mehr weit. Wahrscheinlich hört er BBC.
– Wir fahren nach Rzerzow.
– Im Osten sind Kämpfe. Lemberg wird bombardiert, hat der Vater von Grzegorz gesagt.
– Besser Bomben, als erschossen werden. Los, packen und zum Bahnhof.
– Wenn ich es noch schaffe.
– Du schaffst es schon.

Peter hat in letzter Zeit Beschwerden beim Gehen. Einen Arzt aufsuchen ist zu gefährlich und zu teuer. Vielleicht ist es Rheumatismus, weil sie im Winter kein Geld zum Heizen haben. Er spricht viel vom Tod. Dabei flüstert er immer. Die Nachbarn können mithören. Und wenn sie Deutsch sprechen, machen sie sich nur verdächtig. Er hält dieses Leben nicht mehr aus. Tony sagt immer: Du mußt durchhalten, es kann nicht ewig dauern. Dann geht es eine Weile und dann fängt Peter wieder an. Er will nicht mehr. Er ist alt und krank und wird gehetzt wie ein Hase. Und Tony sagt wieder: Du mußt durchhalten, es kann nicht ewig dauern.

9

1. Juli 1944

Liebe Tea,
ich bin gesund, mir geht es gut. Bitte schick mir eine Decke.
Viele Grüße   Eduard

Befinde mich seit 13. Juni 1944 im Konzentrationslager Mauthausen, „Oberdonau". Meine Adresse lautet: Eduard Erdheim, geboren am 13. April 1905, Nr. 73.423, KL Mauthausen (Oberdonau), Block 5, Stube B.

Frau Helm muß sofort ein Paket machen und auf die Post bringen. Eduard in Mauthausen. Mauthausen ist schlimm. Es ist das schlimmste KZ im Reich. Was sollen wir tun? Man kann nichts tun. Mir geht es gut, ich bin gesund. Das schreiben alle aus allen Lagern. Aus Auschwitz, aus Buchenwald, aus Theresienstadt. Das müssen sie schreiben. Wir müssen ihm helfen. Man kann ihm nicht helfen. Wie soll er das aushalten? Eduard, er ist doch so ein verwöhntes Bubi. Nie hält er das aus. Können wir gar nichts machen? Gar nichts. Am besten stillhalten. Kann man nicht jemanden hinschicken? Anfragen ist sinnlos. Besuche verboten. Sie werden ihn foltern. Sicher. Er muß sicher sehr schwer arbeiten. Im Steinbruch. Das kann er doch nicht. Das ist sein Tod. Tea ist verzweifelt. Er muß durchhalten. Der Krieg kann nicht mehr lange dauern. Aber Eduard kann nicht durchhalten. Tea kennt ihn. Lenz weiß auch keinen Rat. Regelmäßig schreiben, Pakete schicken. Das ist das einzige, was man machen kann.

– Mir geht jemand nach.
– Ich hab nichts bemerkt.
– Doch.
– Du spinnst.
– Nein.

Tea lacht. Lenz ist paranoid.

22. August, sechs Uhr früh. Aufmachen, Gestapo! Aufmachen! Das Haus ist umstellt. Jetzt sind sie da, jetzt haben sie ihn. Lenz will nicht noch einmal von der Gestapo verhört werden. Tea hat vorgesorgt. Für

den Notfall Opium und Morphium. Und Luminal. Lenz schluckt schnell 50 Tabletten Luminal. Tea macht auf. Sie verhaften Lenz. Lenz macht zwei Schritte und fällt in Ohnmacht.

– Wir bringen ihn ins Inquisitenspital.

Zwei Gestapomänner tragen den ohnmächtigen Mann ins Auto. Er wird nicht sterben. An 50 Tabletten stirbt man nicht. Tea muß auf die Gestapo gehen. Sie muß mit dem Arzt reden. Sie schnappt das Mädi und fährt ins Spital. Nach langem Hin und Her gelingt es ihr, mit dem Leiter des Inquisitenspitals zu reden.

– Er wird sterben.
– Das ist anzunehmen.
– Kann er dann nicht zu Hause sterben?
– Ja, wenn Sie das wollen. Er ist sowieso haftunfähig. Und wenn er mit dem Leben davonkommt, wird er für sein weiteres Leben geistesgestört sein.

Tea bestellt die Rettungsgesellschaft und bringt ihn nach Hause. Wenn er nur zu Hause ist. So ein dummer Arzt. Wieso soll er geistesgestört sein, wenn er es überlebt? Sie schickt Frau Helm zur Doris Brehm. Sie soll ihr sagen, daß die Gestapo da war und daß Lenz bewußtlos ist. Am nächsten Tag ist Fliegeralarm. Lenz ist immer noch bewußtlos. Tea setzt sich mit dem Mädi unter den Türstock in Lenz' Zimmer. Es läutet. Am besten nicht aufmachen. Die Gestapo ist es diesmal sicher nicht. Es läutet Sturm. Genosse Tropper ist da. Der Genosse, mit dem Lenz die Rote Front herausbringt. Er berät mit Tea, was man jetzt machen soll. Lenz ist immer noch bewußtlos. Während des Gesprächs erwacht er plötzlich. Er erkennt die Stimme Troppers. Er hat geglaubt, Tropper ist auch verhaftet worden. Lenz' Verhaftung steht also nicht im Zusammenhang mit der „Roten Front". Sie weinen vor Freude. Aber Lenz muß untertauchen, sobald wie möglich. Tropper will mit Doris Brehm sprechen. Vielleicht weiß sie ein Versteck. Sie kann ihn in einem Schrebergarten verstecken. Das geht nicht. Der Winter kommt bald. Das überlebt Lenz nicht. Am besten, sie verlassen alle drei Wien und fahren aufs Land, unter falschem Namen.

10

Peter und Tony sind in Rzerzow. Zwei Tage haben sie von Tarnów nach Rzerzow gebraucht, obwohl es nur hundert Kilometer sind. Der Zug ist ein Stück gefahren, dann stehengeblieben. Dann wieder gefahren und dann ist er überhaupt nicht mehr weitergefahren. Dann sind sie zu Fuß zum Bahnhof von Glowaczowa gegangen und haben dort die Nacht verbracht. Schließlich ist wieder ein Zug ein Stückchen gefahren. Dann ist er stundenlang auf freier Strecke gestanden. Sie wollten schon zu Fuß bis nach Rzerzow gehen. Aber dann ist der Zug bis Przybyszówka gefahren, und von dort sind sie dann das letzte Stück nach Rzerzow zu Fuß gegangen. Es hat geheißen, der Zug fährt nicht mehr weiter, Rzerzow wird bombardiert. Peter hat sich geschleppt, seine Beine sind geschwollen. Wahrscheinlich ist es Wasser vom Herz, und gar nicht Rheumatismus. Vielleicht ist es beides. Er bekommt auch wenig Luft. Jetzt sind sie aber in Sicherheit. Die Rote Armee ist einmarschiert. Von Pauline, Milek und Ryszard wissen sie nichts. Czernowitz ist befreit, aber ob sie noch leben, weiß der Himmel. Von Kamilla wissen sie nichts. Und ob Adolf und Minna noch leben, ist ungewiß. Sie müssen arbeiten. Sowjetische Soldaten teilen alle zum Arbeiten ein. Tony muß in einer Bäckerei arbeiten, und Peter muß beim Aufräumen der Bombenschäden helfen. Wenigstens müssen sie jetzt nicht mehr fürchten, erschossen zu werden.

11

Lenz geht es ganz gut. Er hat sich schnell von der Ohnmacht erholt. Tea packt. Koffer, Rucksack. Das wichtigste sind warme Sachen. Geld, alles, was sie haben. Auf jeden Fall Schmuck. Frau Helm bringt sie zum Bahnhof. Sie fahren nach Alland. Da können sie in einer billigen Pension wohnen, die sie kennen. Sie sagen, sie sind vor den Fliegerangriffen in Wien geflohen. Das machen ja andere auch. Sie sagen, sie sind verheiratet und heißen Schöllbauer.

Doris ist zu Oskar gegangen und hat ihm gesagt, daß die Gestapo in der Höhnegasse war und Lenz geholt hat, daß sie ihn freigelassen haben und daß Tea mit Lenz und dem Kind aus Wien geflohen ist. Oskar ist sehr besorgt. Wenn nur nichts passiert. Jetzt ist er ganz allein in Wien. Nur Sigmund ist noch da. Der hat wenigstens seine Frau. Wenn sie bemerken, daß Tea nicht da ist, kommt er doch noch nach Theresienstadt. Das steht er nicht durch. Zu essen wird er auch weniger haben. Es gibt ohnedies schon so wenig. Ein Bote hat ihm manchmal etwas von Tea gebracht. Doris verspricht, ihm Fleisch zu bringen, wenn sie etwas übrig hat. Aber sie muß sich um die Verpflegung versteckter Juden kümmern.

12

Die Pfeilkreuzler übernehmen die Macht. Horthy wird gestürzt. Zehntausende Juden müssen im Süden Budapests Befestigungsarbeiten leisten. Zehntausende werden in Fußmärschen an die deutsche Grenze getrieben. Auf den Straßen Budapests werden jüdische Passanten eingefangen und von den Brücken in die Donau geworfen. Jüdische Wohnungen werden geplündert, ihre Bewohner ermordet.

- Du kommst auf unser Landgut nach Őrség. Da bist du sicherer. Da kommen die Pfeilkreuzler sicher nicht hin.
- Mir passiert nichts. Ich bin doch katholisch.
- Aber sie halten sich doch nicht daran. Siehst du das nicht?
- Aber das Haus ist doch mit einem Kreuz gekennzeichnet.
- Kamilla, sei nicht dumm. Trenn den Stern ab und komm. Niemand wird dich aufhalten. Du bist Polin.
- Und du fährst wieder nach Budapest zurück und ich bleibe allein dort?
- Nein, natürlich nicht. Ich bleibe bei dir.
- Willst du mich verstecken?
- Das ist nicht notwendig. Die Pfeilkreuzler kommen sicher nicht nach Őrség. Das Landgut ist ganz abgelegen. Niemand kommt

auf die Idee, dort zu suchen.

– Und dein Vater?
– Mein Vater ist in Budapest, der fährt jetzt sicher nicht nach Örség.
– Und wenn der Krieg vorbei ist, fahren wir nach Italien. Wir beide zusammen.
– Ja natürlich.
– Und Duśko soll zum Teufel gehen.

13

Eduard denkt an Rena und Bimbo. Wenn sie wenigstens zusammen wären. Wie geht es Bimbo? Was macht Rena ohne Wagen? Bimbo kann ja kaum gehen. Wenn sie auch in so einem Lager sind wie er und Rena arbeiten muß. In seiner Stube ist ein Kamerad aus Borysław. Isaak, ein frommer Jude. Er glaubt nicht, daß Rena und Bimbo noch leben. Eduard will es nicht glauben, daß sie tot sind, und denkt daran, was Rena immer Gutes gekocht hat. Paradeissuppe, Schweinsbraten, Semmelknödel, Marillenknödel und die Punschtorte, die er so liebt. Isaak spricht von Zimmes, Kugl, Hühnersuppe, Kreplech, Gänsebraten und Lejkach. Jeden Tag erzählen sie sich, was die Frauen und die Mütter gekocht haben. In die Paradeissuppe muß Rahm, Zimmes muß mit gedörrten Zwetschken gemacht werden, die Gans muß mit den Innereien, Zwiebeln und Erdäpfeln gefüllt werden, und am besten sind überhaupt Mohnnudeln mit sehr viel Mohn. Eduard arbeitet jetzt in der Nachtschicht von zehn Uhr abends bis sechs Uhr früh. Er muß Sand auf das Förderband schaufeln und hat schreckliche Kreuzschmerzen. Er hat keine Brille mehr. Beim Einsteigen in den Zug ist er einmal gestolpert und hat seine Brille verloren. Sie ist in den Wagen gefallen und zertrampelt worden. Er sieht jetzt sehr schlecht, und alles ist noch schwerer für ihn. Isaak will ihm eine Brille organisieren. Es gibt genügend Leichen mit Brillen. Irgendeine wird schon halbwegs passen. Eduard ist schlecht im Organisieren, er hat zu viele Skrupel. Aber Isaak hat darin ein großes Geschick. Es gelingt ihm immer wieder, aus der Küche Erdäpfel zu stehlen. Oder die Essensration eines Verstorbenen zu bekommen. Dann gibt er Eduard auch etwas davon ab. Wenn man beim Erdäpfelstehlen erwischt wird, bekommt man 50 Schläge öffentlich am Appellplatz. Isaak ist noch nie erwischt worden. Das Essen ist jetzt ein ganz klein wenig besser. Die Bohnensuppe ist eine Spur dicker, wenn man es schafft, etwas vom Bodensatz zu bekommen. Am Sonntag gibt es ein dickflüssiges Erbsenpüree, am Abend einen halben Liter Runkelrüben, ein halbes Kilo Brot und etwas Margarine. Einmal hat es in Salzlauge und Essig eingelegte Brennesselblätter gegeben, die kein Mensch essen konnte. Manchmal verzichtet Eduard auf die Suppe, um nicht geschlagen zu werden. Sie haben einen Zigeunerkapo, der ganz fürchterlich schlägt. Besonders Juden. Beim Essenausteilen schlägt er einfach auf die Anstehenden ein. Wenn man nur eine Spur weiter rechts oder weiter links steht, schlägt er wie wahnsinnig zu. Wenn er will, steht man immer eine Spur zu weit links oder zu weit rechts. Manchmal erschlägt er auch einfach jemanden. Eduard hustet. Viele husten. Es ist kalt, und sie sind alle viel zu leicht bekleidet. Alle sind verkühlt, viele haben Lungenentzündung, Rippenfellentzündung oder Tuberkulose. Eduard hat einen geschwollenen Fuß. Er hat eine Phlegmone. Er hat Papier von den Zementsäcken als Schutz vor der Kälte in die Holzpantoffel getan. Er hat keine Socken mehr. Jemand hat sie ihm gestohlen. Das Papier scheuert die Haut auf, und es entstehen Verletzungen, die von den Zementresten verschmutzt werden. Er sollte ins Krankenrevier. Aber niemand will ins Krankenrevier. Das Krankenrevier ist oft der sichere Tod. Das wissen die Häftlinge. Der Leiter des Reviers kommt immer mit einem Gummiknüppel ins Revier, schlägt die Kranken, reißt ihnen die Verbände herunter und vernichtet die Medikamente. Er versetzt dem Patienten einen Kinnhaken und sagt, er ist nicht da, um behandelt zu werden, sondern um zu arbeiten. Häftlinge mit hohem Fieber treibt er zur Arbeit. Dann sterben sie unweigerlich. Geh nicht ins Revier, sagt Isaak.

– Solange du noch halbwegs gehen kannst, geh nicht.
– Aber manche sind auch geheilt worden.
– Sie werden zu früh entlassen und sterben dann doch.
– Nicht alle.
– Aber viele. Sie bekommen tödliche Spritzen im Revier. Der junge Pole hat es erzählt, der kleine Antisemit. Du weißt schon, wen ich meine. Der, der Epstein das Brot gestohlen hat, weil die Juden

nur verrecken sollen.
– Ich kenn ihn. Ich hab auch gehört, daß die Patienten im Revier tödliche Injektionen ins Herz bekommen.

14

Alland ist zu gefährlich für Lenz. Die Gestapo kann ihn hier finden. Außerdem sind sie nicht wirklich vor Fliegerangriffen geschützt. Tropper hat gesagt, wenn sie sich in Alland nicht sicher fühlen, sollen sie nach Scheibbs fahren. Ein Onkel von ihm lebt dort, der kann ihnen sicher helfen und sie irgendwo unterbringen. Also los nach Scheibbs. Wenn Ausweiskontrollen sind, sagen sie, sie sind in Wien ausbombardiert worden und haben keine Ausweise. Ein Pferdewagen bringt sie zur nächsten Bahnstation. Sie müssen in St. Pölten umsteigen. Es hat keine Kontrolle gegeben. Von St. Pölten weiter nach Pöchlarn. Es fährt aber kein Zug für Zivilisten, nur für Militär. In ein paar Stunden vielleicht. Es ist schrecklich kalt. Wenn sich nur das Mädi nicht verkühlt. Endlich geht es weiter. In Pöchlarn wieder umsteigen. Wieder eine Ewigkeit warten. Am Abend sind sie endlich in Scheibbs. Sie gehen zu Troppers Onkel. Er bringt sie gleich mit dem Pferdewagen nach Gresten, 13 km von Scheibbs entfernt. Da können sie sicher bei Bauern unterkommen. Sie sagen, sie sind auf der Flucht vor den Bomben. Lenz ist schwer lungenkrank, und sie müssen das Kind schützen. Sie bekommen ein Zimmer mit zwei Betten. Das Mädi schläft mit ihnen zusammen im Bett. Gresten ist ein Nest. Da gibt es gar nichts. Eine Kirche aus dem 15. Jahrhundert und ein Schloß. Lenz liest alle Zeitungen, die er bekommen kann, von A bis Z. Entweder, er fährt mit jemandem mit nach Scheibbs, oder er läßt sich die Zeitungen mitbringen. Tea mag das nicht, wenn Lenz die ganze Zeit Zeitung liest. Alle Zeitungen von A bis Z. Und dann noch diese Nazizeitungen. Lenz behauptet, daß er zwischen den Zeilen lesen kann. Tea fährt manchmal nach Scheibbs mit und kauft sich einen Schundroman. Einen historischen Roman über das 18. Jahrhundert. Besonders interessiert es sie nicht, aber sonst gibt es ja nichts. Die Bauern lesen jede Woche „Die Wochenschau“.

Tea soll das auch lesen. Da gibt es einen interessanten Fortsetzungsroman. Weißt du, wieviel Sternlein stehen. Das ist ihr denn doch zu blöd. Wenn Lenz nicht Zeitung liest, hört er Radio oder spielt mit dem Mädi. Er schnitzt ihr kleine Figuren und läßt sie auf seinen Schultern reiten. Tea erzählt ihr Märchen und läßt sie nacherzählen. Tea findet, das Mädi muß auch allein spielen. Man kann sich nicht ununterbrochen mit dem Kind beschäftigen. Sie soll mit der Puppe spielen. Von den Bauern bekommen sie Milch für das Mädi. Lenz kocht Grießkoch. Erdäpfel und ein bißchen Fleisch bekommen sie auch manchmal. Viel zu essen gibt es nicht. Die Bauern müssen abliefern. Tea hat stark abgenommen. Nichts Süßes. Das geht Tea schrecklich ab. Nur ein bißchen Marmelade. Das Mädi bekommt dreimal am Tag ein Löfferl Marmelade. Und Apfelmus. Äpfel gibt es wenigstens genug. Tea hat sich ein paar Bücher mitgenommen. Thomas Mann, Hesse, Freud. Nicht viel, sonst wär der Koffer zu schwer geworden. Sie langweilt sich. Sie mag nicht die ganze Zeit Zeitung lesen, jede kleinste Notiz, so wie Lenz. Und Märchen kann sie dem Mädi auch nicht den ganzen Tag erzählen. Vielleicht wissen die Bauern, wer sie sind und denunzieren sie. Volksschädlinge. Der Arzt im Dorf ist ein scharfer Nazi. Das haben sie Bemerkungen der Bauern entnommen. Nur nicht mit dem zusammenstoßen. Aber es gibt viele Flüchtlinge in Gresten. Fast jeder Bauer hat welche aufgenommen. Wieso sollen sie glauben, daß ausgerechnet Lenz ein Volksschädling ist? Ein Sohn von den Bauern ist gefallen, einer ist an der Front. Der Bauer ist wahrscheinlich nicht sehr gefährlich, aber die anderen. Sie werden sowieso bald sterben. Alle drei. Entweder erwischt sie die Gestapo, oder eine Bombe fällt auf den Bauernhof. Es sind schon einmal Bomben in der Nähe vom Steigerhof gefallen. Und ein deutsches Flugzeug ist auch schon einmal gleich neben einem Bauernhof abgestürzt. Die Front rückt immer näher, und dann ist alles aus. Doppelrumpfjäger haben einen Zug beschossen. Jeden Tag ist Fliegeralarm. Kuckuck, Kuckuck. 20, 30, 40 Fliegergeschwader. Amstetten wird bombardiert. Jeden Tag erwarten sie den Tod. Jeden Tag schlafen sie miteinander und passen nicht mehr auf, weil sie sowieso sterben werden. Und wenn das Mädi die Urszene miterlebt, macht es auch nichts. Sie sterben sowieso alle drei. Bis Tea glücklich schwanger ist.

15

Oskar besucht zweimal in der Woche Sigmund. Ansonsten geht er fast nicht mehr aus. Zu kaufen gibt es ohnedies nur mehr wenig, und er bekommt auch noch weniger als die anderen. Er hat immer Hunger. Paula gibt ihm ein bißchen was von ihrer Ration ab. Aber sie muß Sigmund davon geben. Doris war einmal bei Oskar und hat ihm eine kleine Tafel Schokolade gebracht. Das war ein Fest. Wo sie die her hatte? Oskar hat gar nicht gefragt, er hat sie auf einen Sitz aufgefressen. Sie wollte mit Oskar spazieren gehen. Das hat er aber abgelehnt. Ob Doris etwas von Tea gehört hat? Nein, sie können doch nicht schreiben.

– Wenn ich doch noch mit einem Transport nach Theresienstadt komme. Das überleb ich nicht.
– Nein, sicher nicht. Die Russen stehen vor der Tür. Es kann nicht mehr lange dauern.

Oskar kann diese Doris nicht leiden. Blöde Gojte. Wie sie alles immer dehnt beim Reden, dieses Riesenweib, und alles will sie immer über einen wissen. Und dabei hat sie ein Gesicht wie eine Kuh. Aber Oskar darf nicht schlecht über sie denken. Sie versteckt Juden und hat ihm Schokolade gebracht. Vor dem Krieg war er sogar einmal bei ihr in der Bücherei und hat sich pornographische Literatur ausgeborgt. Sofie hat gar nichts bemerkt. Aber jetzt denkt er an so etwas nicht. Er hat Angst, nach Theresienstadt zu kommen. Sigmund hat es gut, der hat Paula, und Sigmund denkt, Oskar hat es gut, der hat Tea. Sigmund fühlt sich schlecht. Er geht überhaupt nicht mehr aus. Paula macht sich Sorgen.

Sigmund ist im jüdischen Spital in der Malzgasse. Paula ist zu Oskar in die Körnergasse gegangen und hat es ihm gesagt. Oskar geht sofort zu Sigmund, obwohl Fliegeralarm ist. Es geht ihm sehr schlecht. Der Arzt meint, es war ein Herzinfarkt. Es schaut nicht gut aus. Er kann jeden Augenblick sterben. Der Arzt kann nichts machen, es sind fast alle Medikamente und Instrumente konfisziert worden. Man kann auch nicht heizen. Dem jüdischen Spital sind keine Kohlen geliefert worden. Jetzt, wo der Krieg fast zu Ende ist, liegt Sigmund im Sterben. Es kann sich nur mehr um Tage handeln, bis Wien befreit ist. Oskar bleibt im Spital im Keller, bis der Fliegeralarm vorbei ist. Nach dem

Fliegeralarm geht Oskar wieder zu Sigmund. Er ist inzwischen gestorben. Zurück in der Körnergasse sieht Oskar, daß das Haus von einer Bombe getroffen wurde. Vorsichtig geht er in das Haus. Im zweiten Stock ist nicht viel passiert, nur die Lampen sind alle heruntergefallen. In den Wänden sind große Risse, das Geschirr ist in der Küche aus der Kredenz gefallen, aber im großen und ganzen ist nicht viel passiert. Oskar macht sich zu Fuß in die Höhnegasse auf. Jetzt kann ihm nichts mehr passieren. Die Stadt ist voller sowjetischer Soldaten. Er bleibt in der Höhnegasse. Seine Sachen holt er, sobald die Straßenbahn wieder fährt.

Aufgrund einer persönlichen Entscheidung Stalins ernennt die sowjetische Besatzungsmacht Dr. Karl Renner zum Staatskanzler. Am 27. April 1945 proklamiert Renner die Unabhängigkeit Österreichs vom Deutschen Reich und bildet eine provisorische Regierung mit Vertretern aus ÖVP, SPÖ und KPÖ.

16

Duśko findet Kamilla bei János in Budapest. Er hat in der Kriegsgefangenschaft ein Bein verloren. Er wurde zu Aufräumungsarbeiten nach Bombenschäden eingesetzt. Dabei ist er von einem Schuttberg abgerutscht und hat sich den rechten Unterschenkel gebrochen. Ein offener Bruch. Die Wunde hat sich infiziert, er bekam eine Blutvergiftung, man mußte amputieren. Er will nach Polen zurück. Aber Kamilla will nicht um die Burg mitkommen. Sie will mit János nach Italien. Duśko kann sie nicht halten. So fährt er allein nach Lemberg.

17

Rückziehende Wehrmachtsoldaten kommen nach Gresten. Ein bayerischer Major hat sich bei den Bauern einquartiert. Sie sitzen in der

Küche und reden über den Krieg. Er macht Tea den Hof. Sie unterhalten sich über französische Literatur. Victor Hugo und Balzac. Ein gebildeter Mann. Oft sitzen sie lange zusammen, während Lenz Zeitung liest. Zwischendurch immer der Lärm von Fliegern. Vielleicht ahnt er, wer sie sind. Schließlich reist er ab, aber Tea ist es ohnedies nicht mehr langweilig. Die Organisation Todt ist nach Gresten gekommen und baut Panzersperren. Danach kommt ein Stab der I. Panzerarmee der Adolf-Hitler-Leibstandarte. Sie besetzen das Schloß. Lenz ist in höchster Gefahr. Sie können ihn jederzeit erschießen. Und Tea auch, wenn es ihnen gerade gefällt. Dann wäre das Mädi Vollwaise. Wenn ihn der Bauer nur nicht denunziert. Gresten ist voller flüchtender und plündernder SS-Leute. Baldur von Schirach ist auch in Gresten. Tea und Lenz haben Schüsse gehört. Das 13-jährige Mädchen von den Bauern erzählt, daß es auf dem Heimweg von der Schule Leute im Sträflingsgewand gesehen hat, barfuß im Schnee. Links und rechts von SS-Leuten mit Maschinengewehren bewacht, sind sie durch den Ort getrieben worden. Am nächsten Tag erzählen die Bauern, daß das KZ-Häftlinge waren. Sie haben sie zusammengetrieben und in Randegg erschossen. Es kann nicht mehr lange dauern, bis die Russen da sind. Lenz und Tea hören den ganzen Tag Radio. Lenz schläft fast nicht mehr. Aber Tea schläft wie ein Sack. Endlich sind sie da, die Russen. Ein Bauer bringt Lenz ein dünnes gedrucktes Heft: eine Kundmachung der provisorischen Regierung in Wien. Darin stehen auch die Namen der Staatssekretäre und Unterstaatssekretäre. Lenz findet seinen Namen. Er ist zum Unterstaatssekretär im Landwirtschaftsministerium ernannt worden.

Der Bauer fragt ihn, ob er nicht einen von denen kennt.

– Ich kenne sie fast alle. Aber einen von ihnen kenne ich besonders gut.

Auf nach Wien. Zug fährt keiner. Sie halten Lastwagen auf: Bitte, nehmen Sie uns mit. Ein offener Lastwagen mit Bänken fährt nach St. Pölten. Stückchenweise kommen sie voran. Ständig werden sie von den Russen aufgehalten und kontrolliert. Tea muß dann vom Lastwagen springen. Sie kreischt hysterisch. Vorm Runterspringen hat sie mehr Angst als vor der SS. Wenn sie nur das Kind nicht verliert. Die Russen glauben immer, daß sie Nazis sind. Die Soldaten verstehen natürlich kein Wort Deutsch. Lenz versucht ihnen zu erklären, wer er ist. Einer setzt ihm die Pistole an die Brust und sagt: Uhr. Lenz gibt ihm seine Uhr, und sie können weiterfahren.

Oskar wartet schon auf sie in der Höhnegasse. Endlich.
– Du bist schwanger!?
– Ja, wie du siehst.
– Bist du verrückt?
– Wieso denn?
– In diesen Zeiten ein Kind!
– Ja, no und.
– Du warst immer schon völlig verrückt. Laß es abtreiben.
– Das ist zu spät, und außerdem will ich es haben. Ich freu mich auf das Kind.
– Du bist völlig verrückt.

Tea macht ihr trotziges Gesicht und sagt nichts mehr. Papa hat ihr ja immer schon alles runtergemacht. Und jetzt auch noch ihr zweites Kind. Das hätte sie sich denken können. Er ist immer noch der gleiche miese Baldower. Daran haben der Krieg und das Ghetto nichts geändert.

Wo ist Eduard? Oskar hat nichts von ihm gehört. Tea will nach Mauthausen fahren. Vielleicht ist er in einem Spital oder einem Lager. Es gibt viele Displaced Persons. Sie fährt allein. Lenz hat viel zu tun. Frau Helm kümmert sich um das Mädi. Tea nimmt die Postkarte von Eduard mit. Da steht die Häflingsnummer drauf. Man sagt ihr, sie soll nach Linz fahren, dort sind viele Häftlinge in einem eigenen Spital und die Displaced Persons in einem Lager untergebracht. Vielleicht findet sie einen Mithäftling, der Eduard kennt. Tea fragt im Spital. Niemand, der Eduard kennt. Endlich, im Lager für die Displaced Persons ist jemand aus Polen, der mit Eduard im selben Block und in derselben Stube war. Eduard hat Selbstmord begangen. Er hat sich erhängt.

Oskar ißt, was er bekommen kann. Er hat immer Hunger. Tea und Lenz haben auch Hunger. Aber Tea findet, man soll nicht so viel auf einmal essen, wenn man so ausgehungert ist. Oskar ist schlecht. Er hat Schmerzen im Oberbauch. Das kommt sicher, weil er zu viel gefressen hat, sagt Tea. Er klagt aber sehr. Er ist sehr schwach. Er kann kaum gehen. Er hat rechts starke Schmerzen. Tea holt die Frau Dr. Fischer, die Assistentin von Sigmund. Sie sagt, das ist die Leber. Er muß ins Spital. Im Spital fällt er ins Koma. Es ist ein Pankreaskarzinom. Zwei Tage später, am 19. Juli, ist er tot.

August 1945. Tea und Lenz heiraten. Tea bekommt den Facharzttitel zuerkannt und Lenz wird Regierungsmitglied.

Danksagung

Für wertvolle Hinweise und Tipps möchte ich Professor Jaroslaw Hrytsak (Lemberg), Professor Maria Kłańska (Krakau), Christian Lunzer (Wien), Dr. Christoph Wegeler (Wien) und allen Damen und Herren Dozenten und Professoren aus Österreich, Deutschland, Polen und Ungarn, die auf meine lästigen E-Mails geantwortet haben, danken.

Glossar

Apikojres	Ungläubiger, Freigeist, Ketzer. Ein Jude, der die religiösen Vorschriften nicht beachtet.
Babe (Bobe)	Großmutter
Balebos (pl. Balebatim)	Hausherr, Bürger
Bar Mizwa	Die Zeremonie, durch die der dreizehnjährige Knabe die religiöse Mündigkeit erlangt und in die Gemeinde aufgenommen wird.
Baruch Haschem	Wörtl.: Gesegnet sei der Name. Verwendet im Sinn von: Gott sei Dank.
Bejgl	Gebäck, Brezel
Bet Hamidrasch	Studierhaus
Bikur cholim	Verein zur Unterstützung der Kranken.
Bramburi	Kartoffeln
Challah	Ein geflochtener, mit Eiweiß glasierter Striezel aus weichem, weißen Germteig.
Chaluzim (pl.)	Landwirtschaftliche Pioniere, die nach Palästina gegangen sind, um das Land zu besiedeln.
Chanukka	Achttägiges Lichterfest zur Erinnerung an die Wiedereinweihung des von den Griechen entweihten Tempels nach deren Vertreibung durch Juda Makkabi.
Chaser (verchasert)	Schwein. Jemand, der die Speisegesetze nicht befolgt.

Chassid (pl. Chassidim) „Frommer". Anhänger der religiösen Bewegung, die um 1740 von Israel Baal Schem Tow in der Ukraine und in Polen gegründet wurde und in Osteuropa weite Verbreitung fand.
Die Chassidim betonen das Gefühl im Gesetzesglauben.

Chumesch Fünftel. Im Volksmund die fünf Bücher Moses.

Chwila Jüdische Tageszeitung in polnischer Sprache, herausgegeben in Lemberg.

Deutsch So wurden die aufgeklärten Juden in Galizien genannt.

Dibbuk Im jüdischen Volksglauben ein Totengeist, der in den Körper eines Lebenden eintritt und bei dem so Besessenen ein irrationales Verhalten bewirkt. Nur einem Wundertäter kann es gelingen, die Dämonen auszutreiben.

Dorschej Tow Verein „Förderer des Guten". Unterstützung im Krankheitsfall, bei Bedürftigkeit und im Sterbefall.

Dreidel Kreisel mit vier Seiten, auf denen die hebräischen Buchstaben Nun, Gimel, He und Schin stehen.

Ezzes Rat

Feltscher Männlicher oder weiblicher Sanitätshelfer ohne medizinische Universitätsausbildung.

Gabaj Synagogenvorstand, Verwalter eines Wohltätigkeitsvereins, Spendensammler, bei den Chassidim auch Assistent des Wunderrebbe.

Ganev	Dieb
Gehenna	Metaphorisch: Stätte der Pein für die Bösen; Bezeichnung für die Hölle.
Gemara	Diskussion der babylonischen und palästinensischen Talmudisten über die Mischna, mit der zusammen die Gemara den Talmud bildet, die mündlich überlieferte Lehre. Gemara bezeichnet auch den Talmud überhaupt.
Geselchtes	Geräuchertes Fleisch
Gigerl	Modegeck
Goj (pl. Gojim, weibl. Gojte)	Allgemeine Bezeichnung für Nichtjuden
Gojimnaches	Freuden der Gojim
Goldjoich	„Goldene Suppe" aus Huhn
Goles	Exil, Diaspora
Haibri	Zionistischer Verein in Drohobycz
Hamagid	Hebräische Zeitung der Aufgeklärten, Erschien in Berlin.
Hameliz	Hebräische Zeitung der Aufgeklärten. Erschien in St. Petersburg.
Havelock	Herrenmantel mit langem Kragen, benannt nach dem gleichnamigen General.
Herzmansky	Eines der ersten Wiener Kaufhäuser.
Iluj	Genie, großer Gelehrter
Jause	Zwischenmahlzeit am Vor- oder Nachmittag

Jarmulka	auch Kippa genannt. Kreisrunde Kopfbedeckung aus bisweilen buntem Stoff oder gehäkelt für männliche Juden. Obligatorisch in der Synagoge beim Gebet und auf dem Friedhof.
Jeschiwe	Höhere Lehranstalt, Hochschule für das Studium des Talmud
Jom Kippur	Versöhnungstag, der höchste jüdische Feiertag, der den Abschluß der mit dem Neujahrsfest beginnenden zehn Bußtage bildet.
Kadimah	Jüdisch-nationale Studentenverbindung
Kiddusch	Segensspruch über einen Becher Wein an den Mittags- und Abendmahlzeiten am Sabbat und an Feiertagen
Koscher	Nach rituellen Speisevorschriften erlaubt
Kredenz	Anrichte
Kugl	Eine für den Sabbat schon am Freitag zubereitete Mehlspeise. Gilt als Symbol und Erinnerung an das von Juden während der Wüstenwanderung gegessene, vom Himmel gefallene süße Manna.
Latkes	In Öl gebackene und mit Zimt und Zucker bestreute Kartoffelpuffer zu Chanukka
Luftmensch	Jemand ohne ständige Beschäftigung, der seinen Lebensunterhalt aus undefinierbaren Quellen bezieht.

Lungenbraten	Filet
Majsse Buch	Geschichtenbuch, Märchenbuch
Mariahilf	Der sechste Wiener Gemeindebezirk
Masuren	Bezeichnung auch für die polnischen Bewohner in den Ebenen des westlichen Galiziens
Maze (pl. Mazzes)	Ungesäuertes Brot zum Passahfest
Menczikoff	Lodenmantel
Menora	Siebenarmiger Leuchter
Meschugge	Verrückt, überspannt, wahnsinnig
Midrasch	Die hochentwickelte Analyse, Darlegung und Exegese der Heiligen Schrift
Mikwe	Rituelles Tauchbad. Seit ältester Zeit in jeder jüdischen Gemeinde.
Minjan	Mindestzahl von zehn religionsgesetzlich volljährigen männlichen Juden, die für ein vollgültiges Gemeindegebet vorgeschrieben ist
Mischnah	Kern der mündlichen Lehre des Ju dentums, einer der beiden Teile des Talmud, ein Sammelwerk von Lehrsätzen und Ausführungsbestimmungen zum Pentateuch, bestehend aus sechs Ordnungen (Seder)
Mischpoche	Familie
Mizrajim	Ägypten
Moses Montefiore	Jüdischer Philantrop (1784–1885), besuchte mehrfach Palästina und bereiste u.a. im Auftrag von Zar Nikolaus I. Russisch-Polen, um die Lage der Juden dort zu erkunden und Vorschläge zu ihrer Verbesserung zu machen.

Nafta	Polnisch: Erdöl
NKWD	Narodnyi Kommissaria Wnutrenich Del (Volkskommissariat für Inneres). Vorläufer des KGB.
Nürnberger	Waren aus Nürnberg
Pawlatschen	Gangartiger Hofbalkon
Pejes	Schläfenlocken. Nach altjüdischem Brauch darf das Kopfhaar nicht rundherum abgeschnitten werden. Gedacht als sichtbare Absonderung von den Heiden.
Penzen	Beharrlich, aufdringlich bitten
Prosten	(Polnisch: prosty) Die Einfachen
Pülcher	Strolch
Religionsweiser	War in kleinen Gemeinden Lehrer, Schächter und Vorbeter (Kantor) in einer Person. Ein Rabbiner war dann nicht mehr nötig.
Rosch Haschana	Anfang des Jahres. Neujahrsfest am Beginn der zehn Tage der Buße.
Ruthenen	Lateinische Bezeichnung für Ukrainer, die damals in Galizien gebräuchlich war.
Schadchen	Heiratsvermittler
Schawuot	Wochenfest, Ernte- und Wallfahrtsfest
Scheitl	Perücke, die von den orthodoxen aschkenasischen Jüdinnen getragen wird, wenn sie verheiratet sind. Die Haare werden am Tag der Hochzeit geschoren.

Schejgez Nichtjüdischer Bauernjunge, unverschämter Bengel

Schulchan Aruch Titel des im 16. Jahrhundert verfaßten Religionskodex in vier Teilen. Enthält die Ritual- und Zivilgesetze und das Eherecht.

Sekkieren Quälen, belästigen

Seder Zeremonie im Hause an den beiden ersten Abenden des Passahfestes, an der alle Hausgenossen teilnehmen.

Stockerl Schemel

Stucken Büffeln

Strawanzen Sich herumtreiben

Talmud-Thora-Schule Schule für Arme und Waisen

Techina Ein Gebet- und Erbauungsbuch für Frauen und Mädchen zur öffentlichen und häuslichen Andacht, so wie für alle Verhältnisse des Lebens.

Trejf Nach jüdischen Speisegesetzen nicht erlaubt

Tuchent Federbett

Ulica Polnisch: Straße

Zacherlin Insektenvertilgungsmittel, benannt nach seinem Erfinder Johann Zacherl.

Zaddik Gerechter. Frommer Mann. Bezeichnung insbesondere für den wundertätigen Rebbe der osteuropäischen Chassidim

Zenne Urenne	Jiddische Nacherzählung des Pentateuch, angereichert mit Erzählungen und Auslegungen aus Talmud, Midrasch und sonstiger Folklore. Es war ein ungeheuer erfolgreiches Werk.
Zimes	Leicht gesüßte Beilage aus gekochtem Gemüse und Früchten. Als Zutaten kommen Karotten, Erbsen, Backpflaumen, Kartoffeln in Frage.
Zuckerln	Bonbons

Der Distrikt Galizien Stand 1943

(entspricht Ostgalizien zur Zeit der österreichisch-ungarischen Monarchie)